第六套现代物流管理系列教材

国际运输实务

霍 红 刘 莉 主编

中国物资出版社

图书在版编目（CIP）数据

国际运输实务/霍红，刘莉主编 . —北京：中国物资出版社，2007.3
（第六套现代物流管理系列教材）
ISBN 978-7-5047-2610-0

Ⅰ. 国…　Ⅱ. ①霍…②刘…　Ⅲ. 国际运输　Ⅳ. U141

中国版本图书馆 CIP 数据核字（2006）第 163580 号

责任编辑　张　茜
责任印制　沈兴龙
责任校对　孙会香

中国物资出版社出版发行
网址：http://www.clph.cn
社址：北京市西城区月坛北街 25 号
电话：(010) 68589540　邮政编码：100834
全国新华书店经销
中国农业出版社印刷厂印刷

开本：720×980mm　1/16　印张：23.75　字数：451 千字
2007 年 3 月第 1 版　2007 年 3 月第 1 次印刷
书号：ISBN 978-7-5047-2610-0/U · 0056
印数：0001—5000 册
定价：**36.00 元**
（图书出现印装质量问题，本社负责调换）

现代物流管理系列教材编审委员会

序　言

　　《中华人民共和国国民经济和社会发展第十一个五年规划纲要》指出"推广现代物流管理技术，促进企业内部物流社会化，实现企业物流采购，积极发展产品销售和再生资源回收的系列化定作。培育专业化物流企业，积极发展第三方物流，建立物流标准化体系，加强物流技术开发利用、推进物流信息化。加强物流基础设施整合，建设大型物流枢纽，发展区域物流中心"。实现"十一五"规划确定的宏伟目标，人才是关键。抓住机遇，迎接挑战，走人才强国之路，是增强我国综合国力和国际竞争力、实现中华民族伟大复兴的战略选择。

　　物流产业为劳动密集型加技术密集型产业，因而对于物流人才的需求是多层次的、复合型的，而物流产业的发展却凸显出我国物流人才短缺与物流人才结构不平衡。因此，加速启动现代物流产业的人才教育工程，实施多层次、多样化的物流教育，是21世纪物流产业大发展中保证物流产业形成合理的人才结构，提高我国物流管理水平和经济效益的决定性因素。各级政府、企业必须在以下四个方面给予足够重视：一是要加强普通高等院校、高等职业技术院校的高层次学历教育，培养高级物流经营管理人才；二是要重视继续教育，开展多层次的物流人才培养与教育；三是要大力发展物流职业技术教育，培养一大批第一线物流技术的操作实用型人才；四是推行从业人员职业岗位资格管理制度，造就一大批具有物流专业知识和技能特长的一流物流师队伍。

　　根据中国物流与采购联合会"编辑出版物流知识基础读本，加强物流学科建设。通过多种途径，大力培养物流专业人才，推动物流知识的普及与提高"的精神，2001年6月中国物流与采购联合会专门成立了现代物流系列教材编审委员会，精心组织长期从事物流管理教学与研究的一线专家、学者、教授和企业家，编写出体现最新物流管理与技术、符合教学培养规律、具有一定权威性的系列教材。现应众多院校与读者要求，在中国物资出版社出版发行的五套现代物流管理系列教材基础上，并根据教育部关于面向 21 世纪高等人才培养规格要求和物流师国家认证资格规定，我们组织全国一流物流专家、学者编写了第六套现代物流管理系列教材。经审定，本套现代物流系列教材既可作为普通高等院校、高职、高专院校的物流以及相关专业和相关课程的选用教材，亦可作为各层次成人教育和企业培训教材，也适合作为广大物流从业人员的自学参考用书。同时，对于参加物流师职业资格认证考试人员也具有较高的参考价值。

　　本套现代物流系列教材在编写过程中，得到了许多院校和研究机构的专家学者以及物流企业领导的大力支持，在此一并致谢。由于编写时间仓促，加上编者水平有限，书中有不足之处在所难免，恳请广大读者提出宝贵意见，以日臻完善。

中国物流与采购联合会

《现代物流管理系列教材》编审委员会

前　言

　　国际运输是一个庞大而复杂的系统，是国际贸易和国际物流发展的基础。运输活动作为物流系统的一个组成部分，运用现代技术进行合理组织是提高物流运作效率和降低物流成本的重要手段之一。由于国际运输所涉及的运输方式较多，如何根据每种方式的特点设计合理的运输组织和管理，是摆在我们面前的重要问题。全书以介绍各种具体的国际货物运输的组织管理和操作实务知识为主，辅以介绍运输经济学、国际运输组织、国际货运代理的组织和管理、国际多式联运的组织和管理，以及国际货物运输法律应用等知识。

　　本书依据国际货物运输的基本要求，主要介绍了以下内容：第一章、第二章主要介绍国际货物运输的性质、经济学理论、国际运输方式的类型和运输对象以及国际货运代理的管理等基本知识；第三、四、五、六章分别介绍国际货物运输中常用的海上运输、航空运输、铁路运输和公路运输等方式的运输类型、特点、运输计算、运输管理、运输保险和索赔等具体实务知识；在前几章的基础上，第七章重点介绍了国际多式联运的性质、作用、组织形式和具体操作实务等内容；第八章具体介绍了国际货物运输诉讼与仲裁问题的解决和管理。

　　本书作为物流管理或相关专业的教材，在编写内容上，力求广泛、充实，注重理论结合实践。本书中既有基本理论的详细阐述，又有最新的管理方法和技术的介绍，结合相关案例说明和课后练习，使读者能够掌握国际各种货物运输技术与管理的最新动态及最新知识。因此，本教材不仅适合高校物流管理、运输管理或相关专业作为教材使用，也可为广大从事国际货物运输与物流专业人员提供国际货物运输管理的相关知识。

　　本书由霍红、刘莉任主编，参与编写的人员有姜华珺、田俊岩、冯波、李楠、曲志华、谢红燕、李莹、张春梅。

　　在本书的编写过程中，作者借鉴了国内外许多专家学者的观点，参考了许多论文、专著及报刊、杂志、网站的资料。在此表示对他们的敬意！他们的观点和材料，对作者有很大的帮助，鉴于篇幅有限不能一一列出。

　　由于编者水平有限、时间仓促，本书难免有不足或错误之处，恳请各位专家、读者批评指正，以便于修订，使之日臻完善。

编者

Contents

第一章 国际货物运输概论

学习目的

　　本章主要讲授国际运输的性质，运输经济学的相关理论，国际运输组织的相关内容以及国际运输方式和运输对象。通过本章的学习，可以了解国际运输的含义、特点，以及运输经济学的一般理论，熟悉国际货物运输组织和我国对外贸易的运输组织，掌握国际货物运输方式及对象，为本门课程的学习奠定基础。

第一节　国际运输的性质

一、国际运输的含义

（一）运输的含义

　　运输（Transportation），是指人和物的载运和输送。即以各种运载工具沿着相应的地理媒介和输送路线，将人和物等运输对象从一地送到另一地的位移过程。运输是社会物质生产过程中的必要条件之一。

　　生产活动是人类为了维持生存、求得发展，不断地改造自然、创造物质资料的活动。在生产过程中，生产工具、劳动产品及其本身必然要发生位置上的移动。在早期人类的活动中，生产和运输是融为一体的，运输是生产不可分割的一部分。随着生产力的发展，社会分工的出现，运输才逐渐地从一般的生产中分化出来，成为一个相对独立的行业。

（二）国际运输的含义

　　运输，依据运送对象的不同，可分为货物运输和旅客运输。货物运输，又可依据地域划分为国内货物运输和国际货物运输。国际货物运输，是指货物在国家与国家、国家与地区之间的运输。在国际贸易中，货物运输是国际商品流通过程里的一个重要环节。国际货物运输可分为贸易物资运输和非贸易物资（如展览品、个人行李、办公用品、援外物资等）运输两种。由于国际货物运输主要是贸易物资的运输，所以国际货物运输也通常被称为国际贸易运输，对一国来说，就是对外贸易运输，简称外贸运输。

在国际贸易中，商品的价格中包含有商品的运价，并且商品的运价在商品的价格中占有较大的比重：一般说来，约占 10%；在有的商品中，要占到 30%～40%。商品的运价也和商品的生产价格一样，随着国际市场供求关系的变化而围绕着价值上下波动。商品的运价随同商品的物质形态一起进入国际市场中交换，商品运价的变化会直接影响到国际贸易商品价格的变化。由于国际货物运输的主要对象是国际贸易商品，所以，可以说国际货物运输也就是一种国际贸易，只不过，它用于交换的不是物质形态的商品，而是一种特殊的商品——运输服务。所谓运价，也就是它的交换价格。由此，可以得出这样一个结论：从贸易的角度来说，国际货物运输就是一种无形的国际贸易。

二、国际运输的特点

与国内货物运输相比，国际贸易运输具有以下几个主要特点：

（一）国际贸易运输是中间环节很多的长途运输

国际贸易运输是国家与国家、国家与地区之间的运输，一般运输距离较长。在运输过程中，往往需要使用多种运输工具，通过多次装卸搬运，变换不同的运输方式，经由不同的国家和地区，中间环节很多。

（二）国际贸易运输涉及面广、情况复杂多变

货物在国家间的运输过程中，需要与不同国家和地区的货主、交通部门、商检机构、保险公司、银行、海关以及各种中间代理人打交道。同时，由于各个国家和地区的政策法律规定不一，金融货币制度不同，贸易运输习惯和经营做法也有差别，加之各种政治、经济形势和自然条件的变化，都会对国际贸易运输产生较大的影响。

（三）国际贸易运输的时间性特别强

在国际市场竞争日趋激烈的环境下，商品价格瞬息万变，进出口货物，若不能及时运到目的地，很可能会造成重大的经济损失。某些鲜活易腐商品和季节性商品如不能按时运到目的地出售，所造成的经济损失将会更加严重。为此，货物的装运期、交货期被列为贸易合同的重要条款，能否按时装运直接关系到重合同、守信用的问题，对贸易、运输的发展有着极为重要的影响。

（四）国际贸易运输的风险较大

国际贸易运输由于运距长、中间环节多、涉及面广、情况复杂多变，加之时间性很强，因而风险也就相对较大，为了转嫁运输过程中的损失，各种进出口货物和运输工具，都需要办理运输保险。

（五）国际贸易运输涉及国际关系问题

在组织国际贸易运输过程中，需要经常同国外发生广泛的联系，这种联系不仅仅是经济上的，也会牵涉到国际政治问题。对于各种运输业务问题的处理，常常会涉及国际关系问题，是一项政策性很强的工作。因此，从事国际贸易运输的人不仅要有经济观点，而且也要有国家政策观念。

三、国际运输的地位和作用

（一）国际运输是国际贸易不可缺少的环节，并不断促进国际贸易的发展

在国际贸易中，进出口商品在空间上的流通范围极为广阔，而空间上的流通是离不开国际运输的。商品成交以后，只有通过运输，按照约定的时间、地点和条件把商品交给对方，贸易的全过程才算最终完成。因此，国际运输是国际贸易不可缺少的环节。

国际货物运输工具不断改进，运输体系结构、经营管理工作日趋完善和现代化，使得开拓越来越多的国际市场成为可能。而且，由于交货更为迅速、准时，运输质量更高，运输费用更节省，这大大提高了对外贸易的经济效益并且进而使得国际间的经济联系日益加强，国际分工日趋深化，国际贸易愈加发展。

（二）国际运输是交通运输的重要分支，并促进交通运输的发展

交通运输可按运输的对象和运送的范围分为国内旅客运输、国际旅客运输、国内货物运输和国际货物运输四类。从世界范围来说，海上运输的绝大部分货运量属于国际货物运输；航空运输中的国际货运量也占有较大的比重；国际货运量在铁路运输中所占比重较小一些，但由于时间紧、运输要求高，常常是优先运送的对象；此外，国际货运量在公路运输中也占有一定的比例。尤其是在国际贸易高度发达、国土较小、公路发达的欧洲，国际公路货运占有重要的地位。

国际贸易市场的竞争日趋激烈，迫使各国的外贸运输部门不断地根据新形势的要求，及时采用和引进国外先进的运输组织技术，开辟新的运输渠道，这就大大加速了对先进技术的推广与应用。

（三）国际货物运输体系的形成和国际货物运输服务贸易的参与程度是决定一国在国际经济中的生存和竞争能力的因素之一

随着国际货物运输服务贸易的开展，各国之间的经贸往来逐渐频繁，国际经

济的全球化和区域经济的一体化的步伐日益加快。没有运输，要进行国际间的商品交换是不可能的。因此，是否拥有相对先进的运输体系或享有便捷的运输服务在很大程度上决定了一国能否充分参与国际竞争，因为它决定了商品的国际成本、价格和可到达性。

（四）国际货物运输也是各种成熟技术应用的广阔市场，在吸收新技术上有巨大的潜力

在现代工业社会里，发展运输业就是发展工业，随着运输业日新月异的进步，工业也以前所未有的速度发展起来。铁路、公路、港口和机场的大规模修建，促进了建筑业的崛起；运输业的巨大能源消耗，促进了能源工业的兴旺；运输工具和运输基础设施对金属的需求，是采矿业和冶金工业迅猛发展的基本原因之一；各种运输工具和辅助运输机械的大量生产，有力地推动了机械加工工业的发展。

（五）国际货物运输能够改变资源的分布状况

对于社会来说，地理位置的经济可通达性一旦提高，就可以将各地的资源和空间更大程度地吸引到全社会的经济循环中来。因此，现代化的国际货物运输网络可以改变传统的经济地理概念，扭转自然的资源分配状况，使缺少资源的国家和地区处于使用资源的优越地位。

（六）国际货物运输是平衡国家外汇收入的重要手段

国际货物运输是一种无形的国际贸易，它用于交换的是一种特殊的商品——运力。所以，就一国来说，投入国际货运的力量越大，效益越高，相应地投入国际市场的商品就越多，也就能得到越多的外汇收入。

四、国际运输的发展趋势

未来国际运输发展目标将是：各种运输方式在社会化的运输范围内和运输过程中，按其运输特征，组成分工协作、有机结合、连接贯通、布局合理、竞争有序、运输高效、能最大限度地发挥各种运输方式的单个机能和优势的国际货物运输体系。从物流系统建设的角度看，国际运输发展的任务要求，就是为全社会物流活动提供优良的运输资源保障。

根据国际运输系统发展目标，国际运输系统为适应经济发展，将呈现出以下发展趋势：

（一）交通基础设施建设将继续保持较快增长速度

交通运输发展应超前于经济发展的需要。经过连续大规模的交通建设，据预测，到 2010 年，我国铁路通车里程将达到 9.5 万千米，其中时速 300 千米以上

的有 5457 千米，并实现客、货车分线运行，列车平均牵引总重达 3000 吨以上；公路通车里程约 230 万千米，其中高速公路里程达 6.5 万千米，将实现村村通公路的目标；我国汽车保有量可望达到 5500 万辆左右；新增深水泊位 350 个左右，新增吞吐能力 19 亿吨，总吞吐能力达到 44 亿吨，港口能力、分工、布局将能够适应运输需求，三级以上内河航道里程达到 1 万千米以上，五级航道达到 3 万千米以上，水运主通道规划里程达标率为 70%；民用机场的总量将达到 187 个，全国民航运输飞机总量将接近 1600 架，民航全年飞行将超过 460 万起降架次。机场旅客吞吐量将达 30428 万人次，货运吞吐量将达 81.9 万吨，发达的国际、国内航空网络将基本形成，并有可能形成若干布局合理、分工明确的以货运为主的机场；管道总里程可望达到 3 万千米，新建管道总长度将达到 1.5 万千米，其中，天然气管线将达到 8000 千米，原油和成品油管线将分别达到 3000 千米和 4000 千米。能源运输管网将是发展重点。

（二）国际货物运输业进入国际综合物流时代

现代物流业的内容较为广泛，不仅包括产成品从生产者到客户的物资配送管理，还包括原材料和零部件从供应商到生产制造商的采购、运输、仓储和库存等的材料管理，以及在生产过程中对材料、零部件等的运输和库存管理，甚至还包括过时的产品和废弃物的处理等内容。在国内综合物流的基础上，产生了国际综合物流。运输业要适应新世纪对国际货物运输的要求，就要向国际综合物流方向发展。

运输业向国际综合物流方向发展，不仅有其发展的客观必然性，而且有其独特的优势。在物流活动中的运输、储存、配送、包装、加工等功能中，运输是其核心功能，国际综合物流主要就是靠运输克服生产地和需要地之间的空间距离障碍，创造商品的空间效用。

运输业进入国际综合物流时代标志着运输业摆脱了孤立的从本系统经济效益思考问题和观察问题的传统的、陈旧的、狭隘的观念和运作方式，真正成为以市场为导向，以客户要求为宗旨，寻求系统总效益最大化的、适应未来社会经济发展需要的新服务。

（三）知识经济与信息时代的到来对国际货物运输业提出了挑战

随着科技迅猛发展，人类社会正从工业经济时代逐步步入知识经济时代。在这一时代，知识和信息将发挥主导性和决定性的作用。计算机、网络、通信卫星和光导纤维等最新信息技术的应用，进一步加强了运输体系现代通信、控制和指挥系统。因此，国际运输业必须根据这种变化去更新和调整内部的运力结构和组织方式，以适应这一时代的需要。

案 例

外国公司在我国的物流服务

1. 美国总统轮船公司（APL）

美国总统轮船公司在国际集装箱班轮公司中排名第六，它在全球拥有 80 艘船的庞大船队，航线通达 100 多个国家，并在 80 多个国家拥有公司或运营机构。它可通过在世界各地众多的办事处及仓库为客户提供全方位的物流服务。美国总统轮船自 1867 年首航中国以来，一直将中国作为业务策略的重点市场，并于 1985 年开始通过代理在中国的 12 个城市中提供国际一体化服务。目前，它在中国设有 39 个分公司及办事处，遍布北京、大连、福州、广州、上海、深圳、厦门等。其战略目标是与客户建立一种统一的、长期的关系，并将自己融入客户的供应链中。目前，APL 不仅仅为客户提供减少运输成本的管理工作，而且提供将一定的商品按时送到目的地的零售店的物流管理工作。这意味着 APL 将不仅贯穿零售公司的整个物流供应链，还要为简化操作而进行必要的供应链的连接和与客户形成的战略联盟。

2. 马士基航运集团（Maersk）

丹麦的家族企业马士基集团经过一百多年的发展，已成为当今全球首屈一指的航运巨人。在 2005 年 5 月份又宣布收购了世界第三大航运巨头"英荷混血"的铁行渣华（P & O Nedlloyd）。它在全球 80 多个国家拥有 300 多家办事处，是最早进入中国物流市场的外国航商之一。

马士基（中国）航运有限公司是该集团于 1994 年在中国成立的独资公司，它是中国政府批准的第一家外国航运公司投资的独资船务公司。总部设在北京，通过直航干线船和支线船服务网络，在我国所有主要港口提供全面的运输服务。短短几年，马士基在中国各大主要港口城市或重要内陆城市开设了近 30 个分支机构，其中包括在大连、天津、青岛、宁波、厦门和深圳等城市设立的分公司，在南京、扬州、广州、重庆、珠海和汕头等城市设立的办事处。还在其他一些城市设有代理公司。

3. 美国 DLCMS 公司

DLCMS 公司是一家专业物流公司，总部在新泽西州的克兰福德，专长于鞋类业务。其主要客户为耐克（Nike）。该公司在亚洲包括中国在内已设立了 13 家当地机构，它用当地的职员代表美国进口商与亚洲厂商联系，了解工厂生产建设和交货时间，并把这些信息输入被称为 LOG-NET 的 DLCMS 的系统。公司可对整个拆拼箱和运输过程进行全程跟踪，因此，进口商可以即时了解最新的货物状态。亚洲的 DLCMS 职员在收到厂商发出的货物后储存到公司的货仓，并签发货物收据，据此，卖主可用必要的文件和信用证提取货款。

4. 环球捷运物流公司（AEI Logistics）

环球捷运物流（上海）有限公司是环球捷运物流公司在上海建的一家公司，该公司主要为华东地区日益增长的对第三方物流供应链管理的需求提供服务。该公司建立在上海浦东外高桥保税区，是在中国提供全面分拨服务的第一家公司，其可以为客户提供分揽包装、编码及粗装配等增值服务。

目前，在我国建立的物流公司主要有以下四种形式。（1）部分国际班轮公司在我国设立办事处，其主要目的是为本公司的航班揽货，目前以这种形式的居多。（2）一些国际著名的物流经营者先投入少量的资金，在中国成立公司（办事处）等机构，以揽取集装箱作为拓展市场的首选目标，现阶段大多数这类公司所经营的业务与货代公司没有什么区别，但一旦条件成熟，即可领先国外母公司的技术和财务支持而很快为客户提供一整套供应链服务。（3）一些跨国公司为了配合其在各国的生产而从事物流业。它们领先的完善的物流服务可高效地组织各国生产的零部件，经过组装后分销往世界各地。（4）一些物流公司向内陆地区拓展服务，或者说海上集装箱运输向内陆公路、铁路运输拓展。许多内陆地区的进出口贸易可经铁路、公路直接经香港等港口转移。

第二节　运输经济学简介

运输经济学需要分析的对象是以实体网络作为基础的运输业。在这里，需求是旅客与货物在空间上的位置移动，供给则是厂商在运输网络上提供的位移服务。网络特性使得运输业的经济分析与一般工商业有很大的区别，即使已经十分成熟的一些经济学分析方法，也已经证明必须在网络特性这个特定坐标系中重新考虑其针对性和适用性。

下面我们以规模经济和范围经济以及运输产品的完整性为例，说明经济学的一些基本概念在需要以网络特性为基础的运输经济分析中，必须进行更进一步的思考。

一、运输业的规模经济和范围经济

（一）基本定义

1. 规模经济

在经济学中，规模经济意味着当固定成本可以分摊到较大的生产量时产生的经济性，是指随着厂商生产规模的扩大，其产品的平均单位成本呈现下降趋势。

2. 范围经济

范围经济则意味着对多产品进行共同生产相对于单独生产的经济性，是指一个厂商由于生产多种产品而对有关生产要素共同使用所产生的成本节约。

现代运输活动也存在着规模经济和范围经济的现象，但由于运输业网络特性、运输生产及产品计量方式的复杂性，使得对运输业规模经济与范围经济的把握变得十分困难。

（二）运输业中规模经济和范围经济的表现

作为运输产品的每一个客货位移都具有不同运输对象、不同运距和起止点等要素，而运输产品的计量单位只是把重量和距离复合在一起的吨千米（或人千米）。因此，在运输产品的总计中往往包括了很多不同的运输产品。运输生产过程又要分别体现在可移动的载运设备和作为运输基础设施的固定网络、线路及各个节点上面，故运输业的规模经济与范围经济问题交织在一起，而且需要从多个角度进行分析。

1. 从运输网络的幅员大小看，可以考察运输企业是否具有管辖线路越长或网络覆盖区域越大，单位运输成本越低的效果。

2. 从运输线路的通过密度上看，可以考察具体运输线路上是否具有运输量越大，单位运输成本越低的效果。

3. 从单个运输设备的载运能力上看，则可以考察是否具有载运能力越大，效率越高的效果。

4. 从运输企业拥有载运工具数量的多少看，可以考察是否车队的规模越大经济上越合理。

5. 交通网络内港站或枢纽与相关线路或相关运输方式的能力协调十分重要。因为客货发送量越来越大，而且存在大量同种运输方式内部或不同运输方式之间的中转、换装、联运、编解和配载等问题。

6. 从运输距离角度考察，是否具有单位运输成本会随着运距的不断延长而下降的效果，特别是终点成本所占比例较高的铁路运输这一特点更为明显。

因此，与运输活动有关的规模经济可以划分成多种不同的类型。而运输业范围经济的存在使得其规模经济概念的把握更加困难。在通常情况下，运输设施特别是运行线路往往需要客货运混用，甚至就在同一部载运工具上的旅客和货物，也会对应着很多不同的运输产品。因此，运输业作为一个提供极端多样化产品的行业，在很大程度上其规模经济与范围经济密不可分。

运输业的规模经济、范围经济以及与其有关的各种网络经济表现之间的相互关系如表1-1所示。

表1-1　　　　　　　运输业各种网络经济特性之间的关系

规模经济与范围经济的划分	密度经济与幅员经济的划分	网络经济的具体表现		幅员变化与运量密度的关系	
幅员经济 规模经济	运输密度经济	线路通过密度经济	特定产品的线路通过密度经济	运量在增加，但幅员不变	幅员扩大，同时线路的运量密度也变化了
			多产品的线路通过密度经济		
		载运工具载运能力经济			
		车（船、机）队规模经济			
		港站（或枢纽）处理能力经济			
范围经济	幅员经济	线路延长	运输距离经济	幅员扩大，但线路上运量密度不变	
		服务节点增多	由于幅员扩大带来的多产品经济		

其中运输业的规模经济是指随着网络上运输总产出规模的扩大，平均运输成本不断下降的现象；运输业的范围经济，是指与分别生产每一种运输产品相比较，共同生产多种运输产品的平均成本可以更低。由于运输产品的特性，使得在这个特殊的多产品行业规模经济与范围经济无法分开，并通过交叉方式共同构成了运输业网络经济。所以，这里我们把运输业的网络经济定义成运输网络由于其规模经济与范围经济的共同作用，运输总产出扩大引起平均运输成本不断下降的现象，而由于运输业规模经济和范围经济的特殊关系，这种网络经济又进一步是由它们的转型，即运输密度经济和幅员经济共同构成。运输密度经济是指当运输网络在幅员上保持不变的条件下，运输产出扩大引起平均成本不断下降的现象；

运输网络的幅员经济是指在网络上的运输密度保持不变的条件下，与运输网络幅员同比例扩大的运输总产出引起平均成本不断下降的现象。

运输业网络经济有如下一些具体表现：

（1）线路通过密度经济，是指在某一条具体线路上由于运输密度增加引起平均运输成本不断下降的现象。

（2）特定运输产品的线路通过密度经济，是指某一特定运输产品（如特定货物在特定起讫点之间的运输）产出扩大引起平均运输成本不断下降的现象，这是线路通过密度经济中的一种特殊情况。

（3）载运工具载运能力经济，是指随着单个载运工具的载运量增加而平均运输成本逐渐降低的现象。

（4）车（船、飞机）队规模经济，是指随着车队规模扩大平均运输成本逐渐降低的现象。

（5）港站（或枢纽）处理能力经济，是指随着运输网络上港站吞吐及中转客货量、编解列车、配载车辆、起降飞机、停靠船舶等能力的提高引起平均成本逐渐降低的现象。

（6）运输距离经济，是指随着距离延长平均运输成本不断降低（即递增递减）的现象。

由表中结构还可以看出，运输密度经济，包括它的组成内容：线路通过密度经济、载运工具能力经济、车队规模经济和节点处理能力经济等，主要是属于规模经济的范畴，而网络幅员扩大则除了在一定程度上产生运输距离经济之外，由于其服务网点增多必然导致更多不同的运输产品产生，因此还主要地体现为范围经济。单纯的运输密度经济应该在运输网络幅员不变的条件下进行分析，同样，单纯的幅员经济则要在组成网络的各线路运量密度不变的条件下进行分析；但显然也会存在同时发生变化的情况，此时运输密度经济与幅员经济同时存在，这也正是表中最右一栏刻画运输总量增加的规模经济和刻画更多产品的范围经济共同发挥作用的情况。

二、运输需求

在经济学中，需求和供给是决定商品价格的主要因素。在两者的辩证关系中，需求是供给的前提和基础，供给的多少是随着需求的增减而变化的。当我们把这两个概念引入运输业中，便产生了运输需求和运输供给。这两个概念是从市场经济的角度研究运输业，从而合理配置运输资源，以求获取最大利润。这一部分主要讲述运输需求和运输供给的基本含义和特点，以及影响客货运输需求和供给的各种因素，研究分析运输需求和供给的一些基本规律。

（一）运输需求的概念

运输需求是指在一定时期内货主或旅客对运输供给者提出的有支付能力、可以实现的要求。因此运输需求还应该具备两个条件，即有购买运输服务的愿望和要求与具有购买能力，缺少任一条件，都不能构成现实的运输需求。

运输需求包含以下六项要素：

1. 运输需求量。也称流量，通常用货量和客运量来表示，用来说明货运需求和客运需求的数量与规模。

2. 流向。指货物或旅客发生空间位移时的空间走向，表明客货流的产生地和消费地。

3. 运输距离。也叫流程，指货物或旅客所发生的空间位移的起始地至到达地之间的距离。

4. 运输价格。简称运价，是运输单位重量或体积的货物或运送每位旅客所需的运输费用。

5. 运送时间和送达速度。又称流时和流速，前者是指货物或旅客发生空间位移时从起始地至到达地之间的时间；后者是指货物或旅客发生空间位移时从起始地至到达地之间单位时间内位移的距离。

6. 运输需求结构。是按不同货物种类、不同旅客出行目的或不同运输距离等对运输需求的分类。

（二）运输需求的类型

1. 从范围上分

（1）个别运输需求：指特定的运输需求者在一定时期、一定运价下提出的运输需求。客运方面，旅客因出行目的不同，对运输服务有不同要求，但所有旅客都有一个共同需求，就是安全、快速、舒适地到达目的地；货运方面，货物因本身的物理、化学性质不同，对运输的需求也会不同，如煤矿、木材等大宗散货需要低廉的运费，海鲜要保证运输时间，化学危险品要保障运输中货物安全。

（2）局部需求：由于各地区自然条件、经济发展的不同，产生了不同的运输要求。发达地区运输量大，欠发达地区运输量小，靠近江河、湖泊或沿海地区水路运输需求量大，内陆地区则公路、铁路、航空运量较大。

（3）总需求：是从宏观经济角度分析运输需求，指在一定时期、一定运价下，个别需求与局部需求的总和。

2. 从对象上分

（1）客运需求。客运需求又可分为生产性运输需求和消费性运输需求。生产性运输需求是以上下班、外出采购、推销等公务和商务为目的，与人类生产交换分配活动相关的运输需求。以旅游观光、探亲为目的的运输需求称为消费性运输需求。

（2）货运需求。货运需求相对于客运需求在货物品种、货物流向和货物规模等方面具有一定的规律性，但是，随着运输基础设施的发展，货运需求必然呈现上升的趋势。

（三）运输需求的特点

1. 广泛性：现代社会中各个环节都离不开对物和人的空间位移的要求，所以运输需求广泛存在于人类的生产活动、社会活动和文化交往中。

2. 派生性：运输需求是被动的，受到生产和生活的影响。货主和旅客所提出的运输需求，往往不是针对运输本身，而是为了实现生产、生活中的本源性要求。

3. 替代性：是指满足运输需求方式上的替代性。在现实运输中，同一运输需求有时可以通过不同运输方式满足。这种运输需求的替代性也是导致运输市场竞争的主要原因。

4. 差别性：是指个别运输需求者对运输需求实现方式、运价水平、运输时间等方面有不同需求。在竞争激烈的运输业中，谁能更好地满足运输生产者的差别性需求，谁就能更好地生存。

（四）从货主角度看待运输需求（表1-2）

表1-2　　　　　　　　　从货主角度看待运输需求

基本需求	正确性、迅速性、安全性 以较低的成本完成运输服务 精心处理货物
附带需求	提高服务等级（如送货上门） 延长集货时间 提供有利于货主企业竞争能力的服务
潜在需求	有利于物流合理化 提供合理的运输系统 提供仓储和库存管理服务

（五）运输需求分析

1. 影响货运需求的经济因素

（1）自然资源的分布和生产力布局；

（2）产业结构；

（3）经济发展程度和经济政策的制定；

（4）货运业本身水平的高低；

（5）运价水平。

2. 运输需求函数分析

（1）运输需求函数

为了对运输需求函数进行分析，我们引入运输需求量进行分析。

运输需求量：指在一定时间、一定空间、一定条件下，运输消费者愿意购买并有能力购买的运输服务的数量。

根据研究运输需求变动的目的、范围不同，可分为以下几种：从时间上说，可以是一年、一个季度、一个月、一天的运输需求量；从空间上说，可以是一个国家、一个地区、一条线路或一个运输方向的运输需求量；从运输方式上讲，可以是某种运输方式，也可以是多种运输方式的总需求量。

运输需求量可以用下述函数表示：

$$Q=f\ (P,\ a,\ b,\ c,\ \cdots)$$

式中：Q——运输需求量；

P——运输服务价格；

a，b，c，…——除运输价格以外的其他影响因素。

上式只是运输需求的抽象概念，并没有表示出运输需求量同其他自变量的具体关系。要得到实际运用的运输需求函数，还需经过认真、具体的经济分析、数据统计和数学计算。

（2）运输需求曲线

运输需求曲线是假定在运输服务价格以外其他因素都保持不变的情况下，反映运输需求量与运价之间关系的曲线。一般情况下，如果运输服务价格下降，运输需求量则会增加；反之，则会减少。这被称为运输需求定理。可用图 1-1 表示：

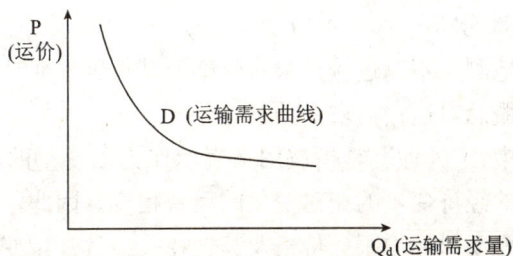

图 1-1　运输价格与运输需求的关系

（3）运输需求量的变动与运输需求的变动

运输需求量与运输需求是两个不同的概念。运输需求量表示在一定的运价水平下，运输消费者愿意并有能力购买的运输服务的数量。这里我们假定影响需求变动的其他因素都不发生变化，运输需求量只由价格的变化才引起变化。函数关系式简化为：

$$Q=f(P)$$

从图1-2（a）上看，运输需求量的变动就表现为同一条曲线 D 的各点上下的移动。例如，当价格为 P_1 时，运输需求量为 Q_1；在其他因素不变时，当运价从 P_1 降到 P_2 时，Q_1 也增加到了 Q_2，运输需求量也就增加了。

运输需求则表示需求量与运价之间的对应关系的总和。它的变动则是在运价保持不变的情况下，由于其他因素的变动所引起的运输需求的变动。在图1-2（a）中，运输需求量的变动是沿着同一需求曲线变动的。而图1-2（b）中，假定原需求曲线为 D_1，当价格为 P_1 时，运输需求量为 Q_1；当运价保持不变时，由于经济发展了、人均收入增加了，运输需求量则由 Q_1 增加到 Q_2，这就导致需求曲线从 D_1 移到 D_2。

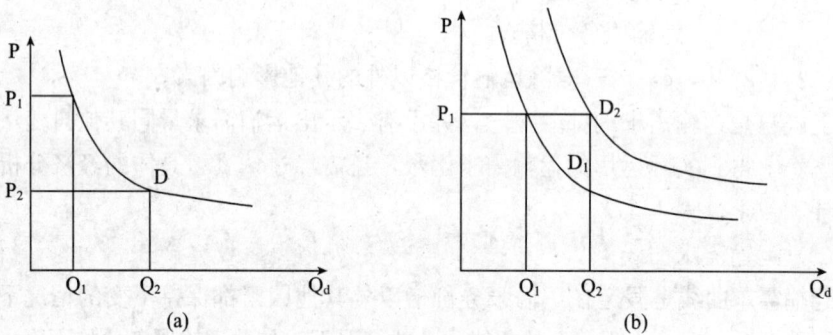

图1-2　运输需求量与运输需求变动

3. 运输需求弹性分析

为了较为准确地测定不同运输需求对价格及其他因素变动的敏感程度。我们引入了"弹性"的概念对运输需求变动进行分析。

在西方经济学中，"弹性"是指被用来表示作为因变量的经济变量的相对变动对于作为自变量的经济变量的相对变化的反映程度。因此，运输需求弹性就是用来分析运输需求变动对运输服务价格及其他相关经济变量变化的敏感程度，一般用弹性系数来表示，用公式表述为：

$$E_d = Q\text{变动率}/Z\text{变动率} = \frac{\Delta Q/Q}{\Delta Z/Z}$$

式中：E_d——运输需求弹性；

Q——运输需求量；

Z——影响因素；

ΔQ——运输需求量的变化量；

ΔZ——影响因素的变化量。

运输需求弹性可以分为运输需求的价格弹性、收入弹性、交叉弹性和派生弹性。

（1）运输需求价格弹性

运输需求价格弹性是指运输需求对运价的敏感程度。运输需求价格弹性系数的计算公式为：

$$E_p = Q\text{变动率}/P\text{变动率} = \frac{\Delta Q/Q}{\Delta P/P}$$

影响运输需求价格弹性系数的因素有：

①运输需求可替代性：运输需求替代性越强，弹性越大；替代性越弱，则弹性越小。

②货物本身价值：高价值货物对运价的负担能力强，因而对运价变动的反映程度弱，价格弹性小；低价值货物对运价负担能力较差，因而对价格变动的反映程度较强，价格弹性大。

③货物本身性质及市场状况：如果是不宜久存的货物或急于上市销售的货物，货主宁愿选择运价高、速度快的运价方式，因而价格弹性小；而那些不急于上市、有较长储存时间的货物，价格弹性会相对大。

④货物的密集程度：一般在货运需求量较大的能源及重工业基地，由于运输需求严重依赖比较固定的运输方式和线路，因而对价格敏感程度较弱，需求弹性自然很小；而较为分散的零担货物，则对价格敏感程度较强，需求弹性就会很大。

⑤运输市场性质：在运力紧张的运输方式、线路和方向上，运输市场为卖方市场，运输需求的价格弹性明显较小；而运力富裕的运输方式、运输方向和线路上，运输市场就是买方市场，运输需求的价格弹性自然较大。

（2）运输需求收入弹性

运输需求收入弹性主要用于分析客运需求的变动，它是用来表示客运需求对消费者收入变化的敏感程度。用公式表示为：

$$E_i = Q\text{变动率}/I\text{变动率} = \frac{\Delta Q/Q}{\Delta I/I}$$

运输需求收入弹性一般为正值，这是由于客运量 Q 总是与居民收入 I 同方向变动，这意味着居民收入增加时，客运需求增加。

（3）运输需求交叉弹性

运输需求交叉弹性表示运输需求变动不是由那些直接有关的运价变动引起的，而是由其他因素而引起的。它反映的是运输需求对相关因素价格变化的敏感程度，它等于与某一运输需求相对变化与其相关因素价格相对变化之比。用公式表示为：

$$E_{xy} = Q_x \text{变动率}/P_y \text{变动率} = \frac{\Delta Q_x/Q_x}{\Delta P_y/P_y}$$

式中：ΔQ_x——因前者变化而引起的运输需求变化量；

ΔP_y——价格变化量；

P_y——相关因素 Y 的价格。

例如：运输方式具有替代性，如果一种运输方式涨价，必然会引起对相关运输方式需求的增加；相反，如果一种运输方式降价竞争，必然会引起对相关运输方式需求的减小，此时交叉弹性系数为正（运输服务 X 的价格变动与运输服务 Y 的需求呈同方向变动，弹性越大，替代性就越强）。另外，运输方式也存在互补性，如果此时运输服务 X 的价格变动引起运输服务 Y 的需求呈反方向变动，交叉弹性为负。

三、运输供给

（一）运输供给概念

运输供给是指在一定时间、空间内，一定运输水平下，运输生产者愿意并能够提供的运输产品或服务。它由运输基础设施和运输设备构成。运输供给同样需要两个必备的条件，即运输生产者有提供运输产品或服务的愿望和运输生产者有提供这种运输产品或服务的能力，缺少任一条件，都不能形成有效的运输供给。

运输供给包含以下四方面内容：

1. 运输供给量

通常用运输工具的运输能力来表示，说明能承运的货物和旅客的数量与规模。

2. 运输方式

指水运、铁路、公路、航空和管道五种不同的运输方式。

3. 运输布局

指各种运输方式的基础设施在空间的分布和活动设备的合理配备及其发展变

化的状况。

4.运输经济管理体制

它是运输软件的供给，指指导运输业发展所相应建立的运输所有制结构、运输企业制度、运输资源配置方式以及相应的宏观调节机构、政策和法规等。

(二)运输供给的类型

运输供给的类型从范围上分为个别供给和总供给。

1.个别供给

是指特定的运输生产者在一定时期、一定条件下，所能提供的供给。在市场经济条件下，各个运输生产者由于经济成分和运输方式的不同，情况也是各不相同，提供的产品或服务也会不同。

2.总供给

是从宏观经济角度来分析运输供给，指在一定时期、一定条件下，某一区域所有个别供给的总和，即该区域范围可能向运输市场提供的运输劳务量。

(三)运输供给的特点

1.整体性

作为运输供给的两部分，运输基础设施和运输设备的整体性就是运输供给整体性的很好体现。

2.不平衡性

主要表现在由运输需求淡旺季的变化带来的运输供给量的变化。另外，由于世界经济的不平衡性引起的不同国家和地区之间的运输供给量出现的不平衡也会存在。

3.时空差异性

由于运输方向上的单一性、需求和供给的时空差异性等导致的回程运力浪费的现象，是运输供给不得不承担运力损失、空载运输的经济风险。类似的现象不是不可避免，只要根据及时、准确的信息做好宏观调控工作，就能减少这种经济损失。

4.公共性

由于基础设施和设备具有公共性，因此可以带动其他产业的发展。如北京轻轨建设带动沿线的房地产业火热。

5.可替代性

运输供给由多种运输方式和多个运输生产者的生产能力构成。有时存在着可分别由几种运输方式的多个运输生产者完成同一运输对象的空间位移，这些运输供给之间存在着可替代性。这种可替代性构成了运输业者之间竞争的基础。

（四）影响运输供给的因素

1. 经济因素

国家或地区的经济状况是运输供给发展的基本条件。经济发展产生运输需求的同时，产生了供给。运输建设成了改善投资环境的重要部分，经济发展为运输供给的发展提供了契机。同时，经济发展水平、对未来经济发展的预测、自然环境条件决定了供给发展的规模和水平。

2. 政治因素

运输政策是影响运输供给的重要因素。它是一个国家的政府为发展运输而制定的准则，是经济政策的组成部分。不同国情的国家在各自发展的不同时期，都会制定出不同的运输政策。

3. 技术因素

科学技术是推动社会发展的第一生产力，也是推动运输业发展的第一生产力。科学技术对于提高运输生产效率、降低运输成本、提高运输服务质量起着重要作用。科学技术的应用，提高了运输供给能力。

（五）运输供给函数分析

1. 运输供给函数

运输供给函数是运输供给量与影响它的诸多因素之间的函数。运输供给量是指在一定时间、一定空间和一定条件下，运输生产者愿意并有能力提供的运输服务量。运输供给函数的表达式为：

$$Q = f (P, a, b, c, \cdots)$$

式中：Q——运输供给量；

P——运输服务价格；

a，b，c，…——除运输价格以外的其他影响因素。

2. 运输供给曲线

在影响运输供给量的诸多因素中，运输价格是最灵敏、最直接的因素，如果假定其他因素都不变，只研究运输供给量与运价之间的关系，运输供给曲线可简化为：

$$Q_s = f (P)$$

一般情况下，运输供给量随运价的上涨而增加，随运价的下降而减小，这被称为运输供给定理，可用图 1-3 表示：

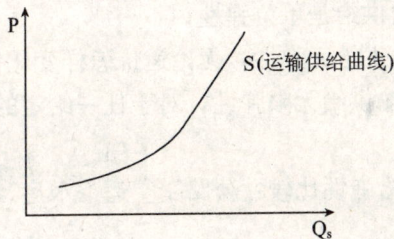

图 1-3 运输价格与运输供给的关系

3. 运输供给量的变动与供给水平的变动

(1) 运输供给量的变动是指所有非价格因素不变时,只由于价格的变动引起的供给量变动,这种变动表现为同一曲线 S 上各点的上下移动。如图 1-4(a)所示。

(2) 运输供给的变动则是假设价格不变,各种非价格因素的变动所引起的运输供给的变动,这种变动表现为运输供给曲线的整条曲线的水平移动。如图 1-4(b)所示。

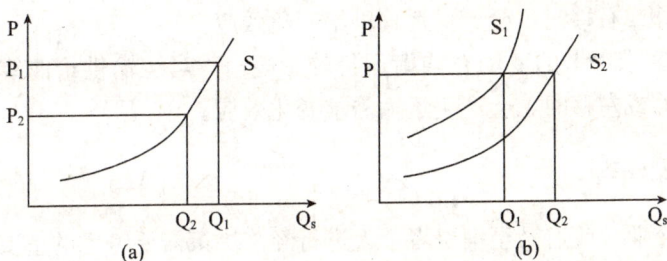

图 1-4 运输供给量变动和运输供给水平的变动

4. 运输供给价格弹性分析

运输供给价格弹性是指某一种运输供给对运价变化的敏感程度,它等于供给量的相对变化与运价相对变化之间的比值。

$$E_s = Q 变动率 / P 变动率 = \frac{\Delta Q/Q}{\Delta P/P}$$

由于运价同运输供给同方向变动,所以供给弹性为正值,在同一条运输供给曲线上的不同点价格弹性是不同的。

其中:$E_s > 1$:运输供给富有弹性;

$E_s \leq 1$:运输供给缺乏弹性;

$E_s=1$：运输供给是单位弹性；

$E_s=0$：运输供给无弹性，无论运价怎样变化供给量都保持不变；

$E_s=\infty$：运输供给无限弹性，对于任一给定的价格，供给量都可以任意增加。

不同运输方式的供给弹性比较：公路$\geq$空运$>$水运$>$铁路$>$管道

四、运输供需状态分析

（一）市场供需均衡及其变动机制

运输市场是需求方和供给方共同组成的，因此运输价格也就由供求双方共同决定。均衡是指一种暂时没有变动趋势，在一段时间内持续存在的状态，当运输需求与供给在运输市场上达到均衡时，就能形成相对稳定的均衡价格。

需要指出的是，在现实的运输市场中，我们能观测到的并不是均衡运价，而是实际运价。实际运价往往偏离均衡运价，供求关系的作用就是推动实际价格向均衡价格移动。

（二）均衡运价的变动

1. 运输供给水平的变动对均衡运价的影响——当运输需求曲线不变，运输供给曲线左移或右移时，会产生运输供给变化效应。

2. 运输需求水平的变动对均衡运价的影响——当运输供给曲线不变，运输需求曲线右移或左移时，会产生运输需求变化效应。

五、运输成本

成本是企业、政府乃至消费者个人进行经济决策需要考虑的重要因素。企业要取得最大化的利润，政府要想实现资源在全社会范围内的有效配置，个人要实现效用的最大化，都必须进行成本分析。

运输成本从性质上看，可以分成直接成本和外部成本。

（一）直接成本

直接成本，就是在市场中为实现运输服务而购买要素所引起的财务成本，以及运输服务提供者自己投入的机会成本。

运输的直接成本可以粗略地划分为设施成本、经营成本和使用者成本三部分。

1. 设施成本

主要包括运输设施的新建、改造、维修保养成本等，主要部分是资金、土地、劳动力和原材料。一般的运输设施由政府提供，政府可以通过征收普通税、燃油税、养路费等方式转嫁给消费者。固定设施的投资需要大量资金，但建成之后，大部分就变成沉没成本，而对进一步的决策作用不大。

2. 经营成本

主要包括购置费（资金成本、折旧）、燃油、人工、设施使用费、其他税金和管理费等。

3. 使用者成本

主要包括车辆拥有费（资金成本）、燃油、设施使用费税和时间成本等。不同方式的使用者所支付的成本项目也大不相同。例如：乘公共汽车，一般只要支付公共汽车的变动成本，而驾驶小汽车出行者要支付公路的建设费（即固定设施成本）和所有的变动成本。

如果是一次具体的运输服务，成本一般可划分为端点成本、线路成本和货物成本。端点成本通常包括交接货物成本、票据的收付成本、装卸货成本及理货成本等。线路成本通常包括交通工具的行驶和维护成本、线路的修建、养护成本等。而货物成本包括保管成本和时间成本等。

一般来说，我们可以用完全成本函数来测算运输成本。这种方法最早由美国国家商会提出来计算美国铁路公司的成本，以便对其进行管制。从会计成本来看，运输成本按其追溯性，可以分为能直接分配到每单位产出的直接成本部分和一些无法在各种运输产品之间分配的间接成本部分。完全成本是二者之和，可看做总成本。用公式表示：

$$C = F + mY$$

式中：F——间接成本；

m——平均可变成本；

Y——产出。

但这种方法的缺陷是不能反映真实的经济成本，其中含有一部分主观臆断的固定共同成本部分。

（二）外部成本

外部成本主要是由于运输的外部性导致的。从形式上说，当一群人的活动影响了另一群人的福利而没有给予另一群人以报酬或补偿时，就产生了外部性。例如：乘飞机的旅客给住在航线下方的人带来噪声成本；乘车的旅客给公路干道附近的居民带来尘土和震动等。

由于运输的外部成本直接影响着人们的生活，所以越来越受到人们的关注。运输的外部成本主要是由拥挤和污染引起的。交通过度拥挤带来的成本主要是指时间成本。每条公路都有其最大承载量，然而，任何驶入公路的个人使用者只考虑到他个人负担的成本，在大多数情况下，他不知道他施加给其他公路使用者的外部成本和拥挤成本。结果，每个驾车者只考虑公路使用者承担的平均成本，而不考虑他的旅行对其他车辆造成的拥挤后果。这使得运输的边际成本远大于平均成本，造成了效率的损失。

运输对环境的负面影响主要包括噪声和大气污染。这时往往需要政府干预，可以采取对污染源征收清污费或者颁布污染标准等方法。

六、运输定价

定价是一种资源配置的方法。有效定价的一般规律是价格等于边际成本，此时，社会福利达到最大化。但是，由于追逐利润最大化是企业的最终动机，而运输产业由于进入的门槛较高，容易形成垄断，而垄断者可以自由地制定价格，使收费超过边际成本和平均成本，这也就是为什么政府总是趋向于管理具有垄断特征的铁路、港口和航空等运输企业的原因。

由于运输成本和价格体系十分复杂，价格歧视在运输定价中经常出现。从本质上说，价格歧视就是"收取使用者愿意负担的费用"。一个运输企业本身可以提供许多不同类型的服务，而且可以使服务的质量有差别。经济学家特鲁拉夫（Truelove）在1992年贴切地描述了英国铁路公司的现行定价实践："头等和二等车厢之间的区别通过下列措施进一步完善了——取消高峰周日和假日火车的票价折扣；限制老人和学生折扣票的发放；减少对周末头等车厢的增补，这个时候休闲旅行繁忙而商务旅行几乎微不足道。"

大多数运输形式，无论是货运还是客运，对其服务的需求都有高峰，而这种高峰是有规律的。城市公共运输在每个工作日的早上和傍晚经历需求高峰；在每年的圣诞节前夕，由中国到美国的远洋运输的需求到达高峰。在这些情况下，我们需要确定一种定价模式，以保证运输基础设施得到最优利用，所有的相关成本均得到补偿并对未来的投资决策提供指导。在高峰负荷定价中，一方面我们可以采取差别定价，使高峰期与正常期的边际成本与价格分别对应；或者仍采取一种定价，把总成本视为提供高峰服务和非高峰服务的联合成本。

在实际生活中的运输服务费率结构可分为两种情况。一种是根据里程计算，另一种是根据实际载重量计算。在前一种方法中，费率结构又有以下几种分类：单一费率，即价格不随里程变化而变化；比例费率，即价格与里程数成比例；"以远以减"，即价格的增加幅度小于里程数的增加幅度，这种情况在远洋运输中很常见。

第三节　国际运输组织概述

一、国际货物运输的一般组织

世界上国际贸易运输的组织机构种类和数量众多，但基本上可以归纳为三个方面，即承运人、货主（也称托运人或收货人）和货运代理人。这三方面的业务组成国际贸易运输工作的主体结构，它们之间在工作性质上有区别，在业务上则有着密不可分的关系。

（一）承运人

承运人（Carrier），是指专门经营水上、铁路、公路、航空等货物运输业务的交通运输部门，如轮船公司、铁路或公路运输公司、航空公司等。它们一般都拥有大量的运输工具，为社会提供运输服务。

（二）货主

货主（Cargo Owner），是指专门经营进出口商品业务的进出口商或商品生产厂家。他们为履行贸易合同，必须组织办理进出口商品的运输，是国际贸易运输工作中的托运人或收货人。

（三）货运代理人

货运代理人（Freight Forworder），是指根据委托人的要求，代办货物运输业务的机构。他们有的代理承运人向货主揽取货物，有的代理货主向承运人办理托运，有的兼营两方面的代理业务。他们属于运输中间人性质，在承运人和托运人之间起着桥梁作用。

此外，国际贸易运输工作与海关、商检、保险、银行以及包装、仓储等部门也有着十分密切的关系。

二、我国对外贸易运输组织

（一）我国对外贸易运输的组织系统概况

我国对外贸易运输的组织系统具体的组织结构如图1－5所示：

```
                    ┌─ 各外贸专业总公司
      货主           │   各工、农、技贸公司
   ┌─────────────────┤
  (托运人、收货人)    │   地方外贸专业公司
                    └─ 从事外贸业务的其他国营企业和集体企业

                    ┌─ 中国对外贸易运输总公司及其分支机构
                    │   外经贸部批准的其他货运代理公司
   ┌─────────┐      │
   │货运代理人├──────┤   铁道部所属铁路服务公司
   └─────────┘      │   交通部所属中国外轮代理公司及各港口分公司
                    └─ 中外合资、合营货运代理公司

                    ┌─ 水上运输：中国远洋运输公司、中国经贸船务公司、地方轮
                    │            船公司、长江航运公司、珠江航运公司及中外合
                    │            资、合营轮船公司
   ┌─────────┐      │
   │ 承运人  ├──────┤   铁路运输：铁路管理总局和各地分局
   │(交通运输部门)│   │   公路运输：公路局和运输公司
   └─────────┘      │   航空运输：中国民航总局所属各航空公司及地方民航公司
                    └─ 邮电运输：中国邮电总局和各地分局
```

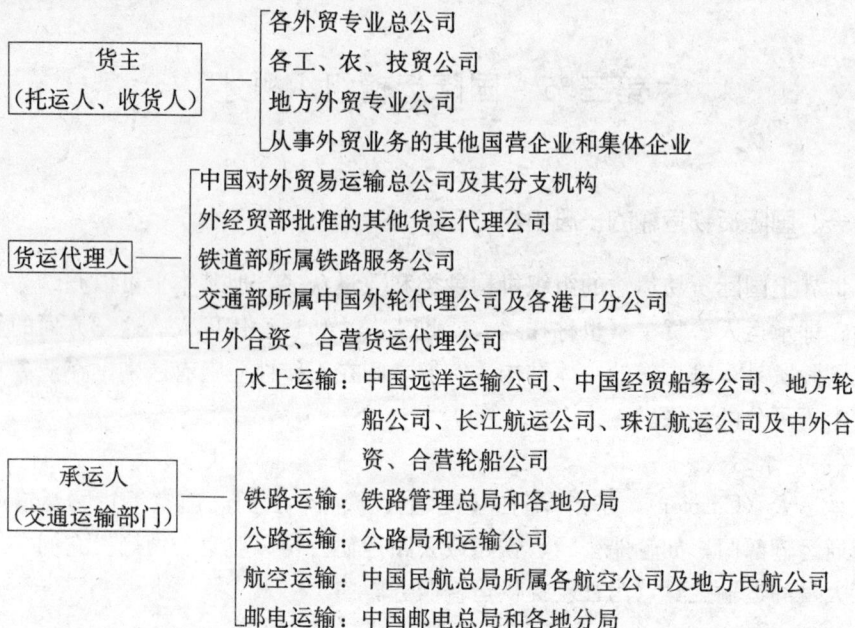

图 1-5 我国对外贸易运输组织系统

从图 1-5 可看出，我国办理国际贸易运输的组织机构，基本上是由外贸部门或进出口商、货运代理人和交通运输部门三个主要方面构成。这三个方面包括的主要机构如下：

1. 外贸部门或进出口商

（1）各外贸专业总公司及地方外贸专业公司；

（2）各部委所属工农贸公司；

（3）集体企业、工厂；

（4）外资、合资和合营企业。

2. 货运代理人

（1）中国对外贸易运输总公司及其分支机构；

（2）外经贸部批准的其他货运代理公司；

（3）交通部所属中国外轮代理公司及各港口公司；

（4）铁道部所属铁路服务公司；

（5）中外合资、合营的代理公司。

3. 交通运输部门

它包括交通部、铁道部、民航部门、邮电部等下属的各专业运输机构。

（1）交通部：它主要包括水运方面的中国远洋运输集团、地方轮船公司、长江航运公司、珠江航运公司，以及中外合资、合营、外商独资轮船公司等；公路方面主要有各地公路局和运输公司。

（2）铁道部：它主要从事铁路运输，下辖铁路管理总局和各地分局。

（3）民航部门：主要从事航空运输，包括中国民航公司及其分公司、地方民航公司、中外合资、合营的航空公司。

（4）邮电部：主要进行数量不大的邮政包裹运输，包括中国邮电总局和各地分局。

（二）我国对外贸易运输的行政管理机构

我国对外贸易运输的行政管理职能由对外经济贸易合作部外贸货运协调司行使，主要承担以下几方面的工作任务：

1. 外贸运输行政管理

主要指政策管理、条法管理和行业管理。例如，在外贸运输中贯彻国家方针、政策、法令、规定，并监督检查各地方经贸行政部门和各经贸企业执行情况；审批自营和中外合营的外贸运输（货运代理）企业的成立和在国外设立外贸运输机构，并负责对其进行年审；对各经贸企业和地方经贸运输行政部门给予运输业务方面的指导；及时发现、总结并宣传、推广外贸运输工作中的新经验、新技术，组织外运人才培训。

2. 外贸运输计划管理

负责全国海陆空和管道进出口运输计划综合编制工作。定期与交通部、铁道部协调平衡，以便使货、车、港、船有机结合，实现经贸部门同交通运输等有关部门之间的配合协作，顺利完成外贸进出口运输任务。随着国家向市场经济迈进，运输计划工作的地位在逐步下降。

3. 外贸运输组织协调

主要是处理部门之间完成进出口任务中出现的关系问题，包括外贸部门与交通运输、海关、商检等部门的关系问题，以及外贸部门内部的运输与购销、仓储等业务部门之间的关系问题。

4. 外贸运输对外事务

主要是在对外开放和平等互利的方针指引下，为发展对外经济贸易，积极推进外贸运输的国际合作。例如，对外商定政府间贸易协议和交货共同条件中的有关运输的内容；参与签订政府间的海运协定、国际铁路联运协定；参加有关外贸运输方面的国际会议等。

三、我国国际运输的任务和指导方针

（一）我国国际运输的任务

我国国际运输工作的基本任务，就是认真贯彻执行国家的对外方针政策，立足于本企业，按照安全、迅速、准确、节省、方便的要求，合理利用各种运输工具、运输方式和运输渠道，降低运输成本，提高运输效益，按时、保质、保量地全面完成企业的外贸进出口运输任务，为促进和发展对外贸易服务。具体来说，主要包括以下几项：

1. 认真贯彻国家对外政策。对外贸易运输是对外活动的一个方面。因此，我们应当本着平等互利的原则，密切配合外交活动，在实际业务中，认真体现和贯彻国家的各项对外政策。

2. 按时、保质、保量地完成进出口运输任务。进出口货物运输是履行货物合同中的最后也是最关键的一个环节。装运期和交货期是合同中的主要条款，违反此项条款，即构成根本性违约，就会导致罚款、毁约等后果。为了合同的顺利履行，我们必须按时、保质、保量地完成进出口货物的运输任务。

3. 节省运杂费用，为国家积累建设资金。对外贸易运输，由于运程长，环节多，各项运杂费用的开支较大，故节省运杂费的途径较多，潜力比较大，因此，从事对外贸易运输的部门和企业，应本着勤俭办企业的精神，不断改善经营管理，提高经济效益，努力为国家建设积累更多的资金。

（二）我国国际运输的指导方针

中国外运经过多年来工作实践的总结，提出了我国国际运输工作的十字方针，即：安全、迅速、准确、节省、方便。

1. 安全。由于国际贸易运输牵涉面较广，环节较多，所以风险较大。这就要求特别注意运输工具和货物的安全，尽量避免事故，把事故可能带来的危险限制到最小范围内，以确保货物能安全运达目的地。

2. 迅速。按照双方约定的时间出运，关系到重合同、守信用的问题。因此，应加快装卸和运输速度，尽量缩短商品在途时间，以满足国内外市场的需要。

3. 准确。把运输工作做仔细，防止发生错交、错发、错运以及单货不符、单证不符等事故，力争正确无误地完成国际贸易运输任务，是国际贸易运输的要求之一。

4. 节省。本着降低国际贸易商品流通费用原则。在国际贸易运输工作中，要积极组织各种方式的合理运输，大力节约人力、物力和财力，以降低运输成本

和节省运杂费用。

5. 方便。国际贸易运输工作应把货主的利益放在首位，改进经营作风和管理方法，多为货主着想，不断提高服务质量，尽量给货主提供便利。

第四节　国际运输方式和运输对象

一、国际货物运输方式

国际货物运输方式的种类有很多，不同运输方式的管理水平、服务质量、技术性能、方便程度等都会影响不同层次物流系统对运输方式的选择。各种运输服务都是围绕着五种基本的运输方式展开的，即铁路运输、公路运输、航空运输、水上运输和管道运输。具体结构如图1-6所示：

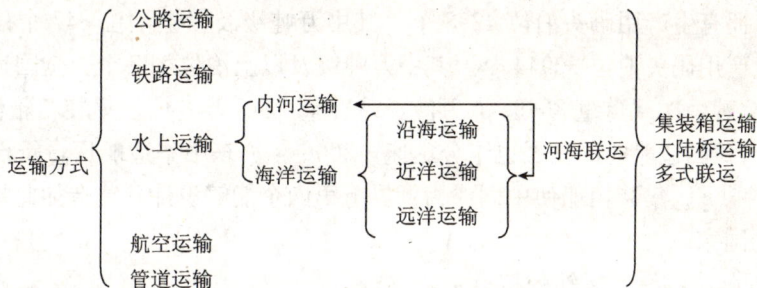

图1-6　五种基本运输方式

我国对外贸易进出口货物的90％左右是通过海洋运输完成的。国际贸易总运量的2/3也是海运完成的。国此海洋运输是国际贸易中最重要的运输方式。其次是陆上运输方式。我国也有少量液体和气体货物通过管道输往邻国；邮政运输是以邮政部门作为货运代理人的运输服务形式，主要依赖其他运输方式，尤其是航空运输方式来进行。两种以上不同运输方式结合组成连贯运输则形成了优于单一运输方式的多式联运。

各种运输方式各有其特点。在对外贸易工作中，我们应根据进出口货物的性质、运量的大小、路程的远近、需要的缓急、成本的高低、装卸地的条件、法令制度与惯例、气候与自然条件以及国际社会与政治状态等因素来审慎选择运输方式，以便高效、顺利地实现对外贸易的目的。

（一）水路运输

水路运输又称为船舶运输，它是利用船舶运载工具在水路上的运输，简称水运。水路运输按船舶航行的水域不同可分为内河运输和海上运输两种形式。因本书主要涉及国际货物运输，故这里只介绍海上运输。

1. 国际货物海上运输的发展历史

现代海上运输是在 19 世纪资本主义商品生产和国际贸易发展的基础上发展起来的。到第二次世界大战以后，海上船舶的大型化、专业化、自动化程度和航海速度的提高，各国港口建设和内陆集疏运系统日趋完备，使得国际海上货物运输发展到了空前的规模。目前世界上已建造了 70 万吨级以上的大型船舶。未来的发展总趋势是海上货物运输船舶的专业化、大型化、高效化以及水运管理和航行安全系统电子化。

我国 20 世纪 60 年代初才开始组建自己的远洋船队；70 年代发展迅速；进入 80 年代后，地方船队也开始兴办，目前已形成多家经营的局面。到 2005 年，全国港口拥有生产用码头泊位 35242 个，其中万吨级及以上泊位 1034 个。全国沿海港口拥有生产用码头泊位 4298 个，其中万吨级及以上泊位 847 个；内河港口拥有生产用码头泊位 30944 个，其中万吨级及以上泊位 187 个。全国远洋运输船舶 2082 艘，净载重量 3649.40 万吨，载客量 1.47 万客位，集装箱箱位 66.97 万 TEU。我国造船业的发展也十分迅速，2006 年沪东中华造船厂自行设计并建造的 8530 TEU 集装箱船使中国成为世界上第四个能够设计并建造如此规模的集装箱船的国家。

2. 国际货物海上运输的特点

国际货物海上运输的特点是运输能力大、能源消耗低、航道投资省、运输成本低、对货物的适应性强、运输速度慢以及风险较大。具体来说，主要有以下几方面内容：

（1）运输能力大。在海上运输中，目前世界上最大的超巨型油船的载量已超过 70 万吨，新一代集装箱船的箱位已超过 8000 TEU，矿石船载重量达 35 万吨，巨型客轮已超过 8 万吨，一般的杂货船也多在五六万吨以上；海上运输利用天然航道，这些航道四通八达，而且不受道路或轨道的限制，若条件允许，可随时改选最有利的航线。

（2）航道投资省。海上运输都是利用天然航道，因此这些航道的开发几乎不需要支付费用。

（3）运输成本低。尽管水运的站场费用很高，但因其运载量大，运程较远，能耗低，劳动生产率高，而使其单位成本较低。海上运输的单位成本约为铁路运输的 1/5，公路运输的 1/10，航空运输的 1/30。

（4）对货物的适应性强。船舶由于运量大，基本上适合各种货物的运输，如井台、火车头等超重货物，石油、天然气等其他运输方式无法装运的货物。

（5）航速低。由于大型船舶体积大，水流阻力高，加之其他各种因素的影响，因此航速一般较低。低速行驶所需克服的阻力小，能够节约燃料；航速增大所需克服的阻力直线上升，燃料消耗会大大增加，极不经济。

（6）风险较大。海上运输受自然条件和气候的影响较大，航期不易准确，遇险的概率较大。每年全球海运约有 300 艘船舶遇险。

（7）不能提供门到门的物流服务。因受航道和港口的限制，海上运输的可及性差，一般都要陆地运输系统的配合才能完成产品的运输过程。

3. 国际货物海上运输的作用

国际海上货物运输虽然速度较低、风险较大，但由于它的通过能力大、运量大、运费低廉以及对货物适应性强等优点，加上全球特有的地理条件，使其成为国际贸易中最主要的运输方式。目前，海上运输总量占国际贸易总运量的 2/3 以上，占我国进出口货运总量的 90%。此外，海上航运业实际上也是一个国家的国防后备力量：一旦发生战争，商业船队往往用来运输军需，成为海、陆、空三军之外的"第四军"。正因为国际海上货物运输占有如此重要的地位、起着如此重要的作用，各国都很重视发展航运事业，通过立法加以保护，并从业务上加以扶植和帮助，在税收和货载方面给予优惠。

（二）铁路运输

1. 铁路运输的发展历史

铁路运输的发展只有 170 多年的历史。1825 年英国建造了世界上第一条铁路。到 19 世纪末，全世界铁路总长度已达 65 万千米，第一次世界大战前夕增加到 110 万千米，20 世纪 20 年代增加到 127 万千米。从那以后，由于飞机和汽车运输的发展，铁路运输的发展逐渐缓慢，处于相对稳定的状态。目前全世界 117 个国家和地区共有铁路 130 万千米，其中电气化铁路约 26 万千米。

我国的第一条铁路是 1876 年英国修建的吴淞铁路，全长 15 千米。新中国成立后，铁路建设迅速发展，1997 年底全国铁路通车里程已达 65969.5 千米，居亚洲第一位。到 2005 年，全国铁路营业里程将达到 75000 千米，其中复线铁路里程约 25000 千米，电气化铁路里程约 20000 千米。

2. 铁路运输的特点

（1）运输的准确性和连续性强。铁路运输具有高度的导向性，只要行车设施无损坏，受其他交通机械及气候等因素的影响较小，全年终日地进行定期的、有规律的、准确的运转。因此，准确性和连续性较强。

（2）运输速度较快。常规铁路的列车运行速度最低为 60～80 千米/小时，部分常规铁路可高达 140～160 千米/小时，高速铁路上运行的列车时速可达 210～310 千米/小时。因此说铁路运输远远快于海上运输。

（3）运输量较大。铁路是大宗货物通用的运输方式之一，能够负担大量的运输任务。铁路运输能力取决于列车载重量和每昼夜线路通过的列车对数。每一列车载运货物的能力比汽车和飞机大得多；双线铁路每昼夜通过的货物列车可达百余对，因而其货物运输能力每年单方向可超过 1 亿吨。

（4）运输安全可靠。铁路运输很少受自然条件影响，风险远比海上运输小。并且随着先进技术的发展和采用，铁路运输的安全程度越来越高。在各种现代化交通运输方式中，按所完成客、货周转量计算的事故率，铁路运输是很低的。

（5）运输成本较低。在运输成本中，固定资产折旧费所占比重较大，而且与运输距离的长短、运量的大小密切相关。运距愈长、运量愈大，单位成本愈低。一般来说，铁路的单位运输成本比公路运输和航空运输要低得多，有的甚至比内河航运还低。

（6）初期投资较大。铁路运输需要铺设轨道、建造桥梁和隧道，建路工程艰巨复杂，初期投资大大超过其他运输方式。

3. 铁路运输在我国对外贸易中的作用

铁路运输对发展我国与亚洲、欧洲各国之间的经济贸易关系起着重要的作用。在 20 世纪 50 年代，铁路运输占我国进出口货物运输总量的 50% 左右，是当时我国对外贸易货物的主要运输方式。60 年代以后，随着我国海上货物运输的发展，铁路运输进出口货物所占比例虽然逐步下降，但所起的作用仍然十分重要。近年来随着俄罗斯、东欧市场的进一步开拓以及新欧亚大陆桥的建成，铁路运输进出口货量的比例正在逐步增加。

对港澳地区的铁路运输，是我国出口创汇，繁荣稳定港澳市场以及开展香港转口贸易，发展我国陆海、陆空联运的重要保证。

我国出口货物由内地向港口集中、进口货物从港口向内地疏运以及省与省间、省内各地区间的外贸物资的调拨，主要是靠铁路运输来完成的。

总之，在我国对外贸易中，无论是出口货物还是进口货物，一般都要通过铁路运输这一重要环节。仅以进出口货物量计算，铁路运输也仅次于海上运输而居第二位。

（三）公路运输

公路运输是主要使用汽车，也使用其他车辆在公路上进行货物运输的一种方式。它是陆上运输的两种基本方式之一，也是现代运输的主要方式之一。

1. 公路运输的发展历史

公路运输的发展历史比水运和铁路运输要短得多，但发展速度非常快。1930年美国福特汽车公司生产了第一辆汽车。到第二次世界大战期间，由于战争的需要，汽车生产发展很快，公路网规模越来越大。从第二次世界大战结束至今，美、日和欧洲各国先后建立了比较完善的全国公路网，并大力兴建高速公路，战后恢复和重建的汽车工业已形成比较完善的体系。

我国的公路运输获得较大发展是从新中国成立以后，到1996年底，全国已建成通车的高速公路达3422千米，居世界第9位；到2004年底，全国公路总里程达到187.07万千米，其中高速公路为34288千米。

2. 公路运输的特点

（1）机动灵活、简捷方便、应急性强。和其他运输方式相比，汽车运输的最大优势就是能深入到别的运输工具到达不了的地方，能满足多方面运输需求。首先，汽车的载重量可大可小，可以根据客户对货物批量的要求进行运输，所以具有很强的适应性。其次，公路运输受空间制约较少，因而公路运输既可自成体系，又可以作为其他运输的接运方式。最后，公路运输在时间上的自由度很大，通常可以按客户规定的时间提供运输服务。

（2）汽车运输投资少、收效快。一般公路易于兴建、建设期短、建设投资较低，公路运输企业投资少、周转快、回收期短、利润率高。高速公路的投资虽高，但因其昼夜通车，交通量相应大幅提高，其高昂的造价可以在较短期内得到补偿。

（3）随着公路建设的现代化、汽车生产的大型化，汽车也能够适应集装箱货运方式发展的需要而载运集装箱。

（4）可以提供门到门的物流运输服务。公路运输不受线路、车站、机场、港口的制约，陆地上只要汽车可以开进去的地方，汽车主都可上门提供服务，做到取货上门、送货到家，实现一次性直达运输，不需中途换装。

（5）汽车运输的不足之处是载重量小；车辆运行时震动较大，易造成货损事故；单位运输成本要比水路运输和铁路运输高；在污染环境方面，汽车的公害严重。

3. 公路运输在国际贸易运输中的地位和作用

公路运输的特点决定了它最适合于短途运输。同时它可以将两种或多种运输方式串联起来，实现多种运输方式的联合运输（多式联运），做到进出口货物运输的"门到门"服务。

公路运输可以配合船舶、火车、飞机等运输工具完成运输的全过程，是港口、车站、机场集散货物的重要手段。尤其是在鲜活商品、集港疏港的抢运中，往往能够起到其他运输难以起到的作用。

公路运输也是一个独立的运输体系，可以独立完成进出口货物运输的全过程。公路运输是欧洲大陆国家之间进出口货物运输的最重要的方式之一。在我国东北、西北边境贸易的过境运输以及供应港澳物资或通过港澳中转物资的运输，很大一部分也是靠公路运输独立承担的。

（四）航空运输

航空运输，简称空运，是使用飞机或其他航空器进行运输的一种形式，是一种较安全迅速的运输方式，特别适用于价值高和时间紧的物资运输。

1. 航空运输的发展历史

1903 年美国人莱特兄弟发明制造了世界上第一架飞机。飞机起初用于运送邮件，后发展为载运旅客和货物。在第二次世界大战期间，由于战争的需要，军用飞机得到了很大的发展。战后，航空货物运输业作为国际贸易运输的一种方式而出现，并日益显示出它的重要作用。目前，全球约有 1000 余家航空公司，30000 余个民用机场，60000 余架商用飞机，航空运输货运量日渐增多，航线四通八达，遍及全球各大空港和城市。在世界范围内，航空运输都处在高速增长阶段。

在我国，解放前航空运输一直未能得到发展；新中国成立后，才逐渐由小到大，初具规模。目前，已形成一个以北京为中心的四通八达的航空运输网。1995年底我国民航线路里程 116 万千米，运输机总数 400 余架，数量居世界第九位。截至 2004 年底，中国民航拥有运输飞机 754 架，其中大、中型飞机 680 架，均为世界上最先进的机型，定期航班航线达到 1200 条。今后，航空运输在我国对外贸易运输中的地位会越来越重要。

2. 航空运输的特点

（1）速度快，时间短。速度快是航空运输与其他运输方式相比最明显的特征，现代喷气式运输机一般时速都在 900 千米/小时左右，协和式飞机时速可达1350 千米/小时，比火车快 5～10 倍，比海轮快 20～40 倍。另一方面，航空线路不受地面条件限制，一般取两点间最短距离直线飞行，因此航程较地面短得多，而且，运程越远，所能节约的时间越多。

（2）安全准确，节省包装费用。航空运输管理制度比较严格、完善，空运过程中震动、冲击小，温度、湿度条件适宜，与外界没有接触，货物破损率低，可以保证运输质量，如使用空运集装箱运输，则更为安全。因而，空运可以简化运输包装，节省包装材料、劳动力和时间，从而节省包装费用。

(3) 手续简便。航空运输为体现其快捷便利的特点，为委托人提供了简便的托运手续，甚至可以电话委托，由货运代理人上门取货并办理其他一切手续。

(4) 节省保险、利息和储存等费用。

(5) 航空运输的不足之处是运量较小，运价较高，易受气象条件限制。

3. 航空运输在国际贸易中的作用

当今国际贸易大多是洲际市场，商品竞争激烈，争取时间至关重要。航空运输的出现，满足了国际市场的这种需要，对于国际贸易的发展起到了很大的推动作用。

易腐鲜活商品对时间要求极为敏感，如运输时间过长，则变成废弃物，无法供应市场。采用航空运输，可保新鲜成活，并有利于开辟运距较远的市场。航空运输还适用于季节性商品及其他应急物品的运送。

航空运输虽然运量小、运价高，但由于速度快，商品周转期短，存货可相应降低，资金可迅速回收，这就大大节省了储存和利息费用；货损货差少，可简化包装，又可节省包装费用；运送安全准确，保险费也较低。因此，有许多货物是适合于航空运输的。

(五) 国际集装箱运输

集装箱是进行散、杂货及特殊单元组合的大型容器性工具。集装箱又称为"货箱"、"货柜"。集装箱运输是以集装箱为集合包装和运输单位，适合门到门交货的成组运输方式，也是成组运输的高级形态。

1. 集装箱运输的发展历史

20 世纪初出现了最简单的集装箱运输，到 20 世纪 50 年代中期世界集装箱运输进入了迅速发展时期。至今，世界集装箱运输的发展大致可以划分为三个阶段。第一阶段为初试阶段，自 50 年代中期至 60 年代末；第二阶段为迅猛发展阶段，自 60 年代末至 80 年代初；第三阶段从 80 年代初开始至今，集装箱运输已遍及全球，发达国家的杂货运输已经基本上实现了集装箱化（适箱货源的装箱率达 80％以上），集装箱运输的增长率主要靠贸易的自然增长来维持。

我国的集装箱运输始于 1956 年，到 1973 年才开辟了由上海、天津至日本的第一条国际集装箱运输航线，不久陆续开辟了澳大利亚、美国、加拿大、中国香港、新加坡和西欧航线。到目前，已基本上形成了连接世界各主要港口的海上集装箱运输网。此外，我国内陆的集装箱运输体系也正在形成。总的说来，我国集装箱运输的优越性还未得到充分的发挥，集装箱运输必将在我国得到迅速的发展。

2. 国际集装箱运输的特点

（1）提高装载效率，减轻劳动强度。集装箱运输是实现全部机械化作业的高效率运输方式。主要是将单件杂货集中成组装入箱内，可以减少重复操作，从而大大提高车船装载效率。集装卸货率是普通货船的 10 倍。此外，集装箱运输还能提高船舶运营率，它不受气候影响，能减少非生产性停泊，大大降低劳动强度。

（2）能避免货物倒载，防止货损货差。集装箱运输是保证货运质量、简化货物包装的安全节省的运输方式。运输件杂货时，由于在运输和保管过程中货物较难保护，货损、货差情况仍较严重，特别是在运输环节多的情况下，货物的中途转运搬动使货品破损以及被盗事故屡屡发生。采用集装箱运输方式后，由于集装箱本身实际上起到了一个强度很大的外包装作用，因此，即使经过长途运载或多次换装，也不易损坏箱内货物。此外，集装箱在发货人处签封，一单到底，途中不拆箱，这就能大大减少货物丢失，货运质量在一定程度上得到保证。

（3）加快车船周转，提高运载速度。集装箱化给港口和场站的货物装卸、堆码的机械化和自动化创造了条件。标准化的货物单元使装卸搬运的运作变得简单，而机械化和自动化的装卸可以大大缩短运输车船在港站停留的时间，加快了货物的送达速度。另一方面，由于集装箱运输方式减少了运输中转环节和收发货的交接手续，方便了货主，也提高了运输服务质量。

（4）降低营运费用，简化货运手续。集装箱箱体作为一种能反复使用的包装物，虽然一次性投资较高，但与一次性的包装方式相比，其单位货物运输分摊的包装费用投资反而降低。由于采用统一的货物单元，使换装环节设施的效能大大提高，从而降低了运输成本，减少了运营费用。此外，使用集装箱运输以前，在卸货时必须按货物外包装上的标志加以分类，逐件检查。而使用集装箱运输以后，可按箱进行检查，大大加快了检验速度，降低验收费用。

（5）组织综合运输，实现多式联运。由于各种运输工具各自独立发展，装载容积无统一考虑，因此，传统的运输方式给货物的换装带来了困难。随着集装箱作为一种标准运输单元的出现，使各种运输工具的运载尺寸向统一的满足集装箱运输需要的方向发展。根据标准化的集装箱设计的各种运输工具将使运输工具之间的换装衔接变得更加便利。集装箱运输逐渐由海上的两端间运输延伸发展为与陆运、空运结合的国际多式联运。

（六）国际多式联运

1. 国际多式联运的发展历史

国际多式联合运输简称国际多式联运或多式联运。它是在集装箱运输的基础上产生并发展起来的，一般以集装箱为媒介，把海上运输、铁路运输、公路运输、航空运输和内河运输等传统的单一运输方式有机地结合起来，构成一种连贯的过程来完成国际间的货物运输。20世纪60年代末，国际多式联运首先出现在美国，随后美洲、欧洲、亚洲及非洲一些地区很快仿效，广为采用。1980年5月在日内瓦召开的联合国国际多式联运公约会议上制定了《联合国国际货物多式联运公约》，共有67个国家在会议最后文件上签字。

中国外运（集团）公司于1980年末在我国首先承办国际多式联运业务。经过多年的努力，目前已开办有十多条国际多式联运路线，办理的业务有陆海联运、陆空联运、海空联运。此外，还有经过苏联西伯利亚铁路到中东、欧洲的大陆桥运输，以及通过朝鲜清津港到日本的小陆桥运输等多种方式。目前我国出口商品可以从一些发货地或加工厂通过多式联运，直接运到客户指定的国外港口或内陆城市；进口商品可以通过多式联运从国外的工厂或港口直接运到我国港口或一些内陆城市。国际多式联运是当前国际贸易运输发展的方向。我国地域辽阔，更有发展多式联运的潜力。

2. 国际多式联运的特点

（1）运输组织水平较高。对于单一运输方式而言，经营业务范围有限，货运量相应也受到限制。若采用不同的运输经营人共同参与的多式联运，其经营的范围可以大大扩展，同时可以最大限度地发挥其现有设备的作用，改善不同运输方式间的衔接工作，选择最佳运输路线，组织合理化运输。

（2）手续简单统一，节省人力物力。主要表现为在国际多式联运方式下，无论货物运输距离有多远、由几种运输方式共同完成，且不论运输途中货物经过多少次转换，所有一切运输事项均由多式联运经营人负责办理。而托运人只需办理一次托运，订立一份运输合同，一次支付费用，一次保险，从而省去托运人办理托运手续的许多不便。同时，由于多式联运采用一份货运单证，统一收费，因而也可简化制单和结算手续，节省人力和物力。此外，一旦运输过程中发生货损、货差，由多式联运经营人对全程运输负责，从而也可简化理赔手续，减少理赔费用。

（3）货物运输时间短，运输质量高。在国际多式联运方式下，各种运输环节和各种运输工具之间密切配合，衔接紧凑，货物所到之处中转迅速及时，大大减少货物的在途停留时间，从而从根本上保证了货物安全、迅速、准确、及时地运达目的地。同时，多式联运是通过集装箱进行直达运输，尽管货运途中需经多次转换，但由于使用专业机械装卸，且不涉及箱内货物，因而货损货差事故大为减少，从而在很大程度上提高了货物的运输质量。

（4）运输成本较低。由于多式联运可以实现门到门运输，因此，对货主来说，在货物交由第一承运人以后即可取得货运单证，并据以结汇，从而提前了结汇时间。这不仅有利于加速货物占用资金的周转，而且可以减少利息的支出。此外，由于货物是在集装箱内进行运输的，因此从某种意义上来看，可相应地节省货物的包装、理货和保险等费用的支出。

（七）其他运输

1. 内河运输

内河运输是使用船舶在陆地内的江、河、湖、川等水道进行运输的一种方式，是水上运输的一个重要组成部分，也是连接内陆腹地和沿海地区的纽带。它具有运量大、投资少、成本低、耗能少的特点，对于国家的国民经济和工业布局起着重要的作用，因此世界各国都很重视内河运输系统的建设。我国有大小5000多条河流和许多湖泊，也具有发展内河运输十分有利的自然条件。到2004年底，全国内河航道通航里程达12.33万千米，并已初步形成一个内河航运网。

国家已批准长江一些内河港口正式对外开放，我国大量的对外贸易物资已经可以直接从内河运进运出。此外，内河运输对于我国边境贸易的发展（如黑龙江对俄罗斯运输）以及港口进出口货物的疏运集运、省际省内外贸物资的调拨也起着重要的作用。

2. 邮政运输

国际邮政运输是国际贸易运输不可缺少的渠道，具有广泛的国际性，并具有国际多式联运和"门到门"运输的性质。它的手续简单方便，发货人只需将邮包交到邮局，付清邮费并取得邮政收据（即邮单），然后将邮政收据交给收货人即完成了交货任务。但国际邮政运输对邮件的重量和体积均有一定的限制，一般每件重量不得超过20千克，长度不得超过1米，所以它只适宜于量轻体小的小商品，如精密仪器、机器零件、金银首饰、文件资料、药品以及各种样品和零星物品等。我国于1972年加入万国邮政联盟组织，已与很多国家签订邮政包裹协议和邮电协定。国际邮政运输已成为我国重要的外贸运输方式之一。

3. 管道运输

管道运输是利用管道设备设施等通过一定压力差驱动货物（多为液体、气体货物）沿着管道流向目的地的一种现代运输方式。它是随着石油的生产、运输而产生、发展起来的。这种运输方式具有安全、迅速、运量大、投资少、自动化水平高、运营费用低、不污染环境等优点，但铺设管道技术较为复杂、管道运输缺乏灵活性，而且要求有长期稳定的油源。我国第一条管道为1958年始建的从新疆克拉玛依到独山子全长300千米的输油管道。目前，我国油气管道累计长度已达4万多千米，几个大油田已有管道与海港相通，如大庆至大连、大庆油田至秦皇岛、大港油田至渤海湾、胜利油田至青岛、丹东至朝鲜新义州等。我国向朝鲜出口的石油，主要是通过管道运输。

二、国际货物运输对象

国际货物运输对象就是国际货物运输部门承运的各种进出口货物如原料、材料、工农业产品、商品以及其他产品等，它们的形态和性质各不相同，对运输、装卸、保管也各有不同的要求。根据国际货物运输的需要，可以从货物的形态、性质、重量、运量等几个不同的角度进行简单的分类：

（一）从货物形态的角度分类

1. 包装货物：为了保证有些货物在装卸运输中的安全和便利，必须使用一些材料对它们进行适当的包装，这种货物就叫做包装货物。按照包装的形式和材料可以分为箱装货物、桶装货物、袋装货物、捆装货物和其他包装货物。

2. 裸装货物：不加包装而成件的货物称为裸装货物。例如各种钢材、生铁、木材、有色金属、车辆和一些设备等。

3. 散装货物：不加任何包装，采取散装方式，不能计数但能称重的货物。它便于使用机械装卸作业进行大规模运输，能把运费降到最低的限度。例如煤炭、铁矿、粮谷、工业用盐、化肥、石油等。

（二）从货物性质的角度进行分类

1. 普通货物

（1）清洁货物：清洁干燥货物，如茶叶、棉纺织品、粮食、陶瓷品等。

（2）液体货物：盛装于桶、瓶、坛内的流质或半流质货物，如酒类、油类、药品和普通饮料。

（3）粗劣货物：指具有油污、水湿、扬尘和散发异味等特性的货物，如包装外表有油腻的桶装油类、生皮、盐渍货物、水泥、烟叶、化肥、矿粉等。由于易造成其他货物污损，所以又称为污染性货物。

2. 特殊货物

（1）危险货物：易燃、爆炸、毒害、腐蚀和放射性危害的货物。根据危险货物运输规则，它又分为若干大类和小类。

（2）易腐、冷藏货物：指常温条件下易腐变质或指定以某种低温条件运输的货物，如果菜、鱼类、肉类等。

（3）贵重货物：指价值高昂的货物，如金、银、贵重金属、货币、古玩、名画等。

（4）活的动植物：指具有正常生命活动，在运输中需要特殊照料的动植物。

从货物性质角度分 — 普通货物 — 清洁货物 / 液体货物 / 粗劣货物

特殊货物 — 危险货物 / 易腐、冷藏货物 / 贵重货物 / 活的动植物

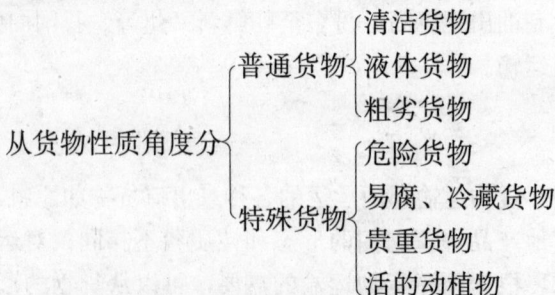

（三）从货物重量角度分类

1. 重量货物：凡一吨重量的货物，体积如果小于 40 立方英尺或 1 立方米，称为重量货物。

2. 轻泡货物：又称为体积货物，凡一吨重量的货物，体积如果大于 40 立方英尺或 1 立方米，这种货物就是体积货物。

（四）从货物运量大小的角度分类

1. 大宗货物：同批（票）货物的运量很大者，称为大宗货物，如化肥、粮谷、煤炭等。大宗货物约占世界海运总量的 75%～80%。

2. 件杂货物：大宗货物以外的货物称为件杂货物。它一般具有包装，可分件点数，约占世界海运总量的 25%，但在货价方面其要占到 75%。

3. 长大笨重货物：在运输中，凡单件重量超过限定数量的货物称为重件货物或超重货物；凡单件某一尺度超过限定数量的货物称为长大货物或超长货物；一般情况下，超长的货物往往又是超重的，超重的货物中也有一些是属于超长的。货物的这种划分，对于货物的装载和计费，具有十分重要的意义。

思考与练习题

一、名词解释

1. 运输

2. 运输需求

3. 运输供给

二、简答题

1. 简述国际贸易运输的特点。

2. 简述运输成本的分类。

三、论述题

讨论国际货物有哪些运输方式，以及各种运输方式的优缺点。

第二章 国际货运代理

学习目的

本章主要讲授国际贸易的基本程序、方式和主要内容，国际货运代理及国际货运代理企业，国际货运代理的责任及其保险。通过本章的学习，可以掌握国际贸易的基本程序和合同内容，了解国际货运代理及货运代理企业的定义及分类，熟悉货运代理的责任及保险。

第一节　国际贸易概述

一、国际贸易基本程序和内容

我国对外签订的出口贸易合同，多数以 CIF 或 C&F 价格条件成交并采用信用证支付方式收款。执行这类出口合同，涉及的工作环节较多，牵连的面也较广，办理的手续也较复杂。因此，必须十分注意加强同各有关单位的协作与配合，并且以货、证、船、款为中心，科学地安排合同的履约过程，尽量避免出现脱节情况，做到环环紧扣，井然有序。

出口合同的履行过程，虽然工作环节多，手续复杂，但归纳起来主要是货、证、船、款四大环节。即：备货，催证、审证和改证，租船订舱，制单结汇。

（一）备货、报验

要根据合同及信用证的规定，对应交货物进行清点、加工整理、刷制运输标志以及办理申报检验和领证等项工作。第一，要对应交货物的品质、规格等认真核对，必须与合同和信用证的规定相一致，并进行必要的加工整理。第二，对货物的数量，要与合同和信用证规定的数量完全符合，而且应留有余地，以备必要时作为调换之用。第三，应交货物的包装必须符合合同和信用证的条件，还要符合运输要求。所以，应对货物的内、外包装认真进行核对和检查。第四，货物的运输标志，如合同和信用证已作规定的，应提前刷制；如合同中规定唛头由买方决定的，应及时催促对方尽快提出，并在接到对方的通知后，立即转仓储部门及时刷制。在刷制标志时，要注意图形、字迹清楚，位置醒目，大小适当。第五，货物备妥的时间应严格按照合同和信用证规定的交货期限，同时结合船期进行安排。

凡属国家规定必须检验，或合同规定必须经中国出入境检验检疫局检验出证的出口商品，在货物备齐后，应向检验检疫局申请检验。只有取得检验检疫局发给的合格检验证书，海关才准通行。外贸企业应在检验证书规定的有效期内将货物出运。如需超过有效期装运出口，应向检验检疫局申请展期，并由检验检疫局进行复检合格后才能出口。凡经检验不合格的货物，一律不准出口。

（二）催证、审证和改证

履行以信用证方式支付货款的合同，催证、审证和修改信用证直接关系到我国对外政策的贯彻和收汇的安全，也是履行出口合同的重要工作。对国外开来的信用证，必须进行认真的审核，如发现与合同规定不符，要及时办理改证手续。

1. 催证

在按信用证付款条件成交时，买方按约定的时间开证是卖方履行合同的前提条件。尤其是大宗交易或按买方要求而特制的商品交易，买方及时开证更为必要；否则，卖方无法安排生产和组织货源。

在正常情况下，买方信用证最少应在货物装运期前 15 天开到卖方手中，但在实际业务中，国外客户在遇有市场发生变化或资金短缺时，往往拖延开证，因此，我们应经常检查开证情况。为使合同顺利履行，在以下几种情况下，应及时催促对方开立信用证：

（1）合同规定装运期限较长（如三个月），而买方应在我方装运期前一定期限（如 15 天）内开证，我们应在通知对方预计装运期时，同时催请对方按约定时间开证；

（2）根据我方备货和船舶情况，如果有可能提前装运时，也可与对方商量，要求其提前开证；

（3）国外买方未在合同规定的期限内开证，我方可向对方要求损害赔偿；或催促对方开证；或限期对方开证；或在催证同时保留索赔权；

（4）开证期限未到，但发现客户资信不佳，或市场情况有变，也可催促对方开证。

2. 审证

外贸公司在收到买方开来的信用证后，应对照销售合同并依据《跟单信用证统一惯例》进行审核。审证的基本原则是，信用证的内容必须与销售合同的规定相一致，否则会直接影响我方安全收汇和履行合同。

在实际业务中，经常发现国外来证内容并不完全与合同规定相符。原因是多方面的，有的是由于某些国家、地区的习惯做法往往有特殊规定；有的是因为国外客户对我国政策不了解；有的是因为国外客户或开证银行工作的疏忽或差错；也有的是因为国外客户故意玩弄手法而在信用证中加列一些不合理的条款。因此，对国外来证，我们必须认真审核。

审核信用证是银行和外贸公司的共同职责，但它们在审核的范围和内容上的侧重点不同。银行审核信用证的主要内容包括政治性、政策性、资信情况、保证安全收汇；而外贸公司主要审核信用证的种类、开证申请人和受益人、金额及其采用的货币、运期和有效期、有关货物的记载、来证规定开立汇票的内容以及装运单据。

3. 改证

对信用证进行全面细致的审核以后，如果没有发现问题，我们就可按信用证条款发货、装运、制单接回。但是，审证后经常发现问题，这些问题可能涉及包装、信用证总金额、装船期、保险等。应区别问题的性质，分别同银行、运输、保险、检验检疫等有关部门研究，作出恰当妥善的处理。凡属于影响合同履行和安全收汇的情况，应要求外商通过开证行进行修改，并坚持在收到银行修改信用证通知书后才能对外发货，以免发生货物装出后而修改书未到的情况，造成我方工作上的被动和经济上的损失。

在改证过程中，要正确掌握改与不改的界限。非改不可的，应坚决要求修改，可改可不改的，则可根据实际情况酌情处理。对于同一张信用证中的问题，最好一次提出修改。对修改后的内容，仍要进行认真审核。如修改后的内容仍不能接受时，应再次敦促对方修改。

（三）租船订舱和装运

当货物备妥，有关信用证经审核/修改无误后，出口合同履行即进入租船订舱和装船的阶段，凡由我方安排运输的 CIF 和 C&F 出口合同，在备货的同时，必须做好租船订舱工作。要根据货物的不同情况，向有关交通运输部门或船公司及时洽租船舶或租订舱位。

出口货物在装船以前，必须按规定手续办理报关、报验，经海关核对查验无误后，在装货单上盖章放行，船方方可接受装货。

装船完毕取得提单后，应立即向外商发出装船通知，以便买方凭此办理保险。如为 CIF 合同，发出装船通知，也便于国外买方提前做好接货准备。对 CIF 合同，我方在装船前，须及时向保险公司办理投保手续。

（四）制单结汇

出口货物装船以后，即应按信用证和合同的规定，正确制作各种有关单据，并在信用证规定的交单有效期内，持单向银行办理结汇手续。在缮制单据工作中，有关单据的种类、份数和内容，应与信用证的规定相符，各单据之间也应相互一致，切实做到"单证相符"和"单单一致"。只有这样，才能顺利结汇。

我国出口结汇的办法有收妥结汇、押汇和定期结汇三种。

1. 收妥结汇

又称收妥付款，是指议付行收到外贸公司的出口单据后，经审查无误，将单据寄交国外付款行索取货款，待收到付款行将货款拨入议付行账户通知书时，即按当时外汇牌价，折成人民币拨给外贸公司。

2. 押汇

又称买单结汇，是指议付行在审单无误的情况下，按信用证条款买入受益人（外贸公司）的汇票和单据，从票面金额中扣除从议付日到估计收到票款之日的利息，将余款按议付日外汇牌价折成人民币，拨给外贸公司。议付行向受益人垫付资金、买入跟单汇票后，即成为汇票持有人，可凭票向付款行索取票款。银行同意做出口押汇，是为了向外贸公司提供资金融通，有利于外贸公司的资金周转。

3. 定期结汇

定期结汇是指议付行根据向国外付款行索偿所需时间，预先确定一个固定的结汇期限，到期后主动将票款金额折成人民币拨付外贸公司。

（五）索赔与理赔

在出口合同履行过程中，如因国外买方未按合同规定履行义务，致使我方遭受损失，在理由充分、证据确凿的情况下，可根据不同对象、不同原因以及损失大小等，及时向对方提出索赔，并注意区别不同情况，加以适当掌握。

如果我方交货的品质、数量、包装等不符合合同的规定，我方在处理国外商人的索赔时，要认真分析和审查对方提出索赔的理由及有关证据。对于国外商人的不合理要求，应以理拒绝；对于对方的恶意挑衅和无理取闹，应给以必要的回击；如属船公司或保险公司的责任范围，应交船公司或保险公司处理；如确属我方责任造成的损失，应如实给以适当的赔偿。至于赔付的办法，可根据不同情况处理，如赔付部分货物、退货、换货、补货或修整，也可赔付一定的金额。

二、国际贸易方式

对外贸易方式是指对外贸易活动中所采取的各种方式方法。随着国际贸易的迅猛发展，贸易方式也有了很大变化，除了传统的商品进出口方式之外，还有包销、代理、寄售、拍卖、招标、投标等。近年来，由于多数发展中国家支付能力大幅度下降，而进出口商品数量则大幅度上升，为解决这一问题，易货贸易、补偿贸易、来料加工、进料加工、来件装配等贸易方式得以普遍采用，进出口额大幅度增加。下面重点介绍几种我国采用较多的贸易方式。

（一）包销和代理

1. 包销

包销是国际贸易中习惯采用的方式之一。是指出口人（委托人）通过协议把某一种商品或某一类商品在某一个地区和期限内的经营权单独给予国外某个客户或公司的贸易做法。尽管包销也是销售，但包销与通常的单边逐笔出口不同，包销方式下，双方当事人通过协议建立起一种较为稳固的购销关系。

包销协议在实质上说，完全是一种买卖合同，因为国外经销商是用自己的名义买货，包销商自负盈亏。他在他的地区销售商品时，委托人（出口人）与第三者不发生任何契约关系，同时包销商在包销地区内享有专营权，因此包销方式具有通过专营权的给予调动包销人经营的积极性、达到巩固和扩大市场、避免多头经营自相竞争的优点。但另一方面，采用包销方式也有一定的弊端，如出口人不适当地运用包销方式，可能使出口的经营活动受到约束，存在着包而不销或包销商对委托人的依赖，而遭致出口受阻的风险；包销商能力过强时，包销商可能利用垄断地位来操纵价格、控制市场。

在包销方式下，双方当事人需要订立包销协议来确定出口人与包销商之间的权利与义务。包销协议一般包括以下主要内容：

（1）包销协议的名称、签约日期与地点；

（2）包销协议双方的关系；

（3）包销商品的范围；

（4）包销地区；

（5）包销期限；

（6）包销的数量和金额；

（7）作价办法；

（8）终止协议的办法；

（9）其他规定：即对广告、宣传、市场报导和商品保护等方面的规定。

选择包销商时，既要考虑其对我国的政治态度，又要注意其资信情况和经营能力，以及其在该地区的商业地位。对大众商品采用包销方式时，为了慎重起见，应该有一个试行阶段。一方面要适当规定包销商品范围、地区及包销数量或金额；另一方面在协议中要规定中止或索赔条款。

2. 代理

代理是指代理人按照委托人授权代表委托人同第三者订立合同或从事其他经济活动的法律行为，由此而产生的权利与义务直接对委托人发生效力。因此，代理方式与包销方式相比较，它具有以下基本特征：

(1) 代理人与委托人之间的关系属于委托买卖关系；

(2) 代理人通常运用委托人的资金进行业务活动；

(3) 代理人一般不以自己的名义与第三者签订合同；

(4) 代理人赚取的报酬即为佣金。

代理的种类分为三种，即总代理、独家代理和佣金代理。

(1) 总代理。总代理是在指定地区委托人的全权代表。他除了有权代表委托人进行签订买卖合同、处理货物等商务活动外，也可进行一些非商业性活动。他有权指派分代理，并可分享代理佣金。

(2) 独家代理。独家代理是在指定地区内，由他单独代表委托人行为的代理人。委托人在该指定地区内，不得委托第二个代理人。

(3) 佣金代理。佣金代理又称一般代理，是指在同一代理地区、时间及期限内，同时有几个代理人代表委托人的行为。在我国出口业务中运用这种代理方式比较多。

在代理方式下，双方也要订立代理协议，代理协议是明确委托人与代理人之间权利与义务的法律文件。其主要内容包括：协议双方当事人、指定的代理商品、指定的代理地区、授予代理的权利、协议有效期及中止条款、代理人佣金条款、非竞争件条款等。

(二) 寄售

寄售是一种有别于通常的代理销售的贸易方式。是指委托人（货主）先将货物运往寄售地，委托国外一个受托人（代销人），按照寄售协议规定的条件，由代销人代替货主进行销售，在货物出售后，由代销人向货主结算货款的一种贸易做法。在我国进出口业务中，寄售方式运用并不普遍，但在某些商品的交易中，为促进成交、扩大出口的需要，也可灵活适当运用寄售方式。

1. 寄售的特点

在国际贸易中采用的寄售方式，与正常的卖断方式比较，具有以下几个特点：

（1）寄售是典型的凭实物进行买卖的现货交易；

（2）寄售人与代销人之间是委托代售关系，而非买卖关系，货物的所有权在寄售地出售之前仍属寄售人；

（3）寄售货物在售出之前，包括运输途中和到达寄售地后的一切费用和风险，均由寄售人承担；

（4）当货物尚在运输途中，由代销人寻找买方出售。

2. 寄售的优缺点

寄售的优点有：

（1）寄售货物出售前，寄售人仍持有货物的所有权，故有利于随行就市；

（2）寄售方式是凭实物买卖，货物与买主直接见面，有利于促进成交；

（3）代销人不负担风险与费用，一般由寄售人垫资，代销人不占用资金，可以调动其经营的积极性。

寄售对于委托人来讲，也有明显的缺点：

（1）出口方承担的风险较大，费用较大，而且增加出口人的资金负担，不利于其资金周转；

（2）寄售货物的货款回收较缓慢，一旦代销人不守协议，可能遭到货、款两空的危险。

3. 寄售协议

寄售协议是委托人与代销人为明确双方的权利、义务和有关寄售的条件签订的协议。寄售协议的内容一般包括：

（1）协议双方的关系条款；

（2）寄售商品的价格条款；

（3）佣金条款；

（4）协议双方当事人的义务条款。

（三）招标、投标和拍卖

1. 招标和投标

招标与投标是另外一种传统的贸易方式，多数用在国家政府机构、市政当局、国营企业或公用事业单位采购物资、器材或设备等方面，而更多地用于国际承包工程。

招标是指招标人在规定时间、地点发出招标公告或招标单，提出准备买进商品的品种、数量和有关买卖条件，邀请卖方投标的行为。

投标是指投标人应招标人的邀请，根据国际公告或招标单的规定条件，在规定投标的时间内向招标人递盘的行为。

实际上招标、投标是一种贸易方式的两个方面。目前，国际上采用的招标方式归纳起来有三种：国际竞争性招标、谈判招标和两段招标。

招标、投标业务的基本程序包括以下几项：

（1）招标前的准备工作：包括发布招标公告、资格预审、编制招标文件等；

（2）投标：包括投标前的准备工作、编制投标文件和提供保证函、递送投标文件等；

（3）开标、评标、决标；

（4）中标签约。

2. 拍卖

拍卖是一种具有悠久历史的交易方式，在今天的国际贸易中仍被采用。拍卖是指由专营拍卖业务的拍卖行接受货主的委托，在一定的地点和时间，按照一定的章程和规则，以公开叫价竞购的方法，最后由拍卖人把货物卖给出价最高的买主的一种现货交易方式。

通过拍卖进行交易的商品大都是一些品质不易标准化的，或是难以久存的，或是习惯上采用拍卖方式进行出售的商品。如茶叶、烟叶、兔毛、皮毛、木材等。某些商品，如澳洲羊毛，大部分的交易是通过国际拍卖方式进行的。

拍卖一般由从事拍卖业务的专门组织，在一定的拍卖中心市场、时间内按照当地的特有法律和规章程序集中进行的。拍卖程序不同于一般的出口交易，其交易过程大致要经过准备、看货、出价成交和付款交货四个阶段。拍卖具有以下几方面的特点：

（1）拍卖是在一定的机构内有组织地进行的；

（2）拍卖具有自己独特的法律和规章；

（3）拍卖是一种公开竞买的现货交易。

拍卖的出价方法有增价拍卖、减价拍卖和密封递价拍卖三种。

（1）增价拍卖，也称买方叫价拍卖，是最常用的一种拍卖方式。拍卖时，由拍卖人提出一批货物，宣布预定的最低价格，然后由竞买者相继叫价，竞相加价，有时规定每次加价的金额额度，直到拍卖人认为无人再出更高的价格时，则用击锤动作表示竞卖结束，将这批商品卖给最后出价最高的人。

（2）减价拍卖，又称荷兰式拍卖。这种方法先由拍卖人喊出最高价格，然后逐渐减低叫价，直到有某一竞买者认为已经低到可以接受的价格，表示买进为止。

（3）密封递价拍卖，又称招标式拍卖。这种方法先由拍卖人公布每批商品的具体情况和拍卖条件等，然后由各买方在规定时间内将自己的出价密封递交拍卖人，以供拍卖人进行审查比较，决定将该货物卖给哪一个竞买者。这种方法不是公开竞买，拍卖人有时要考虑除价格以外的其他因素。

对卖方来说，拍卖方式的作用是，可以通过公开竞买，看货出价，卖得好价。又由于它是现货交易，成交迅速，买方付款后提货，对卖方收取货款较为安全，也有利于为某些商品打开销售渠道，扩大国外市场。对买方来说，拍卖方式则可根据市场情况和经营意图，按照自己愿出的价格标准，购进符合自己需要的货物，而且现货交易，有利于资金周转。

（四）商品期货交易

期货交易是众多的买主和卖主在商品交易所内按照一定的规则，用喊叫并借助手势进行讨价还价，通过激烈竞争达成交易的一种贸易方式。

期货交易不同于商品贸易中的现货交易。它是在一定的特定期货市场上，即在商品交易所内，按照交易所预先制定的"标准期货合同"进行的期货买卖。成交后买卖双方并不移交商品的所有权。

1. 期货交易的特点

（1）期货交易不规定双方提供或者接受实际货物；

（2）交易的结果不是转移实际货物，而是支付或者取得签订合同之日与履行合同之日的价格差额；

（3）期货合同是由交易所制定的标准期货合同，并且只能按照交易所规定的商品标准和种类进行交易；

（4）期货交易的交货期是按照交易所规定的交货期确定的；

（5）期货合同都必须在每个交易所设立的清算所进行登记及结算。

2. 期货交易的种类

期货交易有两种不同性质的种类：一种是利用期货合同作为赌博的筹码，买进卖出，从价格涨落的差额中追逐利润的纯投机活动；一种是真正从事实物交易的人做套期保值。

前一种在商业习惯上称为"买空卖空"，它是投机者根据自己对市场前景的判断而进行的赌博性投机活动。所谓"买空"，又称"多头"，是指投机者估计价格要涨，买进期货，一旦期货实际价格上涨再卖出期货，从中赚取差价。所调"卖空"，又称"空头"，是指投机者估计价格要跌，卖出期货，在实际行情下跌时再补进期货，从中赚取差价。

后一种在商业习惯上称为"套期保值"，又称为"海琴"。保值的种类和方式很多，基本上有以下两种：

（1）卖期保值。经营者买进一批日后交货的实物，为了避免在以后交货时该项商品的价格下跌而遭受损失，就可在交易所预售同一时期交货的同样数量的期货合同。这样，即使将来货价下跌，已经买进的实物在价格上受到亏损，但可以从期货合同交易所获得的盈利来进行补偿。

（2）买期保值。经营者卖出一笔日后交货的实物，为了避免在以后交货时该项商品的价格上涨而遭受损失，则可在交易所内买进同一时期交货的同样数量的期货合同。这样，将来货物价格如果上涨，他也同样可以从期货交易的盈利中补偿实物交易的损失。

3. 进行套期保值应注意的问题

（1）为了确定目标利润或目标价格，必须注意"基差"及"基差"的计算；

（2）进行套期保值之前，必须做好价格趋势的预测和计算；

（3）必须弄清期货合约上的说明；

（4）严格遵循"均等而相对"的原则。

（五）对销贸易

对销贸易是一个松散的概念，尚无确定的定义和界限。它在我国又译为"反向贸易"、"互抵贸易"、"对等贸易"，也有人把它笼统地称为"易货"或"大易货"。

对销贸易主要有以下几种：

1. 易货贸易。顾名思义，是以货易货的交易，实质上是以实物偿付对方价款的交易，一般不涉及货币的支付问题。

2. 互购。互购又称平等贸易，在这种方式下，先出口的一方在其售货合同中承诺，用所得的外汇（全部或部分）购买对方国家的产品。互购是当前对销贸易中的主要方式。

3. 产品回购。这种做法多出现于设备的交易。由缔约的一方以赊销方式向对方提供机械设备，同时承诺购买一定数量或金额的由该项设备制造出来的产品或其他产品。进口设备方用出售产品所得的货款，分期偿还设备的价款和利息。

4. 转手贸易。这是一种特殊的贸易方式，在记账贸易的条件下，人们采用转手贸易作为取得硬通货的一种手段。在对销贸易中所占比重不大。

5. 抵消。这种贸易方式多见于军火或大型设备，如飞机等的交易。

（六）对外加工装配业务

对外加工装配业务是我国企业开展对外来料加工和来件装配业务的总称。其基本内容主要是由外商提供一定的原材料、零部件、元器件，由我国的工厂按对方的要求进行加工装配，成品交由对方处置，我方按照约定收取加工费作为报酬。

1. 对外加工装配业务的作用

开展对外加工装配业务，不论是对于我方（承接方）还是外商（委托方），均有其积极的作用。

对于承接方的作用有：

(1) 克服本国生产能力有余而原材料不足的矛盾，为国家增加外汇收入；

(2) 开发劳动力资源，增加就业机会，并繁荣地方经济；

(3) 有利于引进国外先进的技术和管理经验，促进外向型经济的发展。

对于委托方的作用有：

(1) 降低产品的成本，因而可以增强其产品在国际市场上的竞争力；

(2) 有利于委托方所在国的产业结构调整。

2. 对外加工装配业务的成交方式

我国各地在开展对外加工装配业务时采用各种不同的成交方式，概括起来，大致有以下五种：

(1) 由外贸公司和从事加工业务的工厂联合对外签订合同；

(2) 外贸公司单独与外商签订加工装配合同，然后将外商提供的原材料、零部件交给所联系的工厂进行加工装配；成品由外贸公司负责办理交货，并收取工缴费。外贸公司与工厂之间的相互关系，则按其签订的有关协议办理；

(3) 外贸公司代理有关工厂进行对外洽谈、签订加工合同，再由工厂负责加工装配、收取工缴费。外贸公司向工厂收取服务费（佣金）；

(4) 有对外经营权的工厂直接与外商签订合同，并办理加工装配业务的全过程，自行收取工缴费；

(5) 在南方一些地区专门成立了加工装配服务公司，作为当地加工企业的代理，负责统一对外签约、办理报关出运、结收工缴费。

3. 对外加工装配协议的主要内容

对外加工装配协议，在性质上不同于买卖合同，其基本内容如下：

(1) 合同的标的；

(2) 对来料来件的规定；

(3) 对提交成品的规定；

(4) 关于耗料率和残次品率的规定；

(5) 关于工缴费的规定；

(6) 运输和保险问题；

(7) 付款办法。

4. 开展对外加工装配业务应注意的问题

（1）在开展这项业务时，必须要有全局观点，注意处理好与正常出口的关系；

（2）要讲究经济核算，注意经济效益；

（3）在有条件的地区或单位，应力争多用国产原材料或零部件，争取提高这方面的比重，逐步过渡到自营出口；

（4）努力提高劳动力的素质，不断提高劳动生产率，从质的方面提高竞争能力；

（5）不断提高技术水平；

（6）严格审批及海关对料件和成品的出入境监督，严禁以开展加工装配业务之名，行走私、偷漏税和套汇之实。

三、国际贸易合同的主要内容

在进出口贸易合同中，对商品的品质、数量、包装、检验、装运、价格、付款、索赔、不可抗力、仲裁等条件的规定，是为了督促买卖双方履行各自的义务，并合理解决由于一方不履约而发生的争执。因此，一般交易条件实质上都是围绕着卖方交货、买方付款这一对等义务所作的各项具体规定。

（一）品质条件

商品的品质，是指商品的自然属性，即使用价值在合同中往往用商品物理的、化学的、生物的构造、成分、性能和外形来说明，商品品质的好坏，同商品的价值直接联系在一起。因此正确地规定商品的品质条件是十分重要的。

1. 凭样品买卖

凭实物确定商品品质的方法称为凭样品买卖法。凭样品买卖，多适用于农产品，或者易于用肉眼观察的商品。目前在国际贸易中采用凭样品买卖的商品日益减少。

2. 凭规格买卖

凭规格买卖就是在交易过程中根据用文字说明的商品外形和内在某些特征来确定商品的品质。商品的外形特征包括：大小、长短、精细、杂净等指标。商品的内在特征如化学成分、物理性能等。在国际贸易中，凭规格买卖最为普遍。

3. 凭标准买卖

一般有两种标准：一种为国家标准；另一种为习惯标准。严格说来也是凭规格买卖，不过是引用现成的统一标准来加以说明而已。在国际贸易中有不少商品是凭标准买卖的。

4. 凭商标或牌号买卖

在国际贸易中，部分商品的品质，是以商标或牌号来表示的。这是由于有商标或牌号的商品，其商标或牌号能代表一定的品质，采用固定的配料、制作方法、包装材料和方法。

（二）数量条件

数量条件一般应掌握规定的数量的方法、衡量单位的选定、交货数量的标准和解决交货数量溢短的方法。

1. 规定数量的方法

确定任何一笔商品的交易数量，通常有两种方法：一为定量法；二为约量法。所谓定量法是指在交易中和在合同中订明一定单位的确切数量。所谓约量法是指在规定的交货数量前加上"约"字，这表示成交的数量是一个概数。

2. 确定交货数量的依据

确定装船数量还是到岸数量。所谓装船数量是指以货物在装运时衡量的数量为双方交接的依据。所谓到岸数量是指以货物运抵指定的目的地时数量为双方交接的依据。目前的国际贸易中一般都是按装船数量来进行买卖的。

3. 解决交货数量溢短的方法

国际贸易中，由于种种原因在履行合同时经常发生实际交货数量与合同成交数量不符，那么解决这些交货数量的溢短大致有以下两种方法：

（1）规定伸缩幅度；

（2）规定免赔限度。

有的在数量前加上"约"字，表示合同数只是一个概数，卖方可以多交或少交一定货物数量。

（三）包装条件

1. 包装的种类

商品的运输包装从包装材料的质地来看可分为三种：软包装如纸、包等；半软性包装如篮、篓、筐、箩等；硬性包装如桶、罐、箱等。合同中关于包装种类的规定涉及商品的价格、成本的计算以及双方的责任，因此在洽谈包装条件时，在谈判和签订合同时一般应明确包装的外形和材料、包装的方法以及是否需要衬垫物等。

2. 包装的标志

包装标志又称唛头，是指包装外部所绘制的记号。唛头主要作用在于容易辨认。唛头文字部分主要是在几何图形四周或空位，通常注明下列内容：收货人或发货人名称、目的地、合同号码、包装件号，一般说来，合同号或发货人名称位于图形下方，件数又位于目的地的下方。除此之外，对货物在运输过程中应注意的事项也应在包装上表示出来，例如易燃品、易爆品、防雨、防火、有毒、不能倒置等。

在国际贸易中，包装一般由卖方提供，其费用也一般计算在价格以内，不另外收取，但在个别情况下也有例外。

（四）检验条件

商品的检验条件一般包括检验的时间和地点、检验机构以及检验证明等内容。

1. 检验的时间和地点

国际贸易中对检验时间和地点的规定一般有两种习惯用语：

（1）离岸数量/品质即按装船口岸双方约定的检验机构出具证明为准。按此办法成交，检验的时间是在装船前，检验地点是在出口地点，商品的品质和重（数）量经检验后作为卖方交货收款的最后依据。

（2）到岸数量/品质即按卸货口岸双方约定的检验机构检验并出具证明为准。如按此办法成交，检验的时间是在货物运抵目的地卸货之后，检验的地点是在进口地点，商品的品质和重（数）量只有在卸货检验合格后，买方才能接受并作为付款的最后依据。

2. 检验机构

国外有许多专业性的商品检验机构，接受委托进行商品检验工作，我国设有商品检验局。

3. 检验证明

检验机构出具的检验证明具有下列作用：

（1）作为收付货款的凭证之一，买方保留卸货目的地口岸后复验的权利；

（2）作为索赔凭证之一；

（3）作为最后依据，根据双方事先协议指定的检验机构所出具的检验证明书作为双方交货、付款的最后依据，对其结果双方均不得提出异议。

（五）装运条件

在谈判和签订装运条件时，般要考虑装运期限的规定、装卸港口的规定、装运方式等内容。具体内容如下：

1. 装运期限的规定

装运期限是买卖合同的重要内容之一。在国际贸易中，习惯上把货物装运的时间，即把货物装运在出口船上或其他运输工具上作为卖方的交货时间。

装运期限规定的方法，一般有规定明确的装运期限（如规定于某月或在几个月内装运；规定于信用证开到若干天内装运等），或具体规定装船期限。

2. 装卸港口的规定

合同中对装卸港口的规定方法也有多种，有的规定具体的港口名称；也有的经双方同意对具体港口名称不作规定，而规定一个范围，或规定两个以上，并在一定时间内确定最后卸货港。

3. 装运方式

双方除明确运输方式（海运、铁路、空运或邮包）外，还需明确下列问题：

（1）能否转运的问题。货物由出口装运地原船、原车一次运至进口国，这样称为直运，而中途须经转船、转车运输则称为转运。货物经中途辗转，不仅费用增加，交货时间也会延长，而且增加货物损伤和意外损失的可能性，因此双方在谈判中应明确能否允许货物中转。

（2）分批装运问题。成交的商品，有的是一次交货完毕，有的是分批交货完毕。如属于后一种情况，装运条件中必须明确分批装运和分批付款的密切联系。为了明确责任，应在合同中予以规定。

（3）特殊装运要求。由于货物的性质不同，在装运方式上有特殊要求，例如易腐的货物应装在冷藏舱内，有些货物要求不得装在舱面上等。这些特殊的装运要求，应事先明确，并在合同中加以规定。

（4）装运通知。在国际贸易合同中，一般都有"装运通知"的规定。装运通知的内容一般包括：合同号码、货物名称、数量、金额、船名、开航日期、预计到达日期等。

（六）价格条件

在货物交接过程中，有关风险、责任和费用的划分问题，是国际贸易中交易双方在谈判和签约时需要明确的重要内容，因为它们直接关系到商品的价格。在实际业务中，对于上述问题，往往通过使用贸易术语加以确定。

1. 国际贸易术语的含义和作用

国际贸易具有线长、面广、环节多、风险大的特点。这期间货物遭受自然灾害或意外事故而损坏或灭失的可能性自然要大一些。为了明确交易双方各自承担的责任和义务，当事人在洽商交易、订立合同时，必须要考虑以下几个重要问题：

（1）卖方在什么地方，以什么方式办理交货；

（2）货物何时由卖方转移给买方；

（3）由谁负责承担货物的运输、保险以及通关过境的手续；

（4）由谁承担上述事项所需的各种费用；

（5）买卖双方需要交接哪些有关的单据。

这些问题在实际交易中都是必须明确的，贸易术语是为了解决这些问题，在长期的国际贸易实践中逐渐产生和发展起来的。在国际贸易中，确定一种商品的成交价，不仅取决于其本身的价值，还要考虑到商品从产地运至目的地过程中，有关的手续由谁办理、费用由谁负担以及风险如何划分等一系列问题。由此可见,贸易术语具有两方面作用:一方面是用来确定交货条件,即说明买卖双方在交接货物时各自承担的风险、责任和费用;另一方面又用来说明该商品的价格构成因素。这两者是密切相关的。

2.《2000 年国际贸易术语解释通则》

《2000 年国际贸易术语解释通则》(INCOTERMS 2000),它是国际商会为统一对各种贸易术语的解释而制定的。现行《2000 通则》是国际商会根据近十年来形势的变化和国际贸易发展的需要,在《1990 通则》的基础上修订产生的。

《2000 通则》仍保留了《1990 通则》中所包含的 13 种贸易术语,并和《1990 通则》一样将 13 种术语按不同类别分为 E、F、C、D 四个组,E 组只含有 EXW 一种贸易术语,这是在商品产地交货的贸易术语。F 组包含有 FCA、FAS 和 FOB 三种术语,按这些术语成交,卖方须将货物交给买方指定的承运人,从交货地至目的地的运费由买方承担。C 组包括 CFR、CIF、CPT、CIP 四种术语。采用这些术语时,卖方要订立运输合同,但不承担从装运地起运后所发生的货物损坏或灭失的风险及额外费用。D 组中包括五种术语,它们是 DAF、DES、DEQ、DDU 和 DDP。按照这些术语达成交易,卖方必须承担货物运往指定的进口国交货地点的一切风险、责任和费用。具体内容见表 2-1 和表 2-2。

表 2-1 　　　　　　　　　　　《2000 通则》贸易术语分类

组别	术语英文名称	术语中文名称
E 组（起运）	EXW（EX works）	工厂交货
F 组 （运费未付）	FCA（free carrier）	货交承运人
	FAS（free alongside ship）	装运港船边交货
	FOB（free on board）	装运港船上交货
C 组 （运费已付）	CFR（cost and freight）	成本加运费
	CIF（cost insurance and freight）	成本、保险加运费
	CPT（carriage paid to）	运费付至
	CIP（carriage insurance paid to）	运费、保险费付至
D 组 （到达）	DAF（delivered at frontier）	边境交货
	DES（delivered EX ship）	目的港船上交货
	DEQ（delivered EX quay）	目的港码头交货
	DDU（delivered duty uppaid）	未完税交货
	DDP（delivered duty paid）	完税后交货

表 2-2 《2000 通则》的 13 种贸易术语一览表

贸易术语	交货地点	风险转移界限	出口报关责任、费用负担	进口报关责任、费用负担	适用运输方式
EXW	卖方的工厂仓库	买方处置货物后	买方	买方	任何方式
FAC	出口国内地、港口	承运人处置货物后	卖方	买方	任何方式
FAS	装运港港口	货交船边后	卖方	买方	海上运输
FOB	装运港港口	货物越过船舷	卖方	买方	海上运输
CFR	装运港港口	货物越过船舷	卖方	买方	海上运输
CIF	装运港港口	货物越过船舷	卖方	买方	海上运输
CPT	出口国内地、港口	承运人处置货物后	卖方	买方	任何方式
CIP	出口国内地、港口	承运人处置货物后	卖方	买方	任何方式
DAF	两国边境指定地点	买方处置货物后	卖方	买方	任何方式
DES	目的港港口	买方在码头收货后	卖方	买方	海上运输
DEQ	目的港港口	买方在码头收货后	卖方	买方	海上运输
DDU	进口国内	买方在指定地点收货后	卖方	买方	任何方式
DDP	进口国内	买方在指定地点收货后	卖方	卖方	任何方式

（七）支付条件

国际货物买卖合同中的一个重要组成部分是支付条款。按约定的条件支付货款是买方必须完成的一项合同义务。目前，在国际贸易中有多种支付方式，不同的支付方式要求有不同的支付条款。在这里，只介绍信用证支付方式。

信用证是银行有条件的书面付款承诺，即开证银行根据开证申请人的要求开给受益人履行信用证条件时付款的承诺文件。

1. 信用证的特点

（1）银行的付款责任。在任何情况下，信用证都表示银行对受益人负第一付款责任。只要受益人按照信用证的规定行事，就能保证从银行取得货款。

（2）信用证是一份独立的文件。信用证就其性质而言，是独立于其所基于的销售合同或其他合同以外的交易。即使信用证中有对此类合同的任何援引，银行也与该合同毫不相关，并不受其约束。

（3）信用证的标的是单据。在信用证业务中，各有关当事人处理的是单据，而不是与单据有关的货物、服务或其他履约行为。

2. 信用证的作用

(1) 提供贸易便利。国际贸易跨国界，这使得交易的当事人，即进口商和出口商。很难充分了解到对方的资金及信誉情况，也很难建立起相互的信赖。在信用证业务中，最显著的特征即商业信用加银行信用。这种两者的结合比单独的商业信用能给买卖双方以更大的安全。

(2) 提供资金融通。一方面，银行为进口商提供资金融通，当进口商要求银行开立信用证时，一般不必在该行存入信用证的全部金额作为担保。如果开证行认为进口商资信很好，进口商还可免交保证金。另一方面，银行为出口商提供资金融通，出口商也可以通过议付单据取得资金，出口商也可向信用证往来银行申请贷款，从银行取得贷款购买或制造产品，这种方法称为打包放款。

3. 信用证的风险

尽管信用证有许多优点，但并不能说这种支付方式会给进出口双方提供绝对的安全。采用信用证支付方式，进口商、出口商和银行都要承担不同程度的风险。

(1) 进口商所承担风险。由于信用证的开证行是以提交相符单据为付款条件，并且是只管单据，不过问货物，如果受益人不根据事实、不按合同规定实际交货并伪造单据，甚至制作根本没有货物的假单据，照样可以取得货款，这时进口商就成为欺诈行为的受害人。

(2) 出口商所承担风险。对出口商而言，国际市场价格下跌后，可能承担进口商延迟开证或拒绝开证的风险。如果开证行倒闭或无力偿付有追偿权的银行已议付的出口商的单据，出口商就必须向议付行还款，且只能凭借商业合同要求进行付款。

(3) 银行所承担风险。信用证交易所涉及的银行也会调到一些风险。例如：如果进口商破产无力偿付或拒绝偿付单据，开证行将受损。出口商所在地银行承兑或议付的单据，一旦遇到开证行无力偿付或拒付，也会遭到同样的厄运。

4. 信用证的流程

采用信用证方式结算，要经历许多环节，办理各种手续。信用证的流程，根据《统一惯例》的有关规定和国际贸易的长期实践，已经形成一套规范的操作程序。跟单信用证流程简述如下：

(1) 签订合同。进、出口商双方在合同中规定支付方式为信用证。

(2) 申请开证。进口商向当地银行申请开证并填写开证申请书。

(3) 开证行通知。开证行开立信用证并寄交通知行。

（4）传递信用证。通知行核对印鉴后交给出口商。

（5）制单交单。出口商按信用证规定备货、装运、制单，交议付行议付。

（6）议付买单。议付行审单后买下单据。

（7）寄单索汇。议付行将单据寄给开证行索汇。

（8）审单付款。开证行审查后偿付款项。

（9）进口商赎单。进口商向进口地银行付款赎单据，凭单据到运输公司提取货物。

有关跟单信用证流程见下图。

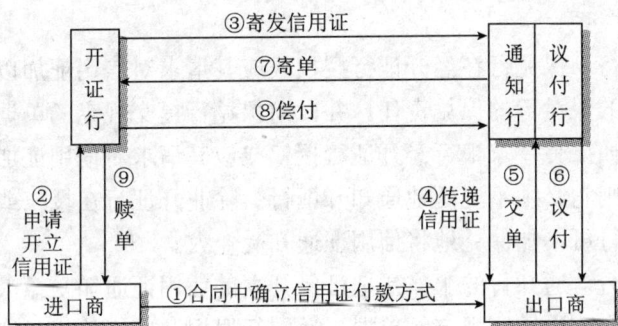

跟单信用证流程示意图

5. 信用证当事人的责任与权利

（1）开证申请人。开证申请人是向银行申请开立信用证的人，一般是进口商。进口商和出口商之间的权利和义务通常以签订的合同为依据，双方严格履行合同条款。如合同规定以信用证方式结算，则进口商应在合同规定的期限内，通过进口方银行开出符合合同规定的信用证。信用证开立之后，进口商有凭单付款的责任和验单、退单的权利。开证申请人的责任首先是保证付款。在信用证执行完毕后，申请人必须还清所有该信用证业务中的款项。

（2）开证行。银行在受申请人的指示开立信用证后便成为开证行。开证行通过开证，承担了根据受益人提交的正确单据付款的全部责任。在这里开证行的保证代替了开证申请人的保证，即银行信用代替了商业信用。

开证行所承担的责任中最重要的一条是它必须合理小心地审核一切单据，以确定单据表面上是否符合信用证条款。只有当单据与信用证条款和条件一致时，申请人才向开证行偿付货款。

开证行不能利用受益人与申请人之间的合同关系，拒绝向受益人付款或拒收以它为付款人的汇票。如果单据表面上与信用证条款相符，开证行就必须履行其向受益人付款或向已代表它付款的代理行偿付的义务。

（3）受益人。受益人是信用证中规定的第三者，它被授权使用该信用证，一般是出口商。

申请人与受益人，即进口商与出口商首先要受销售合同的约束。然而，在信用证业务中，申请人与受益人之间没有直接的关系，也不受销售公司的约束。

受益人根据信用证要求，备齐单据后，向一家当地银行交单，这家银行可以是开证行指定的议付行或付款行。只要单据与信用证相符，受益人就能从银行处取得货款。同时，受益人在任何情况下，不得利用银行之间或申请人与开证行之间存在的合同关系。

（4）保兑行。保兑行在经开证行授权或应其请求对信用证加以保兑后，即构成开证行以外的保兑行的保兑责任，并以向保兑行提交规定的单据并符合信用证条款为条件。如果另一家银行经开证行授权或应其请求对信用证加以保兑，但它不准备照办，则它必须不迟延地通知开证行。除非开证行在授权或请求保兑时另有规定，通知行可不加保兑地将信用证通知受益人。

（5）通知行。通知行的工作是把已经开立的信用证通知受益人，以使受益人能够备货和制作信用证所规定的单据。通知行根据开证行的指示把信用证转递给出口商。它只对证实该信用证内容负责而不负其他责任。但如通知行错误地通知了信用证信息，给受益人造成了损失，则应对此负责。

（6）议付行。议付行是准备向受益人购买信用证下单据的银行。议付行可以是通知行或其他被指定的愿意议付该信用证的银行。这种情况下，议付行要查核所有单据并确认所有单据已备齐后，留下单据，将净收入交付给受益人。另外，议付行不是开证行的代理，是自己选择购买受益人的单据，并自行承担风险。这种情况下，议付行作为单据持有人向开证行要求偿付。在整个过程中，议付行对受益人有追索权，如果开证行拒付该单据，或开证行倒闭，议付行有权向受益人要求偿还付款，但开证行或保兑行议付或付款的，不能向受益人追偿。

（7）付款行。付款行是在信用证中规定应负付款责任的银行。它可以是开证行，也可以是在信用证中由开证行所指定的一家银行。通知行除了向受益人通知信用证已开立外，还可能被授权根据受益人提交的正确单据向其付款或承兑其开立的汇票。在这种情况下，通知行就变成了付款行。付款行在向受益人付款后，可从开证行那里得到偿付。

（8）偿付行。偿付行是指当其银行根据信用证支付货款后应向其作出偿付的银行。偿付行是开证行授权作出偿付的银行。偿付行是开证行的偿付代理人，它不负责审单，也不接受单据，不与受益人发生关系，只凭开证行的授权书对议付行或付款行进行偿付。如果偿付行未能在第一次提示时偿付，或未能按信用证规定或依情况按双方同意的方式履行偿还，则开证行应负责承担索偿行的利息损失。

四、国际货物报关与通关

（一）通关的定义

通关，是指进出境运输工具的负责人、货物的收发货人及其代理人、进出境物品的所有人向海关申请办理进出口手续，海关对其呈交的单证和申请进出境的货物、运输工具和物品依法进行审核、查验、征缴税费，批准进口或者出口的全过程。

根据《中华人民共和国海关法》的有关规定，国家在对外开放的口岸和海关监管业务集中的地点设立海关，进出境运输工具、货物、物品都必须通过设立海关的地点进境或者出境。在特殊情况下，经国务院或国务院授权的机关批准，可在未设海关的地点临时进境或出境，但必须依法办理海关手续。

（二）通关的基本程序

进出口货物的通关，一般来说，可分为四个环节，即申报—查验—征税—放行。至于加工贸易进出口货物、经海关批准的减免税或缓期缴纳进出口税费的进出口货物，以及其他在放行后一定期限内仍须接受海关监管的货物的通关，可以划分为五个基本环节，即申报—查验—征税—放行—结关。

1. 申报

申报是指进出口货物收发货人、受委托的报关企业，依照《海关法》以及有关法律、行政法规的要求，在规定的期限、地点，采用电子数据报关单和纸质报关单形式，向海关报告实际进出口货物的情况，并接受海关审核的行为。

2. 查验

海关查验是指海关为确定进出境货物收发货人向海关申报的内容是否与进出口货物的真实情况相符，或者为确定商品的归类、价格、原产地等，依法对进出口货物进行实际核查的执法行为。海关通过查验，检查报关单位是否伪报、瞒报、申报不实，同时也为海关的征税、统计、后续管理提供可靠的资料。

海关实施查验可以彻底清查，也可以抽查。

3. 税费计征

进出口货物收发货人或其代理人将报关单及随附单证提交给货物进出境地指定海关，海关对报关单进行审核，对需要查验的货物先由海关查验，然后核对计算机计算的税费，开具税款缴款书和收费票据。进出口货物收发货人或其代理人在规定时间内，持缴款书或收费票据到指定银行办理税费交付手续；在试行中国电子口岸网上缴税和付费的海关，进出口货物收发货人或其代理人可以通过电子口岸接收海关发出的税款缴款书和收费票据，在网上向指定银行进行税费电子支付。一旦收到银行缴款成功的信息，即可报请海关办理货物放行手续。

4. 放行

放行是口岸海关监管现场作业的最后一个环节。口岸海关在接受进出口货物的申报后，经审核报关单据、查验实际货物、依法计征进出口税费后，在有关单据上签盖放行章，海关的监管任务即告结束，在这种情况下，放行即为结关。进出口货物可由收货人凭以提取、发运，出口货物可以由发货人装船、起运。

在进出口货物放行前，海关人员还须对前期的申报、查验、征税等环节的工作进行核对，在核查无失误和遗漏的条件下，海关方予以签章。报关员应配合海关做好上述工作。

对于保税加工贸易进口货物、经海关批准减免税或缓纳税款的进口货物、暂时进出口货物、转关运输货物以及其他在口岸海关未缴纳税款的进口货物，口岸海关接受申报以后，经审核单证符合规定的，即可放行转为后续管理。

5. 结关

结关是指经口岸放行后仍需继续实施后续管理的货物，海关在规定的期限内进行核查，对需要补证、补税的货物作出处理，直至完全结束海关监管程序。

加工贸易进口货物的结关是指海关在加工贸易合同规定的期限内对其进口、复运出口及余料的情况进行核对，并经经营单位申请办理了批准内销部分货物的补证、补税手续，对原备案的加工贸易合同予以销案。

暂时进出口货物的结关是指在海关规定的期限内暂时进口货物复运出口或者暂时出口货物复运进口，并办理了有关纳税销案手续，完全结束海关监管的工作程序。

特定减免税货物的结关是指有关进口货物的海关监管年限期满并向海关申请解除监管，领取了主管海关核发的《海关对减免税进口货物解除监管证明》，完全结束海关监管的工作程序。

（三）国际货物的报关

1. 报关的定义

申报是指进口货物的收货人、出口货物的发货人或其代理人在进出口货物时，在海关规定的期限内，以书面或者电子数据交换（EDI）方式向海关报告其进出口货物的情况，并随附有关货运和商业单据，申请海关审查放行，并对所报告内容的真实准确性承担法律责任的行为，即通常所说的"报关"。

2. 报关的要求

（1）申报资格。必须是经海关审核准予注册的专业报关企业、代理报关企业和自理报关企业及其报关员。

（2）申报期限。进口货物的报关期限为自装载货物的运输工具申报进境之日起 14 日内。申报期限的最后一天是法定节假日或休息日的，顺延至法定节假日或休息日后的第一个工作日。

出口货物的发货人除海关特准外，应当在货物运抵海关监管区后、装货的 24 小时以前向海关申报。

进口货物的收货人或其代理人超过 14 天期限未向海关申报的，由海关征收滞报金。滞报金的日征收金额为进口货物到岸价格的 0.5％。进口货物滞报金期限的起算日期为运输工具申报进境之日起第 15 日；邮运的滞报金起收日期为收件人接到邮局通知之日起第 15 日。转关运输滞报金起收日期有两个：一是运输工具申报进境之日起第 15 日，二是货物运抵指运地之日起第 15 日。两个条件只要达到一个，即征收滞报金。如果两个条件均达到则要征收两次滞报金。

进口货物自运输工具申报进境之日起超过 3 个月还没有向海关申报的，其进口货物由海关提取变卖处理。如果属于不宜长期保存的，海关可根据实际情况提前处理。变卖后所得价款在扣除运输、装卸、储存等费用和税费后尚有余款的，自货物变卖之日起 1 年内，经收货人申请，予以发还；逾期无人申领，上缴国库。

（3）申报地点。在一般正常情况下，进口货物应当由收货人或其代理人在货物的进境地向海关申报，并办理有关进口海关手续；出口货物应当由发货人或其代理人在货物的出境地向海关申报，并办理有关出口海关手续。

由于进出口货物的批量、性质、内在包装或其他一些原因，经收发货人或其代理人申请，海关同意，进口货物也可以在设有海关的指运地、出口货物也可以在设有海关的起运地向海关申报，并办理有关进出口海关手续。

以保税、特定减免税和暂准进境申报进口或进境的货物，因故改变使用目的从而改变货物性质转为一般进口时，进口货物的收货人或其代理人应当向货物所在地的主管海关申报。

经电缆、管道或其他特殊方式输送进出境的货物，经营单位应当按海关的要求定期向指定的海关申报并办理有关进出口海关手续。这些以特殊方式输送进出境的货物，输送路线长，往往需要跨越几个海关甚至几个省份；输送方式特殊，一般不会流失；有固定的计量工具，如电表、油表等。因此，上一级海关的综合管理部门协商指定其中一个海关管理，经营单位或其代理人可直接与这一海关联系报关即可。

3. 申报单证

申报单证可分为主要单证和随附单证两大类，其中随附单证包括基本单证、特殊单证、预备单证三种。

（1）主要单证即为报关单（证）。报关单（证）是由报关员按照海关规定格式填制的申报单；

（2）基本单证是指与进出口货物直接相关的商业和货运单证，主要包括发票、装箱单、提（装）货凭证（货运单、包裹单）、出口收汇核销单，以及海关签发的进出口货物减税、免税证明；

（3）特殊单证是指国家有关法律规定实行特殊管制的证件，主要包括配额许可证管理证件（如配额证明、进出口货物许可证等）和其他各类特殊管理证件（如机电产品进口证明文件、商品检验文件、动植物检疫文件、药品检验文件等）；

（4）预备单证是指在办理进出口货物手续时，海关认为必要时查阅或收取的单证，包括贸易合同、货物原产地证明、委托单位的工商执照证书、委托单位的账册资料及其他有关单证。

4. 申报程序

（1）接到进口提货通知或备齐出口货物。进口货物的收货人或代理人接到运输或邮递公司寄交的"提货通知单"，即表示欲进口的货物已经到达港口、机场、车站或邮局，收货人应当立即准备向海关办理报关手续。

出口货物的发货人在根据出口合同的规定，按时、按质、按量备齐出口货物后，即应向运输公司办理租船订舱手续，准备向海关办理报关手续。

（2）办理（接受）报关委托。海关把报关企业分为自理报关企业、专业报关企业和代理报关企业三种，没有报关资格的进出口货主须在货物进出口之前，在进出口口岸就近委托专业或代理报关企业办理报关手续，并出具报关委托书。委托书应载明委托人和被委托人双方的企业名称、海关注册登记编码、地址、法定代理人姓名以及代理事项、权限、期限、双方责任等内容，并加盖双方单位的公章。

（3）准备报关单证。在向海关办理报关手续前，应准备好报关必备的单证。申报单证前面已介绍过，主要有报关单证、基本单证、特殊单证、预备单证。

进口货物报关需提供的单证有：由报关员自行填写或由自动化报关预录入人员录入后打印的报关单；进口货物属于国家限制或控制进口的，应交验对外经济贸易管理部门签发的进口货物许可证或其他批准文件；进口货物的发票、装箱单（装箱清单）；进口货物的提货单（货运单）；减税、免税或免验的证明文件；对应实施商品检验、文物鉴定、动植物检疫、食品卫生检验或其他受管制的进口货物还应交验有关主管部门签发的证明；海关认为必要时，可以调阅贸易合同、原产地证明和其他有关单证、账册以及其他有关文件。

出口货物报关时需提供的单证有：由报关员自行填写或由自动化报关预录入人员录入打印的报关单一式多份；出口货物属于国家限制出口或配额出口的应提供许可证件或其他证明文件；货物的发票、装箱清单、合同；商检证明；对方要求的产地证明；出口收汇核销单（指创汇企业）以及其他有关文件。

（4）报关单预录入。在实行计算机报关的口岸，专业报关和代理报关单位、自理报关单位或报关员应当负责将报关单上申报的数据录入电子计算机，并将数据、内容传送到海关报关自动化系统，海关方予接受申报。

（5）递单。报关单位在完成报关单的预录入后，应将准备好的报关随附单证及按规定填制好的进出口货物报关单正式向进出口口岸海关递交申报。

（6）海关审单。海关审单是指海关工作人员通过审核报关员递交的报关单及其随附有关单证，检查判断进出口货物是否符合《海关法》和国家的有关政策、法令的行为。审核单证是海关监管的第一个环节，它不仅为海关监管的查验和放行环节打下了基础，也为海关的征税、统计、缉私工作提供了可靠的单证和资料。

第二节　国际货运代理概述

一、国际货运代理人的定义

（一）运输代理人的产生

国际货物运输从事的是国际间货物运输业务，其业务范围遍布国内外，不仅涉及面广、环节多，而且情况复杂多变，任何一个运输承运人或货主都不可能亲自到世界各地处理每一项具体运输业务，很多工作需要委托代理人代为办理。为了适应这种需要，在国际货物运输领域里产生了很多从事代理业务的代理行或代理人。他们接受委托人的委托，代办各种运输业务，并按提供的劳务收取一定的报酬，即代理费、佣金或手续费等。随着国际贸易和国际货物运输的发展，这种运输代理行业也迅速广泛地发展起来。当前，代理行业已渗透到运输领域内的各个角落，成为国际货物运输业不可缺少的重要组成部分。

国际上从事国际运输代理业务的代理人，一般都经营运输多年，精通运输行业的各项业务，经验也比较丰富，而且熟悉各种运输业务手续和各项法规。他们与交通运输部门、外贸进出口公司、银行、保险、商检、海关等有着广泛的联系和密切的关系，从而具有为委托人代办各种运输业务的有利条件。委托代理人去完成一项运输业务，比货主、船东亲自去处理更为有利，虽然要花一些酬金，但委托人可以从代理提供的服务中得到补偿，这就是代理行业之所以产生并获得迅速发展的一个重要因素。

（二）国际货运代理人的定义

"货运代理人"一词来源于英文"Freight Forwarder"和"Forwarding Agent"两个词组。由于英文"Freight"一词具有运费、装运的货物、普通货物运输等几层含义，"Forward"一词则具有转运、转递、转交等含义，"Forwarder"一词通常被译为转运人，对于"Freight Forwarder"这个英文词组，在我国被译为"货运代理"、"货运代理人"、"运输代理人"、"货物运输行"等，各个国家或地区对它的解释都不相同，到目前为止，尚未形成一个各国公认的、统一的货运代理人的定义。但是其基本概念却是明了的。

国际货运代理协会联合会对货运代理下的定义是："货运代理是根据客户的指示，并为客户的利益而揽取货物运输的人，其本人并不是承运人。货运代理也可以依照这些条件，从事与运送合同有关的活动如储存货物（也含寄存）、报关、验收、收款。"

在我国，国际货运代理人是指接受进出口货物收货人、发货人的委托，以委托人的名义或以自己的名义，为委托人办理国际货物运输及相关业务并收取服务报酬的企业。

（三）国际货运代理业务

国际货运代理人主要是接受委托方的委托，就有关货物运输、转运、仓储、保险以及对货物零星加工等业务服务的一个机构，并管理国际货物的运输、中转、装卸、仓储等事宜。

从另一方面来认识，国际货运代理人系社会产业结构中的第三产业，是科学技术、国际贸易结构、国际运输方式发展产生的结果。因为在社会信息高度发展的趋势下，由于信息不受任何行业、区域、国界的限制，只要掌握信息，便能为委托方提供所需的优质服务，即使不拥有硬件（运输工具等），也可以通过软件（经营管理）来控制硬件。因此，国际货运代理人在实践中可以提供以下七大类服务。

1. 为发货人服务

国际货运代理人可以为发货人提供的服务有：以最快、最省的运输方式，安排合适的货物包装，选择货物的运输路线；向客户建议仓储与分拨；选择可靠、效率高的承运人，并负责缔结运输合同；安排货物的计量和计重；办理货物的保险；办理货物的拼装；装运前或在目的地分拨货物之前，将货物存仓；安排货物到港口或目的地的运输，办理海关有关单证的手续，并把货物交给承运人；代表托运人/收货人承付运费、关税、税收等；办理因货物运输的任何外汇交易；从承运人那里取得签署的提单，并把它们交给发货人或收货人；通过与承运人和货运代理人在国外的代理联系监督货物运输的进程，并使货主知道货物的去向。

2. 为海关服务

当货运代理人作为海关代理办理有关进出口商品的海关手续时，他不仅代表他的客户，而且也代表海关当局，也要对海关负责，负责在法定的单证中申报货物确切的金额、数量和品名，以使政府在这些方面不受损失。

3. 为承运人服务

货运代理人向承运人订好足够的舱位，议定对承运人和发货人都是公平合理的费率，安排在适当的时间内交货，并以发货人的名义解决与承运人的运费账目等问题。

4. 为航空公司服务

在国际航空运输协会以空运货物为目的而制定的规则上，国际货运代理人被指定为国际航空协会的代理。利用航空公司的服务手段为货主服务，并由航空公司付给佣金。同时，作为一个货运代理，通过提供适用于空运程度的服务方式继续为发货人或收货人的利益服务。

5. 为班轮公司服务

货运代理人与班轮公司的关系随业务性质而决定。在一些服务于欧洲国家的商业航线上，班轮公司已承认货运代理人的有益作用，并付给货运代理人一定的佣金。近年来，由货运代理人提供的拼箱服务，已建立了与班轮公司及其他承运人之间的一个较为密切的联系。

6. 提供拼箱服务

随着国际贸易中集装箱运输的增长，引进了"集运"和"拼箱"服务。集运或拼箱的基本含义是把一个起运地若干发货人发往另一个目的地的若干收货人的小件货物集中起来，作为一个整件集运的货物发运给目的地的货运代理人的代理，并通过他把单票货物交给各个收货人。货运代理人将签发的提单（即"分提单"）或其他类似的收据交给每一票货的发货人，货运代理人的代理在目的地凭出示的提单将货交给收货人。在提供这种服务时，货运代理担负一个委托人的作用。

7. 提供多式联运服务

在货运代理人的作用上，集装箱化的一个更深远的影响是它介入了多式联运。这时，货运代理人充当了主要承运人，并且承担组织在一个单一合同下通过多种运输方式进行的门到门的货物运输。他可以以当事人的身份与其他承运人或其他服务的提供者分别谈判并签约。但是，这些分拨合同不会影响多式联运合同的执行，也就是说，不会影响对发货人的义务和在多式联运过程中他对货损及灭失所承担的责任。在货运代理人作为多式联运经营人时，通常需要提供包括所有运输和分拨过程的一个全面的"一揽子"服务，并对他的客户承担一个更高水平的责任。

二、国际货运代理的性质

国际货运代理人本质上属于货物运输关系人的代理人，是联系发货人、收货人和承运人的货物运输中介人。一方面，他与货物托运人订立运输合同，同时他又与运输部门签订合同。对货物托运人来说，他又是货物的承运人。

• 国际货运代理人可代表发货人选择运输路线、运输方式、承运人，向承运人订舱、缮制贸易、运输单据，安排货物的短途运输、仓储、称重、检尺，办理货物的保险、报检、报验和通关手续，向承运人、仓储保管人及有关当局支付有关费用。

• 国际货运代理人可代表收货人接收、检查运输单据，办理货物的报检、报验和通关手续，提取货物，安排仓储和短途运输，支付运费及其他相关费用，协助收货人向责任方索赔。

• 国际货运代理人可代表承运人揽货、配载、装箱、拼箱、拆箱，签发运输单据。

虽然国际货物运输代理人有时也以独立经营人身份从事货物的仓储、短途运输，甚至以缔约承运人身份出具运单、提单，但这只不过是为了适应市场竞争需要，满足某些客户的特殊需求而拓展了服务范围的结果，并不影响其作为运输代理人的本质特征。

三、国际货运代理的作用

国际货运代理人通晓国际贸易环节，精通各种运输业务，熟悉相关法律、法规，业务关系广泛，信息来源准确、及时。对于进出口货物的收、发货人，承运人和港口、机场、车站、仓库经营人都有重要的桥梁和纽带作用。仅对委托人而言，至少可以发挥以下作用：

（一）组织协调作用

国际货运代理人凭借其拥有的运输知识及其他相关知识，组织运输活动，设计运输路线，选择运输方式和承运人（或货主），协调货主、承运人及其与仓储保管人、保险人、银行、港口、机场、车站、堆场经营人和海关、商检、卫检、动植检、进出口管制等有关当局的关系，可以节省委托人时间，减少许多不必要的麻烦，专心致力于主营业务。

（二）专业服务作用

国际货运代理人的本职工作是利用自身专业知识和经验，为委托人提供货物的承揽、交运、拼装、集运、接卸、交付服务，接受委托人的委托，办理货物的保险、海关、商检、卫检、动植检、进出口管制等手续，甚至有时要代理委托人支付、收取运费，垫付税金和政府规费。国际货运代理人通过向委托人提供各种专业服务，可以使委托人不必在自己不够熟悉的业务领域花费更多的心思和精力，使不便或难以依靠自己力量办理的事宜得到恰当、有效的处理，有助于提高委托人的工作效率。

（三）沟通控制作用

国际货运代理人拥有广泛的业务关系，发达的服务网络，先进的信息技术手段，可以随时保持货物运输关系人之间、货物运输关系人与其他有关企业、部门的有效沟通，对货物运输的全过程进行准确跟踪和控制，保证货物安全、及时运抵目的地，顺利办理相关手续，准确送达收货人，并应委托人的要求提供全过程的信息服务及其他相关服务。

（四）咨询顾问作用

国际货运代理人通晓国际贸易环节，精通各种运输业务，熟悉有关法律、法规，了解世界各地有关情况，信息来源准确、及时，可以就货物的包装、储存、装卸和照管，货物的运输方式、运输路线和运输费用，货物的保险、进出口单证和价款的结算，领事、海关、商检、卫检、动植检、进出口管制等有关当局的要求等向委托人提出明确、具体的咨询意见，协助委托人设计、选择适当处理方案，避免、减少不必要风险、周折和浪费。

（五）降低成本作用

国际货运代理人掌握货物的运输、仓储、装卸、保险市场行情，与货物的运输关系人、仓储保管人、港口、机场、车站、堆场经营人和保险人有着长期、密切的友好合作关系，拥有丰富的专业知识和业务经验，有利的谈判地位，娴熟的谈判技巧，通过国际货运代理人的努力，可以选择货物的最佳运输路线、运输方式，最佳仓储保管人、装卸作业人和保险人，争取公平、合理的费率，甚至可以通过集运效应使所有相关各方受益，从而降低货物运输关系人的业务成本，提高其主营业务效益。

（六）资金融通作用

国际货运代理人与货物的运输关系人、仓储保管人、装卸作业人及银行、海关当局等相互了解、关系密切、长期合作、彼此信任，国际货运代理人可以代替收、发货人支付有关费用、税金，提前与承运人、仓储保管人、装卸作业人结算有关费用，凭借自己的实力和信誉向承运人、仓储保管人、装卸作业人及银行、海关当局提供费用、税金担保或风险担保，可以帮助委托人融通资金，减少资金占压，提高资金利用效率。

四、国际货运代理的分类

按照不同的标准，可以对国际货运代理进行不同的分类。具体划分如下：

（一）根据委托人的性质不同划分

1. 货主的代理。是指接受进出口货物收、发货人的委托，为了托运人的利益办理国际货物运输及相关业务，并收取相应的报酬的国际货运代理。

2. 承运人的代理。是指接受从事国际运输业务的承运人的委托，为了承运人的利益办理国际货物运输及相关业务，并收取相应报酬的国际货运代理。

（二）根据委托的代理人数量不同划分

1. 独家代理。它是指委托人授予一个代理人在特定的区域或者特定的运输方式或服务类型下，独家代理其从事国际货物运输业务和/或相关业务的国际货运代理。

2. 普通代理。又称多家代理，是指委托人在特定的区域或者特定的运输方式或服务类型下，同时委托多个代理人代理其从事国际货物运输业务和/或相关业务的国际货运代理。

（三）根据委托人授予代理人权限范围不同划分

1. 全权代理。是指委托人委托代理人办理某项国际货物运输业务和/或相关业务，并授予其根据委托人自己意志灵活处理相关事宜权利的国际货运代理。

2. 一般代理。是指委托人委托代理人办理某项具体国际货物运输业务和/或相关业务，要求其根据委托人的意志处理相关事宜的国际货运代理。

（四）根据委托人委托办理的事项不同划分

1. 综合代理。是指委托人委托代理人办理某一票或某一批货物的全部国际运输事宜，提供配套的相关服务的国际货运代理。

2. 专项代理。是指委托人委托代理人办理某一票或某一批货物的某一项或某几项国际运输事宜，提供规定项目的相关服务的国际货运代理。

（五）根据代理人的层次不同划分

1. 总代理。是指委托人授权代理人作为在某个特定地区的全权代表，委托其处理委托人在该地区的所有货物运输事宜及相关事宜的国际货运代理。

2. 分代理。是指总代理人指定的在总代理区域内的具体区域代理委托人办理货物运输事宜及其他相关事宜的国际货运代理。

（六）根据运输方式不同划分

1. 水运代理。是指提供水上货物运输服务及相关服务的国际货运代理。

2. 空运代理。是指提供航空货物运输服务及相关服务的国际货运代理。

3. 陆运代理。是指提供公路、铁路、管道运输等货物运输服务及相关服务的国际货运代理。

4. 联运代理。是指提供联合运输货运服务及相关服务的国际货运代理。

（七）根据代理业务的内容不同划分

1. 国际货物运输综合代理。是指接受进出口货物收货人、发货人的委托，以委托人的名义或以自己的名义，为委托人办理国际货物运输及相关业务，并收取服务报酬的代理。

2. 国际船舶代理。是指接受船舶所有人、经营人或承租人的委托，在授权范围内代表委托人办理与在港国际运输船舶及船舶运输有关的业务，提供有关服务，并收取服务报酬的代理。

3. 国际民用航空运输销售代理。是指接受民用航空运输企业委托，在约定的授权范围内，以委托人名义代为处理国际航空货物运输销售及其相关业务，并收取相应手续费的代理。

4. 报关代理。是指接受进出口货物收货人、发货人或国际运输企业的委托，代为办理进出口货物报关、纳税、结关事宜，并收取服务报酬的代理。

5. 报检代理。是指接受出口商品生产企业、进出口商品发货人、收货人及其代理人或其他对外贸易关系人的委托，代为办理进出口商品的卫生检验、动植物检疫事宜，并收取服务报酬的代理。

6. 报验代理。是指接受出口商品生产企业、进出口商品发货人、收货人及其代理人或其他对外贸易关系人的委托，代为办理进出口商品质量、数量、包装、价值、运输器具、运输工具等的检验、鉴定事宜，并收取服务报酬的代理。

五、国际货运代理的管理

（一）我国的国际货运代理管理机构

根据《中华人民共和国国际货物运输代理业管理规定》及其实施细则的有关规定，国务院对外经济贸易合作主管部门是我国国际货运代理行业的主管部门，按照适应对外贸易发展需要，促进国际货物运输代理业的合理布局，保护公平竞争，促进国际货物运输代理业服务质量的提高的原则，对全国国际货物运输代理行业实施监督管理。具体来讲，我国国际货运代理管理机构拥有以下几项职能：

1. 拟定、完善和执行国际货运代理行业的政策、法规、规章；

2. 制定国际货运代理企业资格标准，审批企业经营国际货运代理业务项目、国际货运代理企业及其分支机构的设立、变更和终止，颁发《中华人民共和国国际货物运输代理企业批准证书》和《中华人民共和国国际货物运输代理企业分支机构批准证书》；

3. 对在京中央国际货运代理企业进行年审和换证审查、业务统计；

4. 管理全国国际货运代理行业，规范货运代理企业经营行为，治理货运代理市场经营秩序，处罚违反有关法规和规章的国际货运代理企业；

5. 掌握国际货运代理行业动态，就国际货运代理有关问题与有关部门进行协调；

6. 联系中国国际货运代理协会等社会中介组织，指导其开展工作；

7. 组织国际货运代理从业人员业务培训，审查培训机构资格，颁发国际货运代理从业资格证书；

8. 组织国际货运代理行业国际交流工作。

省、自治区、直辖市、经济特区人民政府对外经济贸易主管部门在国务院对外经济贸易合作主管部门授权的范围内，负责对本行政区域内的国际货物运输代理业实施监督管理。具体职责包括：

1. 对本辖区企业经营国际货运代理业务项目申请进行初审；

2. 对在本辖区设立的国际货运代理企业分支机构出具意见；

3. 对本辖区国际货运代理企业进行年审和换证审查、业务统计；

4. 组织本辖区国际货运代理业务人员培训；

5. 指导本辖区地方国际货运代理协会开展工作；

6. 会同本辖区有关行政管理部门规范货运代理企业经营行为、治理货运代理市场经营秩序。

（二）国际货运代理行业协会

国际货运代理协会联合会（FIATA），是一个非营利性的世界性国际货运代理行业组织，代表了由大约 40000 家货运代理企业，800 万至 1000 万从业人员组成的国际货运代理行业，具有广泛的国际影响。

国际货运代理协会联合会成立于 1926 年 5 月 31 日，当时有 16 个国家的货运代理协会。该联合会现有来自 86 个国家和地区的 96 个一般会员，分布于 150个国家和地区的 2700 多家联系会员。

国际货运代理协会联合会的宗旨是保障和提高国际货运代理在全球的利益，工作目标是团结全世界的货运代理行业；以顾问或专家身份参加国际性组织，处理运输业务，代表、促进和保护运输业的利益；通过发布信息，分发出版物等方式，使贸易界、工业界和公众熟悉货运代理人提供的服务；通过制定和推广统一货运代理单据、标准交易条件，改进和提高货运代理的服务质量；协助货运代理人进行职业培训，处理责任保险问题，提供电子商务工具。

（三）中国国际货运代理协会

中国国际货运代理协会（CIFA），是由经国家主管部门批准从事国际货运代理业务，在中华人民共和国境内注册的国际货运代理企业自愿组成，是经国务院批准，在民政部登记的全国性行业协会，属于非营利性的社团法人，受对外经济贸易合作部和民政部的指导和监督。

中国国际货运代理协会的宗旨是维护我国国际货运代理行业利益，保护会员企业正当权益，促进我国国际货运代理行业健康发展，更好地为我国对外经济贸易事业服务。

业务范围是协助政府主管部门依法规范国际货运代理企业经营行为，整顿行业秩序；开展行业市场调研，编制行业统计；组织行业培训及行业发展研究；承担政府主管部门委托的部分职能；为会员企业提供信息咨询服务；代表全行业加入国际货运代理协会联合会，开展同业国际交流。

第三节　国际货运代理企业

一、国际货运代理企业的定义

国际货物运输代理企业是指接受进出口货物收货人、发货人的委托，以委托人的名义或者以自己的名义，为委托人办理国际货物运输及相关业务并收取服务报酬的法人企业。

国际货物运输代理企业除了应当具备《民法通则》、《公司法》等法律、法规规定的企业法人条件以外，还必须具备接受进出口货物收货人、发货人的委托，以委托人的名义或者以自己的名义，为委托人办理国际货物运输及相关业务的特征。

二、国际货运代理企业的分类

（一）以投资主体、所有制形式为标准分类

1. 全民所有制国际货运代理企业

它是指由全民所有制单位单独或与其他全民所有制单位共同投资设立的国际货运代理企业，即国有国际货运代理企业。如国有独资的中国对外贸易运输（集团）总公司、中国租船公司、中国速递服务公司，国有企业共同投资设立的中国国际展览运输有限公司、民航快递有限责任公司等。这类国际货运代理企业约占我国国际货运代理企业总数的70％。

2. 集体所有制国际货运代理企业

它是指由集体所有制单位投资设立的国际货运代理企业。由于国家政策的限制，目前我国这类国际货运代理企业的数量极少。

3. 私人所有制国际货运代理企业

它是指由私营企业或个人投资设立的国际货运代理企业，即私营国际货运代理企业。由于我国现行有关政策不允许私人和个体户经营国际货运代理业务，目前我国尚无合法存在的私营国际货运代理企业。

4. 股份制国际货运代理企业

它是指由不同所有制成分的多个投资主体共同投资设立的混合所有制国际货运代理企业。如中外运空运发展股份有限公司、大连锦程国际货运股份有限公司等。由于我国股份制企业的历史较短，目前我国股份制国际货运代理企业数量很少。

5. 外商投资国际货运代理企业

它是指由境外投资者以中外合资、中外合作或外商独资形式设立的国际货运代理企业。如大通国际运输有限公司、大田—联邦快递有限公司、金鹰国际货运代理有限公司、华诚国际运输服务有限公司等。这类企业约占我国国际货运代理企业总数的30％。由于国家政策、法规的限制，目前我国中外合作国际货运代理企业很少，尚无外商独资国际货运代理企业。

（二）以企业的成立背景和经营特点为标准分类

1. 以对外贸易运输企业为背景的国际货运代理企业

主要指中国对外贸易运输（集团）公司及其分、子公司，控股、合资公司。这类国际货运代理企业的特点是一业为主，多种经营，经营范围较宽，业务网络发达，实力雄厚，人力资源丰富，综合市场竞争能力较强。

2. 以实际承运人企业为背景的国际货运代理企业

主要指由公路、铁路、海上、航空运输部门或企业投资或控股的国际货运代理企业。如中国铁路对外服务总公司、中国外轮代理总公司、中远国际货运有限公司、中国民航客货运输销售代理公司等。这类国际货运代理企业的特点是专业化经营，与实际承运人关系密切，运价优势明显，运输信息灵通，方便货主，在特定的运输方式下市场竞争能力较强。

3. 以外贸、工贸公司为背景的国际货运代理企业

主要指由各专业外贸公司或大型工贸公司投资或控股的国际货运代理企业。如五矿国际货运公司、中化国际仓储运输公司、中粮国际仓储运输公司、中机国际仓储运输公司、中成国际运输公司、长城国际运输代理有限公司等。这类国际货运代理企业的特点是货源相对稳定，处理货物、单据经验丰富，对某些类型货物的运输代理竞争优势较强，但多数规模不大，服务功能不够全面，服务网络不够发达。

4. 以仓储、包装企业为背景的国际货运代理企业

主要指由仓储、包装企业投资、控股的国际货运代理企业或增加经营范围而成的国际货运代理企业。如北京市友谊包装运输公司、天津宏达国际货运代理有限公司、中储国际货运代理公司等。这类国际货运代理企业的特点是凭借仓储优势揽取货源，深得货主信任，对于特种物品的运输代理经验丰富，但多数规模较小，服务网点较少，综合服务能力不强。

5. 以港口、航道、机场企业为背景的国际货运代理企业

主要指由港口、航道、机场企业投资、控股的国际货运代理企业。如上海集装箱码头有限公司货运公司、天津振华国际货运有限公司等。这类国际货运代理企业的特点是与港口、机场企业关系密切，港口、场站作业经验丰富，对集装货物的运输代理具有竞争优势，人员素质、管理水平较高，但是服务内容较为单一，缺乏服务网络。

6. 以境外国际运输、运输代理企业为背景的国际货运代理企业

主要指由境外国际运输、运输代理企业以合资、合作方式在中国境内设立的外商投资国际货运代理企业。如华迅国际运输有限公司、华辉国际运输服务有限

公司、天保名门（天津）国际货运代理有限公司、深圳彩联储运有限公司等。这类国际货运代理企业的特点是国际业务网络较为发达，信息化程度、人员素质、管理水平较高，服务质量较好。

7. 其他背景的国际货运代理企业

主要指其他投资者投资或控股的国际货运代理企业。这类国际货运代理企业投资主体多样，经营规模、经营范围不一，人员素质、管理水平、服务质量参差不齐。有的实力雄厚，业务范围广泛，服务网络较为发达，信息化程度、人员素质、管理水平较高，服务质量较好，如天津市大田航空代理公司、北京市外国企业服务总公司等。有的规模较小，服务内容单一，人员素质、管理水平不高，服务质量一般。

三、国际货运代理企业的设立

（一）国内投资国际货运代理企业的设立

1. 申请人资格

国际货运代理业务的申请人应当是与进出口贸易或国际货物运输有关、有稳定货源的单位，并且符合以上条件的投资者应当在申请项目中占大股。

承运人以及其他可能对国际货运代理行业构成不公平竞争的企业不得申请经营国际货运代理业务。禁止具有行政垄断职能的单位申请投资经营国际货运代理业务。

2. 设立国际货物运输代理企业的条件

设立国际货物运输代理企业，应当具备下列条件：

（1）有与其从事的国际货物运输代理业务相适应的专业人员。具体来讲，至少要有5名从事过国际货运代理业务3年以上的业务人员，其资格由业务人员原所在企业证明，或者取得对外经济贸易合作部颁发的国际货物运输代理资格证书。

（2）有固定的营业场所。以自有房屋、场地作为经营场所的，应当提供产权证明。以租赁房屋、场地作为经营场所的，应当提供租赁期限在1年以上的租赁契约。

（3）有必要的营业设施。设立国际货物运输代理企业，应当拥有一定数量的电话、传真、计算机、装卸设备、包装设备和短途运输工具。

（4）有稳定的进出口货源市场。在本地区进出口货物运量较大，货运代理行业具备进一步发展的条件和潜力，并且申报企业可以揽收到足够的货源。

（5）有与经营的业务项目相适应的注册资金。国际货物运输代理企业的注册资本最低限额应当符合下列要求：

①经营海上国际货物运输代理业务的，注册资本最低限额为 500 万元人民币；

②经营航空国际货物运输代理业务的，注册资本最低限额为 300 万元人民币；

③经营陆路国际货物运输代理业务或者国际快递业务的，注册资本最低限额为 200 万元人民币。

经营前款两项以上业务的，注册资本最低限额为其中最高一项的限额。国际货物运输代理企业每申请设立一个从事国际货物运输代理业务的分支机构，应当相应增加注册资本 50 万元人民币。如果企业注册资本已超过上述最低限额，则超过部分可以作为设立分支机构的增加资本。

申请设立的国际货运代理企业业务经营范围包括国际多式联运业务的，除应当具备上述条件外，还应当具备下列条件：

（1）从事过与《实施细则》第 32 条规定的国际货运代理企业经营范围有关的业务 3 年以上；

（2）具有相应的国内、国外代理网络；

（3）拥有在对外经济贸易合作部登记备案的国际货运代理提单。

3. 设立国际货物运输代理企业应当提交的文件

申请设立国际货物运输代理企业，应当向相应对外经济贸易主管部门报送下列文件：

（1）申请书（包括投资者名称、申请资格说明、申请的业务项目）；

（2）可行性研究报告（包括基本情况、资格说明、现有条件、市场分析、业务预测、组建方案、经济预算及发展预算等）；

（3）各方投资者的企业法人营业执照（影印件）；

（4）董事会、股东会或股东大会决议；

（5）企业章程（或草案）；

（6）主要业务人员情况（包括学历、所学专业、业务简历、资格证书）；

（7）资信证明（会计师事务所出具的各方投资者的验资报告）；

（8）投资者出资协议；

（9）法定代表人简历；

（10）国际货运代理提单（运单）样式；

（11）工商行政管理部门出具的企业名称预先核准函（影印件）；

（12）国际货运代理企业申请表；

（13）交易条款；

（14）营业设施情况说明；

（15）经营场所证明。

以上文件除第（3）、（11）项外，均须提交正本，并加盖申请人公章。

4. 设立国际货物运输代理企业的审批程序

申请设立国际货物运输代理企业，申请人应当向拟设立国际货物运输代理企业所在地的省、自治区、直辖市、经济特区、计划单列市的对外经济贸易主管部门提出申请，并提交规定的文件。

上述地方对外经济贸易主管部门收到申请人提交的申请及有关文件后，将从以下几个方面对申请项目进行初步审核：

（1）项目设立的必要性；

（2）申请文件的真实性和完整性；

（3）申请人资格；

（4）申请人信誉；

（5）业务人员资格。

地方对外经济贸易主管部门对申请项目进行审核后，应当自收到申请设立货运代理企业的申请书和其他文件之日起 45 天内提出意见，并将初审意见（包括建议批准的经营范围、经营地域、投资者出资比例等）及全部申请文件转报对外经济贸易合作部审批。

国务院各部门在北京的直属企业申请在北京设立国际货物运输代理企业的，可以直接向对外经济贸易合作部提出申请，由对外经济贸易合作部委托中国国际货运代理协会进行初审。中国国际货运代理协会应当自收到申请设立货运代理企业的申请书和其他文件之日起 45 天内提出意见，并将初审意见及全部申请文件报对外经济贸易合作部进行终审。

对外经济贸易合作部应当自收到申请设立国际货运代理企业的申请书和其他文件之日起 45 天内作出批准或者不批准的决定。

对于有下列情形之一的，对外经济贸易合作部将驳回申请，并说明理由：

（1）文件不齐；

（2）申报程序不符合要求；

（3）对外经济贸易合作部已经通知暂停受理经营国际货运代理业务的申请。

对于有下列情形之一的，对外经济贸易合作部经过调查核实后，将作出不批准批复：

（1）申请人不具备从事国际货运代理业务的资格；

（2）申请人自申报之日前 5 年内非法从事代理经营活动，受到国家行政管理部门的处罚；

（3）申请人故意隐瞒、谎报申报情况；

（4）存在其他不符合《管理规定》第 5 条有关原则的情况。

（二）设立国际货物运输代理企业分支机构

1. 设立国际货物运输代理企业分支机构的条件

根据《中华人民共和国国际货物运输代理业管理规定实施细则（试行）》第 18 条第 2 款规定，国际货物运输代理企业成立并经营国际货运代理业务 1 年以后，在形成一定经营规模的条件下，可以申请设立子公司或分支机构。结合该细则第 10 条关于国际货运代理企业每申请设立一个分支机构，应当增加注册资金人民币 50 万元的规定，国际货物运输代理企业设立分支机构至少应当具备以下几个条件：

（1）经对外经济贸易主管部门批准成立，并取得批准证书；

（2）经营国际货运代理业务 1 年以上，已形成一定的经营规模；

（3）注册资金达到按拟设立分支机构数量计算的金额。

2. 设立国际货物运输代理企业分支机构应提交的文件

根据《中华人民共和国国际货物运输代理业管理规定实施细则（试行）》第 19 条规定，国际货运代理企业申请设立子公司或分支机构，除应报送该《实施细则》第 12 条规定的设立国际货运代理企业应当提交的有关文件以外，还应当报送下列文件：

（1）原国际货运代理业务批复（影印件）；

（2）批准证书（影印件）；

（3）营业执照（影印件）；

（4）国际货运代理企业申请表；

（5）经营情况报告（含网络建设情况）；

（6）子公司法定代表人或分支机构负责人简历；

（7）上一年度年审登记表。

3. 设立国际货物运输代理企业分支机构的程序

国际货运代理企业申请设立子公司或分支机构，应由该企业持其所在地地方对外经济贸易主管部门的意见（国务院部门在京直属企业持对外经济贸易合作部的征求意见函），向拟设立子公司或分支机构的地方对外经济贸易主管部门（不含计划单列市）进行申报。后者应当在收到国际货运代理企业设立子公司或分支机构的申请及有关文件之日起 45 天内按照《实施细则》第 14 条的规定进行审核，并提出初审意见，连同全部申请文件一起报请对外经济贸易合作部审批。

申请设立分支机构的国际货运代理企业收到对外经济贸易合作部表示同意的批复以后，应当自批复之日起90天内持总公司根据《实施细则》第10条规定增资后具有法律效力的验资报告及修改后的企业章程正本，凭分支机构所在地省级、地方对外经济贸易主管部门的介绍信，到国务院对外经济贸易主管部门领取《中华人民共和国国际货物运输代理企业分支机构批准证书》。

申请人逾期不办理领证手续或者自领取批准证书之日起超过180天无正当理由未开始营业的，除申请延期获准外，其分支机构的国际货运代理业务经营资格自动丧失。

应当注意的是，国际货运代理企业设立的分、子公司经营范围不得超出其总公司或母公司的经营范围。国际货运代理企业设立非营利性的办事机构，不需办理设立分、子公司一样的审批手续，但是必须报该办事机构所在地对外经济贸易主管部门备案，并接受其管理。同时，办事机构只能从事业务联络活动，不能从事具体业务经营活动。

4. 设立国际货物运输代理企业分支机构程序的简化

为了加快国际货物运输代理企业网络建设，简化国际货物运输代理企业设立分支机构的审批手续，2000年12月21日原对外经济贸易合作部以［2000］外经贸发展运函字第3303号文件发布《关于取消国际货运代理企业在已核准经营地域内设立分公司审批规定的通知》，将纯内资国际货物运输代理企业在已核准经营地域内设立分公司由审批制改为登记制。

根据上述通知，不涉及注册资本增加事宜的国际货物运输代理企业在已核准经营地域内设立分公司，可以凭下列文件直接到国务院对外经济贸易主管部门部领取《中华人民共和国国际货物运输代理企业分支机构批准证书》：

(1) 加盖该国际货物运输代理企业公章的已核准经营地域内设立分公司登记表；

(2) 原《中华人民共和国国际货物运输代理企业批准证书》正本、副本；

(3)《企业法人营业执照》影印件；

(4) 董事会或股东会议决议；

(5) 分公司负责人和主要业务人员简历；

(6) 分公司固定营业场所证明。

如果涉及注册资本增加事宜，且投资各方按原比例增加注册资本，还需另行提供下列文件：

(1) 增加注册资本后的验资报告；

（2）企业章程修改协议。

增加注册资本后的国际货物运输代理企业，同时换领新的《中华人民共和国国际货物运输代理企业批准证书》。

如果涉及注册资本增加事宜，且投资各方不按原比例增加注册资本，则需首先办理股权变更审批手续。

至于内资国际货物运输代理企业在已核准经营地域外设立分公司和外商投资国际货物运输代理企业在所在地域设立分公司，则仍然按照有关规定办理审批手续。

（三）外商投资国际货运代理企业的设立

1. 外商投资国际货物运输代理企业的定义

外商投资国际货物运输代理企业是指境外的投资者以中外合资、中外合作及外商独资形式设立的接受进出口货物收货人、发货人的委托，以委托人的名义或者以自己的名义，为委托人办理国际货物运输及相关业务并收取服务报酬的外商投资企业。

2. 设立外商投资国际货物运输代理企业的条件

申请设立外商投资国际货运代理企业除了必须具备《中华人民共和国国际货物运输代理业管理规定》规定的条件外，还必须具备国家有关外商投资企业的法律、法规所规定的条件和以下条件：

（1）投资者的资格条件

①中国合营者至少有一家是从事国际货运代理业务1年以上的国际货运代理企业或获得进出口经营权1年以上的企业，或者是从事相关的交通运输或仓储业务1年以上的企业，且符合上述条件的中方合营者在中方中为第一大股东；

②外国合营者至少有一家是经营国际货运代理业务3年以上的企业，且符合上述条件的外方合营者在外方中为第一大股东；

③中外合营者在申请之日前3年内没有违反行业规定的行为；

④不属于码头、港口、机场等可能对货运代理行业带来不公平竞争行为的企业；

⑤拟在中国投资设立第二家国际货运代理企业的同一个外国合营者（包括其关联企业）在中国境内投资设立的第一家国际货运代理企业经营已满2年。

（2）其他条件

①注册资本最低限额为100万美元；

②具有至少5名从事国际货运代理业务3年以上的业务人员；

③有固定的经营场所；

④有必要的通信、运输、装卸、包装等营业设施。

3. 申请设立外商投资国际货运代理企业应提交的文件

申请设立外商投资国际货运代理企业，至少应向对外经济贸易合作部门报送下列文件：

（1）申请书；

（2）可行性研究报告；

（3）合同、章程、投资者的企业法人营业执照（影印件）；

（4）董事会成员及主要管理人员名单及简历；

（5）工商行政管理部门出具的企业名称预先核准通知书；

（6）投资者所在国家或地区的法律证明文件及资信证明文件；

（7）主要投资方的资质证明；

（8）审批机关要求提供的其他文件。

4. 设立外商投资国际货运代理企业的审批程序

实践中，申请设立外商投资国际货运代理企业，应当由中方合营者按照国家现行的有关外商投资企业的法律、法规所规定的程序，将设立外商投资国际货运代理企业申请书及其他有关文件报请拟设立的外商投资国际货运代理企业所在地省、自治区、直辖市、计划单列市对外经济贸易主管部门进行初审。经负责外商投资管理和国际货运代理管理的部门初审合格的，提出初审意见，并报向对外商务部审批。商务部负责外商投资管理和国际货运代理管理的部门将分别按照国家有关外商投资的法律、法规和有关国际货运代理的法规、规章进行审核，并在规定的期限内作出批准或不批准的决定。决定批准设立的，由商务部颁发《外商投资企业批准证书》和《国际货物运输代理企业批准证书》。然后，再由中方合营者持对商务部颁发的上述两项证书向工商管理部门办理登记注册手续。

5. 外商投资国际货运代理企业注册资本、投资比例和经营期限

根据我国加入世界贸易组织时所作的承诺，自我国加入世界贸易组织之时起3年内，外商投资国际货物运输代理企业的注册资本不得低于100万美元。但在中国加入世界贸易组织后4年内，即在2005年12月11日以前在这方面给予外商投资国际货物运输代理企业国民待遇，使其最低注册资本与全部由国内投资者开办的国际货物运输代理企业最低注册资本相一致。

关于外国投资者在外商投资国际货物运输代理企业中持有的股权比例，按照我国加入世界贸易组织时作出的关于中国加入后1年内允许外资拥有多数股权的承诺，目前外国投资者在外商投资国际货物运输代理企业中持有的股权比例尚不能超过75%。但在中国加入世界贸易组织后4年内，即在2005年12月11日以前将允许设立外商独资国际货物运输代理企业。

由于国际货物运输代理行业属于我国政府限制外商投资的领域，与全部由国内投资者投资设立的国际货物运输代理企业有所不同，外商投资国际货运代理企业的经营期限一般不得超过 20 年。

（四）外商投资国际货运代理企业分支机构的设立

1. 设立外商投资国际货运代理企业分支机构的条件

根据《中华人民共和国外商投资国际货运代理业管理规定》第 12 条第 1 款，外商投资国际货运代理企业正式开业满 1 年且合营各方出资已全部到位后，可申请在国内其他地方设立分公司。外商投资国际货运代理企业每设立一个从事国际货物运输代理业务的分公司，应增加注册资本 12 万美元。据此，外商投资国际货运代理企业设立分支机构至少应当具备以下几个条件：

（1）外商投资国际货运代理企业正式开业满 1 年；

（2）外商投资国际货运代理企业合营各方出资已全部到位；

（3）注册资金达到按拟设立分支机构数量计算的金额。

值得指出的是，根据我国加入世界贸易组织时所作的承诺，在我国加入世界贸易组织后 2 年内，即 2003 年 12 月 11 日以前，上述 12 万美元的额外注册资本要求将在国民待遇基础上实施，降低到与全部由国内投资者投资设立的国际货物运输代理企业同等的 50 万元人民币。

2. 设立外商投资国际货运代理企业分支机构应提交的文件

外商投资国际货运代理企业设立分公司，需要提交以下文件：

（1）拟设立分公司所在地对外经济贸易合作部门的同意意见函；

（2）董事会关于设立分公司和增资的决议；

（3）有关增资事项对合营合同、章程的修改协议；

（4）企业经营情况报告及设立分公司的理由和可行性分析；

（5）企业验资报告；

（6）分公司从业人员及营业场所证明材料；

（7）审批机关要求提供的其他文件。

3. 设立外商投资国际货运代理企业分支机构的审批程序

外商投资国际货运代理企业设立分公司，亦应将申请书及其他文件提交该外商投资国际货运代理企业所在地省、自治区、直辖市、计划单列市对外经济贸易主管部门进行初审，由当地对外经济贸易主管部门向拟设立的分公司所在地省、自治区、直辖市、计划单列市对外经济贸易主管部门征求意见。经拟设立的分公司所在地省、自治区、直辖市、计划单列市对外经济贸易主管部门同意后，再报商务部审核、批准。商务部将根据国家有关法律、法规和规章进行审核，作出批准或不批准的决定。决定批准的，颁发《中华人民共和国国际货物运输代理企业分支机构批准证书》。

虽然香港、澳门、台湾地区属于中华人民共和国不可分割的组成部分，但是由于政治、法律方面的原因，目前这些地区的公司、企业在内地设立国际货物运输代理企业，既不同于全部由内地投资者开办的国际货物运输代理企业，也不同于外国投资者在中国开办的国际货物运输代理企业，只能参照有关外商投资国际货物运输代理企业的规定办理相关法律手续。

四、我国国际货运代理企业的发展趋势

我国国际货运代理企业的发展趋势有规模化、专业化、网络化、物流化。

（一）企业经营规模化

规模化是我国货代企业发展的一项基本战略。货代企业要合理配置其现有资源、推动其持续经营，就要积极推行规模化发展。

（二）优质服务专业化

目前我国多数货运代理停留在"代办运输"的中间人角色，经营粗放，管理落后，客户需求只能低层次地得到满足。而提供专业化服务，可以使货代企业完善服务功能、开展集约经营。

专业化是培育货代企业核心竞争力的必然要求。而行业化是培育和增强企业核心竞争力的重要途径。随着市场竞争的加剧和客户需求的提高，货代企业还应当完成向独立运输经营人的角色转换，为此就必须提升服务档次，在业务操作、员工素质、企业文化等方面按专业化服务的标准规范企业行为，从战略、成本、质量、营销等方面提高企业的管理水平。

（三）发展核心网络化

1. 货代企业有形的国内外运营网点的建设

目前，除一些大型货代企业和合资货代企业外，我国其他货代企业普遍缺乏网点设施，这是导致我国货代企业竞争力不高的一个重要原因。

2. 总部对货代企业运营网点的资源能统一调配

通过网络运作追求规模效益，这就要求各运营网点之间不能各自为政，而是根据业务和战略发展的需要连成一体，服从总部的集中指挥和管理协调，以形成和实现"一个利润中心，多个成本中心"的组织运作模式。

3. 运用 Internet、Intranet、EDI 等先进的传输方式，构筑无形的信息管理系统

通过电子商务实现内部资源网络化运作，是联结货代企业这些分割的有形网

点的最快捷和最有效手段，唯有如此，才能达到提高效率、降低成本、共享资源的目的。

（四）管理趋向物流化

第三方物流作为现代物流的核心思想之一，对于货代企业优化产业结构、提高竞争实力、培育新的利润增长点无疑具有重要意义。我国的货代企业首先要解决的是如何根据自己的条件，融入到全球物流体系中，开发不同层次的物流服务，最大限度地在物流产业中受益。

货运企业转化为第三方物流具有很大的优势：一是拥有先天的基础设施和网络优势，如大通国际运输公司通过电脑网络，能将遍布于海内外的近 20 个运营点连接起来，为开展门到门运输服务创造了条件。二是业务以组织、安排运输为其特长，对货物流通和各个环节比较熟悉，具有较强的控制和驾驭的能力，通过对货物流通链的整体设计与管理，可以最大限度地降低货物流通成本与时间。三是人员素质和管理水平较高，服务具有竞争力，在租船订舱、通关揽货、集港联运等方面实力强劲。

综上所述，货运代理从事传统代理业务的经营模式已经无法紧跟信息时代的发展步伐，借鉴国外货代公司向第三方物流转轨的成功经验，以合同当事人的身份开展更为广泛的业务，是货运代理业发展的大势所趋。

第四节 国际货运代理责任及其保险

一、国际货运代理的责任

（一）国际货运代理从事传统业务的责任及其责任分类

1. 国际货运代理从事传统业务的责任

国际货运代理的责任，是指当国际货运代理作为代理人和当事人两种情况时的责任。

从国际货运代理的传统地位讲，作为代理人负责代发货人或货主订舱、保管和安排货物运输、包装、保险等，并代他们支付运费、保险费、包装费、海关税等，然后收取一定的代理手续费（通常是整个费用的一个百分比）。

上述所有的成本均由客户承担，其中包括：国际货运代理因货物的运送、保管、保险、报关、签证、办理汇票的承兑和为其服务所发生的一切费用；同时，还应支付由于国际货运代理不能控制的原因，致使合同无法履行而产生的其他费用。客户只有在提货之前全部付清上述费用，才能取得提货的权利。否则，国际货运代理对货物享有留置权，有权以某种适当的方式将货物出售，以此来补偿其所应收取的费用。国际货运代理作为纯粹的代理人，通常应对其本人及其雇员的过错承担责任，其错误和疏忽包括：未按指示交付货物；尽管得到指示，办理保险仍然出现疏忽、报关有误；运往错误的目的地；未能按必要的程序取得再出口（进口）货物退税；未取得收货人的货款而交付货物。国际货运代理还应对其经营过程中造成第三人的财产灭失或损坏或人身伤亡承担责任。如果国际货运代理能够证明他对第三人的选择做到了合理的谨慎，那么他一般不承担因第三人的行为或不行为引起的责任。

国际货运代理作为当事人，系指在为客户提供所需的服务中，是以其本人的名义承担责任的独立合同人，他应对其履行国际货运代理合同而雇佣的承运人、分货运代理的行为或不行为负责。一般而言，他与客户接洽的是服务的价格，而不是收取代理手续费。比如，国际货运代理提供混装或多式联运服务，或亲自承担公路运输，那么此时他就处于当事人地位。尤其当国际货运代理以委托人的身份提供多式联运服务时，国际货运代理标准交易条件中的纯粹代理性质的条款就不再适用了。其合同义务受其所签发的多式联运提单条款的制约，即使国际货运代理本人并不拥有船舶或其他运输工具，也将作为多式联运经营人，对全程负责，承担承运人的全部责任。

目前，各国法律对国际货运代理所下的定义及其业务范围的规定是有所不同的，但按其责任范围的大小，原则上可分为三种情况：一种情况，作为国际货运代理，仅对其自己的错误和疏忽负责；另一种情况，国际货运代理，不仅对其自己的错误和疏忽负责，还应使货物完好地运抵目的地，这就意味着他应承担承运人的责任和造成第三人损失的责任；第三种情况，国际货运代理的责任取决于合同条款的规定和所选择的运输工具等。例如 FIATA 规定：国际货运代理仅对属于其本身或其雇员所造成的过失负责。如其在选择第二人时已恪尽职责，则对于该第三人的行为或疏忽不负责任。如能举证他未能做到恪尽职责，其责任也应不超过与其订立合同的任何第三人的责任。正是由于各国的法律规定不同，要求国际货运代理所承担的责任也就大不相同。

2. 国际货运代理从事传统业务的责任分类

我们可将国际货运代理的责任具体划分为：

（1）国际货运代理作为代理人的责任。国际货运代理只对其本身（在履行义务过程中）的过失及其雇员的过失负责，一般对运输公司、分包人等第三人的行为、疏忽不负责任，除非对第三人的行为负有法律责任。

（2）国际货运代理对海关的责任。有报关权的国际货运代理在替客户报关时应遵守海关的有关规定，向海关当局及时、正确、如实申报货物的价值、数量和性质，以免政府遭受税收损失。同时，如报关有误，国际货运代理将会遭到罚款的惩罚，并难以从客户那里得到此项罚款的补偿。

（3）国际货运代理对第三人的责任。多指对装卸公司、港口当局等参与货物运输的第三人提出的索赔承担的责任。这类索赔可分为两大类：①第三人财产的灭失或损坏，及由此产生的损失；②第三人的人身伤亡，及由此产生的损失。

（4）国际货运代理作为当事人的责任。国际货运代理作为当事人不仅对其本身和雇员的过失负责，而且对履行过程中提供的其他服务的过失也应负责。其责任为：①对客户的责任，主要表现在三个方面：其一，大部分情况属于货物的灭失或残损的责任。其二，因职业过失，尽管既非出于故意也非由于粗心，但给客户造成了实际的经济损失，例如：不按要求运输；不按要求对货物投保；报关有误造成延误；货物运至错误的目的地；未能代表客户履行对运输公司、仓储公司及其他代理的义务；未收回提单而放货；未履行必要的退税手续再出口；未通知收货人；未收取现金费用而交货；向错误的收货人交货等。其三，迟延交货，尽管按惯例国际货运代理一般不确保货物到达日期，也不对迟延交货负责，但目前的趋势是对过分的延误要承担适当的责任，此责任限于被延误货物的运费或两倍运费。②对海关的责任。③对第三人的责任。

3. 我国国际货运代理从事传统业务的责任分类

参照国际惯例，并根据我国有关法律法规及具体业务实践，通常将国际货运代理的责任按以下五种情况进行划分：

（1）纯粹代理人身份的责任

国际货运代理经被代理人授权，在该授权范围内，以被代理人的名义从事代理行为时，所产生的法律后果由被代理人承担。从内部关系看，被代理人和国际货运代理之间是代理合同关系，国际货运代理享有代理人的权利，承担代理人的义务。在外部关系上，国际货运代理不是与他人所签合同的主体，不享有该合同规定的权利，也不承担该合同规定的义务。对外所签合同的当事人为其所安排的合同中被代理人与实际承运人或其他第三人。

当货物发生灭失或残损时，国际货运代理不承担责任，除非其本人有过失。被代理人可直接向负有责任的承运人或其他第三人索赔。例如，某国际货运代理作为海运提单的"通知人"，提单指明的船舶抵达目的港锚地后，及时将该轮的动态通知了收货人。但由于收货人申请火车车皮困难，致使该轮无法及时靠泊卸货，产生大量滞期费。于是船东既告收货人，又起诉国际货运代理，要求他们承担滞期费损失。法院经审理判决：国际货运代理不是提单当事人，而作为"通知人"已恪尽了职责且无过失，故对船东的滞期损失不承担任何法律责任。

当国际货运代理在货物文件或数据上出现过错，造成损失时，则要承担相应的法律责任。受害人有权通过法院向国际货运代理请求赔偿，所以，一旦发现文件或数据有错误，国际货运代理应立即通知有关方，并尽可能挽救由此造成的损失。如某空运国际货运代理公司在为客户代办货物运输托运的过程中，将客户所申报的货物"人造钻石"错误地填写为"钻石"。运输途中货物被盗，客户以该空运国际货运代理公司疏忽为由，要求赔偿全部货物损失。但据事后抓获的罪犯称，他们正是看到货物的品名为"钻石"，才萌生盗取这批货物的念头的。最后法院的判决是：该空运国际货运代理公司的代理疏忽与货物被盗存在因果关系，应承担责任，并且不得享受《华沙公约》的责任限制，赔偿客户全部损失。

（2）当事人身份的责任

国际货运代理以自己的名义与第三人签订合同，或者在安排储运时使用自己的仓库或运输工具，或者在安排运输、拼箱、集运时收取差价，往往被认定为当事人并承担当事人的责任。例如，某土畜产品进出口公司委托某外运公司办理一批服装出口运输，从上海运至日本。外运公司租用某远洋运输公司的船舶承运，但以其自己的名义签发提单。货物运抵目的港后，发现部分服装已湿损。于是，收货人向保险人索赔。保险人依据保险合同赔偿了收货人，取得代位求偿权，进而对外运公司提起诉讼。很明显，本案并非货运代理合同纠纷，而是运输合同纠纷。但由于外运公司以自己的名义签发提单，这一行为使其成为契约承运人，从而承担了承运人的责任和义务，对因承运人责任范围内的原因造成的货物损失负赔偿责任。当然，外运公司仍有权依据其与远洋运输公司（实际承运人）签订的运输合同，向远洋运输公司进行追偿。

国际货运代理作为合同当事人并以自己的名义安排属于托运人的货物运输，同时，托运人给付的是固定费用，而他付给承运人的是较低运费，即从两笔费用的差额中获取利润。例如，某国际货运代理公司以货主的名义与船东签订了一份租船合同，收取的不是代理佣金，而是运费的差额，出现纠纷后诉至法院，法院判决该货运代理作为当事人，首先要承担对货主的赔偿责任。

此外，国际货运代理常常是将一些货主的货物集中在一个集装箱内，以此来节省费用，这对国际货运代理和托运人都有利。在此情况下，对托运人来说，国际货运代理被视为承运人，应承担承运人的责任。

（3）多式联运经营人身份的责任

当国际货运代理负责多式联运并签发提单时，便成了多式联运经营人，被看做是法律上的承运人。同时，作为收取全部运费的合同当事人，将承担履行多式联运合同，保证货物抵达目的地的全部责任。他承担对发货人、收货人之货损货差的责任（延期交货的责任视提单条款而定），除非能证明他为避免货损货差或延期交货已采取了所有适当的措施。在 1990 年 1 月 18 日，某工贸公司委托某货运代理办理一批参加 1990 年巴拿马国际博览会的展品出口运输，并向其递交了一份出口货物托运单。1 月 22 日，该货运代理签发了一份多式联运提单，提单载明：海运船舶为驶往巴拿马的定期班轮"N"轮。货物由汽车运往香港装上"N"轮，中途曾被卸下，由他船转运至巴拿马。货物运抵巴拿马时，已超过合同约定的期限，未能参展。该工贸公司遂向法院提起诉讼，指出：由于被告擅自转船，导致货物迟延交付，错过了参展日期，因此，要求被告赔偿其经济损失。法院经审理认为：被告擅自将承运的货物转船运输，是导致货物延期运抵的根本原因。被告不能证明有转船之必要，应承担不合理转船造成货物交付延误的责任。本案中，被告某货运代理以自己的名义签发多式联运提单，其作为多式联运经营人的地位是毫无疑义的。尽管该货运代理对于转船无实际过错，但并不能免除其作为多式联运经营人对全程运输应负的责任。

多式联运过程中发生的货物灭失或损坏，如能知道是在哪一阶段发生的，作为多式联运经营人的国际货运代理的责任将适用于这一阶段的国际公约或国家法律的有关规定；如无法得知，则根据货物灭失或损坏的价值，承担赔偿责任。例如，浙江省机械进出口公司于 1989 年 5 月 15 日，将其 265 件五金工具交付"东安"轮，要求自上海承运至香港，再由"伟人"轮转运至马来西亚。1989 年 6 月 30 日，"伟人"轮抵达目的港古晋。卸货时发现部分箱子已破损，内物外漏，短少 31 件。浙江省人保公司赔付收货人 2285.55 美元，取得权益转让证书后，曾多次索赔未果，于是，1989 年 8 月 16 日浙江省人保公司向上海海事法院起诉某货运代理公司（多式联运经营人）和某远洋运输公司（实际承运人）。作为对全程运输负责的多式联运经营人——某货运代理公司负有无法推卸的责任。

货物灭失或损坏的赔偿限额最多不超过毛重每千克 30 金法郎（国家货币），即适用《海牙—维斯比规则》关于海运承运人赔偿限额的规定。发生货物迟延运抵目的地时，如能确定这种迟延发生在哪个阶段，并适用于这一区段的国家法律或国际公约的规定，则应承担赔偿责任，由多式联运经营人负责赔偿。但上述货物灭失、损坏或迟延，如能证明是由于某些即使恪尽职守也无法防止的原因造成的，则多式联运经营人可免责。据联合国贸发会议调查，目前许多国际货运代理从事多式联运业务时，仍采用国际货运代理标准交易条件中有关代理人（纯粹代理人）条款，企图免除自己作为承运人的责任，这种做法显然是不妥的，请看下面的例子。

(4)"混合"身份的责任

有些公司作为国际货运代理，从事的业务范围较为广泛，法律关系亦相对复杂，加之我国在国际货运代理方面的法律尚不健全，故使国际货运代理在从事不同的业务、以不同的身份出现时，所享有的权利和承担的义务亦不相同。也就是说，因其处于不同的法律地位，所承担的法律责任不同。对于国际货运代理法律地位的确认，不能简单划一，而应视具体情况具体分析。除了作为国际货运代理代委托人报关、报验、安排运输外，还用自己的雇员，以自己拥有的车辆、船舶、飞机、仓库及装卸工具来提供服务，或陆运阶段为承运人，海运阶段为代理人。在此情况下，有时须承担代理人责任，有时视同当事人，须承担当事人的责任。

(5)合同责任

在不同国家的国际货运代理协会标准交易条件中，往往详细订明了国际货运代理的责任。通常，这些标准交易条件被结合在收货证明或由国际货运代理签发给托运人的类似单证里。原则上，国际货运代理是根据客户的指示和为了客户的利益进行货物运输，其本身并不是承运人，对货物的灭失或残损不负责任，尤其是对第三人造成的损失或间接损失不承担任何责任，除非货物在其保管或实际掌管下，由于他的疏忽、过失或其雇员的失职造成的直接损失。国际货运代理对迟延交货，一般也不负责任，除非在合同条款中有明文规定。此外，国际货运代理对承运人的行为或错误不承担责任，除非在合同条款中有明文规定。此外，国际货运代理对承运人的行为或错误不承担责任，除非他被证明在选择承运人时有疏忽，即使承担责任，其责任也是有限的。国际货运代理的责任限制，通常规定在标准交易条件中。

目前在我国制定的中国国际货运代理协会标准交易条件的条款中，在委托人与国际货运代理之间的委托合同中都有责任条款。有的合同很正规且详细，明确规定了货运代理的责任；有的合同则很简单，对货运代理的责任无任何规定。如果委托合同中对国际货运代理的责任有明确的规定，只要其条款与我国的相关法律不冲突，法官在处理此类纠纷时，一般都会遵循合同所订明的条款。例如，某公司委托某货运代理公司从A港运往B城一批化工原料，双方签订了一份运输合同。合同中订有明确条款规定，货运代理保证货物卸离船舶后办妥一切手续，并于X天之内将该批货物运抵B城交给收货人。但是，船舶抵港后，该批货物由于火车车皮未能及时办妥而没能及时运抵B城交给收货人，并且货物在卸港存储期间发生了水湿。于是某公司诉至法院，要求该货运代理赔偿储运过程中货物水湿部分，同时要求赔偿迟延交付所引起的市价变化的损失。法院了解到，虽然该货运代理从事的是纯粹的代理业务，组织安排货物运输，按所安排货物的数量收取一定比例的手续费，但由于他们缺乏经验，以当事人的名义与委托人签订的运输合同（而非以代理人的名义与委托人签订代理合同），且合同中明确订有货物抵达目的地时间的保证条款，致使须承担货物迟延交付的责任。因此最终法院的判决是：货运代理虽然只收取了代理费，但由于是运输协议的当事人，且违反了协议中订明的货物抵达时间的保证条款，故对货物迟延所产生的损失要承担责任，同时对其货损货差也要承担责任。

（二）国际货运代理从事第三方物流的责任及其责任分类

1998 年，美国物流协会对物流的最新定义是："物流是供应链活动的一部分，是为满足客户需要对商品、服务及相关信息从产地到消费地高效、低成本流动和储存而进行的规划、实施、控制过程。"一些专业人士将物流的功能简单概括为 7RS，即适当的时间、适当的地点、适当的成本、适当的客户、适当的产品或服务、适当的质量和适当的数量。物流管理的理论核心，即系统的管理思想、总成本概念和客户至上。

目前国际上对第三方物流与第三方物流商尚未有一个统一的定义。欧美研究者给第三方物流的定义为：第三方物流是指传统的组织内履行的物流职能现在由外部公司履行。第三方物流商所履行的物流职能，包含了整个物流过程或整个过程中的部分活动。该物流商要承担起第三方物流供应者的角色，必须能管理、控制和提供物流作业。

第三方物流与传统货运代理的业务有很大的区别，它不仅提供仓储和运输服务，同时还将提供其他服务，如集运、存货管理、分拨服务、加贴商标、订单实现、属地交货、分类、包装及其他，更重要的是帮助客户按照客户的经营战略去策划他的物流。这的确是一个很新的内容，只有这样才能真正与客户紧密联系在一起，并建立一种伙伴的关系，形成一个策略联盟。这种区别主要表现在：第三方物流的合约是一个对多个的关系，业务是一对一的关系，服务性质是多功能的，物流的成本较低，增值服务较多，供应链因素多，质量难以控制，运营风险大。同时，第三方物流要求提供最适宜的运输工具、最便捷的联运方式、最短的运输路程、最合宜的包装、最少的仓储、最短的时间、最快的信息和最佳的服务。物流商对上述要求做出承诺的同时，无可置疑地将其责任的范围加大了。不难看出，物流商的风险与其责任是分不开的，因责任而产生风险。

1. 第三方物流的责任

由于从事第三方物流的物流商在绝大部分情况下是合同当事人，其服务的范围宽了，承诺的特别条款多了，投资的金额大了，时间的要求严了，客户的要求高了，所以从事第三方物流业务的风险与责任，除了涵盖国际货运代理传统业务所面临的风险与责任外，还增加了许多额外的风险与责任。总之，从事第三方物流的风险与责任较从事传统业务的风险与责任要大得多。

2. 第三方物流的责任分类

与传统业务相比，第三方物流业务的特性与要求，决定了其责任与风险有增无减。我们在研究传统业务的责任与风险时，首先需要搞清其法律地位及其法律责任。同样，我们在研究第三方物流的责任与风险时，也要从其法律地位与法律责任入手。一般来讲，货运代理从事传统业务时多处于代理人的法律地位，有时也处于当事人的法律地位；而从事第三方物流时绝大多数情况下都处于当事人的法律地位，仅在极少数情况下处于代理人的法律地位。由于其是整个物流业务的组织者和指挥者，所以要对全过程负责。下面我们将其风险概括为合同责任风险和与合同有关的其他风险。

(1) 合同责任风险

①与客户的合同责任。物流商与客户之间的法律责任主要体现于双方所签的合同。目前在签署这类合同时，人们发现某些大客户凭借自己雄厚的经济实力，在谈判中往往处于有利的地位，提出一些特殊的要求和条件，而物流商常常迫于商业上的压力而接受某些苛刻的条款，甚至是"无理"的条款。合同中若订立此类极不合理的条款，一旦产生纠纷，后果可想而知，物流商有可能会导致破产。

②与分包人的合同责任。物流商是所有"供应链"的组织者，其中有的"供应链"由其自己负责，有的"供应链"需要委托分包人来具体实施。物流商这样做既是行业的惯例也是行业的特征。在与分包人合作的过程中，如果客户发生损失，无论是物流商的过失还是分包人的过失，都要由物流商先承担对外赔偿责任。尽管物流商在赔付后，尚可向负有责任的分包人进行追偿，但由于物流商与客户和分包人所签的分别是背对背的合同，因此所适用的法律往往是不一样的，其豁免条款、赔偿责任限额及诉讼时效等有时也是不一样的，物流商可能会因此得不到全部赔偿。

③与信息系统提供商的合同责任。现代物流服务离不开信息技术，而物流商在利用信息技术时面临着以下两个问题：一是信息系统出现故障；二是商业秘密受到侵犯。一旦信息系统发生故障造成物流商的业务无法正常进行，不能及时履行向客户提供信息的服务，甚至资料全部丢失，损失相当可观。解决此类纠纷时，如果合同中根据有关法律明确地划分了双方的责任，则纠纷容易解决；如果没有作出明确的规定，同时既查不出原因，又无法确定责任方，则纠纷就很难解

决。所以，物流商在与信息系统提供商签订合同时，明确双方的责任，明确信息系统提供商在何种情况下，需承担多大的责任是十分重要的。

（2）其他责任风险

①投资的责任风险。传统货运业务属劳动密集型产业，投资较少；而第三方物流服务则为智能型、管理型产业，现代化程度较高，需要投入巨额资金，例如，组建或改建一些自动化、功能性的配送中心仓库，建立信息网络的软件配套升级，储运各类物品所需设备及运输工具的购置，均面临着很大的投资风险。如遇到对方提前终止合同或倒闭，配送中心又一时无法被附近其他客户使用，势必造成物流商巨大投资的风险损失。所以，决策前应对客户的资信情况及合作程度心中有数，合同中要订有保护性条款。

②方案设计的责任风险。一些物流商或物流咨询公司专门针对客户的原有流程、经营管理及今后的发展规划进行分析研究，提出设计方案，且收费较高。但如果日后的实践证明，该方案达不到预期的要求，甚至有严重错误时，提供方案的一方就会像建筑工程设计商一样，对其设计的方案承担法律责任，所以在这方面也存在着潜在的风险。

③金融服务的责任风险。当国内的物流商将精力和热情倾注在仓储、配送、电子网络的时候，国际物流业的巨头们却开始瞄准供应链的另一个关键环节——资金流。物流巨头们认为就卡车运输、货代和一般物流服务而言，激烈的竞争使利润率下降到平均只有2%左右，已没有进一步提高的可能性，而对于供应链末端的金融服务来说，由于各家企业涉足少，目前还有广大空间，于是包括UPS在内的几家大型第三方物流商在物流服务中增加了一项金融服务，将其作为争取客户的一项重要举措。

目前物流商提供的金融服务形式多种多样，如以托运人的应收账款冲抵物流费用：货物在途中可向托运人支付货款，以使托运人资金周转加快，购买更多的货物，并提前向供应商支付费用，让供应链迅速周转；将一个长期合同的费用化整为零，多次支付，客户可以多次获得收入，直接给予贷款服务。

现在一些物流商为了从头到尾控制供应链，保证特殊产品的运输质量与长期稳住客户，都开始关注金融市场，但与此同时物流商也担心面临着此种服务所带来的风险，因为有此项服务需求的客户很有可能是金融信誉度较低的公司。

④特殊商品的责任风险。商品的特性与物流商所承担的责任有着密切的关系，其特性直接关系到商品损坏的风险程度及导致的索赔事故。商品的特性主要包括6个方面：易损坏性、易腐烂性、易自燃性、易爆炸性，以及每千克价值和财产对货运损坏的责任等。此外，物流商提供特殊货物的运输服务，如展览会或

文艺演出所需的展品、道具和物资，价值昂贵的艺术品或珍藏品时，其风险也是很大的。

⑤责任范围加大的责任风险。传统业务多为简单的、单一的操作，衔接问题较少；而第三方物流服务为一站式的全程服务，需要配套操作，强调科学合理的衔接，这样，物流商的责任范围无形中加大了。例如在全程服务中，要求所有环节密切配合，不得有任何一个环节出现问题，否则会给整个物流服务带来损失和影响。有时物流商承担全方位的服务，要求任何时候都要有人提供服务，且须精心照料，不得出现任何差错。此外，传统业务一般不存在电脑系统导致的问题，而第三方物流服务对电脑系统造成的影响和损失也要负责。对于此类高科技产品的损失，如未投保，其赔付的责任将是巨大的，有时甚至是难以承受的。

（三）国际货运代理的除外责任

除外责任，又称免责，系指根据国家法律、国际公约、运输合同的有关规定，责任人免于承担责任的事由。国际货运代理与承运人一样享有除外责任，对于承运人我国《海商法》规定了12项免责事由，《海牙规则》和《海牙—维斯比规则》规定了17项免责事由。对于国际货运代理，其除外责任，通常规定在国际货运代理标准交易条件或与客户签订的合同中，归纳起来可包括以下七个方面：①客户的疏忽或过失所致；②客户或其代理人在搬运、装卸、仓储和其他处理中所致；③货物的自然特性或潜在缺陷所致，如：由于破损、泄漏、自燃、腐烂、生锈、发酵、蒸发或由于对冷、热、潮湿的特别敏感性所致；④货物的包装不牢固、缺乏或不当包装所致；⑤货物的标志或地址的错误或不清楚、不完整所致；⑥货物的内容申报不清楚或不完整所致；⑦不可抗力所致。尽管有上述免责条款的规定，国际货运代理仍须对因其自己的过失或疏忽而造成的货物灭失、短少或损坏负责。如果另有特殊约定，国际货运代理还应对货币、证券或贵重物品负有责任。

另外，一旦当局下达关于某种货物（危险品）的唛头、包装、申报等的特别指示时，客户有义务履行其在各方面应尽的职责。客户不得让其国际货运代理对由于下列事实产生的后果负责：①有关货物的不正确、不清楚或不全面；②货物包装、刷唛和申报不当等；③货物在卡车、车厢、平板车或集装箱的装载不当；④国际货运代理不能合理预见到的货物内在的危险。如果国际货运代理受客户委托须向海运承运人支付与客户货物有关的共同海损分摊或由于上述情况涉及第三人责任，客户应使国际货运代理免除此类索赔和责任。由于上述原因引致的共同海损分摊、救助费用，以及对第三人造成的损害赔偿均由委托人负责。此外，委托人还应给予国际货运代理在执行合同中的有关指示，如货物在仓储期间有可能对生命财产或周围环境造成威胁或损害时，委托人有责任及时予以转移。

委托人对国际货运代理征询有关业务或处理意见时，必须予以答复，对要求国际货运代理所做的工作亦应及时给予各种明确的指示。如因指示不及时或不当而造成的损失，国际货运代理不承担任何责任。凡因此项委托引起的一切费用，除另有约定，均应按合同的规定及时支付。

二、国际货运代理保险

（一）国际货运代理责任险的产生

国际货运代理的责任保险，通常是为了弥补国际货运代理从事传统业务与从事第三方物流业务所带来的责任风险，而这种责任风险不仅来源于运输本身，而且来源于完成运输与物流的许多环节当中，如运输合同、仓储合同、保险合同、物流合同的签订、操作、报关、管货、向承运人索赔和保留索赔权的合理程序、签发单证、付款手续等。上述这些经营项目一般都是由国际货运代理来履行的。一个错误的指示、一个错误的地址、一个错误的方案、一个时间不能达标、一个信息不能提供，往往都会给国际货运代理带来非常严重的后果和巨大的经济损失，因此，国际货运代理有必要投保自己的责任险。另外，当国际货运代理以承运人身份出现时，不仅有权要求合理的责任限制，而且其经营风险还可通过投保责任险而获得赔偿。

国际货运代理所承担的责任风险主要产生于以下三种情况：

1. 国际货运代理本身的过失。国际货运代理未能履行代理义务，或在使用自有运输工具进行运输出现事故的情况下，无权向任何人追索。

2. 分包人的过失。在"背对背"签约的情况下，责任的产生往往是由于分包人的行为或遗漏，而国际货运代理没有任何过错。

3. 保险责任不合理。在"不同情况的保险"责任下，单证不是"背对背"的，而是规定了不同的责任限制，从而使分包人的责任小于国际货运代理或免责。

上述三种情况所涉及的风险，国际货运代理都可以通过投保责任险，从不同的渠道得到保险的赔偿。

（二）国际货运代理责任险的内容

1. 国际货运代理投保责任险的内容：取决于因其过失或疏忽所导致的风险损失。

2. 仓库保管中的疏忽：在港口或外地中转库（包括国际货运代理自己拥有的仓库或租用、委托暂存其他单位的仓库、场地）监卸、监装和储存保管工作中国际货运代理的疏忽过失。

3. 货损货差责任不清：在与港口储运部门或内地收货单位各方交接货物时，数量短少、残损责任不清，最后由国际货运代理承担的责任。

4. 迟延或未授权发货。

5. 货物的损坏及灭失：对物流商在配送货物将货物运送至客户指定的收货点及在物流中心，当国际货运代理从事第三方物流时，存放货物的短少及灭失均予以承保。

6. 错误与疏忽的责任：保险人对物流商由于其员工因过错造成的损失和承担物流商的责任予以承保。

7. 罚款与关税：物流商在货物通关过程中报关失误、违反出口条例等所产生的罚款，以及由于疏忽、违反反恐条例而遭受的政府罚款，保险人可予以承保。

8. 律师与检验费：由上述险种所产生的律师费用和检验费用等均可由保险人承担。

9. 物流合同。

（三）国际货运代理责任保险的除外责任

虽然国际货运代理的责任可以通过投保责任险将风险事先转移，但这并不意味着保险人将承保所有的风险。在实际中，保单中往往都有除外条款，即保险人不予承保的风险。另外，保单中同时订有要求投保人履行的义务条款，如投保人未尽其义务，也会导致保险人不予赔偿的后果。

适用于各种保险，包括责任保险的保单中，除外条款和限制通常有：

1. 在承保期间以外发生的危险或事故不予承保；

2. 索赔时间超过承保条例或法律规定的时效；

3. 保险合同或保险人条例中所规定的除外条款及不在承保范围内的国际货运代理的损失，

4. 违法行为造成的后果，例如：运输毒品、枪支、弹药、走私物品或一些国家禁止的物品；

5. 蓄意或故意行为，例如：倒签提单、预借提单引起的损失；

6. 战争、入侵、外敌、敌对行为（不论是否宣战）、内战、反叛、革命、起义、军事或武装侵占、罢工、停业、暴动、骚乱、戒严和没收、充公、征购等的任何后果，以及为执行任何政府、公众或地方权威的指令而造成的任何损失或损害；

7. 任何由核燃料或核燃料爆炸所致核废料产生之离子辐射或放射性污染所

导致、引起或可归咎于此的任何财产灭失、摧毁、毁坏或损失及费用，不论直接或间接，还是作为其后果损失；

8. 超出保险合同关于赔偿限额规定的部分；

9. 事先未征求保险人的意见，擅自赔付对方，亦可能从保险人得不到赔偿或得不到全部赔偿。

（四）国际货运代理责任保险的方式及渠道

1. 国际货运代理责任保险的主要方式

国际货运代理投保责任险时，主要有以下几种方式供选择。

（1）国际货运代理的有限责任保险。国际货运代理的有限责任保险主要分三种类型：①根据国际货运代理协会标准交易条件确定的国际货运代理责任范围，国际货运代理可选择只对其有限责任投保；②国际货运代理也可接受保险人的免赔额，这将意味着，免赔额部分的损失须由国际货运代理承担；③国际货运代理还可通过缩小保险范围来降低其保险费，只要过去的理赔处理经验证明这是合理的。

（2）国际货运代理的完全法律责任保险。国际货运代理按其所从事的业务范围、应承担的法律责任进行投保。根据国际货运代理协会标准交易条件确定的国际货运代理责任范围，国际货运代理可以选择有限责任投保，也可以选择完全责任投保。但有的国家的法院对国际货运代理协会标准交易条件中有关责任的规定不予认定，所以，国际货运代理进行完全法律责任保险是十分必要的。

（3）国际货运代理的最高责任保险。在某些欧洲国家，一种被称为 SVS 和 AREX 的特种国际货运代理责任保险体制被广泛采用。在这种体制下，对于超过确定范围以外的责任，国际货运代理必须为客户提供"最高"保险，即向货物保险人支付一笔额外的保险费。这种体制尽管对国际货运代理及客户都有利，但目前仅在欧洲流行。

（4）国际货运代理的集体保险制度。在某些国家，国际货运代理协会设立了集体保险制度，向其会员组织提供责任保险。

这种制度具有使该协会能够代表其成员协商而得到一个有利的保险费率，使该协会避免要求其成员进行一个标准的、最小限度的保险，并依此标准进行规范的文档记录等优点。

但这种制度也有其弊端，如一旦推行一个标准的保险费率，就等于高效率的国际货运代理对其低效率的同行进行补贴，从而影响其改进风险管理、索赔控制的积极性；使其成员失去协会的内部信息，而该信息可能为竞争者所利用。

2. 国际货运代理责任保险的主要渠道

国际货运代理主要通过以下四种渠道投保其责任险。

(1) 所有西方国家和某些东方国家的商业保险人，可以办理国际货运代理责任险；

(2) 伦敦的劳埃德保险人，通过辛迪加体制，每个公司均承担一个分保险，虽然该公司具有相当的专业性，但市场仍分为海事与非海事，并且只能通过其保险经纪人获得保险；

(3) 互保协会也可以投保责任险。这是一个具有共同利益的运输经纪人，为满足其特殊需要而组成的集体性机构；

(4) 通过保险经纪人（其自身并不能提供保险），可为国际货运代理选择可承保责任险的保险人，并能代表国际货运代理与保险人进行谈判，还可提供损失预防、风险管理、索赔程度等方面的咨询，并根据国际货运代理协会标准交易条件来解决国际货运代理的经纪、货运、保险及法律等问题。

（五）承保国际货运代理责任险的机构

目前承保国际货运代理各种责任险的机构相对集中于一些保险人，例如 TTCLUB 和 AGF 两家较大型的保险人。当然，有的国家或地区的保险人也承保少量的国际货运代理责任险业务，例如香港地区的民安保险有限公司和中国保险有限公司。

1. TTCLUB 及其承保条例

TTCLUB 是联运互保协会有限公司的英文缩写，它是一家非营利性质、只收取成本费用、股东不享有投资收益的协会。从 1968 年成立至今，它们已积累了 30 多年责任险，尤其是国际多式联运责任险的理赔经验。目前，越来越多的国际货运代理意识到该协会是一个能向他们提供较好服务的保险机构。

TTCLUB 承保的主要险种有：

(1) 船舶营运险——根据会员的互保要求而设计；

(2) 运输营运险——为货运代理及采用多种运输方式的无船承运人、拖轮公司、铁路经营人和仓储业主而设计；

(3) 货物处置设施险——为港口经营人、装卸人及仓储经营人而设计；

(4) 港务当局险——无论是否拥有自由设施的港务局均适用；

(5) 设备出租险。

2. AGF 及其承保条例

AGF－CAMAT（简称 AGF）创立于 1811 年，其注册资本约 5000 万美元，财政稳健，是世界上最大的运输保险人，其承保业务的市场占有率为：货物险 5%、责任险 6%、船壳险 6%、航空险 11%。为适应市场发展，该公司于 1994 年成立了专门承保的运输险及责任险的专业保险人，负责货物和集装箱运输行业及其责任的承保业务。

该公司提供的 AGF 多式保险保单的特点是：该保单是由保单细表、附表及总保单三部分组成，配套使用的多式保单。其附表为运输服务行业附表、集装箱/拖车附表、港口及码头经营人附表、第三人责任附表、船舶代理附表、租船人责任险附表和运费及抗辩费用附表共 7 个。

3. 民安保险公司

民安是香港中国保险集团的成员，1949 年在香港成立，现时总资产约 50 亿港元。香港中国保险集团由在北京注册的中国保险股份有限公司所控股，中国保险股份有限公司是目前四大国有独资保险公司之一。民安为香港最大的保险公司之一，业务约占市场的 15%，特别是在船舶保险和海上运输责任险方面占更大的市场份额。

民安持有国内保险营业牌照，可作为直接承保人，其承保和理赔效率较高，故民安能以低廉管理成本，提供有效的保险产品。民安对货运代理提供的保障范围，与其他保险公司大同小异，甚至有更大保障。民安保险条款用词简洁，并可提供中文版的条款。

思考与练习题

一、名词解释

1. 包销
2. 代理
3. 寄售
4. 拍卖

二、简答题

1. 简述期货交易的特点。
2. 简述国际货运代理人在实践中可以提供哪些服务。

三、论述题

讨论作为国际货运代理有哪些责任。

第三章 国际海上货物运输

学习目的

　　本章主要讲授国际海上运输经营方式，国际海运进出口货物运输程序，国际班轮运输以及国际租船运输的相关程序、运费计算和法律问题。通过本章的学习，可以了解国际海上运输的经营方式和国际海运市场的内容，掌握国际海运进口货物和出口货物的运输程序，熟悉国际班轮运输和国际租船运输的运费、程序及相关法律问题。

第一节　国际海上货物运输概述

一、海上运输概述

（一）海洋、运河、航线和港口

1. 运河和海洋

（1）运河

在国际航运中，运河与海峡一样起着非常重要的作用，运河是人工开凿的水道。运河往往是航行中的咽喉地带，它们把许多重要海区和航线联系起来。运河还能大大缩短航程，提高航运经济效益。最著名的国际运河有苏伊士运河、巴拿马运河、基尔运河、圣劳伦斯水道等。

（2）海洋

地球表面的海洋面积约 3.6 亿平方千米，占地表总面积的 71%，约为陆地面积的 2.5 倍。海洋的中心部分称为洋，约占海洋总面积的 89%，地球上的海洋被大陆分割成四大块，即太平洋、大西洋、印度洋和北冰洋四大洋。

太平洋是世界上面积最大、深度最深、岛屿和边缘海最多的海洋，位于亚洲、大洋洲、南美洲、北美洲和南极洲之间。南北最大长度为 1.58 万千米，东西最大长度为 1.95 万千米。总面积 1.8 亿平方千米，约占世界大洋总面积的一半。

大西洋位于欧洲、非洲、南北美洲和南极洲之间，轮廓呈 S 形。南北最长 1.5 万千米，东西最长 2830 千米，面积 9366 万平方千米。大陆架面积 921 万平方千米，主要分布在北海、波罗的海、南美洲东北和东南沿海、纽芬兰浅滩等海域之间。

印度洋位于亚洲、大洋洲、非洲和南极洲之间。面积 7492 万平方千米，大部分在南半球，大陆架面积较小，仅约 317 万平方千米，主要分布在波斯湾、澳大利亚大陆西北沿岸和中南半岛西部沿海。

海是大洋的边缘部分，深度较浅，面积较小，没有独立的潮汐和海洋系统，水温、含盐度受大陆的影响较大。海峡是海洋中相邻海区之间较狭窄的水道，其一般形式为在大陆与邻近的沿岸岛屿之间或两个大陆之间的狭窄水道，把比较宽广的海面或洋面联系起来，如台湾海峡、马六甲海峡、直布罗陀海峡等。全世界可供航行的海峡约有 130 多个，其中经常用于国际航行的主要海峡有 40 多个。

2. 海运航线

世界各地的水域，在港湾、潮流、风向、水深及地球球面距离等自然条件的限制下，可供船舶航行的一定路径，称为航路。船舶在两个或多个港口之间从事货物运输的线路称为航线。

（1）国际大洋航线

①大西洋航线：南美东海岸—好望角—远东航线；西北欧、北美东海岸—好望角、远东航线；西北欧、地中海—南美东海岸航线；西北欧、北美东海岸—地中海、苏伊士运河—亚太航线；西北欧、北美东海岸—加勒比航线。

②太平洋航线：远东—北美西海岸航线；远东—加勒比、北美东海岸航线；远东—南美西海岸航线；远东—东南亚航线。

③印度洋航线：主要有波斯湾—好望角—西欧或北美航线；波斯湾—苏伊士运河—地中海—西欧或北美航线；波斯湾—东南亚—日本航线等三条主要石油运输航线。此外还有远东—东南亚—东非航线；远东—东南亚—地中海—西北欧航线；远东—东南亚—西非、南美航线；澳、新—地中海—西北欧航线；印度洋北部地区—欧洲航线。

（2）世界集装箱运输主要航线

目前，世界上规模最大的三条主要集装箱航线是：远东—北美航线；远东—

欧洲、地中海航线；北美—欧洲、地中海航线。

（3）定期航线

定期航线是指使用固定的船舶，按固定的船期和港口航行，并以相对固定的运价经营客货运输业务的航线。定期航线主要装运杂货物。定期航线的经营，以航线上各港口能有持续和比较稳定的往返货源为先决条件，定期航线又称班轮航线。

（4）不定期航线

不定期航线是指使用不固定的船舶，以不固定的船期，行驶不固定的航线，靠泊不固定的港口，以租船市场的运价，经营大宗、低价货物运输业务为主的航线。

3. 港口

港口是指运输网络中水陆运输的枢纽，是货物的集散地，船舶与其他运输工具的衔接点。它可提供船舶靠泊、旅客上下船、货物装卸、储存、驳运以及其他业务，并具有明确的水域和陆域范围。

（1）港口的分类

按地理位置不同，可把港口分为海港（如湛江港、大连港）、河口港（如上海港、鹿特丹港）、内河港（如南京港、武汉港）、湖港、水库港。

按用途和权属分类，可把港口分为货主港、军用港、避风港、商业港。其中，商业港又可分为存储港、转运港和经过港。

按国家贸易政策分类，可把港口分为国际贸易港、国内贸易港和自由港。

（2）港口通过能力

港口通过能力是指一定时期内港口能够装卸船的货物数量。它由下列条件所决定：

①码头的长度和所在地；

②仓库的所在地和容量；

③交通路线；

④装卸机械的类型、位置作业效率；

⑤港口的管理水平。

（3）现代港口应具备的设施条件

一个现代化的港口应具备相关的水面设施、导航设施。为保证船舶在港口内安全装卸货物，还应该有防波设施、装卸设施、码头设施。为及时处理疏散货物，还应该设置仓储设施、交通设施等。

（二）海上船舶基本知识

1. 船舶构造

船舶是海上运输的工具。它由许多部分构成，根据船舶各部分的功能和用途，可将船舶的构成归纳为船体、动力装置、舾装及其他装置设备三大部分。

（1）船体

船体是货船的基本部分，又分为船壳、船架、船舱、甲板和船面建筑。

①船壳（Shell）。船壳即船的外壳，是将多块钢板铆钉或电焊结合而成的，包括龙骨翼板、弯曲外板及上舷外板三部分。

②船架（Frame）。船架是指为支撑船壳所用各种材料的总称，分为纵材和横材两部分。纵材包括龙骨、底骨和边骨；横材包括肋骨、船梁和舱壁。

③船舱（Hold sand Tanks）。船舱是指甲板以下的各种用途空间，包括船首舱、船尾舱、货舱、机器舱和锅炉舱等。

④甲板（Deck）。甲板是铺在船梁上的钢板，将船体分隔成上、中、下三层。大型船甲板数可多至六七层，其作用是加固船体结构和便于分层配载及装货。

⑤船面建筑（Super Structure）。船面建筑是指主甲板上面的建筑，供船员工作起居及存放船具，它包括船首房、船尾房及船桥。

（2）动力装置

推进装置及其辅助机械设备和系统、船舶电站、其他辅助机械和设备等都属于船舶动力装置。推进装置由主机、减速装置、传动轴系、推进器（螺旋桨）等构成；为推进装置运行服务的辅助机械设备和系统有燃油泵、滑油泵、冷却水泵、加热器、过滤器、冷却器等；船舶电站为船舶的甲板机械、机舱内的辅助机械和船上照明等提供电力；其他辅助机械和设备，如锅炉、压气机、船舶各系统的泵、起重机械设备、维修机床等。通常把主机以外的机械统称为辅机。

（3）舾装及其他装置设备

①船舶舾装包括：舱室内装结构（内壁、天花板、地板等）、家具和生活设施、涂装和油漆、门窗、梯和栏杆、舱口盖等。

②其他装置和设备：如锚设备与系泊设备，舵设备与操舵设备，救生设备，消防设备，通信设备，信号设备，照明设备，导航设备，起货设备，通风、空调和冷藏设备，海水和生活用淡水系统，压载水系统，液体舱的测深系统和透气系统，舱底水疏干系统，船舶电气设备和其他特殊设备。

2. 船舶的种类

海上货物运输船舶的种类繁多。按照其用途不同，可分为油槽船和干货船两大类。

（1）油槽船（Tanker）

油槽船是主要用来装运液体货物的船舶。油槽船根据所装货物种类不同，又可分为油轮和液化天然气船。

①油轮（Oil Tanker）。油轮主要装运液态石油类货物。它的特点是机舱都设在船尾，船壳本身被分隔成数个贮油舱，有油管贯通各油舱。油舱大多采用纵向式结构，并设有纵向舱壁，在未装满货时也能保持船舶的平稳性。第二次世界大战后，油轮的载重吨位不断增加，目前世界上最大的油轮载重吨位已达到60多万吨。

②液化天然气船（Liquefied Natural Gas Carrier）。液化天然气船专门用来装运经过液化的天然气。液化气船又分为液化天然气船（LNG 船）、液化石油气船（LPG）和液化化学品船。

（2）干货船（Dry Cargo Ship）

根据所装货物及船舶结构、设备不同，又可分为杂货船、干散货船、冷藏船、木材船、集装箱船、滚装船、载驳船等类型。

①杂货船（General Cargo Ship）。杂货船一般是指定期航行于货运繁忙的航线，以装运零星杂货为主的船舶。这种船航行速度较快，船上配有足够的起吊设备，船舶构造中有多层甲板把船舱分隔成多层货柜，以适应装载不同货物的需要。

②干散货船（Bulk Cargo Ship）。干散货船是专门运输无须包装的大宗散装货物的船舶。散货船都为单甲板、双层底的尾机型船。船舱口宽大，便于大抓斗、抽吸机和皮带输送机等装卸货物。依所装货物的种类不同，又可分为粮谷船（Grain ship）、煤船（Collier）和矿砂船（Ore Ship）。

③冷藏船（Refrigerated Ship）。冷藏船是专门用于装载冷冻易腐货物的船舶。船上设有冷藏系统，能调节多种温度以适应各舱货物对不同温度的需要。普通冷藏船的货舱为冷藏舱，有多层甲板，船壳多漆成白色，以防日晒的热气辐射。

④木材船（Timber Ship）。木材船是专门用于装载木材或原木的船舶。这种船舱口大，舱内无梁柱及其他妨碍装卸的设备。船舱及甲板上均可装载木材。为防甲板上的木材被海浪冲出舷外，在船舷两侧一般设置不低于1米的舷墙。

⑤集装箱船（Container Ship）。集装箱船是指装载规格统一的标准集装箱的货船。集装箱船的甲板面积大，货舱舱口宽而长，货舱尺寸按装箱要求规格化。集装箱既可装入舱内也可置于甲板上。集装箱船航速较快，大多本身没有起吊设

备，要依靠码头上的起吊设备进行装卸。这种集装箱船也称为吊上吊下船。集装箱船可分为部分集装箱船、全集装箱船和可变换集装箱船三种。

部分集装箱船（Partial Container Ship）。仅以船的中央部位作为集装箱的专用舱位，其他舱位仍装普通杂货。

全集装箱船（Full Container Ship）。指专门用于装运集装箱的船舶。它与一般杂货船不同，其货舱内有格栅式货架，装有垂直导轨，便于集装箱沿导轨放下，四角有格栅制约，可防倾倒。集装箱船的舱内可堆放 3～9 层集装箱，甲板上还可堆放 3～4 层。

可变换集装箱船（Convertible Container Ship）。其货舱内装载集装箱的结构为可拆装式的。因此，它既可装运集装箱，必要时也可装运普通杂货。

⑥滚装船，又称滚上滚下船（Roll on/Roll off Ship）。滚装船主要用来运送汽车和集装箱。这种船本身无须装卸设备，一般在船侧或船的首、尾有开口斜坡连接码头，装卸货物时，或者是汽车，或者是集装箱（装在拖车上的）直接开进或开出船舱。这种船的优点是不依赖码头上的装卸设备，装卸速度快，可加速船舶周转。

⑦载驳船（Barge Carrier），又称子母船。是指在大船上搭载驳船，驳船内装载货物的船舶。载驳船的主要优点是不受港口水深限制，不需要占用码头泊位，装卸货物均在锚地进行，装卸效率高。

3. 船舶吨位

船舶吨位是衡量船舶载重能力和容积大小的计量单位，故可分为容积吨位和重量吨位两种。

（1）船舶的容积吨位（Registered Tonnage）

船舶的容积吨位是表示船舶容积的单位，又称注册吨，是各海运国家为船舶注册而规定的一种以吨为计算和丈量的单位，以 100 立方英尺或 2.83 立方米为 1 注册吨。容积吨又可分为容积总吨和容积净吨两种。

①容积总吨（Gross Registered Tonnage, GRT）。又称注册总吨，是指船舱内及甲板上所有关闭的场所的内部空间（或体积）的总和，是以 100 立方英尺或 2.83 立方米为 1 吨折合所得的商数。

容积总吨的用途很广，它可以用于国家对商船队的统计；用于表明船舶的大小；用于船舶登记；用于政府确定对航运业的补贴或造船津贴；用于计算保险费用、造船费用以及船舶的赔偿等。

②容积净吨（Net Registered Tonnage, NRT）。又称注册净吨，是指从容积总吨中扣除那些不供营业用的空间后所剩余的吨位，也就是船舶可以用来装载

货物的容积折合成的吨数。

（2）船舶的重量吨位（Weight Tonnage）

船舶的重量吨位是表示船舶重量的一种计量单位，以1000千克为1公吨，或以2240磅为1长吨，或以2000磅为1短吨。目前国际上多采用公制作为计量单位。船舶的重量吨位，又可分为排水量吨位和载重吨位两种。

①排水量吨位（Displacement Tonnage）。排水量吨位是船舶在水中所排开水的吨数，也是船舶自身重量的吨数。排水量吨位又可分为轻排水量、重排水量和实际排水量三种。

轻排水量（Light Displacement），又称空船排水量，是全船装备齐全但无载重时的排水量。包括船舶本身、船员和必要的给养物品三者的重量。

重排水量（Full Load Displacement），又称满载排水量，是指船舶满载水线下船舶排开水的重量，即船舶最大限度的重量。

实际排水量（Actual Displacement），是船舶每个航次载货后实际的排水量。

②载重吨位（Dead Weight Tonnage，DWT）。表示船舶在营运中能够使用的载重能力。载重吨位可分为总载重吨和净载重吨两种。

总载重吨（Gross Dead Weight Tonnage，GDWT）。是指船舶根据载重线标记规定所能装载的最大限度的重量，它包括船舶所载运的货物、船上所需的燃料、淡水和其他储备物料重量的总和。

总载重吨＝满载排水量－空船排水量

净载重吨（Dead Weight Cargo Tonnage，DWCT）。是指船舶所能装运货物的最大限度重量，又称载货重吨，即从船舶的总载重量中减去船舶航行期间需要储备的燃料、淡水及其他储备物品的重量所得的差数。

4. 船舶载重线

船舶满载时的最大吃水线称为船舶载重线。它是绘制在船舷左右两侧船舶中央的标志，指明船舶入水部分的限度。船级社或船舶检验局根据船舶的用材结构、船型、适航性和抗沉性等因素，以及船舶航行的区域及季节变化等制定船舶载重线标志。为了保障航行的船舶、船上承载的财产和人身安全，各国政府普遍认同这一做法，并用法律加以约束。

载重线标志包括：甲板线、载重线圆盘和与圆盘有关的各条载重线。如图3-1所示。

图3-1种各条载重线含义如下：

F（Fresh Water Load Line）表示淡水载重线，即船舶在淡水中行驶时，总载重量不得超过此线。

TF（Tropical Fresh Water Load Line）表示热带淡水载重线，即船舶航行于热带地区淡水中时总载重量不得超过此线。

T（Tropical Load Line）表示热带海水载重线，即船舶在热带地区航行时，总载重量不得超过此线。

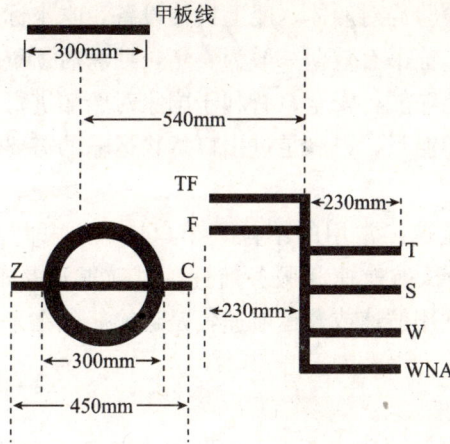

图 3-1　载重线标志

W（Winter Load Line）表示冬季海水载重线，即船舶在冬季航行时，总载重量不得超过此线。

S（Summer Load Line）表示夏季海水载重线，即船舶在夏季航行时，总载重量不得超过此线。

WNA（Winter North Atlantic Load Line）表示北大西洋冬季载重线。

5. 船籍和船旗（Ship's Nationality and Flag）

船籍指船舶的国籍。凡是在公海上航行的船舶，按照海上国际公约的规定，须在本国的一个港口或特定的城市（指内陆国家）进行船舶登记，取得国际证书。

船旗是指商船在航行中悬挂其所属国的国旗。船旗是船舶国籍的标志。按国际法规定，商船是船旗国浮动的领土，无论在公海或在他国海域航行，均需悬挂船籍国国旗。船舶有义务遵守船籍国法律的规定并享受船籍国法律的保护。目前，世界上有一些船舶不在本国而在其他国家登记，悬挂登记国的旗帜，航运界称之为"方便旗"（Flag of Convenience）。方便旗船在第二次世界大战后迅速增加，其目的是逃避本国重税和军事征用，自由制定运价不受政府管制，降低营运

国际运输实务

Guo Ji Yun Shu Shi Wu

成本以取得高额利润。

6. 船级和船速

船级是表示船舶技术状态的一种指标。在国际航运界，凡注册总吨在100吨以上的海运船舶，必须在某船级社或船舶检验机构监督之下进行制造。在船舶开始建造之前，船舶各部分的规格须经船级社或船舶检验机构批准。每艘船建造完毕，由船级社或船舶检验局对船体、船上机器设备、吃水标志等项目和性能进行鉴定，发给船级证书。证书有效期一般为4年，期满后须重新予以鉴定。

船舶入级可保证船舶航行安全，有利于国家对船舶进行技术监督，便于租船人和托运人选择适当的船只，以满足进出口货物运输的需要，也便于保险公司决定船、货的保险费用。

船舶航速，简称航速，常用的单位为节（knot），即英里/小时，1英里＝1.852千米。航速分为试航航速和服务航速。试航航速是船舶试航时测得的航速；服务航速，也称常用航速或营运航速，是运输船舶在平时营运时所达到的平均航速。

7. 船舶的主要文件

船舶必须通过法律登记和技术鉴定并获得有关证明文件后，才能参加营运。船舶文件是证明船舶所有权、性能、技术状况和营运条件的各种文件的总称。国际航行船舶的船舶文件主要有：船舶国籍证书、船舶所有权证书、船舶船级证书、船舶吨位证书、船舶载重线证书、船员名册、航行日志。此外，还有轮机日志、卫生日志和无线电日志等。根据我国现行规定，进出口船舶必须向港务管理机关（港监）呈验上述所有文件。

8. 船舶的配载

船舶的配载工作技术性很强，它关系到货运的质量、船舶的安全和船舶的经营成果。配载工作既包括按船分配装载的货物，也包括货物在船舱内积载的技术性安排。在配载先后次序上应优先安排重要出口货物（如出国展品、使领馆物资及急需援外物资等）、计划内的托运货物和合同或信用证装运期将到期的货物，以保证按时、按质、按量地完成外贸运输任务。在具体配载工作中，必须符合下列各项要求：

（1）充分利用船舶的载重吨和载货容积。在掌握船舶的载重吨、载货容积和载货容积系数的基础上，选载货物积载系数不同的轻重货物进行搭配，以达到载重重量和载重容积完全满载，取得最大的经济效益。

在实际工作中，一条船可能装多种货物，而在货物的物理、化学性质各不相同的情况下，这就要求具体工作人员不断探索和积累经验，提高业务水平。

（2）保证船舶的安全和适航。船舶航行的安全在很大程度上取决于货物的积载情况。因此要调整船舶的前后吃水，计算船舶的重心高度保证船舶稳定性；注意各舱之间货物的均匀配载，保证航行安全。

（3）保证货物的安全。装船的货物配载得当，对保证货物的质量和安全至为重要，因此要根据货物的物理、化学特性合理安排舱位。如：

①按上轻下重的顺序装船而不能轻重倒置；

②有异味恶臭或潮湿的货物不应与食品等堆装在一起，易于沾污的物品与其他货物间要妥善隔垫，以防止货物之间的串味或污染；

③易燃易爆的物品要远离机舱、锅炉等热源和自热自燃物品；

④笨重货物的周围要注意防止挤压和摩擦，等等。

（4）便利船舶的装卸作业。配载适当可有利船舶装卸，加速船舶周转。各舱货物的积载要按装卸港口顺序，装船时按先装的后卸原则，防止倒载发生。各港口的货物要分隔，并合理分舱积载，使卸货时可提高装卸速度。

二、国际海上运输经营方式

根据船舶的经营方式，国际贸易海上运输主要有租船运输和班轮运输两种。

（一）租船运输

1. 租船运输的概念

租船运输（Shipping by Chartering），又称不定期船运输。它与班轮运输不同，船舶没有预定的船期表、航线和港口。船期、航线及港口均按租船人和船东双方签订的租船合同规定的条款行事。也就是说，根据租船合同，船东将船舶出租给租船人使用，以完成特定的货运任务，并按商定运价收取运费。

2. 租船运输的特点

（1）租船运输没有固定的航线、固定的装卸港口和固定的船期。它根据租船人的需要和船东的可能，由双方洽商租船运输条件，并以租船合同形式加以肯定，作为双方权利与义务的依据。

（2）租船运输一般是整船洽租，并以装运货值较低、成交数量较多的大宗货物为主。

（3）没有固定的运价。租船运价受租船市场供求关系的制约，船多货少时运价低，反之则高。

3. 租船方式

国际上使用较广泛的租船方式主要有定程租船、定期租船和光船租船三种。

（1）定期租船（Time Charter）

定期租船简称期租船。它由船舶出租人将船舶租给租船人使用一定期限，并在规定的期限内由租船人自行调度和经营管理。租金按月（30天）、按日（一般每半月预付一次）或按每载重吨若干金额计算。

期租的时间可长可短，从几个月到若干年，有的甚至用到船报废为止。

期租船有以下特点：

①租赁期间，船舶的经营管理由租船人负责。在期租条件下，由船东负担的船舶营运费用，只有船员工资、给养、船舶维修保养、船壳机器保险；其他日常开支，如船用燃料、港口使用费、港口代理费、捐税以及装货、理舱、平舱、卸货等费用都由租船人承担；

②不规定船舶航线和装卸港口，只规定船舶航行区域；

③除特别规定外，可以装运各种合法货物；

④不规定装卸期限或装卸率，不计算滞期费、速遣费；

⑤租金按租期每月每吨若干金额计算；

⑥船、租双方的权利与义务，以期租船合同为准。

（2）定程租船（Voyage Charter）

定程租船又称航次租船，是以航程为基础的租船方式。在这种租船方式下，船方必须按租船合同规定的条件，按时抵达装货港口，装上一定数量指名的货物，再驶抵卸货港卸下货物，完成整个航程的运输任务，并负责船舶的经营管理。在程租条件下，除了少数几项费用，如货物装卸费、隔离费、平舱费、船舶滞期费等通常由租船人负担外，其他运输费用，如船员工资、港口使用费、港口代理费、船用燃料、隔垫物料等费用都由船东承担，租船人按约定支付运费。

定程租船有以下特点：

①船舶的经营管理由船方负责；

②规定一定的航线和装运的货物种类、名称、数量以及装卸港口；

③船方除应对船舶航行、驾驶、管理负责外，还应对货物运输负责，

④在多数情况下，运费按所运货物数量计算，即按每重量吨或每尺码吨计算运费。有时也采用整船包干运费；

⑤规定一定的装卸期限或装卸率，并计算滞期费、速遣费；

⑥船、租双方的责任、义务，以定程租船合同为准。

定程租船按运输形式又可分为以下几种：

①单程租船，也称单航次租船。即所租船舶只装运一个航次，航程结束时租船合同即告终止。

②来回程租船。这是租船合同规定在完成一个航次任务后接着再装运一个回

程货载的运输形式。

③连续单程租船。这一运输形式要求在同一去向的航线上连续完成几个单航次运输。它的特点是完成若干个连续的航次，不能中断；船舶必须是一程运货，一程空放，船东不能利用空船揽载其他货物，一般航程较近。

④包运合同租船。包运合同，也称大合同。船东在约定的期限内，派若干条船，将规定的一批货物，按照同样的租船条件，由甲地包运到乙地，至于航程次数则不作具体规定。

（3）光船租船（Bare Boat Charter）

光船租船，也称船壳租船。船东只负责提供空船，不负责提供船员，由租方自行配备船员，提供工资、给养，负责船舶的经营管理和航行各项事宜。在租期内，租船人实际上对船舶有着支配权和占有权。

光船租船不同于期租或程租形式，船东除收取租金外，不负任何责任，也不承担任何费用，只相当于一种财产的租赁。对船东来说，一般不放心把船交给租船人支配；对租船人来说，由于雇佣和管理船员的工作很复杂，也不愿意采取这种形式。因此，光船租船在租船市场上很少采用。有的船东为了卖船，在买方无力一次付清货款时而采用光船出租方式，用租船人所付租金偿付船租款项，直到租船人分期付完船租，船东再交出船舶所有权，租期也即告止。

（二）班轮运输

班轮运输是国际贸易运输中主要的运输方式之一。它是在不定期运输的基础上发展起来的，目前，班轮运输的航线，已遍及世界各海域和主要港口，有力地促进了国际贸易的发展。

1. 班轮运输的概念

班轮运输（Liner Transport），又称定期船运输。是指船舶在固定的航线上和港口间按事先公布的船期表航行，从事客、货运输业务并按事先公布的费率收取运费。

目前，我国使用的班轮主要有三种：自营班轮、合营班轮和外国班轮。

2. 班轮运输的基本特点

（1）"四固定"。即航线固定、港口固定、船期固定和费率的相对固定，有利于货主掌握船期、核算运输费用、组织货源、促进出口成交等。这是班轮运输最基本的特点。

（2）同一航线上的船型相似并保持一定的航班密度。这可以保证商品既不脱销，又不集中到货，适应均衡应市的需要，使商品能卖到相对合理的价格。

（3）班轮提单是运输合同的证明。在班轮运输业务中，承托双方的权利、义务、责任和豁免均以船公司按照国际公约和有关国内法规签发的提单条款为依据。班轮公司出具的班轮提单载明了承运人应负的有关责任条款，是班轮公司接收货物并负责运输的依据。货物装船后，提单由承运人（或其代理人）或船长签发给托运人。

（4）运价内已包括装卸费用。由于班轮需按船期表规定的时间到港和离港，货物由承运人负责配载、装卸，承运人和托运人双方不存在滞期费和速遣费的问题。

3. 班轮运输在国际海上货物运输中的地位和作用

（1）班轮运输的地位

由于班轮承运的对象是件杂货物，与大宗货物相比具有批次多、批量小、货价高等特点，对港口装卸要求高。在国际贸易中，班轮承运的货物数量占海运货物总量的 20% 左右；但价值却是海运国际贸易总额的 80% 左右。班轮运输的运输组织技术比较复杂，每艘班轮航次一般都要接运数百份、甚至上千份的提单，且货物特性、包装差异很大，沿途挂靠四五个港口，每个港口既要有卸有装，又要不误船期，这就需要配以一定实力的设备和人员。因此，一个国家有多少定期班轮航线，每月能开出多少班轮航班是衡量这个国家对外贸易和航运业发达程度的重要标志之一。

（2）班轮运输的作用

①班轮运输有利于一般杂货和小额贸易货物的运输。在国际贸易中，除大宗商品利用租船运输外，零星成交、批次多、到港分散的货物，只要班轮有航班和舱位，不论数量多少，也不论直达或转船，班轮公司一般均愿意安排承运。

②班轮运输有利于贸易双方核算运输成本。班轮运输的"四固定"特点，为买卖双方洽谈运输条件提供了必要依据，使买卖双方有可能事先根据班轮船期表，商定交货期、装运期以及装运港口，并且根据班轮费率表事先核算运费和附加费用，从而比较准确地进行比价和核算货物价格。

③班轮运输能提供较高的服务质量。班轮运输的管理制度较为完善，船舶的技术性能较好，设备较全，船员的技能也较高。而且在班轮停靠的港口，班轮公司一般都有自己的专用码头、仓库和装卸设备，所以货运质量较有保证，能适应定期运行的航线和货源的特点。

④班轮运输有利于收、发货的合理安排。班轮运输一般采取码头仓库交接货物的做法，并负责办理货物的装卸作业和全部费用，而且手续简便。通常班轮承运人还负责安排货物的转运，定期公布船期表，为货方提供了诸多方便。

4. 班轮运输承运人同托运人的责任划分

班轮承运人是指班轮运输合同中承担提供船舶并负责运输的当事人。托运人是在班轮运输合同中委托承运人运输货物的当事人。

承运人同托运人责任和费用的划分界限一般在船上吊杆所能到的吊钩底下。即托运人将货物送达吊钩底下后就算完成交货任务，然后由承运人负责装船。但风险的划分一般以船舷为界，即货物在装运港越过船舷以前发生的风险由托运人负责，越过船舷以后发生的风险由承运人负责。承运人最基本的义务是按合理的期限，将货物完整无损地运到指定地点，并交给收货人。托运人的基本义务是按约定的时间、品质和数量准备好托运的货物，保证船舶能够连续作业，并及时支付有关费用。

三、国际海运市场

（一）国际海运市场的概念

在国际市场的建立及其发展过程中，国际海运市场不仅起到支持和推动作用，而且是国际市场的重要组成部分。它同其他国际市场一样，从市场形态、市场格局到市场的运作机制一样受供给与需求规律的制约。所以国际海运市场的微观概念同样是在不同国家和地区之间的一个航运需求和航运供给之间的调整、结合、运作的场所。

在世界各大海运中心都有海运交易所，这就是有形的海运市场，其中历史最悠久也最重要的海运市场是波罗的海海运交易市场。波罗的海海运交易市场具有一般贸易市场所具有的一切特点：

1. 为货主、船东、经纪人提供海运交易等经济活动的场所；

2. 交易所公布交易情况，市场的参与者得到有关的信息；

3. 船东、货主和经纪人根据在交易所掌握的市场动向进行磋商，并签订运输合同。

随着国际海运业发展的需要，与海运有关的工业（造船工业、修船工业、集装箱工业、机械工业、拆船工业等）和技术（如船舶驾驶、引航、导航、通信等）也迅速发展起来，对海运业的规模扩大、服务质量和安全系数提高起到了保证作用，成为与海运贸易密切相关的市场。

同时，为海运服务的行业，如船舶代理、报关代理、货运代理、理货业务、船舶供应、船舶管理等业务也都逐渐成为国际海运市场不可或缺的部分，促进了国际海运市场的扩大。

另外，航运劳务市场（经营船员劳务交易）、海运金融市场（船舶融资）、海运信息咨询市场也已成为国际海运市场体系的重要组成部分。

因此，我们可以将国际海运市场的概念从单纯的海上运输服务的交易市场扩展到不同国家和地区之间，航运业务、航运贸易服务、航运资源供需关系的结合、调整和运作等交易活动及其场所。

（二）海运市场的功能

任何一个市场的基本功能都包括：实现商品价值和补偿生产消耗，对社会生产过程进行再调节。海运市场也不例外。具体说来，海运市场的主要功能有：

1. 资源配置功能

海运市场通过价格杠杆来调节航运劳务、航运技术、航运工业、航运信息和航运金融等资源在世界范围内的分配。

2. 供给功能

运输能力在价格的指引下，从租船市场、二手船市场、修造船市场投向运输市场，以满足对外贸易对海运的需求；或者由于市场的变动，现有的市场供给能力转入储备市场或者进入拆船市场而消失。

3. 沟通联系功能

国际海运把世界范围的生产者与消费者最广泛地联系起来，从而使绝大多数国家的生产和消费变为世界性的，成为沟通国际市场的主要手段。

海运市场的功能是通过参与市场活动的企业的经济行为实现的，各项功能是相互联系、相互促进的。一旦某一项功能受到阻碍，就会影响其他功能的正常发挥。

4. 信息导向功能

国际海运市场汇集航运经济、技术、经营状态的信息，不仅向船公司或者船舶经营者而且向货主发布各种信息，直接指导他们的经营活动。

5. 竞争功能

在国际海运市场上存在航运企业之间的竞争、国家之间的竞争、工会之间的竞争、联盟之间的竞争、航线之间的竞争、工会与船公司之间的竞争。既有买方之间的竞争，也有卖方之间的竞争。既有自由竞争，也有垄断竞争。竞争的目的不外乎增加企业的盈利和增强国家的竞争力。竞争功能的最终结果是优胜劣汰，经营不善的企业被市场淘汰，善于经营的企业拥有市场。

6. 交换功能

是指运输服务通过交换得到货币补偿，这样使得运输再生产得以进行下去。

7. 调节功能

国际海运市场不仅调节着海运资源的配置，也调节着可贸易物品和不可贸易物品的范围，引导着各种企业的生产和消费。

（三）世界主要海运市场

海运市场主要是从事租船交易活动，即需要船舶的承租人和提供船舶运力的船舶所有人进行船舶交易的场所。通常船舶所有人和货主并不需要亲自到租船市场上去进行交易，而是通过在场的租船经纪人直接磋商，或者场外的经纪人以电报或电传形式磋商，并且签订租船合同。

目前世界主要的租船市场有：伦敦、纽约、东京、香港、鹿特丹、奥斯陆、汉堡等。

1. 纽约海运市场

纽约海运市场在第二次世界大战之前仅仅是一个地方性市场，战后随着美国经济地位的提升而一跃成为世界重要的海运市场之一。

纽约航运市场汇集了美国、加拿大、阿根廷的大谷物出口商，美国煤炭出口商和世界各地的铁矿石出口商。此外，纽约发达的金融保险业也为航运市场中心的形成和确立提供了有利条件。由于纽约市场和伦敦市场存在时差，在一个市场未来得及成交的订单可以转到另一个市场，纽约市场得以进一步确立其地位。

纽约市场和伦敦市场不同之处在于没有伦敦那样的专门交易市场，交易活动几乎全是通过电话、电传方式进行的。

2. 伦敦海运市场

伦敦是世界上历史最悠久、情报和询价最多的租船市场，居于世界租船市场的中心地位，是当今世界最大的租船市场。

伦敦海运市场中心地位的取得，有多种原因：地处大西洋海上运输的要冲，英国曾是世界资本主义和航海业最发达的国家，位于伦敦的波罗的海海运交易市场是世界上最早成立的海运市场，英国海上保险业发达等。波罗的海海运交易市场前身是一家叫做"弗吉尼亚和波罗的海"的咖啡馆，贸易商人和船舶所有人经常在这里聚会，1810年改为现名。1869年苏伊士运河通航后取得了现有的地位。

波罗的海海运交易市场的交易每天上午九点半到十点进行。等级为会员的经纪人在交易市场底层大厅进行自由洽谈，原则是"言而有信"，即洽谈的内容是合同的依据。双方洽谈时备忘的记载就是真正的口头合同，事后签订书面合同。

交易所的交易活动是完全公开的，而且交易规模是世界最大的，因此交易大厅的洽谈情况能够反映世界各地的供求状况，洽谈结果能够反映世界航运市场状况。所以世界主要航运媒体都对该交易所的行情进行报道。

3. 香港海运市场和东京海运市场

香港海运市场是一个区域性的国际航运市场，以服务东南亚和日本的货主和船东（二船东）为主，与东京海运市场保持着密切的联系。东京市场也是一个地方性的市场，是日本船舶所有人和货主汇集的地方，随着日本海运业的发展已经成为对日本和东南亚具有重要影响的市场。

4. 鹿特丹、奥斯陆、汉堡海运市场

这三个市场都是地方性市场，是主要船舶所有人汇集的地方。其特点是船东把注意力放在第三国货载而不是本国货载上面，因此与伦敦和纽约航运市场保持着密切的联系。

我国也在加强海运市场建设，目前已在上海成立了海运交易所，在武汉成立了水运交易市场。

第二节 国际海运进出口货物运输程序

一、国际货物海运出口程序

海运出口货物运输业务是根据贸易合同有关的运输条款，把国外客户订购的货物加以组织，通过海洋运输方式运到目的港的一种业务。其基本的业务流程如图3-2所示。

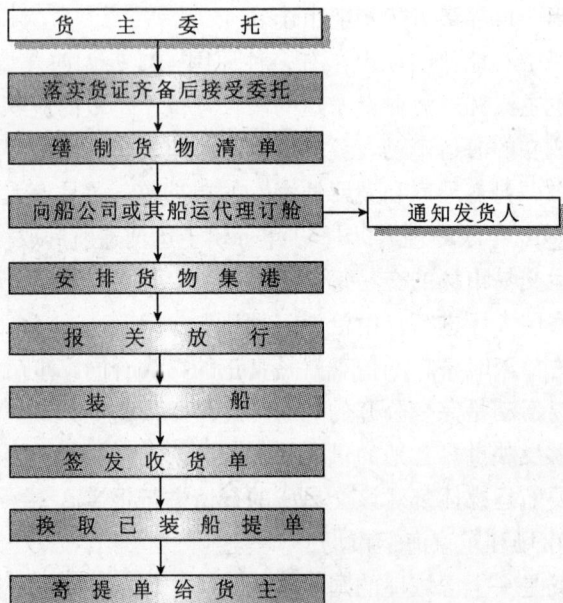

图3-2 海运出口货运代理基本业务流程

海运出口运输业务与贸易术语和价格条件关系紧密，如以 FOB 条件成交的出口货物，则由买方负责运输工作。如以 CIF 或 CFR 条件签订的出口合同，则由我方租船订舱，安排运输；下面以在 CIF 或 CFR 条件下，由卖方安排运输工作为例，介绍出口货物运输业务的流程。

（一）审核信用证中的装运条款

一般情况下，应在收到信用证后一定期限内装运。如近洋运输不少于 20 天，远洋运输不少于 1 个月。因此，在合同中应订明信用证须于装运期前若干天开到卖方的期限。同时考虑到某些航线由于船期多变或装运港拥挤等情况，尽量争取在信用证中规定自动延期若干天的条款，以免卖方违约。出口单位在收到信用证以后，要对其进行严格审核，如发现信用证中的有关条款与贸易合同内容不符，应及时要求进口方修改信用证。

在审核信用证的装运条款时，要重点审核装运期、装运港、目的港、结汇日期、转船和分批装运等条款，要根据货物出运前的实际情况，决定是否对信用证中的有关运输条款接受、修改或拒绝。

（二）备货、报验和领证

出口方在收到信用证后，要严格按信用证上规定的交货期及时备好出口货物，并按合同及信用证的要求对货物进行包装、刷唛。

对需经检验机构检验出证的出口货物，在货物备齐后，应向商检机构申请检验，取得合格的检验证书。

（三）租船、订舱和配载

履行以 CIF 或 CFR 价格条件成交的出口贸易合同时，根据贸易条件应由卖方派船装运出口货物。如仅向船方洽订部分舱位装货，称为订舱；如卖方向船东具体洽租一条船装载，称为租船；至于货方根据货运需要与船公司达成协议，将货物分配给具体船只承运，称为配载。

根据贸易合同的规定，出口方要根据货物的性质和数量决定租船或订舱。在与船公司商定所需舱位、运费和其他条件后，货方应向船公司或其代理人以书面的方式提出包括货物详细的情况、卸货地点、装运数量、起运日期等内容的有关托运货物的单证，这就是"海运出口货物委托书"，即订舱单。合理配载，对货方来说，主要是考虑能够把出口货物安全、准确、迅速、节省、方便地运抵目的港交给收货人，以完成贸易合同；对船方来说，则考虑所配载的货物能使船舶保持满舱和满载，尽可能减少亏舱成本。

（四）出口货物集中起运港

在洽谈妥船舶或舱位后，货方应在规定的时间内将符合装船条件的出口货物发运到港区内指定的仓库或货场，以等待装船。向港区集中时，应按照卸货港口的先后和货物积载顺序发货。对可以直接装船的货物，按照装船时间将货物直接送至港口船边现装，以简化进出仓的手续，节省费用。对危险品、冷冻货或鲜活商品、散油等需特殊运输工具、起重设备和舱位的特殊货物，应事先联系安排好调运、接卸和装船作业。发货前要按票核对货物品名、数量、标记、配载船名、装货单号等各项内容，做到单、货相符和船、货相符。同时还要注意发货质量，如发现货物外包装有破损现象，发货单位要负责修理或调换。

（五）货物出口报关和装船

在货物集中港区后，发货方必须将核对无误的出口货物明细单连同装箱单（或磅码单）、发票、商检证明及其他有关单证提交给海关申报出口。经海关人员对货物进行查验后，在装货单上加盖放行章。若海关发现货物不符合出口要求时，则不予放行，直到检验合格为止。

海关放行后，发货人凭海关盖章的装货单与港务部门和理货人员联系，做好装船前的准备和交接工作。在完成准备工作后，即可开始装船。

装船方式一共有三种：

1. 码头作业。港方提供足够的劳务和机械，按照积载图进行装船作业，正常情况下应保证 24 小时连续装船；

2. 现装船。用车辆将货物直接运到码头船边进行装船作业；

3. 外舷过驳。货物由驳船集港，装船时，驳船直接靠海轮外舷，货物由驳船吊到海轮上。

值得注意的是，在装船过程中，发货人应派人进行监装，随时掌握装船情况和处理装船过程中所发生的问题。对舱容紧、配货多的船只，应联系港方或船方配合，合理配载以充分利用舱容，防止货物被退关。如舱位确实不足，应安排快到期的紧急的货物优先装船；对必须退关的货物，应及时联系有关单位设法处理。货物装船后，由理货人员将装货单 份交给船方办理签收手续，即成为大副收据，一份由发货人交给外轮代理公司代表船方签发提单。

（六）装船通知与投保

如果合同规定或根据贸易价格条件需要在装船时发出装船通知，由国外收货人自办保险，发货人应及时发出装船通知。如由发货人负责投保，一般应在船舶配妥后予以投保，但要根据合同规定明确投保险别和责任等。

以 CIF 价格条件成交的出口货物，一般应由我方保险。对我国港澳地区出口的货物，一般也由我方办理保险手续。对有法律或协议规定其进口货物须由其本国保险的国家出口，应尊重其规定，不要强制对方接受 CIF 条件，可按 CFR

价格条件成交。

而对保险险别的选择，必须根据货物的性质和特点，货物的包装情况，货物的运输方式、航线、港口和装卸货的损耗情况等，目的地的货物市场价格变动趋势，季节、气候及安全等具体情况全面考虑，做到既要使货物得到充分的保险保障，又能节省保险费用开支。

（七）支付运费

船公司为了正确地核收运费，在出口货物集中到港区仓库或库场后申请商检机构对其进行衡量。对需要预付运费的出口货物，船公司或其代理人必须在收取运费后签给托运人运费预付的提单。如属到付运费货物，则在提单上注明运费到付，其运费由船公司卸港代理在收货人提货前向收货人收取。

（八）出口货运单证及其流转环节

在海洋出口运输中，从办理货物托运手续、装船，直到卸货和交货的整个运输过程中，需要编制各种货运单证。这些单证主要起着货方与船方之间货物交接的证明作用，同时也是划分货、船、港三方责任的依据。

1. 托运单（Booking Note，B/N）

托运单是由托运人根据贸易合同条款及信用证条款的内容填制，并凭此单向承运人或其代理人办理货物托运。它又称订舱委托书，其内容包括托运人、起运港、目的港、货名、标记及号码、件数、重量、体积、装船日期、运费支付方式、结汇日期、能否转船及分批装运等项目，为承运人配载提供参考，如有特殊条款，也须列出。

2. 装货单（Shipping Order，S/O）

装货单又称下货纸。它是船公司或其代理人在接受托运人提出托运申请后，发给托运人或货运代理人的单证，同时也是命令船长将单上货物装船的单证。按国际航运惯例，装货单一般是一式三联：第一联留底，为船方缮制装货清单之用；第二联托运人凭以向海关办理出口货物申请手续时作为报关单；第三联即为收货单。

装货单是远洋运输中主要货运单证之一，它的主要作用有：（1）它是海关对出口货物进行监管的单证；（2）它是承运人确认承运货物的证明；（3）它是承运人通知码头仓库或装运船舶接货装船的命令。

3. 收货单（Mate's Receipt，M/R）

收货单又称大副收据，是货物装船后，承运船舶的大副签发给托运人的收据，表示该船已收到货物并装船完毕。

收货单也是远洋运输中主要货运单证之一，其主要作用有：（1）是划分承、托双方责任的主要依据；（2）是据以换取已装船提单的单证。

4. 提单（Bill of Lading，B/L）

有关提单的内容及项目，详见本章第三节内容。

5. 装货清单（Loading List，L/L）

装货清单是承运人根据装货单留底，将全船所装货物按目的港和货物性质加以归类，依航次靠港顺序排列而制成的全船装运货物的汇总清单。装货清单是承运船舶的大副编制积载计划的重要依据，而且也是现场理货人员进行理货、港口安排驳运、货物进出仓库、货场以及承运人掌握托运人备货情况的业务单证。

6. 出口装运清单（Export Manifest，E/M）

又称载货清单或出口舱单。它是根据收货单或提单，按目的港分票制作的全船出口货物的汇总清单。其内容包括船名、航次、船长、起运港和目的港、开航日期、发货人、收货人、货名、包装、标记及号码、件数、毛重、尺码等项。它是海关进行验货放行及监督装载工作的依据，也是出口货运资料的依据。其作用主要有：（1）是船舶载运所列货物的证明；（2）是联系业务的单证；（3）是办理船舶出口报关手续的依据。

7. 出口载货运费清单（Export Freight Manifest，F/M）

又称运费舱单或随船舱单，它是船舶装载出口货物有关货运资料及其运费的汇总清单，也是船方的随船单证之一。

8. 货物积载计划（Stowage Plan or Cargo Plan，S/P）

船舶在装载货物之前，大副需要根据装货清单按货物装运要求和船舶性能编制一个受载计划。该计划列明各批货物应装入船舶的具体舱位，用以指导安排泊位、出舱、下驳、搬运等工作。货物装船后还要编制实际的积载图，以各种不同的颜色，准确绘出各种货物装在各舱的部位，并详细表明货名、重量。货物积载计划是货物装载的重要文件。

9. 危险品清单（Dangerous Cargo List）

在装运危险品的时候，承运人往往要求托运人提供危险品清单。其内容包括货物名称、性能、件数、危规等。危险品装运时，应按港口规定，申请有关部门监督装货，货物装毕后监督部门发给船方一份"危险品安全装载证明书"。

二、国际货物海运进口程序

海运进口货物运输业务是根据贸易合同有关运输条件，将进口货物通过海运方式运进国内的一种业务。海运货物进口业务运输的程序包括从租船订舱、跟踪船舶动态到卸货交接，直至送交收货人的全过程。其基本业务流程如图 3-3

所示。

```
┌─────────────────┐
│  货 主 委 托     │
└─────────────────┘
┌─────────────────────────┐
│ 落实货证齐备后接受委托   │
└─────────────────────────┘
┌─────────────────┐
│  缮制货物清单    │
└─────────────────┘
┌─────────────────┐        ┌──────────────────────┐
│  租 船 订 舱     │───────▶│ 通知卖方及装港代理    │
└─────────────────┘        └──────────────────────┘
┌─────────────────┐        ┌──────────────────────┐
│  掌握船舶动态    │───────▶│ 收集、保管、分发有关单证 │
└─────────────────┘        └──────────────────────┘
┌─────────────────┐
│  报 关 报 验     │
└─────────────────┘
┌─────────────────┐
│  卸 船 交 接     │
└─────────────────┘
┌─────────────┐        ┌──────────────────┐
│  货物入库    │        │  收货人船边提货   │
└─────────────┘        └──────────────────┘
┌──────────────┐       ┌──────────────┐
│ 货运至外地货主 │       │  收货人自提   │
└──────────────┘       └──────────────┘
```

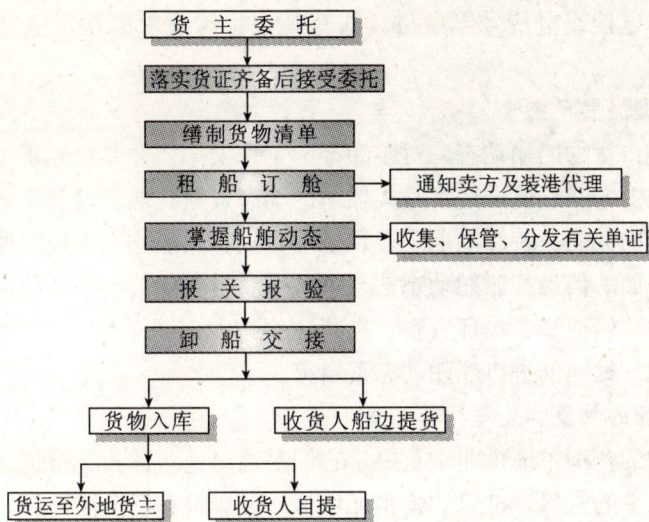

图 3－3　海运进口货运代理基本业务流程

海运进口货物运输业务必须取决于买货条件。下面以在 FOB 成交、买方负责运输的条件下为例，介绍进口货物运输业务的流程。

（一）审核、确定贸易合同中的运输条款

贸易条件或贸易术语除了反映商品本身的价格外，同时还表明贸易双方在货物交接过程中有关责任、风险以及费用的划分界限。目前，我方派船的海运进口货物运输所使用的贸易术语主要有 FOB、FOBS、FOBST 和 FAS 等。

在确定了贸易术语之后，我们还要明确装运期限。FOB 条件下的进口货物，一般在合同中规定，卖方必须在合同规定的交货期限 30 天前将合同号、货物名称、数量、装货口岸及预计货物到达装运口岸日期，以电讯通知买方，以便买方安排舱位。买方应在船舶受载期几天前，将船名、预计受载日期、装货数量、合同号、船舶代理人，以电讯方式通知卖方。

（二）租船订舱

如果是以 FOB 成交的进口合同，租船订舱由买方负责。在合同规定交货前一定时期内，卖方应将预计装运日期通知买方。买方接到通知后，要根据货物的性质和数量来决定租船或订舱。除个别情况外，一般均委托代理来办理。在我国，一般是委托中国对外贸易运输总公司或其分公司来办理。在办理委托时，委托人须填写《进口租船订舱联系单》并提出具体要求。该联系单的内容一般包括货名、重量、尺码、合同号、包装种类、装卸港口、交货期、买货条款、发货人名称和地址、电挂或电传号等项目。如有其他特殊要求事项，也应在联系单中注明。

（三）掌握船舶动态

掌握了进口货物船舶动态，对装卸港的工作安排，尤其对卸货港的卸船工作安排是极为重要的。这就要经常收集船舶的动态资料。船舶动态资料主要包括船名、船籍、船舶性能、装卸港顺序、预抵港日期、船舶吃水和该船所载货物的名称、数量等方面的信息。船舶动态信息来源可获自各船公司提供的船期表、国外发货人寄来的装船通知、单证资料、发货电报以及有关单位（如外贸运输公司、外轮代理公司）编制的进口船舶动态资料等。

（四）单证的收集和处理

进口货物的各项单证也非常重要，它们是港口进行卸货、报关、报验、交接和疏运不可缺少的资料。进口货物单证包括商务单证和船务单证两大类。商务单证是指贸易双方办理货物交接和货款结算所需要的单证，包括贸易合同正本或副本、发票、提单、装箱单、品质证书和保险单等。船务单证是承运人在装卸港口装卸进口货物时所需要的单据，也是反映货物装船实际情况的文件。包括提单副本、积载图、装载清单、舱单和危险货物清单等。收到单证后，须与进口合同进行核对。单证一般来源于银行、国外发货人、装货港代理、港口轮船代理公司，近洋航线的单证也有进口船舶随船带来的。

我们在处理有关单证时，还要特别注意卖方保函。当进口货物在国外港口装船时，由于货物的外表及包装有缺陷，船方会在提单上加以批注，卖方为了取得清洁提单有可能向船方出具保函。有时船方会主动征求买方的意见，以免除自身责任。对此，我方作为买方应慎重处理，绝不可轻易接受对方保函。如船方擅自接受卖方保函，由此引起的一切损失均由船方承担。如有特殊情况，不得不出具保函时，卖方应得到买方的确认，并将保函副本寄交买方，由此产生的一切损失仍由卖方负责。对提单有不良批注的货物，买方应争取货到后付款，以避免发生经济损失。

（五）配载

配载一是指货物的积载，即具体船舶装货的技术性安排；二是指货载的分配，即什么船配装什么货。配载实际上是船货衔接和平衡的一个组成部分。

船舶的具体配载一般是由船长、代理以及装卸、理货公司在装货港共同完成的。船长或代理按所配货物的数量、性质制定出装船配载计划即积载图，作为装船积载的依据，凭此指导装卸或理货公司按计划依次装货。装船配载直接关系到货运的质量和安全，关系到船舶经营效益，它是一项技术性很强的工作，一般应注意以下几方面：

1. 应保证货物安全与完好

货物运输必须保证货物质量不受损害，数量不短少，这是最基本的要求。货物装船配载得当，对保证货运质量至关重要。

2. 应有利于船舶的装卸作业

各舱货物的配载，应按货物到达目的港的先后顺序积载，即先到港的货物后装，后到港的货物先装，以免发生倒载现象。不同卸货港的货物应分隔清楚，不要混淆，以防延长卸货时间。同时货量较大时应分舱积载，以便在装卸作业时同时打开舱门，争取在最短时间内装卸完毕。

3. 应保证船舶安全性和适航性

装载时尽可能使船舶的重心稳定，配载时注意上轻下重。当货量较大时，各舱应平均装载，否则船舶不稳，影响适航、速度甚至安全性。

4. 应充分利用船舶的载重量和载货容积

经营船舶的重要指标之一是最大限度地利用船舶的载重量和载货容积。一般情况下尽量使轻、重货物搭配，如钢材搭配羊毛、生铁搭配箱装货物。为了充分利用船舶的重量吨和容积吨，对尺码较大的货物（如棉花），可以要求发货人压包，尽可能缩小其尺码。

（六）报关和报验工作

进口货物在到达目的港后，须向海关报关、填制《进口货物报关单》。报关单的内容主要有船名、贸易国别、货名、标记、件数、重量、金额、经营单位、运杂费和保险费等项，连同发票、提单、品质证明书等单证，向海关申报进口。按我国现行规定，进口货物应当自运输工具申报进境之日起 14 日内向海关申报。超过上述规定期限未向海关申报的，由海关征收滞纳金。

对于非贸易进口的货物，货主须填制《免领许可进口物品验放凭证》，连同有关证件，向海关申报查验放行。贸易货物不在港口查验放行的，须填制《国外货物转运准单》，向港口海关申报，经海关同意后监管运至目的地，由目的地海关查验放行。国外免费赠送的样品，须填制《进口非贸易样品申报单》，附发票一份，向海关申报。如是使领馆物品，则凭使领馆或有关单位证明文件向海关申报。进口货物属外贸进口总公司订货的，由其向中国海关总署办理集中纳税手续；属于地方进口订货的，则在当地办理纳税手续。

进口的货物还必须向商检部门申请办理检验、鉴定手续，查验进口商品是否符合我国规定或订货合同的有关规定，以保护买方利益。报验时须填写《进口商品检验申请单》，同时须提供订货合同、发票、提单、装箱单、理货清单、磅码单、质保书、说明书、验收单、到货通知等材料。

凡列入《检验检疫商品目录》的进口商品，须实施法定检验。但表内所列商品如属援助物资、礼品、样品以及其他非贸易物品，一般免于检验。

如进口的货物是危险品，应在船舶到港前向港口、航运、铁路等部门提供《进口危险品货物技术说明书》，其中品名与危规号必须正确无误。对尚未列入我国危险品货物品名表的进口货物，订货单位或用货部门应提供详细的中文资料，说明货物的化学性质、消防和急救方法以及装卸搬运过程中应注意的事项，以便安排接、卸、运工作。

（七）监卸和交接

监卸和交接一般由船方申请理货，负责把进口货物按提单、标记点清件数，验看包装情况，分批拨交收货人。监卸人员一般是收货人的代表，履行现场监卸任务。监卸人员要与理货人员密切配合，把好货物数量和质量关。港方卸货人员应按票卸货，严禁不正常操作和混卸。已卸存货场的货物应按提单、标记分别码垛、堆放。对船边现提货物和危险品货物，应根据卸货进度及时与车、船方面有关人员联系，做好衔接工作，防止因卸货与拨运工作脱节而产生等车卸货或车到等工的现象。对于超限货物或集重货物应事先提供正确尺码和重量，以便准备接运车驳，加速疏运进度。对重点货物，如规格复杂的各种钢材、机械、零配件等，要有专人负责，以防错乱。在卸货中如发现残损，应及时向船方或港方办理有效签证，并共同做好检验工作。

进口货物在卸船过程中，经常会发生溢卸或短卸情况，除了国外责任外，根据海关法和外运总公司《关于海运进口货物溢短卸处理暂行办法》的规定，对溢、短卸货物可以酌情补救。溢、短卸的依据是港口理货公司出具的并经船长或大副签认的溢短签证。

（八）进口代运

进口货物到达国内目的港卸船报关后，如果由收货人自己到码头提货称为自提。若由港口外运公司代表收货人办理接收货物，并安排运力，将货物转运到收货人指定的地点，这种业务称为进口代运。进口代运可以解决用货部门在到货港口无机构和人员的困难，并使进口货得以及时提离港口，保证港口畅通，防止压船、压港、压货现象的出现。

进口代运代办人的责任一般有以下几点：

1. 代办人应于货物到港前根据进口公司和委托人提供的单证，积极办理进口货物交接、制单、报关、报验和代运准备工作，在单证不齐全时可凭保函过关。

2. 代办人对货物外包装进行检查，发现异样及时申请检验，并做好记录。若发现包装破损，代办人有责任整修包装，如危险品包装破漏，无法修补时，应通知收货人设法处理。

3. 在正常情况下，代办人应在货物对外索赔有效期满 30 天前将货物运出。

4. 货船联检后三天内，代办人应立即填制《海运进口货物到货通知》，寄送收货人或订货单位。发货人另以《提货通知》通知收货人提货。

5. 代办人可以对运输方式作出选择。

（九）保险

如果我方是以 FOB 或 CFR 条件成交的进口货物，由我方办理保险。我方负责进口的单位在收到发货人装船通知后应立即办理投保手续。目前为简化手续和防止发生漏保现象，一般采取预约保险办法，由负责进口的单位与保险公司签订进口货物预约保险合同。

第三节　国际班轮运输

一、班轮公会

自从班轮运输这种营运方式出现之后，经营班轮运输业务的公司迅速增加，某一条航线同时存在几家、几十家甚至更多的船公司经营班轮运输，竞争极为激烈。于是，各船公司纷纷降低运价以争揽货载。但是，运费又是船公司最主要的收入来源，如果无节制地降低运价，则会危及船公司生存。为缓和彼此间的矛盾，班轮航运公会的组织应运而生。世界上最早的班轮公会成立于 1875 年，随着航运业的发展，目前在国际间的主要航线上，几乎都存在班轮公会。

（一）班轮公会的概念

班轮公会俗称水脚（指运费）公会，又称航运公会。它是由两个或两个以上在同一条航线上经营班轮运输的船公司，为避免相互间的竞争，维护共同利益，通过在运价和其他经营活动方面签订协议而组成的国际航运垄断组织。

国际航运垄断组织基本目的是通过指定统一的费率和惯例，限制从事某一航线运输业务的班轮公司之间的竞争，以缓和彼此之间的矛盾，并抵制外来的竞争，进行航运垄断，以谋取最大限度的利润。

（二）班轮公会的主要任务

班轮公会的任务主要是限制和调节班轮公会内部的相互竞争，同时防止或对付来自公会外部的竞争，从而达到垄断航线货载的目的。

1. 制订费率和各项垄断性的规章制度

在会员公司之间签订最低限度的运费或共同费率，还规定各项垄断性的规章制度，拟订运价表，商定提单特种条款和运输合同格式等。

2. 统筹分配收入

公会为了平衡各会员公司的利益，将会员公司的运费收入的全部或部分集中起来，按预先规定的比例进行分配。

3. 安排"战斗船"

安排"战斗船"，是为了对付外来的竞争。当非参加班轮公会的公司行驶公会垄断的航线时，即派出一艘船舶与会外公司船舶同时装货，其运费率暂时大幅度地降低，企图斗垮对方。当会外船舶已经调回或撤离后，则又将降低的运费率恢复至原有水平。"战斗船"所有人在运费上所受的损失，由各会员公司分担。

4. 统一安排营运

公会对会员公司分别规定在一定时期内的航运次数和装卸挂靠港口，但对会员公司在本国港口或其总公司所在港口航行可不包括在分配和限制之间。

公会除分配航次挂港外，对会员公司的货载也进行分配。根据总的货运量对会员公司规定一个配额，并允许有一定百分比的伸缩。有的公会则成立"订舱营业所"，统一接受货载，按规定的配额在会员公司中进行分配，实际上是便于监督会员公司载运它被允许承担的配额。

5. 规定回扣制度

回扣制度有两种形式：一是延期回扣制度，班轮公司定期地按托运人于前一年或半年所付运费总额，给予托运人一定百分比的回扣，但托运人在上述期间内必须将其全部货物交由公会班轮公司运输。因这项回扣须定期满期后方才支付，故称延期回扣。另一种是合同费率制度。根据这一制度，公会规定合同费率以及非合同费率两种不同的费率，与公会班轮公司签订合同的托运人，将其全部货物均交公会班轮公司运输，可享受较低的合同费率优惠。

二、国际班轮运输提单

（一）提单概述

1. 提单的定义

提单，是指用以证明海上货物运输合同和货物已经有承运人接受或者装船，以及承运人保证据以交付货物的单据。它是国际海上运输中的重要单证之一，也是信用证交易形式下银行结汇、买方提取货物的关键票据，在国际贸易中发挥着重要的作用。在各项业务中，提单所涉及的主要有承运人、托运人、收货人、提单持有人等。

2. 提单的性质和作用

在海上货物运输中的班轮运输和大多数航次租船运输中，承运人都会应托运人的要求签发海运提单。因此，了解提单的性质、作用对明确承运人和托运人、收货人之间的权利、义务，对更好地理解贸易、运输合同各方的关系，保护自身利益具有重要的意义。

（1）提单是承运人对货物出具的收据。提单的签发，意味着承运人已按提单上所列内容收到托运的货物。各国法律一般认为，提单是由船长、承运人或其代理人签发的证明其已收到或接管货物的证明。其中，已装船提单则表明承运人不仅已收到货物，而且已将货物装船完毕准备付运。提单正面通常记载有货物标志、包装数量或件数、重量或表面状况等，这些描述则构成承运人按此接收货物的初步证据，即一旦货物运抵目的港后被发现与所描述的状况不同，承运人就要承担相应的赔偿责任。

（2）提单是代表货物所有权的凭证。提单的主要目的是使提单的持有人能够在货物运输过程中通过处理提单来处理提单项下的货物。按照商业惯例，占有提单就等于占有货物，而提单的转让通常具有与交货本身同样的效果。因此，提单就是货物的象征。由于提单具有物权凭证的作用，在国际贸易中，它可以作为买卖的标的物、可向银行押汇的担保品。

（3）提单是海上货物运输合同的证明。在班轮货物运输中，就承运人和托运人之间的关系而言，提单本身并不是它们之间的运输合同，而是运输合同存在的一种证明。其理由是，构成运输合同主要项目诸如船名、开航日期、航线、靠港及其他有关货运条件都是事先公布，而且是众所周知的；至于运价和运输条件也是承运人预先规定的，提单条款仅是承运人单方面制定的，而且，在提单上只有承运人单方的签字。因此，从合同法的基本原理来看，它不具备合同成立的基本条件。另外，提单的签发是合同成立之后，它只是在履行运输合同的过程中出现的一种证据，而合同实际上是在托运人向承运人或其代理人订舱、办理托运手续时就已成立。确切地说，承运人或其代理在托运人填制的托运单上盖章时，承、托之间的合同就已成立。

（4）提单是提货凭证。承运人或其代理人在目的港交付货物时，必须向提单持有人交货。在这种情况下，即使是真正的收货人，如果不能递交正本提单，承运人可以拒绝对其放行货物。否则，承运人将会承担很大的风险。若承运人对持有提单前来提货的收货人身份有怀疑，可要求他出具证明或提供银行担保。

3. 提单的种类

（1）按签发提单的时间是在货物装船之前还是在装船之后来分类，可以分为备运提单和已装船提单。

①备运提单（Received for Shipment B/L），又称收货待运提单。是指承运人虽已收到货物但尚未装船，应托运人要求而向其签发的提单。由于该种提单上没有明确的装船日期，而且往往又不注明装运船的船名，将来货物能否出运、何时装运，都很难预料。因此，在跟单信用证的支付方式下，银行一般都不接受这种提单。货物装船后，承运人在备运提单上加注装运船名和装船日期并签字后，备运提单即可成为已装船提单。

②已装船提单（on Board B/L；Shipped B/L）。是指整票的货物全部装船后，应托运人的要求，由承运人或其代理人向托运人签发的货物已经装船的提单。该提单上除了载明其他通常事项外，还须注明装运货物的船舶名称和货物实际装船完毕的日期。在国际贸易上按照惯例，出口人向银行议付货款所提交的提单，必须是已装船提单。

（2）按承运人在提单上对货物的外表状态有无加列批注来分类，可以分为清洁提单和不清洁提单。

①清洁提单（Clean B/L）。它是指没有任何有关货物残损、包装不良或其他有碍于结汇的批注的提单。若承运人或其代理人在签发提单时未加任何批注，则表明承运人确认货物装船时外表状况良好的这一事实，如果在目的港卸货时发现货物表面有缺陷，承运人须承担损害赔偿的责任。但对于经过合理检查不能发现的缺陷，以及因免责海难所遭受的损失，承运人可以免责。银行办理结汇时，都规定必须交付清洁提单。

②不清洁提单（Unclean B/L；Foul B/L）。它是指承运人在提单上记有货物及包装状况不良或存在缺陷等批注的提单，诸如水湿、油渍、污损、锈蚀等。承运人通过批注，声明货物是在外表状况不良的情况下装船的。在目的港交货时，如发现货物遭受损害或灭失，而致损的原因可以归咎于这些批注事项的话，就可以减免承运人的责任。

（3）按提单的收货人抬头分类，可以分为不记名提单、记名提单和指示提单。

①不记名提单（Open B/L；Blank B/L；Bearer B/L），又称持票人提单。它是指记明应向提单持有人交付货物的提单。托运人在"收货人"一项只填写

"交与持有人"（To Bearer），既不写明收货人的具体名称，也不填写"凭指示"的字样。这样，谁持有提单，谁就有权提货，不需要任何背书手续即可转让。由于这种提单在流通过程中风险较大，因此在国际贸易中很少使用。

②记名提单（Straight B/L）。它是指发给指定收货人的提单，即在提单"收货人"一项内具体填上特定的收货人的名称。记名提单只能由提单上所指定的收货人提取货物，不能转让，因而又称为不可流通的提单。因其失去了提单的流通性，银行一般也不愿接受记名提单作为议付货款的单据。

③指示提单（Order B/L）。它是指在提单"收货人"一栏内只填写"凭指示"（To Order）或"凭某人指示"（Tothe Order of ×××）字样的一种提单。前者叫做空白抬头空白指示提单；后者叫做凭指定人指示提单，按照发出指示的人不同可分为托运人指示（To the Order of the Shipper）、收货人指示（To the Order of the Consignee）和银行指示（To the Order of the Bank）等情况。指示提单是一种可以流通的有价证券，提单持有人可以用背书方式将它转让给第三者，所以这种提单买方乐于接受，银行也愿意接受指示提单作为议付货款的单据。

（二）提单记载的内容

提单是由各船公司自行制定的具有法律效力的单据。在班轮运输中，它是确定承运人和托运人（或收货人、提单持有人）双方的权利和义务、责任和豁免的依据。国际公约和各国国际立法均对提单需要记载的内容做了规定，以保证提单的效力。

各个轮船公司所制定的提单的格式或文字虽各不相同，但实质内容差别不大，而且都分为正面内容和背面条款两大部分。在提单正面，一般要记载如下事项：

1. 承运人名称（Name of the Carrier）。

2. 托运人名称（Name of the Shipper）。

3. 收货人名称（Name of the Receiver）。有关收货人名称的记载方法因不同种类的提单而不同，如记名提单直接载明收货人名称；指示提单只载明指示人名称，也可只记"指示"字样，即由托运人指示。

4. 船名（Name of the Vessel）。若是已装船提单须注明船名；若是收妥待运提单，待货物实际装船完毕后记载船名。

5. 通知人名称（Notify Party）。几乎所有提单上都有通知人这一项，但因记名提单上已经写明收货人名称，所以没有必要再添上通知人名称。

6. 货物名称、标志、包装、件数、重量和体积等。提单上有关船名、托运人、收货人、港口、货物名称等一般应由托运人提供并填写全称，不能简写或缩写。有关货物的包装、标志、件数、重量、尺码等在填写前要认真地与实装货物核对，不得有误述和虚报，且货物件数应按实际包装名称填写，货物总数必须大写。

7. 装货港、卸货港和转运港（Port of Loading, Port of Discharge, Port of Transhipment）。

8. 运费的支付（Payment of Freight）。在预付运费的情况下，提单上仅注明"预付运费"（Freight Prepaid），一般可不加注运费额。但在到付运费的情况下，在正、副本提单上均须加注"到付运费"（Freight Payable at Destination）和运费额。如在第三地支付，应列明付款人名称及详细地址。

9. 提单的签发日期、地点和份数。提单的签发日期应该是提单上所列货物实际装船完毕的日期，应该与收货单上大副所签的日期是一致的。提单签发的地点原则上应是装货地，一般是在装货港或货物集中地签发。提单签发的份数，按航运惯例通常是正本提单一式两份至三份，每份具有同等效力。副本提单的份数可视托运人的需要而定。副本提单不能作为物权凭证或背书转让，只能供有关作业参考。

10. 承运人或船长，或由其授权的代理人签字或盖章。提单必须经过签署手续后才能生效。有权签署提单的人应是承运人或船长，或由他们授权的代理人。当今在班轮货物运输中，大多由船公司的代理人签发提单，但代理人必须经由船公司授权方能行使提单签发权，经授权的代理人签署提单与承运人签署的提单一样有效。

（三）提单的使用

1. 提单的签发

签署后的提单才会产生效力。有权签发提单的人包括承运人、载货船船长或经承运人授权的代理人。

承运人是海上货物运输合同的当事人，所以他有权签发提单。各国法律都承认载货船船长是承运人的代理人，因此，签发提单属于船长的一般职权范围之内的事，而不必经过承运人的特别授权。代理人签发提单必须经承运人特别授权，否则代理人是无权代签提单的。

承运人（ABC）本人签发提单显示：ABC AS CARRIER。

代理人（XYZ）代签提单显示：XYZ AS AGENT FOR ABC AS CARRIER。

载货船船长（OPQ）签发提单显示：CAPTAIN OPQ AS MASTER。

提单签署的方法除了有传统的手签方法外，还可以采用印摹、打孔、盖章、符合或如不违反提单签发地所在国国家的法律，任何其他机械的或电子的方法。

2. 提单的更正

（1）提单的更正。提单的更正要尽可能赶在载货船舶开航之前办理，以减少因此而产生的费用和手续。

在实际的操作中，提单可能是在托运人办妥托运手续后，货物装船前，在缮制有关货运单证的同时缮制的。在货物装船后，这种事先缮制的提单可能与实际装载情况不符而需要更正或者重新缮制。此外，货物装船后，因托运货物时申报材料有误，或者信用证要求的条件有所变化，或者其他原因，而由托运人提出更正提单内容的要求。在这种情况下，承运人通常都会同意托运人提出的更正提单内容的合理要求，重新缮制提单。

但是如果货物已经装船，而且已经签署了提单后托运人才提出更正的要求，承运人就要考虑各方面的关系后，才能决定是否同意更改。如果更该的内容不涉及主要问题，在不妨碍其他提单利害关系人利益的前提下，承运人就会同意更改。但是，如果更改的内容会涉及其他提单利害关系人的利益，或者影响承运人的交货条件，则承运人会要征得有关方的同意，才能更改并收回原来所签发的提单。

因更改提单内容而引起的损失和费用，都应由提出更改要求的托运人负担。

（2）提单的补发。如果提单签发后遗失，托运人提出补发提单，承运人会根据不同情况进行处理。一般是要求提供担保或者保证金，而且还要依照一定的法定程序将提单声明作废。

3. 提单的背书

通常所说的"背书"是指指示提单在转让时所需要进行的背书。背书是指转让人（背书人）在提单的背面写明或者不写明受让人，并签名的手续。背书与转让是不相同的，因为有关提单转让的规定为：记名提单，不得转让；不记名提单，无须背书，即可转让；指示提单，经过记名背书或者空白背书转让。在实践中，背书通常有下列几种方式：

（1）指示背书。指示背书是指背书人在提单背面写明"凭×××指示"的字样，同时由背书人签名的背书形式。经过指示背书的指示提单还可以继续进行背书，但背书必须连续。

（2）记名背书。记名背书，也称完全背书，是指背书人在提单背面写明被背书人（受让人）的名称，并由背书人签名的背书形式。经过记名背书的指示提单将成为记名提单性质的指示提单。

（3）不记名背书。不记名背书，也称空白背书，是指背书人在提单背面自己签名，但不记载任何受让人的背书形式。经过不记名背书的指示提单将成为不记名提单性质的指示提单。

4. 提单的缴还

在国际公约和各国法律中都规定收货人提货时必须以提单为凭，而承运人交付货物时则必须收回提单并在提单上做作废的批注。

而有些国家规定记名提单无须注销，签发不可流通的提单的承运人因将货物交给记名收货人而解脱责任。收货人不需出示提单，不需缴还提单，甚至不必占有提单，就可以提取货物。写有运输合同内容的提单本身并无重要意义。但是，在我国即使是记名提单，收货人也应向承运人缴还提单，因为"提单中载明的向记名人交付货物的条款，构成承运人据以交付货物的保证"。但是，签发了可流通的或者指示提单的承运人的地位则完全不同。承运人只有向提单持有人交付货物才能解除责任。这时提单本身变为不可缺少的单证，货物被"锁"进到提单中。

提单的缴还和注销表明承运人已完成交货义务，运输合同已完成，提单下的债权债务也因而得以解除。但是，提单缴还和注销并不必然表明提单可能代表的物权的终止，因为缴还和注销的提单可能是全套提单中未经授权转让的一份。

提单没有缴还给承运人时，承运人就必须继续承担运输合同和提单下的义务。如果承运人无提单放货，他就必须为此而承担赔偿责任。

（四）电子提单

最近几年，国际运输领域已开始利用现代化的计算机技术，通过电子数据交换系统，来实现运输途中货物支配权的转移。这种技术的利用替代传统的提单，象征着一场结构性商业革命的到来。

1. 电子提单概述

EDI 系统是利用计算机联网设施，使用专用密码进行信息交换，实现货物支配权转移的一种特殊通信工程。电子提单的定义是一种利用 EDI 系统对海运途中的货物支配权进行转让的程序。

电子提单具有以下三个特点：

（1）卖方、发货人、银行，买方和收货人均以承运人（或船舶）为中心，通过专有计算机密码通告运输途中货物支配权的转移时间和对象。

（2）收货人提货，只要出示有效证件证明身份，由船舶代理验明即可。

（3）在完成货物的运输过程中，通常情况下不出现任何书面文件。

2. 电子提单的优点

传统意义上的书面提单是一张提货凭证，因此对货物权利的转移是通过提单持有人的背书而实现的。而电子提单转移是利用 EDI 系统根据特定密码使用计算机进行的，因此它具有许多传统提单无法比拟的优点：

（1）可快速、准确地实现货物支配权的转移。EDI 系统是一种高度现代化的通信方式，可以利用计算机操纵、监督运输活动，从而快速、准确地实现货物支配权的转移。

（2）可防冒领和避免误交。电子提单能够大大减少提单欺诈案件的发生，承运人可以控制监视提单内容，以防止托运人涂改提单，欺骗收货人与银行；托运人、银行，甚至收货人可以监视承运人行踪，可以避免船舶失踪；承运人对收货人能够控制。只有当某收货人付款之后，银行才通告货物支配权的转移。承运人可准确地将货交给付款人，可防冒领，避免误交。

（3）可方便海运单的使用。电子提单是在海运单得到使用后产生的，二者在对待收货人的态度上是一致的。因此，电子提单方便海运单的使用。当海上运输航程较短时，则可避免传统提单因为邮寄而可能出现的船到、提单尚未寄到的现象。

3. 电子提单的运用

以 CIF 买卖合同为例，运用 EDI 系统，此合同的履行过程为：

（1）卖方向承运人订舱，承运人确认。确认时应包括双方都同意的条款。

（2）卖方提供货物的详细说明，承运人确认是否承运该批货物。卖方同时向承运人指明银行。

（3）卖方将货物交给承运人，承运人向卖方发送一个收到该批货物，但同时可做某些保留的电讯。此时，在法律上仍由卖方控制着这批货物。在电讯上，承运人给卖方一个密码，卖方在此后与承运人的电讯往来中可用此密码，以保证电讯的鉴定和完整。

这里所指的"保留"是诸如"货物的品质、数量是由卖方提供的，承运人对具体情况不明"之类的保留。如实际品质、数量与所提供的不符，应由卖方承担后果。另外，"密码"可以是一组数码，也可以是一组字母。

（4）承运人将货物装船后通知卖方，同时通知银行。

（5）卖方凭信用证即可取款，货物支配权由卖方转移到银行。卖方通知承运人货物权利的转移，承运人即销毁与卖方之间通信的密码，并向银行确认。银行则从承运人那里得到一个新的密码。此时，卖方的责任在法律上并未终止，因为他提供的有关货物数据的正确性在整个运输过程中对所有有关方都必须负责。

（6）卖方通知银行，谁是买主。

（7）买方支付贷款并获得货物支配权后，银行则通知承运人货物权利的转移。承运人即销毁与银行之间的密码，向买方确认其控制着货物，并给买方一个新的密码。

（8）船舶抵达目的港后，承运人通知买方。买方有义务指定一个收货人，否则在法律上买方即被视为收货人。

（9）收货人实际接收货物后通知承运人，买方对货物的支配权终止（买方有时自己就是收货人）。此时，承运人销毁与买方之间的密码。

4. 使用电子提单必须具备的条件

使用 EDI 至少须具备下述条件：

（1）软件方面涉及人员培训。应有一批既懂国际贸易与运输，又懂计算机业务，并通晓外语及 EDI 操作规程的专门人才。

（2）硬件方面涉及机型的配套和联网等一系列技术问题，计算机的应用须具有世界普遍性。

（3）各国航运体制和管理水平必须臻于先进，为 EDI 的采用开绿灯。

在我国，电子提单尚无实践。我国作为航运大国，应注意其发展动向，及时研究如何运用及可能出现的困难和问题，在宏观上有意识地向这方面发展和创造条件。

（五）海运单（Seaway Bill，SWB）

海运单是证明海上货物运输合同和货物已经由承运人接管或装船，以及承运人保证将货物交给指定收货人的一种不可转让的单证。

随着经济的全球化发展，国际贸易形式也在不断地变化。国际海上运输中的承运人在技术和制度方面，其中也包括单据方面做出相应的变化。由于采用海运单提货比提单更及时、更安全、更简便，20 世纪 70 年代后期，使用海运单的国家越来越多。目前，在欧洲采用海运单的国家较为普遍，我国的船公司也在 20 世纪 90 年代中期开始使用海运单。

1. 海运单的作用

海运单作为发货人和承运人之间订立海上货物运输合同的证明，又是承运人接管货物或者货物已经装船的货物收据。但是，海运单不是一张转让流通的单据，不是货物的"物权凭证"。所以，海运单具有以下两个重要作用：

（1）它是承运人与托运人之间订立海上货物运输合同的证明；

（2）它是承运人收到货物，或者货物已经装船后，签发给托运人的一份货物收据。

2. 海运单与提单的区别

（1）在作为货物收据证据效力方面的区别。提单运输涉及的贸易是单证贸易，为了保护合法受让提单的第三人，即通过购买提单来购买货物的第三人，就有必要强调，提单作为货物收据，所记载内容是最终证据。但是，海运单运输涉及的贸易不是单证贸易，海运单不涉及转让问题，海运单中记载的收货人也并不仅仅是依赖海运单对货物的描写来决定是否购买这批货物，所以，没有必要强调海运单作为货物收据所记载内容是最终证据。

（2）海运单不具有提单"物权凭证"的作用。在法律上，对于提单持有人而言，拥有提单上所记载的货物，通过转让提单可以达到转让货物的目的。但法律没有赋予海运单"物权凭证"的法律效力。海运单在法律上不具有可转让性。

由于海运单不是物权凭证，收货人在卸货港提取货物时并不需要持有和出具正本的海运单，只需要确认自己的收货人身份后就可以取得提货单提货。海运单的这种特征使其能够适应海上货物运输时间缩短后对单证的要求，发货人可以为其客户提供更简易迅速的服务，并使承运人和收货人都能从中获得方便。而使用提单时，如果提单不能及时到达收货人手里，则会使收货人无法及时提货，或者会使承运人冒险接受保函交付货物。

（3）在作为运输合同证明方面的区别。海运单通常采用简单形式，其正面或者背面如果没有适当的条款或者没有并入有关国际组织或者民间团体为海运单制定的规则，则它只能作为托运人与承运人之间订立货物运输合同的证明，收货人是不能依据海运单上记载的条款向承运人提出索赔的，承运人也不能依据海运单上记载的条款进行抗辩。而提单在这方面却与海运单不同，当提单经过转让到了收货人手里时，收货人就享有提单赋予的权利，同时也要承担相应的责任。

3. 海运单的特点

（1）对承运人而言，在交货方面风险性减少了。海运单的交货条件不取决于海运单的呈递，也无须遵守单据手续，承运人只要将货物交给海运单上所列明的收货人或其授权的代理人，就视为已经做到了谨慎处理，相信已将货物交给了合适的有关部门。

（2）对发货人而言，海运单具有以下几方面的便利性：

①海运单不一定寄给收货人；

②节省邮费；

③免除了业务员对提单的检查，同时也免除了对其他配套的物权单证的检查；

④发货人可向客户（收货人）提供更简易、更迅速的服务；

⑤整个单据程序得到了改进，从而提高了市场的竞争力；

⑥当货物尚未放行时，可视需要将海运单交货改为提单交货，海运单可由发

货人改签提单发给新的收货人，因为此时货物仍在船公司的控制之下。

（3）对收货人而言，海运单具有以下几个方面的便利性：

①可免除因等海运提单而招致的延迟提货；

②可免除为防止交错货物而向承运人出具银行担保；

③免除业务员对延误的提单及转运中丢失的提单的检查；

④不再产生滞期费、仓租费。

（4）在单证本身的风险方面。由于海运单的不可转让性，使得它成为一种安全的凭证，从而减少欺诈，即使第三者得到丢失的运单，也不能提取货物，因此对收货人不存在风险。

（5）在单证的流转程序方面。由于采用海运单不必递交给收货人，因此有关单据，例如保险单和商业发票，可以在装完货后立即发送给有关当事人。

4. 海运单的使用

海运单使用时应注意以下问题：

（1）签发运单份数。通常只签发一份正本海运单。但是，如经请求，也可签发两份或两份以上的正本海运单。如托运人要求更改收货人，承运人应要求托运人交回原来已经签发的海运单，然后再按托运人的要求签发更改了收货人的海运单。

（2）签发运单的要求。在使用海运单而不使用提单时，海运单仍是根据双方一致同意的条件（如运费预付或到付、待运或已装船等）来签发的。

（3）海运单流转程序：

①承运人签发海运单给托运人；

②承运人在船舶抵达卸货港前向海运单上记名的收货人发出到货通知书；

③收货人在目的地出示有效身份证件，证明他确系海运单上记载的收货人，并将其签署完的到货通知书交给承运人的办事机构或当地代理人，同时出示海运单副本；

④承运人或其代理人签发提货单给发货人；

⑤一旦这批货物的运费和其他费用结清，同时办好海关等所按规定应办理的手续，收货人就可以提货。

三、国际班轮运输运费的计算

班轮运费也就是班轮公司为运输单位货物所消耗的人力、物力以及为运输货物所支付给各有关方面的费用。它是班轮承运人为承运货物收取的报酬，而计算运费的单价（或费率）则称班轮运价。

班轮运价具有相对稳定性，即在一定时期内保持不变。贸易合同中如运输条款规定为"班轮条件"（LINER TERM 或 BERTH TERM），其含义是货物以班轮方式承运，船方负担装卸费用，不计滞期费和速遣费，并签发班轮提单。

（一）班轮运价表（Liner Freight Tariff）

班轮运价表是班轮公司收取运费、货方支付运费的计算依据，也称班轮费率表。运价表视制定单位的不同，分为班轮公司运价表、班轮公会运价表、双边运价表和协议运价表等；就费率形式不同，分为等级运价表和商品费率表。

各种运价表虽然在内容上稍有区别，但一般都应包括以下内容：

1. 货物等级表。列明各种货物所属运价等级和计费标准，以利托运人查找托运货物所属运价等级。

2. 航线费率表。列明不同航线、不同等级货物的基本运费率。

3. 附加费率表。列明各种附加费按基本费率的一定百分比计收或按运费吨——绝对数值增收。

4. 冷藏货费率表及活牲畜费率表。列明各种冷藏货物和活牲畜计算标准及费率。

5. 说明及有关规定，即说明运价表的适用范围、计价币别、计算单位以及有关规定。

6. 港口规定及条款。如某些国家或地区的港口在签发提单时，必须按该港口的习惯加盖印章，则印章条款优先于印刷条款。

（二）班轮运价的计算标准

班轮运费的计算标准有以下几种：

1. 按货物的体积计收，也称尺码吨。在运价表中以"M"字母表示，即英文 Measurement 的缩写。一般以 1 立方米为计算单位，也有按 40 立方英尺为一尺码吨计算的。

2. 按货物的毛重或体积计收。计收时取其数量较高者。在运价表中以 W/M 字母表示，按惯例，凡 1 重量吨货物其体积超过 1 立方米或 40 立方英尺者即按体积收费；反之，1 重量吨货物其体积不足 1 立方米或 40 立方英尺者，按毛重计收，如机器，零件常按此办法计算。

3. 按货物的毛重计收，也称重量吨。在运价表中以"W"字母表示，即英文 Weight 的缩写。一般以每 1 公吨为计算单位，吨以下取两位小数，也有按长吨或短吨来计算的。

4. 按货物的价格计收运费，又称从价费。在运价表中以"AdVal"表示，即拉丁文 Ad Valorem 的缩写。一般按商品 FOB 货价的百分之几计算运费。按从价计算运费的，一般都属高值货物。

5. 按货物重量或体积或价值三者中选最高的一种计收，在运价表中以"W/M or Ad Val"表示。也有按货物重量或体积计收，然后再加收一定百分比的从价运费。在运价表中以"W/Mplus Ad Val"表示。

6. 按货物的件数计收。如汽车、火车头按辆（Per Unit）；活牲畜如牛、羊等论头（Per Head）计算。

7. 起码费率（Minimum Rate）。它是指按每一提单上所列的重量或体积所计算出的运费，尚未达到运价表中规定的最低运费额时，则按最低运费计收。

8. 大宗低值货物按议价运费（Open Rate）。如粮食、豆类、煤炭、矿砂等大宗货物，一般在班轮费率表内未规定具体费率，在订舱时，由托运人和船公司临时洽商议定。议价运费通常比按等级计算运费低廉。

值得注意的是，如果不同商品混装在同一包装内，则全部运费按其中较高者计收。同一票商品如包装不同，其计算标准及等级也不同。托运人应按不同包装分列毛重及体积，才能分别计收运费，否则全部货物均按较高者收取运费。另外，同一提单内如有两种或两种以上不同货名，托运人应分别列出不同货名的毛重或体积，否则全部货物均将按较高者收取运费。

（三）班轮运价的构成

班轮运价是由基本费率（Basie Freight Rate）和各种附加费（Additionals or Surcharges）构成。

基本费率即班轮航线内基本港之间对每种货物规定的必须收取的费率，包括各航线等级费率、从价费率、冷藏费率、活牲畜费率及议价费率等。

附加费是由于客观情况的变化，使运输费用大幅度增加，为弥补损失而额外加收的费用。即除基本费率外，规定另外加收的费用。附加费名目繁多，而且随着客观情况的变动而变动。常见的几种附加费用有：

1. 港口附加费（Port Surcharge）

这是由于有些港口设备差、装卸效率低、费用高，增加船舶成本开支而加收的附加费。

2. 港口拥挤附加费（Port Congestion Surcharge）

这是由于港口拥挤，船舶需长时间等泊，为弥补船期损失而规定收取的附加费用。该项附加费随港口拥挤程度的变化而调整。

3. 燃油附加费（Bunker Adjustment Factor or Bunker Surcharge，BAF 或 BS）

这是由燃油价格上涨而加收的费用，也是目前加在基本费率上的一项主要附加费。几乎各条航线都有这种附加费。

4. 绕航附加费（Deviation Surcharge）

这是由于某种原因，船舶不能按正常航线而必须绕道航行，从而增加航运开支，为此加收的附加费。这是一种临时的附加费，一般正常航道恢复通行，该项附加费即取消。

5. 货币贬值附加费（Currency Adjustment Factor，CAF）

这是为弥补因运费的货币贬值造成的经济损失而收取的费用。一般随着货币贬值的幅度按基本费率的百分之几收取。

6. 转船附加费（Transhipment Surcharge）

这是对运往非基本港的货物，需在中途港转运至目的港，为此而加收的费用。

7. 直航附加费（Direct Additional）

对运往非基本港口的货物，一次货量达到一定数量时，可以安排直航卸货，为此加收直航附加费。对去非基本港直航货量的要求，我国远洋班轮规定至少为1000吨。直航附加费一般比转船附加费低。

8. 选港附加费（Additional for Optional Destination）

由于贸易上的原因，在货物托运时尚不能确定具体卸货港，需要在两个或两个以上的卸货港中选择，为此而加收费用。这种选择，货方必须在该航次中船舶抵达第一卸货港48小时前向船方宣布。

9. 超重、超长附加费（Heavy Lift，Long Length Additionals）

一件货物毛重达到或超过规定重量，视为超重货物（规定不一致，有规定为2.5吨、3吨的，也有规定为5吨的）。一件货物的长度达到或超过规定长度（一般规定为9米），视为超长货物，因为这类货物装卸与配载困难，增加开支，为此要加收超重、超长附加费。

10. 变更卸货港附加费（Additional for Ahemation of Destination）

这是由于某种原因，货方要求改变原来规定的卸港，为此而加收的费用。如改卸的港口运价高于原来的卸港，船方则另补收运价差额；如运价低于原卸港运价，已收运费不予退还。

班轮附加费名目繁多，除上述各项附加费外，还有洗舱费（Cleaning Charge）、熏蒸费（Fumigation Charge）、冰冻附加费（Ice Additional）等。各种附加费的计算方法主要有两种，一种是以百分比表示，即在基本费率的基础上增加一个百分比；另一种是用绝对数表示，即每运费吨增加若干金额，可以与基本费率直接相加计算。

（四）班轮运费的计算方法

由于航线和卸港不同，班轮公司运价表的结构也不同，运费的计算方法也不一样，下面以按等级运价表计算班轮运费为例，介绍一下计算班轮运费的步骤。

1. 选择相关的运价表；

2. 根据货物名称，在货物分级表中查到运费计算标准（Basis）和等级（Class）；

3. 在等级费率表的基本费率部分，找到相应的航线、起运港、目的港，按等级查到基本运价；

4. 再从附加费部分查出所有应收（付）的附加费项目和数额（或百分比）及货币种类；

5. 根据基本运价和附加费算出实际运价。

班轮运费的计算公式为： $F = F_b + \sum S$

式中：F——运费总额；

F_b——基本运费；

S——某一项附加费；

$\sum S$——各项附加费的总和。

基本运费是所运货物的数量（重量或体积）与规定的基本费率的乘积。即：

$$F_b = f \times Q$$

式中：f——基本费率；

Q——货运量（运费吨）。

附加费是指各项附加费的总和。在多数情况下，附加费按基本运费的一定百分比计算，其公式为：

$$\sum S = (S_1 + S_2 + \cdots + S_n) \times F_b = (S_1 + S_2 + \cdots + S_n) fQ$$

其中 S_1，S_2，…，S_n 为各项附加费率。代入运费计算公式，可得：

$$F = F_b + \sum S = (1 + S_1 + S_2 + \cdots + S_n) fQ$$

如附加费以绝对数表示，则附加费总额为：

$$\sum S = (S_1 + S_2 + \cdots + S_n) Q$$

代入运费计算公式是：

$$F = F_b + \sum S = fQ + (S_1 + S_2 + \cdots + S_n) Q$$

【例3-1】 一批棉制品，毛重为1.020吨，尺码3.040立方米，目的港为一基本港，基本费率为人民币37.00元，W/M，燃油附加费每运费吨人民币8.50元，港口附加费10%，求运费。

解：运价：

基本运费	37.00 元
燃油附加费	8.50 元
港口附加费	37.00 元×10％＝3.7 元
合计	49.20 元

运费吨： $\because 1.020 < 3.040$ $\therefore$ 取 M 按尺码吨计算

运费 49.20 元×3.040＝149.57 元

答：这批棉制品运费为人民币 149.57 元。

【例 3－2】   中国某港运往前南斯拉夫里耶卡港的货物需在马赛或热内亚转船，除去一程运费要加收 13％的燃油附加费外，所加收的转船附加费（基本运价的 50％）还要再加 13％的燃油附加费。如果这批货重 2 公吨，4 立方米，M8 级，一程运价为 213.50 港元，求全程运费。

解：全程运费 4×213.50×（1＋0.13＋0.5＋0.5×0.13）＝1447.53 港元

答：该批货全程运费应是 1447.53 港元。

四、提单运输法

（一）海牙规则（The Hague Rules）

在国际法协会海事法律委员会的推动下，欧美主要海运国于 1924 年 8 月在布鲁塞尔签订了第一部有关提单的国际公约——《统一提单的若干法律规定的国际公约》。该公约于 1931 年生效。由于该公约最初在海牙起草，所以又被称为《海牙规则》。

到目前为止，《海牙规则》已经成为世界上最为广泛使用的国际公约。《海牙规则》的面世改善了过去由于各国提单法律制度的不同对国际航运界，乃至贸易界产生的消极影响，促进了航运业的发展。

《海牙规则》作为一个国际货运公约，仅适用于参加该规则的国家和地区，但没有加入该规则的一些国家和地区在制定提单和开展实际航运业务中执行的内容与《海牙规则》并无区别，该规则的主要内容有承运人的责任和义务；承运人的免责事项；货物托运人的责任和义务；承运人的赔偿责任限制；索赔与诉讼时效；公约的适用范围。

（二）维斯比规则（The Visby Rules）

第二次世界大战后，殖民地、半殖民地国家纷纷独立，第三世界经济也开始得到较快的发展，海运技术的现代化程度不断提高。因此，代表货方利益的国家，尤其是发展中国家要求修改《海牙规则》的呼声也越来越高。1968 年 2 月在布鲁塞尔签署了《关于修订统一提单若干法律规定的国际公约议定书》，即

《维斯比规则》，并于 1977 年正式生效。

《维斯比规则》对《海牙规则》修改的主要内容有扩大了公约的适用范围；提高了承运人的赔偿责任限制；对侵权行为的请求；提单的最终证据。

（三）汉堡规则（The Hamburg Rules）

自《海牙规则》、《维斯比规则》实施以来，国际贸易、运输又有新的发展，特别是第三世界国家。第三世界国家作为货主国家，为发展自己的经济强烈要求修改《海牙规则》，经过多年的努力，1978 年联合国汉堡会议讨论通过了《1978 年联合国海上货物运输公约》，又名《汉堡规则》，该规则已于 1992 年 11 月生效。

《汉堡规则》对《海牙规则》、《维斯比规则》进行了全面、实质性的修改，大大加重了承运人的责任，所以没有航运公司在提单中主动选择适用《汉堡规则》，所以目前在世界上的影响还不是很大。

（四）《海牙规则》、《维斯比规则》以及《汉堡规则》的区别

这三个国际公约实质上的区别主要表现在以下几个方面：

1. 对货物的定义不同

（1）《海牙规则》对货物定义的范围较窄，将活动物、甲板货都排除在外。

（2）《汉堡规则》扩大了货物的定义，不仅把活动物、甲板货列入货物范畴，而且包括了集装箱和托盘等包装运输工具。

2. 公约适用范围不同

（1）《海牙规则》只适用于缔约方所签发的提单。因此，如果当事各方没有事先约定，那么对同一航运公司所经营的同一航线上来往不同的货物，就可能会出现有的适用《海牙规则》，有的则不能适用《海牙规则》的现象。

（2）《维斯比规则》对此未有什么改进。

（3）《汉堡规则》则避免了这一缺憾。它不仅规定公约适用于两个不同缔约方间的所有海上运输合同，而且规定被告所在地、提单签发地、装货港、卸货港、运输合同指定地点，五个地点之中任何一个在缔约方所在国家或地方的都可以适用《汉堡规则》。

3. 承运人的责任基础不同

（1）《海牙规则》对承运人的责任基础采用了"不完全过失原则"。即《海牙规则》总的规定是要求承运人对自己的过失承担责任，但同时又规定"船长、船员、引航员或承运人的雇佣人员在驾驶或管理船舶上的行为、疏忽或不履行契约"可以要求免责，虽然有过失也无须负责，即不完全过失原则。

（2）《维斯比规则》对承运人的责任基础仍然采用了"不完全过失原则"。

（3）《汉堡规则》把承运人的责任基础改为了"推定的完全过失原则"，从而

大大加重了承运人的责任。即它不仅以是否存在过失来决定承运人是否负责，而且规定举证责任也要由承运人承担。

4. 承运人的责任期间不同

(1)《海牙规则》规定承运人的责任期间是"钩至钩"，即"……自货物装上船舶开始至卸离船舶为止的一段时间……"。

(2)《维斯比规则》中承运人的责任期间和《海牙规则》一样。

(3)《汉堡规则》则将承运人的责任期间扩大为承运人或其代理人从托运人或托运人的代理人手中接管货物时起，至承运人将货物交付收货人或收货人的代理人时止，包括装货港、运输途中、卸货港、集装箱堆场或集装箱货运站在内的承运人掌管的全部期间，简称为"港到港"。

5. 承运人的最高责任赔偿限额不同

(1)《海牙规则》规定船东或承运人对货物或与货物有关的灭失或损坏的赔偿金额不超过每件或每单位100英镑或相当于100英镑的等值货币。

(2)《维斯比规则》将最高赔偿金额提高为每件或每单位10000金法郎，或按灭失或受损货物毛重计算，每千克30金法郎，两者以金额较高的为准。

(3)《汉堡规则》再次将承运人的最高赔偿责任增加至每件或每货运单位835特别提款权或每千克2.5特别提款权，两者以金额高的为准。

6. 对承运人延迟交货责任的规定不同

(1)《海牙—维斯比规则》对延迟交货未作任何规定。

(2)《汉堡规则》则在第2条规定："如果货物未能在明确议定的时间内，或虽无此项议定，但未能在考虑到实际情况对一个勤勉的承运人所能合理要求的时间内，在海上运输合同所规定的卸货港交货，即为延迟交付"，承运人要对延迟交付承担赔偿责任。赔偿范围包括：①行市损失；②利息损失；③停工、停产损失。赔偿金额最多为延迟交付货物所应支付运费的2.5倍，且不应超过合同运费的总额。

7. 对灭失或损害货物的计量方法不同

(1)《海牙规则》是以每件或每单位来计量货物的。

(2)《维斯比规则》和《汉堡规则》都规定如果以集装箱或托盘或类似集装运输工具运送货物，当提单内载明运输工具内货物的包数或件数时，以集装箱或托盘所载货物的每一小件为单位，逐件赔偿；当提单内未载明货物具体件数时，则以一个集装箱或一个托盘作为一件货物进行赔偿。

8. 诉讼时效不同

(1)《海牙规则》的诉讼时效为一年。

（2）《维斯比规则》规定诉讼时效经当事各方同意可以延长，但时间必须在三个月以内。

（3）《汉堡规则》一方面直接将诉讼时效延长至两年，另一方面仍旧保留了《维斯比规则》90天追赔诉讼时效的规定。

除以上各条外，《汉堡规则》还在海上运输合同的定义、举证责任等多方面有别于《海牙—维斯比规则》，加大了承运人的责任范围。

第四节　国际租船运输

一、租船运输业务程序

与国际贸易的商品交易一样，租船程序也有询盘、报盘、还盘、接受和签订合同五个环节。在租船市场上，由需求船舶的租船人和提供船舶运力的船东通过租船经纪人（Broker）互通情况，讨价还价，最后成交、签订合同。

（一）询价（Inquiry）

询价，又称询盘（Quote），是在报价之前的双方互通情况的联系活动，通常是由承租人以其期望的条件通过租船经纪人在租船市场上要求租用船舶的行为，即货求船。询价主要以电报或电传等书面形式提出。询租程租船的内容一般包括：数量、货类、包装、装港、卸港、受载期、装卸率、滞期速遣费、佣金，以及船东不负责装卸（FIO）的报价条件；询租期租船的内容一般包括：船舶类型、载重吨、船令、吊杆船具、租期、交船地点、还船地点、交船期、航行范围、佣金等。

询价也可以由船舶所有人为承揽货载而先通过租船经纪人向航运交易市场发出求货载信息，即为船求货。由船舶所有人发出的询价内容包括出租船舶的船名、国籍、船型、船舶的散装和包装容积以及可供租用的时间和希望承揽的货物种类等。询盘的作用是让对方知道发盘所需要的大致情况，内容简单扼要。

（二）报价（Offer）

报价，又称报盘或发盘，是船舶出租人对承租人询价的回应。是指当船舶所有人从租船经纪人那里得到承租人的询价后，经过成本估算或者比较其他的询价条件后，通过租船经纪人向承租人提出自己所能提供的船舶情况和提供的条件。若是船舶所有人先提出询价，则报价由承租人提出。

报盘又分为实盘和虚盘。实盘为报盘条件不可改变，并附加时效的硬性报价；虚盘则是可磋商、修改的条件报价。

报盘的内容只包括主要的可变项目。因为租船合同多达几十个条款，不可能在报盘中开列很多的条款。为了解决洽谈中的困难，租船人都是事先拟制好自己的租船合同范本，分送给租船经纪人或船东，等正式报盘时使用。

在"硬性报价"的情况下，常附有有效期规定，询价人必须在有效期内对报价人的报价做出接受订租的答复，超过有效期，这一报价即告失效。"硬性报价"对报价人也有约束力，在"硬性报价"的有效期内，报价人不得再向其他询价人报价，也不得撤销或更改已报出的报价条件。

在"条件报价"的情况下，报价人可以与询价人反复磋商、修改报价条件，报价人也有权同时向几个询价人发出报价。当然，作为商业习惯和从商业信誉出发，当报价人先后接到几个询价人发出报价时，应遵循"先到先复"的原则。

（三）还价（Counter Offer）

还价又称还盘，是指在条件报价的情况下，承租人与船舶所有人之间对报价条件的谈判、协商、讨价还价的过程。

在还价时，先要仔细审查对方报盘的内容，看哪些可以接受，哪些需要修改，哪些需要补充，哪些需要删掉，哪些不清楚，都要提出和明确。如果对方报价完全不能接受或者可以接受很少，我方也可采用报盘方式来回答，要求对方还盘。

还价意味着询价人对报价人报价的拒绝和新的询价开始。因此，报价人收到还价后还需要对是否同意还价条件做出答复，或再次做出新的报价。这种对还价条件做出答复或再次做出新的报价称为反还价（Recounted Offer）或称反还盘。

（四）接受（Acceptance）

接受，又称受盘，船舶所有人和承租人经过反复多次还盘后，双方对合同主要条款意见一致，即最后一次还实盘的全部内容在时限内被双方接受，就算成交。根据国际上通常的做法，接受订租后，双方当事人应签署一份"订租确认书"（Fixture Note），就商谈租船过程中双方承诺的主要条件予以确认，对于细节问题还可以进一步商讨。

（五）签订租船合同

签订确认书只是一种意向合同，正式租船合同要按租船合同范本予以规范，进行编制，明确租船双方的权利和义务，双方当事人签署后即可生效。之后，哪一方提出更改或撤销等异议，造成的损失由违约方承担责任。

定期租船合同的主要内容包括：出租人和承租人的名称、船名、船籍、船级、吨位容积、船速、燃料消耗、航区、用途、租船期限、交船和还船的时间、地点以及条件、租金及其支付等相关事宜。

航次租船合同的主要内容包括：出租人和承租人的名称、船名、船籍、吨位容积、货名、装货港和目的港、受载期限、装卸期限、运费、滞期费、速遣费的支付及其他事项。

租船合同正式签订以后，船舶所有人就可以按照合同的要求安排船舶投入营运。

以上是租船和签订租船合同的一般程序。有时货主急于求船或船东急于求货，使租船流程变得简单、直接。承租人将询盘省略，直接进入还盘，提出的承租条件需要船东当场决定是否成交，经过紧急磋商达成共识，这就是所谓的"当场成交"。在这种情况下，作为承租人的货主当然要以较高的代价才能取得船舶所有人的承诺。

二、租船合同概述

租船合同，又称租约（Charter Party），它是一种运输契约，是当事人双方，即船东和租船人，按照自愿的原则达成的协议。合同规定船东提供船舶给租船人使用，并由租船人支付一定的运费或租金，以及有关当事人双方的权利与义务、责任和豁免等条款，以明确双方经济和法律的关系。

（一）租船合同的种类和性质

一般依船舶出租的方式，租船合同可分为航次租船合同、定期租船合同和光船租赁合同三种基本类型。

1. 航次租船合同（Voyage Charter Party）

航次租船合同又称程租合同，属于海上货物运输合同的一种，一般用于大宗货物的国际海上运输。我国《海商法》将其定义为："航次租船合同，是指船舶出租人向承租人提供船舶或者船舶的部分舱位，装运约定的货物，从一港运至另一港，由承租人支付约定运费的合同。"

按照运输形式的不同，航次租船合同可分为单航次租船合同（Single Trip C/P）、往复航次租船合同（Return Trip C/P）、连续单航次租船合同（Consecutive Single Trip C/P）以及包运租船合同（Contract of Affreightment，COA）。

航次租船合同与班轮运输合同具有的共同点有：

（1）都属于海上货物运输合同。

（2）合同中都规定由托运人或承租人支付约定的运费。

（3）合同中都规定由承运人或船东全面负责船舶的营运组织，负责完成运输任务。

航次租船合同与班轮运输合同的不同点有：

（1）班轮运输一般实行由承运人负责安排泊位进行装卸，班轮提单上大都没有装卸时间及滞期费的条款，若港口拥挤，可能要由托运人支付港口拥挤附加费。租船合同装卸货物均由承租人负责，装卸期限和滞期、速遣条款成为航次租船合同的重要条款。

（2）班轮运输是定航线定船期向所有托运人开放的件杂货运输，是所谓的公共承运人。航次租船合同的出租人是所谓的私营承运人或专门承运人，即只承运与其签订租船合同的货载。

（3）运费方面，班轮运费定有运价表，按所运货物吨数或体积乘以运价，计算运费；租船合同的运费双方按市场供求情况协议确定，规定一个总金额。

（4）班轮运输的提单，是一种固定的运输合同条款，不可能进行逐笔提单的自由谈判，这造成了托运人与承运人的谈判地位不同。航次租船合同的出租人和承租人"完全"处于平等的谈判地位。

2. 定期租船合同（Time Charter Party）

定期租船合同，又称期租合同，我国《海商法》将其定义为："船舶出租人向承租人提供约定的由出租人配备船员的船舶，由承租人在约定的期间内按照约定的用途使用，并支付租金的合同。"

从上述定义中我们可以看出，第一，定期租船合同向承租人提供的是整个船舶，而不仅仅是舱位；第二，租船合同规定了一个期限，通常按年、半年、几个月计算；第三，承租人只能在约定用途范围内使用；第四，承租人支付的报酬形式是租金，而不是完成某一运输服务的运费。

与航次租船合同相比，定期租船合同具有以下几方面的特点：

（1）航次租船合同的承租人一般是货主或托运人，而定期租船合同的承运人不一定是货主。

（2）在船舶管理方面，船东负责配备船长和船员，负责船舶航行和内部管理事务，并负担有关费用，承租人负责船舶调度和营运管理，并负担船舶营运费用。

（3）合同内不指定载运货物，除特别规定外，可以装运各种合法货物；合同内也不规定船舶航线和装卸港，而只规定船舶航行区域。

（4）租金按租用船舶时间长短计算，由承租人定期向船东支付，在租赁期内，船舶的营运时间损失原则上由承租人承担，合同内不规定滞期费和速遣费。

3. 光船租赁合同（Bareboat Charter Party or Charter Party by Demise）

我国《海商法》对光船租赁合同的定义为："指船舶出租人向承租人提供不

配备船员的船舶，在约定的期间内由承租人占有、使用和营运，并向出租人支付租金的合同。"光船租赁合同属于财产租赁合同，因而也受到民法中有关租赁的规定的约束，它具有以下特点：

（1）合同双方当事人的关系属于债权、债务关系，但具有某些物权的特征。

（2）在光船租赁合同中，承租人是二船东，必须对履行合同负责，由该船发生的海事请求可以扣押该船或承租人拥有的其他船舶。但由于船东不承担运输责任，不能扣押船东拥有的其他船舶。

（3）船舶在租赁期内，由承租人雇佣和配备的船员占有，并由承租人使用和经营，但船舶的处分权仍属于船东。

（4）承租人无权任意转让合同权益。

（二）航次租船合同

1. 合同范本

航次租船合同是指船舶出租人向承租人提供船舶或船舶的部分舱位，装运约定的货物，从一港运至另一港，由承运人支付预定的运费的货物运输合同。航次租船合同的标准格式很多，当前租船市场比较有影响的标准格式有：

（1）统一杂货租船合同，简称"金康"（GENCON），适用于不分航线的杂货运输；

（2）1973 年北美谷物租船合同（NORGRAIN），适用于北美至世界各地的谷物运输；

（3）1971 年煤炭租船合同（POL COAL VOY）适用于波兰煤炭出口运输；

（4）1973 年波罗的海木材租船合同（NUBALTWOOD）；

（5）油轮租船合同（EXXON VOY）等。

2. 航次租船合同的主要条款

（1）陈述（Representation）

在合同陈述中，主要包括以下内容．

①船名（Vessel's Name）。船名是合同的重要条件之一，它使船舶特定化，不能有差错或任意替换。

②船籍或船旗（Vessel's Nationality or Flag）。船籍或船旗也是合同的重要条件，在合同履行期间，船东不得擅自变更船舶国籍或船旗，否则视为违约。

③船舶吨位（Vessel's Tonnage）。船舶吨位包括注册吨和载重吨。

④船舶位置（Vessel's Position）。是指订立合同时船舶所在的位置或状态。

⑤船级（Vessel's Classification）。船级是双方在订立合同时船舶应实际达到的技术状况。

⑥船舶预计到港并做好装货准备时间（Expected Ready to Load）。又称受载期（Laydays），即船舶在合同规定的时间内到达规定的装货港并做好准备的时间。

（2）预备航次（Preliminary Voyage）

所谓预备航次，是指合同签订时到船舶抵达装货港这段期间内，船舶所处的航次。预备航次是合同规定的航次，合同中船东所承担明示及默示义务，同样适用于预备航次。

（3）货物

货物条款是航次租船合同的条件条款。其内容主要包括货物的品名种类、数量、包装等方面。

①货物的品名种类。在航次租船合同中，除了列明某一种或几种特定外，为了国际贸易商的便利，承租人常常不在合同中列明特定货物，而是规定"××货物或其他替代货物"甚至有的只规定为"合法货物"。

②货物的数量。合同中一般都规定，承租人应提供满舱满载货物。一般来说，如果货物是轻泡货，应达到满舱；如果货物是重货，应达到满载。关于货物数量的规定方法，一般有以下两种：一是满舱满载货物××吨，出租人选择伸缩的百分比；二是满载满舱货物，不超过××吨，不少于××吨，由船东选择。

（4）装卸条款

在航次租船合同中，有关装货港或卸货港的规定也是合同的重要规定。这个条款的订法一般有两种：一是具体列明装货港或卸货港的名称；二是规定两个或两个以上的港口，或者是规定一个范围由承租人选择。在第二种情况下，承租人在选定港口后，应及时通知船东，而且一经确定，就几乎不可能更改了。

（5）装卸费用（Loading/Discharging Costs）

关于装卸费以及在此过程中风险的划分问题，完全依据合同条款和货物买卖合同的价格术语的具体规定。在实践中，常见的条款有：

①班轮条件；

②船东不负责装卸费用；

③船东不负责装货费用；

④船东不负责卸货费用；

⑤船东不负责装卸费用、理舱费用、平舱费用。

在上述条款中的装卸费用是指在装货港产生的装货费和卸货港产生的卸货费。如果是在避难港产生的或因为过运河需要驳船产生的装卸费以及其他非原定装卸港产生的费用，则仍由船东负担。值得注意的是，装卸费用的承担与装卸风险责任的承担可能不尽一致，即有可能承租人负责部分装卸作业的费用，但其风险和责任由船东负担。

（6）装卸时间（Laytime）

装卸时间就是指合同双方当事人协议的，船东应使船舶并保证船舶适于装卸，承租人在运费之外不支付任何费用的一段时间。也就是说，在合同规定的装卸时间内，船东具有使船舶等待并适于装卸货物的义务。

常用的装卸时间规定方法有：日数或小时数，或者规定船舶装卸定额；规定按港口习惯尽快装卸；以船舶能够收货或交货的最快速度装卸。不论是哪一种装卸时间的规定方法，最终都要明确装卸的具体日数，在航运实务中，对"日"有很多理解方法，如果双方的解释方法不同，会影响到滞期和速遣的时间计算问题。在航运实务中，一般采用以下几种解释方法：

①日历日（Calendar day）或日（Day）。从24时到下一个24时。

②连续日（Running or consecutive days）。是指从开始装卸时计算，连续24小时算一日，不作任何扣除。

③工作日（Working days）。是指按港口习惯工作时间来计算工作时间，非工作日进行的装卸不计入装卸时间。工作日的正常工作时间，依各港的具体情况不同而不同。

④良好天气工作日（Weather working days，WWD）。是指在工作日或部分工作日中，不受天气影响，可以进行装卸的时间。一般不包括星期六、日和节假日。这里的"良好天气"并没有统一的界定，针对特定航次和不同货物而言，只要可以进行装卸就计算在内。

⑤24小时良好天气工作日（Weather working days of 24 hours）。计算装卸时间以累计24小时为一日，其间因天气原因不能进行装卸作业的时间除外。

（7）绕航条款（Deviation Clause）

此条款的含义是船舶可以以任何理由，任意的顺序挂靠任何港口，船舶可以在没有引航员的情况下行驶，在任何情况下拖带和（或）帮助其他船，亦可以为拯救人命和（或）财产而绕航。从表面上看，这个条款给了船东很大的自由，因此又被称为"自由绕航条款"（Liberty to Deviation）。但实际上，各国常常对此作限制性解释，认为船舶只能挂靠合同规定的或惯常路线通常挂靠的港口，除合理绕航外，不允许擅自偏离航线，而且船舶根据本条款所做的绕航不能与合同目的相抵触。

（8）滞期费和速遣费

滞期费是指非由于船东的原因，承租人未能在租船合同中约定的装卸时间内将货物全部装完或卸完，对因此而产生的船期延误，向船东支付的费用。

通常滞期费应按滞期时间和约定的滞期费率的乘积计算。滞期时间是实际装卸时间与合同规定装卸时间的差。它的具体计算方法有两种，一是"滞期时间连续计算"（Demurrage Runs Continuously），二是"滞期时间非连续计算"（Demurrage Runs Discontinuously）。

速遣费是指当承租人在合同约定的时间之前将货物全部装卸完毕，对于提前的时间应由船东向承租人支付的约定金额，是对承租人能够缩短船舶在港时间的奖励。速遣费率一般是滞期费率的一半。

速遣费按船舶速遣时间乘以合同规定的费率来计算。速遣时间的计算有两种方法：一是按"节省全部时间"（All Time Saved，ATS）计算，二是按"节省全部工作时间"（All Working Time Saved，AWTS）计算。

（9）运费支付条款（Payment of Freight）

收取运费对船东来说是整个租船合同中最重要的内容。在航运实务中，经常使用的有两种计算运费的方式。一种是规定一个运费费率，比如每公吨××美元，然后乘以货物数量。另一种是按整船包价运费（Lump-sum freight），即合同规定一个整额运费，不管实际装货多少，承租人都按此支付。运费的支付方式有预付运费和到付运费两种。

（10）留置权条款（Lien Clause）

此条款的含义是船东有权因运费、共同海损分摊、滞期费等费用对货物享有的留置权。同时，船东也可以订立类似的条款，约定对延滞损失、亏舱费等其他事项享有留置权。但前提是船东必须合法地占有和控制货物。

（11）提单条款（Bill of Lading）

在航次租船合同中，提单的作用仅相当于承租人收到货物的收据，无论提单有无背面条款及背面条款怎么规定，船东和承租人之间的权利、义务以租船合同的规定为准。为了使提单在国际贸易中更好地流转，如果提单持有人是善意的第三方，那么船东和提单持有人之间的权利、义务以租船合同的规定为准。

（12）共同海损和新杰森条款（General Average and New Jason Clause）

此条款的主要内容是关于发生共同海损时应该选用什么样的规则进行理算，在什么地点进行理算等。

（13）代理和佣金条款（Agency and Brokerage）

代理条款规定在任何情况下无论是在装货港还是卸货港都由船东来指定代理人。佣金是付给经纪人的酬劳费用，一般为运费、亏舱费和滞期费总额的1%～5%，如果租船合同未能履行，船东最少也要向经纪人支付在合同履行情况下应付佣金的三分之一。

(14) 罢工条款 (General Strike Clause)

此条款是船东为了在港口爆发罢工或停工时,免于对此造成的后果承担责任而列明的条款。主要是关于罢工期间装卸时间和滞期费的计算、解除合同的选择权和货物的处理等问题。

(15) 冰冻条款 (General Ice Clause)

此条款主要作用是针对在发生冰冻时,明确船东和承租人的权利、义务。

(16) 战争条款 (War Risks)

战争条款也是航次租船合同的重要组成部分,其作用是明确一旦遭遇战争风险时,如何处理船东和承租人之间的权利和义务。

(17) 法律与仲裁 (Law and Arbitration)

此条款规定的是一旦船东和承租人之间因租船合同发生争议,应该采取何种法律手段、使用何种法律、通过什么途径来解决。

(三) 定期租船合同

1. 合同范本

与航次租船合同类似,国际上也有一些常用的定期租船合同范本。

(1) 波罗的海国际航运协会的统一标准期租船合同 (Uniform Time Charter Party),简称"BALTIME"。

1909 年由波罗的海国际航运协会制定,并由英国航运公会承认的标准定期租船合同。自 1909 年制定以来,这一格式经过几次修改,现行使用的是 1974 年修订的格式。

(2) 纽约土产交易所的定期租船合同 (New York Produce Exchange Time Charter Party),简称"TIMECHARTER"。

1913 年由美国土产交易所制定,并由美国政府批准使用的格式,现使用 1946 年修订的格式。大约有 90% 的定期租船合同是以 NYPF46 为蓝本的。

(3) 中国对外贸易运输(集团)总公司所属的中国租船公司,根据多年租船业务工作的经验和实际租进船舶的需要,结合国际惯例,于 1980 年制定了中国租船公司定期租船合同,简称"SINOTIME1980"。目前中国租船公司对外洽谈租进期租船时,均以此范本格式为依据。

2. 定期租船合同的主要条款

(1) 船舶说明条款

在定期租船合同下,有关船名、船籍、船舶吨位、船舶所处位置等事项,都与航次租船合同中船舶说明类似,而船速与燃料消耗也是船舶说明的重要组成部分。因为在定期租船合同下，船舶的时间损失由承租人负担，而且承租人必须负责提供船舶燃料并支付费用，这两项直接影响到承租人的营运成本和经济收益，所以船东有义务提供符合合同规定的船速与燃料消耗的船舶，否则承租人有权向船舶所有人提出索赔。

（2）合法货物和航行区域条款

所谓"合法货物"，一般来说，只要不属于船舶预定航线上的装卸港口、船籍国和合同管辖国的法律所禁运的物资就是合法货物。

承租人营运该船舶的航行范围及禁止行驶区域包括战区、冰冻区及ITF地区（对方便旗船进行刁难的地区）等。如果承租人指示船舶驶往上述区域，除非事先征得船东同意并承担相关费用，否则船长有权拒绝。

（3）租期和交船条款

租期是合同规定承租人租用船舶的时间。期租合同对租期一般有以下几种规定方法：默示伸缩性规定（如"约一年"）、明示伸缩性规定（如1年，30天伸缩，由承租人选择）、订明租期的最长、最短期限（如"最少六个月，最多九个月"）。

交船是指船东按合同规定，将合同项下的船舶交付承租人使用，这也是期租合同履行的开端。交船日期的规定一般有以下几种方法：①特定日期；②从××日至××日；③不早于××日或不晚于××日。上述交船日期与销约紧密相连，一般情况下，销约日为交船期限的最后一天。

关于交船地点，双方可以在合同中约定。可以是指定的港口、泊位、码头或者在领航员登船时，也可以列明几个港口供承租人选择。

交付的船舶应该处于什么样的状态，也是期租合同中的一个重要条款。在海运实务中，一般要求船东提供适航、适货的船舶。

（4）承租人和船东提供事项

承租人应提供的事项主要包括：船舶燃料费用、港口费用、领航费、代理费、佣金、领事费、垫舱物料等；消毒熏蒸费用如果由于船员疾病引起由船东负责，如果由于货物、港口原因则由承租人负责。

船东应提供的事项主要包括：船舶供应品、船员工资、保险费及船舱、甲板、机舱的备用品，包括锅炉用水。同时必须承担在租期保持船级，使船舶的主机、船壳及其他设备处于有效状态并配备充足船员的责任。

（5）租金率和租金支付

NYPE 93规定的租金率计算方法有两种，一种是按船舶的载重吨（包括燃油）每吨每30天若干美元；另一种是每天若干美元。租金从交船之日起开始计算，至还船之日为止，均以格林尼治时间计算。

在定期租船合同项下，承租人必须按时、足额支付租金，这项义务是绝对的，如果承租人对此规定有任何违反，船东有权在合理时间内撤船，从而终止合同。

（6）转租和停租

期租合同中一般规定承租人有权转租船舶，但转租合同对原合同的船东不发生任何合同效力。一般来说，承租人应在转租时及时通知原船东有关转租的事宜，但转租不需得到船东的同意。

停租，就是在租期内，由于合同约定的原因，导致承租人不能按合同规定正常使用船舶，在这段暂停使用的期间内，承租人可以中断继续支付租金的行为。

NYPE 93 规定的停租事项主要包括：①船员不足、缺席或罢工；②船舶供应不足；③火灾；④船体、机器或设备的故障或损坏；⑤搁浅；⑥船舶因船底或油漆检查入干坞；⑦阻止船舶处于充分工作状态的任何其他原因。当停租事件发生后，承租人可以停付租金，至于何时开始重新支付租金，实践中有两种不同的惯例，一是"净时间损失原则"，二是"期间停租原则"。

（7）船东责任与免责条款

在期租合同中，船东一般负有以下三项义务：一是提供一艘适航的船舶；二是不得进行不合理绕航和尽快速遣；三是提供合同项下应提供的事项。

NYPE 46 对船东的免责事项作了如下规定："因天灾、敌对行为、火灾、政府限制或规定、与水域、机器和航行中错误有关的海难产生的灭失或损害，双方相互免责……"

（8）还船条款

期租合同中的还船条款一般对还船的时间、地点和条件加以规定。由于天气、港口等原因，船舶的航行时间很难严格控制，所以实践中很少出现船舶的最后航次的结束口恰好就是租期期满的时间，常常出现延迟还船或提前还船。对于延迟还船，有必要区分最后航次的合法性。

期租合同一般规定承租人应按交船时相同良好状态还船，正常磨损除外。当船舶遭到严重损害以至于不能达到适航状态时，船东可拒绝收取。

（9）保护性条款

NYPE 93 第 31 条列明了 5 项保护性条款。即"首要条款"、"双方互有责任碰撞条款"、"新杰森条款"、"美国毒品贸易条款"和"战争条款"。

（10）佣金和仲裁条款

期租合同常常是通过租船经纪人进行的，佣金条款规定了经纪人应得的费用。

如果船东与承租人之间发生争议，NYPE 46 规定应提交纽约三名仲裁员仲裁，当事双方各指定一人，被指定的两名仲裁员再确定第三名仲裁员，他们所作的裁决具有终局效力。NYPE 93 在此基础上又提出争议可以在伦敦进行仲裁，但两地的仲裁程序与效力几乎相同。

三、租船合同的法律问题

（一）租船合同受法律约束

租船合同本质上也是一种运输契约。在目前的国际航运活动中，通常大都以英、美合约法作为规范合约的普遍原则，其中尤以英国法为主。这是因为英国开展国际航运业务较早，相对已形成一套比较完善的合约法理论体系、机制及法律从业人员群体。因此，许多从事国际航运的当事人，不管是否有英国当事人，在对外签订租船合约时，往往都选用英国法。按照英国法律的观点，任何契约在本质上是当事人双方自愿受法律约束的协议。如果合同发生了问题，那么合同的解释和执行是属于法律的事，双方有义务遵守。因此租船合同具有受法律约束的性质。

关于租船合同应该受哪个国家法律的管辖，应该有明确的规定。比如仲裁地点规定在北京，合同就适用中国法律；若仲裁地点规定由被告选，当被告选在伦敦仲裁，合同就适用英国法律。当合同对法律没有明确规定时，按照过去的判例，有的按船籍国，有的按签合同的地点，有的按合同所用的文字，没有统一的标准。因此，为了减少纠纷，双方在合同中对此应有明确的规定。

（二）履行租船合同必须合法

这里履行租船合同所指的合法，应该包括执行合同时可能涉及的有关法律和有关国家的法律，所以范围是广泛的。

1. 如果签订合同时是合法的，随后因法律有了改变，使履行合同成为非法，则该合同应当认为有效。但因不能知法犯法，所以可以解除合同。

2. 如果履行合同不可避免要违法，则该合同无效。但当事人一方在签订合同前知道要违法的，那就要赔偿另一方所受的损失。

3. 如果履行合同有两种方法，即合法和违法，则该合同仍然有效。

4. 保证赔偿一方有关不真实陈述的后果，以便欺骗第三者，则该项保证是无效的。

（三）租船合同的解释依据是条款内容

我们在对租船合同进行解释的时候主要是根据合同内所规定的条款内容，而不管条款订得是否合理。条款是反映当事人意图的，一旦在合同内订出来，就对当事人有约束力。同样，在洽租时双方同意的条款如果没有订在合同中，也没有补充更正规定，如果发生问题，当事人就不能再引用合同中没有明文规定的条款。

对于租船合同条款的解释最终可以归结为法律的事。在英国，海事法律是作为习惯法的组成部分发展起来的，而习惯法的基础是法庭的判决。这种法律在很大程度上是根据判例法建立起来的，并以此来解释合同的条文。因此，在洽租船舶和执行租约时，要经常了解各种判例，以维护本身的利益。许多事实表明，英国的法庭以及它所做的判决常常是偏向船东的。

（四）租船合同的不履行和毁约

在业务活动中不履行租船合同的情况时有发生。从法律角度来讲，不履行合同是要赔偿损失的。但有时当事人认为宁可赔偿损失也比履行合同的结果要好一些，他可以和另一方当事人商量，找到一种解除合同的补救办法。如果一方不履行合同，则另一方可以认定这是毁约。在很多情况下，毁约是根据当事人的行为表现来判定的。在毁约的情况下，受害方的做法是，接受对方不履行合同，同时对此提出索赔。索赔必须是确实的损失，而且是因不履行合同而直接造成的。原则上间接的损失不能索赔。

（五）租船合同的时效

《海牙规则》规定：根据提单的货物索赔时效为 1 年，但租船合同却没有相应的法律规定。换言之，双方可以订为 1 年，亦可订 2 年，完全以双方的意愿为依据。《汉堡规则》规定的货损索赔是 2 年，《汉堡规则》已于 1992 年 11 月开始生效。

根据英国的法律，所有合同，包括租船合同的索赔时效最高是 6 年。当然这 6 年是指提出了一个索赔案件而言，原告方一旦提出诉讼（仲裁），索赔时效就自动顺延直至此案解决为止，这个过程可能会持续超过 6 年，但不再受 6 年时效的限制。

（六）租船合同的失效

合同失效是指当事人中的任何一方既无过失也不违约，只是由于履行合同所需的环境发生了根本的改变，从而使合同的义务不能履行。因此，合同失效并不是谁同意或不同意的问题，而是客观环境的变化使合同自动终止。例如在期租方式下，船舶灭失或者船舶严重损坏，长期不能修复，可以构成合同失效。但是否构成合同失效是法律问题，最终要由法庭做出决定。

（七）租船合同的弃权

弃权就是指当事人一方自动放弃租船合同规定的自己的法定权利。如取消合同、要求赔偿等。已放弃的权利，事后不能再拥有。

（八）租船合同的误述

在租船合同中有些事实方面的错误陈述，即使是微小的差异亦足以构成误述。误述对受害方所造成的影响要看问题的严重性而定。欺诈性误述是指陈述方在陈述时已知其所述为虚假或由于大意、疏忽而没有发现其为虚假，一旦被发现实情，轻则赔偿对方所受损失，重则被取消合同兼赔偿损失。

思考与练习题

一、名词解释

1. 航线
2. 班轮运输
3. 租船运输
4. 提单

二、简答题

1. 简述班轮运输的基本特点。
2. 简述海运单与提单的区别。

三、论述题

试述航次租船合同与班轮运输合同的异同点。

四、计算题

一批服装，毛重为 2.120 吨，尺码 5.040 立方米，目的港为一基本港，基本费率为人民币 38.00 元，W/M，燃油附加费每运费吨人民币 8.50 元，港口附加费 10%，求运费。

第四章 国际航空货物运输

学习目的

　　本章主要讲授国际航空货运的产生和发展，国际航空运输组织和运输方式，国际航空货运的基本知识，国际航空货运业务管理以及国际航空货运的国际公约。通过本章的学习，可以了解国际航空货运的组织和方式，以及航空货运的基本知识，掌握国际航空货运的业务管理，熟悉国际航空货运的国际公约。

第一节　国际航空货运概述

一、国际航空运输的产生和发展

　　采用商业飞机运输货物的商业活动称为航空货物运输，它是目前国际上安全迅速的一种运输方式。

　　(一) 国际航空货物运输业的产生和历史发展

　　第二次世界大战以后，航空货物运输在全球范围内开始迅速发展起来，尤其是大型客货两用喷气式飞机的投入使用，更使得航空运输有了更快地发展。一些经济技术实力较强的资本主义国家在努力发展经济的同时，开始大力发展航空工业，改进航空技术，增添航空设备，开辟国际航线，逐步形成了全球性的航空运输网络，航空货物运输就是在这种情况下作为国际贸易运输的一种方式出现的。

　　1962 年至 1971 年是世界航空货运史上增长最快的一段时间，几乎每四年增长一倍。20 世纪 80 年代以后全球持续的经济低迷，造成世界航空货运业放慢了发展速度。进入 20 世纪 90 年代，航空货运业重新超速发展。据统计，1990 年世界上仅商业运输机架数就达 12120 架,构成了覆盖全球的空中网络。1993 年世界航空货运量是 2100 万吨,1998 年为 2820 万吨。根据国际机场理事会的一项最新研究表明,受全球一体化的影响,从现在起到 2010 年,国际航空货运量将以每年 6.4％的速度递增,其中亚太地区空运量的增长速度最快,将会每年以 7.7％的速度递增。随着航空工业技术的迅速发展,飞机的速度和载运能力不断提高,世界性的航空运输网络将实现四通八达。航空货物运输业在整个国际贸易运输中的地位将越来越重要。

(二) 中国航空运输业的产生和发展历史

新中国民航事业从 1949 年 11 月 2 日创立,1950 年开始经营定期的国际和国内航班业务,这标志着中国民航客、货运输开始起步。

新中国成立之初,由于当时的国情,民航规模小,底子薄。1950 年,仅有 30 多架小型飞机,年旅客运输量仅 1 万人次,运输总周转量仅 157 万吨千米。改革开放以来,民航一直保持着较快的增长速度。1978 年到 2002 年的 20 多年中,我国民航运输总周转量、旅客运输量和货物运输量年均增长分别达 18％、16％和 16％,高出世界平均水平两倍多。2002 年,民航行业完成运输总周转量 165 亿吨千米、旅客运输量 8594 万人次、货邮运输量 202 万吨,国际排位进一步上升,成为令人瞩目的民航大国。2004 年,民航行业完成运输总周转量 230 亿吨千米、旅客运输量 1.2 亿人次、货邮运输量 273 万吨、通用航空作业 7.7 万小时。截至 2004 年年底,我国定期航班航线达到 1200 条,其中国内航线(包括香港、澳门航线) 975 条,国际航线 225 条;拥有运输飞机 754 架,其中大中型飞机 680 架,均为世界上最先进的飞机。在改革开放 20 年间,中国民航运输总周转量年均增长速度,约为中国国民经济的 2 倍,世界民航业的 4 倍。

据波音公司 2000 年预测:未来 20 年,世界航空客运年增长率为 4.8％,货运为 6.4％,中国的增长速度将大大高于世界平均增长速度。进入 21 世纪,中国的航空运输业将继续高速发展,国内航空市场的年增长率将达到 9.2％,在今后 20 年,中国将成为除美国之外最大的民用航空市场。到 2019 年,中国将拥有 2200 多架客机,占全球机队的 10％左右,机队规模是现在的 4 倍,将新增飞机 1790 架。

二、国际航空运输的特点和作用

(一) 安全、准确

与其他运输方式相比,航空运输的安全性很高。1997 年,世界各航空公司共执行航班 1800 万架次,仅发生严重事故 11 起,风险率约为三百万分之一。由于航空运输管理制度比较完善，空运时间短，货物破损率低，被偷窃机会少，如使用空运集装箱运送，则更为安全。另外飞机航行有一定的班期，可按时到达目的地，因此航空运输是一种比较安全的运输方式，并且快速、准确。

（二）具有较高的运送速度

运送速度较高是航空运输最大的优势和主要特点。可以说，飞机是迄今为止最快捷的交通工具，常见的喷气式飞机的经济巡航速度大都在每小时 850 千米～900 千米左右。现代化运输机比海运快 20 到 30 倍，比火车快 5 到 10 倍。当今国际市场商品竞争异常激烈，市场行情瞬息万变，为了抢行就市，获得较高的经济效益，必须争取时间把货物运到急需的市场，这就必须依赖于航空运输，才有可能使商品形成在国际市场上的竞争力。

（三）适合于鲜活易腐商品和季节性强的商品的运送

因为航空运输可满足易腐烂变质的鲜活商品对时效性和季节性的要求，所以航空运输适于运送鲜活易腐、季节性商品和价值高的商品。而且由于航空运输大大降低了货物在途风险，许多精密仪器和贵重物品的运输也都采用这种方式。

（四）不受地面条件影响，可深入内陆地区

航空运输利用天空这一自然通道，不受地理条件的限制。对于地面条件恶劣、交通不便的内陆地区非常合适，有利于当地资源的出口，促进当地经济的发展。

航空运输使本地与世界相连，对外的辐射面广，而且航空运输比公路运输及铁路运输占用土地少，对寸土寸金、地域狭小的地区发展对外交通无疑是十分适合的。

（五）可节省包装、保险、利息等费用

从表面上来看，航空运输的费用要高于其他运输费用，但由于航空运输速度快，商品在途时间短，周转速度快，库存期可相应缩短，因此可节省仓储费用；另一方面，资金可迅速回收，这就人人节省了利息费用。再加上航空运输保管制度完善，货损货差少，因此商品包装可较其他运输方式简化，使包装费和保险费均可减少。

（六）基本建设周期短、投资少

航空货运的基础设施主要有机场、导航设施和飞机，建设周期短，投资少，收效快，不像铁路、公路运输需要在线路上花大量投资。而且空运筹备开航所需的准备时间也短。一般来说，在相距 1000 千米的城市间建一条交通线，开设航线只需 2 年，而铁路的建设周期则为 5 到 7 年；回收航空线投资只需 4 年左右的时间，而铁路回收则需约 33 年的时间。

三、国际航空运输组织

（一）国际航空组织

1. 国际航空运输协会（International Air Transport Association，IATA）

国际航空运输协会是各国空运企业间的联合组织，于1945年4月16日在古巴哈瓦那成立，总部设在加拿大的蒙特利尔，执行总部设在瑞士的日内瓦，在世界许多国家和地区设有办事机构。该协会下设了公共关系、法律、技术、运输、财务、政府和行业事务7个部门。国际航空运输协会目前共有245家正式会员。中国的国际、东方、南方、西南和北方航空公司从1993年8月起开始陆续加入该协会，并成为正式会员。

国际航空运输协会的主要任务有：促进安全、正常和经济的航空运输以造福于世界各族人民；培植航空商业并研究与其相关的问题；为直接或间接从事国际航空运输服务的各航空运输企业提供协作的途径；与国际民航组织及其他国际组织合作。

国际航空运输协会的主要活动有：统一国际航空运输规章制度；开展业务代理；在技术上进行合作；协调航空运价；开展调研工作等。

2. 国际民用航空组织（International Civil Aviation Organization，ICAO）

国际民航组织是政府间的，也是联合国所属的专门机构之一，负责国际空运技术、航行及法规的机构。它是在1947年4月4日依据1944年芝加哥国际民用航空公约设立的，总部设在加拿大的蒙特利尔。现有成员国150多个。我国是该组织的成员国，也是理事国之一。

国际民用航空组织的主要任务有：保证世界各地民用航空安全地和有秩序地发展；鼓励发展用于和平目的的飞机设计和飞机操作技术；鼓励发展国际民航的航路、航空站和航空设施；满足世界各国人民对于安全、按时、按期、有效和经济的航空运输的需要；防止因不正当竞争而造成的经济上的浪费；保证缔约方的权利得到充分尊重，并保证每个缔约方均有经营国际航空公司的充分机会。简言之，该组织的宗旨是发展国际航行的原则和技术，并促进国际航空运输的规划和发展。

（二）中国民航管理部门

1. 中国民航总局（Civil Aviation Administration of China，CAAC）

中国民航总局是国务院民用航空主管部门。按照《民用航空法》的规定，中国民航总局对全国民用航空活动实施统一监督、管理，其具体职权如下：

（1）研究制定发展我国民航事业的方针政策和战略；制定民航体制发展规划

和实施方案并综合协调、组织实施；

（2）编制行业中长期发展规划和年度计划；制定民航运输网络、机场配置和机队规划；

（3）参与研究行业宏观调控措施和经济调节办法；管理运输航空、通用航空市场秩序；

（4）编制直属单位的固定资产投资年度计划；编制全国民用机场建设规划；指定民用机场建设标准，审批民用机场总体规划；

（5）制定民航行业安全保卫的管理制度；

（6）对全国民航企业实施行业管理；审批、颁发或吊销民航企业的经营许可证；

（7）领导民航地区管理局；

（8）负责民用航空器适航管理；

（9）协同有关部门进行空域规划，负责民用航路的建设和管理；

（10）制定民航行业教育和科技发展规划；管理民航标准化和计量工作；

（11）代表国家对外进行航空谈判和签约，参加国际民航组织活动，监督外国民用航空器在我国境内的有关业务活动。

2. 民航地区管理局

民航地区管理局是根据需要设置的地区民用航空管理机构，其职权是依据总局的授权，监督管理各自地区的民用航空活动。

四、航空货物运输方式

（一）包机运输（Chartered Flight）

包机运输是指包用民航飞机，在民航固定航线上或者非固定航线上飞行，用以载运旅客、货物或客货兼载的航空运输。可分为整架包机和部分包机两种形式。

1. 整架包机

整架包机，又称整包机，是指包租整架飞机。指航空公司或包机代理公司，按照与租机人事先约定的条件和费率，将整架飞机租给租机人，从一个或几个航空站装运货物至指定目的地的运输方式。它适合于运输大批量货物。这种租机须在货物装运前一个月向航空公司联系，以便航空公司安排飞机运载和向起降机场及有关政府部门申请入境及办理有关手续。

包机运输的费用是一次一议，随国际市场供求情况而变化。中国民航包机运费，是按每一飞行千米固定费率核收，并对空驶里程按每一飞行千米运价的

80％收取空驶费。因此，大批量货物使包机来回程都有货载，运费比较低，只使用单程载货运费较高。

2. 部分包机

部分包机，是指由几家航空货运代理公司（或发货人）联合包租一架飞机，或者是由航空公司把一架飞机的舱位分别卖给几家航空货运代理公司，装载货物的运输方式。这种部分包机形式适合于运送货量在1吨以上，但不足装一整架飞机的货物。

部分包机的运送时间比班机运输要长，但运费较班机运输低廉。尽管部分包机有固定的时间表，但往往因其他原因而不能按时起飞；另外，包机运输方式的活动范围比较狭窄，主要是因为各国政府为了维护本国航空公司的利益，往往对别国航空公司的业务实行各种限制。如在申请入境、通过领空和降落地点上，均必须得到有关国家政府批准同意。这种部分包机方式，目前在西欧和香港之间开办较多。

（二）班机运输（Scheduled Flights）

根据班期时刻表，按照规定的航线、定机型、定日期、定时刻的客、货、邮航空运输称为班机运输。班机运输一般有固定的航线、固定的始发站、途经站和目的站，是民航运输生产活动的基本形式。飞机由始发站起飞按照规定航线经过经停站做运输生产飞行，称为航班。

一般的航空公司通常都使用客货混合型飞机（Combination Carder）开设正常的客运航班，一方面搭载旅客，一方面又运送小批量货物；但一些规模较大的航空公司在一些航线上也开辟使用全货机（All Cargo Carrier）运输的定期的货运航班。

班机运输由于有固定的航线和停靠港，并定期开航，且在一定的时间内有相对固定的收费标准，收发货人可以确切掌握货物的起运和到达时间，并可对运输成本进行预期核算，使国际贸易货物能安全、迅速、准确地到达世界上各通航地点投入市场，特别是对国际市场上急需的商品、鲜活易腐货物以及贵重货物的运送是非常有利的，因此，颇受贸易界人士的欢迎。但另一方面，由于班机运输大多使用客货混合型飞机，因此，货物舱位有限，不能满足大批量货物的及时出运，只能分期分批运输，使得班机运输在大批量货物运输方面存在一定的局限性。

（三）集中托运（Consolidation Consignment）

集中托运方式是指集中托运人把若干批单独发运的货物组成一整批货物，集中向航空公司托运，填写一份航空总运单发送到同一到达站，由集中托运人委托到达站当地的代理人负责收货、报关，并按集中托运人签发的航空分运单分拨给各实际收货人的一种运输方式。这种集中托运方式在国际航空货物运输界使用比较普遍，也是航空货运代理公司的主要业务之一和盈利的主要手段。但贵重物品、危险物品、活动物以及文物等不能办理集中托运。

航空公司有按不同重量等级公布的多种运费，一般来说，托运的每批货物越多或越重，则按每千克或每磅收取的费率就越低。这就使航空货运代理公司可以把从不同的发货人那里收集的小批量货物，集中起来以后，作为一整票货物，使用航空公司的较低廉的运价，办理空运。对航空公司来说，若干批货物集中托运，可减少许多手续；对货主来说，既可免于自行办理托运环节之繁，又可节省费用；对货运代理人来说，既可争取业务，收取手续费，又可从运费差价中获得利益。

（四）联合运输方式

这里指的联合运输方式主要是指陆空联运，即包括空运在内的两种或两种以上的运输方式的紧密结合的运输。主要有以下三种类型：

1. 火车—飞机的联合运输方式，简称 TA（Train—Air）。

2. 卡车—飞机的联合运输方式，简称 TA（Truck—Air）。

3. 火车—飞机—卡车的联合运输方式，简称 TAT（Train—Air—Truck）。

我国空运出口货物经常采用陆空联运方式，这是因为，我国幅员辽阔，而可开辟国际航线的航空港（即口岸）却较少，主要有北京、上海、广州等。虽然省会城市和一些主要城市每天都有班机飞往北京、上海、广州，但班机所带货量有限，费用比较高。如果采用国内包机运送，不仅费用昂贵，手续联系也比较复杂。因此，在货量较大的情况下，内地空运出口货物一般都采用联合运输方式。即先采用陆运至国际航空口岸，再与国际航班衔接。由于汽车具有机动灵活的特点，在运送时间上更可掌握主动性，因此国际贸易中的出口货物一般都采用陆空联运的方式组织出运。

（五）航空快递业务（Air Courier）

航空快递业务，是指具有独立法人资格的企业将进出境的货物或物品从发件人（Consignor）所在地通过自身或代理的网络运达收件人（Consignce）的一种快速运输方式，又称快件、快运或速递业务。具体地说就是由专业经营该项业务的航空货运公司与航空公司合作，派专人用最快的速度，在货主、机场、客户之间传送急件的运输服务业务。这种运输方式特别适用于急需的药品和医疗器械、贵重物品、图纸资料、货样、单证和书报杂志等小件物品，是目前航空货物运输中最快捷的运输方式。

1. 航空快递业务的产生和发展

1969 年三个美国大学生首创了航空快递业务，开始专门从事银行、航运文件的传送工作，后来又将业务扩大到样品等小包裹服务。航空快递业务从一出现，就以其快捷、安全的运输特点深受各国工商金融界、贸易界、运输界以及政府部门的欢迎，因而在世界范围内发展非常迅速。目前航空快递业务已普及到世界五大洲的 189 个国家和地区。

我国的航空快递业务得到迅速发展是在 20 世纪 70 年代以后。中国对外贸易运输总公司是我国第一家从事航空快递业务的公司。自成立以来，该公司先后与 DHL、OCS、EMERY、UPS、FEDERAL、TNT－SKYPAK 等航空快递公司建立了快递业务关系，并成立了一批中外合资企业。同时邮局和一些其他航空货运代理公司也开展了快递业务。快递业务在我国对外贸易和科技交流中起到了很大的作用。

2. 航空快递业务的形式

（1）门/桌到机场（Door/Desk to Airport）

门/桌到机场也就是快件运输服务只能到达收件人所在地或附近的机场。快件到达目的地机场后，不是由快递公司去办理清关、提货手续，并送达收件人手中，而是由快递公司及时将到货信息通知给收件人，收件人需自己去办理相关手续。

（2）门/桌到门/桌（Door/Desk to Door/Desk）

门/桌到门/桌是指发件人在发货时打电话给航空快递公司，快递公司接到客户发件通知后，立即派人到发件人所在地取件，然后将所有收到的所需发运的快件集中到一起，根据不同的目的地进行分拣、整理、核对、制单、报关，直接送到机场交航空公司赶装最快航班（或快递公司自己的班机）将快件运往世界各地。快件发出后，马上通知目的地快递公司（或代理）按时办理清关、提货手续，并将快件及时送交收件人手中。快件送交完毕，立即将有收件人签字的回执单送回发件人手中，或者向发件人回电详告快件交接时间以及签收人姓名等情况。

（3）派专人运送（Courier on Board）

派专人运送是由发件地快递公司指派专人携带快件随机送货，直到货物安全送达收货人手中。

在这三种服务形式中，第二种形式对收件人来说感到不方便；第三种形式服务周到，但费用较高，因此这两种方式用得都不是很多；而第一种形式的服务则综合了上述两种方式的优点，因此大多数货主、航空公司、航空货运代理公司以及航空快运公司都愿意采用此种运输方式。

第二节 国际航空货运的基本知识

一、航空站

航空站，俗称机场，又称航空港，是供飞机起飞、降落、停放、组织和保障飞机飞行活动的场所。航空站的基础设施主要有停机坪、跑道、滑行道、指挥调度塔、通信导航系统、输油系统、维护检修基地、消防设备、货栈（仓库）以及航站大厦等建筑和设备。近年来，随着航空站功能的多样化，航空站内除了配有装卸客、货的必要设施外，一般还配有商务、娱乐中心、货物集散中心等设施，以满足往来客户的需要，同时吸引周边地区的生产和消费。

航空站按所处位置可分为支线航空站和干线航空站；按服务对象可分为军用航空站和民用航空站；按业务范围，则可分为国内航空站和国际航空站。其中，国际航空站是政府核准对外开放，并设有海关、移民、检疫及卫生机构，供国际航线上的航空器起降和营运的航空站。国内航空站是只供国内航线的航空器使用的航空站，一般不允许外国航空器使用，特殊情况经批准例外。

二、航空器

狭义上的航空器指的是飞机。广义上的航空器泛指所有能够借助空气的反作用在大气中获得支承的机器。这里主要指的是飞机。

飞机的构造包括机身、机翼、操纵装置、起落装置和推进装置。

按照航线的长短，飞机可分为短途飞机和洲际飞机。按照用途的不同，飞机也可分为客机、全货机和客货混合机。表4-1和表4-2分别表示了飞机的分类和载量。

表4-1　　　　　　　　　　　　　　飞机分类表

种类	普通型/中短途	高载型/洲际
客机	DC-8，DC-9，BAC111，B707，B720，B727，B737，B757，B767	DC-10，LH-1011，A300，A340，B777
货机	DC-10，DC-9，DC-8，B707	DC-10，B747
客货混合机	分为两种：1. 前仓运客，后仓运货，如B747 Combi 2. 上仓运客，下仓运货，一般为航班飞行飞机	

表 4-2   飞机的载量

机 型	载 量
B737	货仓 1.45 吨/8 立方米
B727	货仓 3.3 吨/18 立方米
A310	货仓 7.8 吨/45 立方米
A300	货仓 10 吨/58 立方米
DC-10	货仓 14 吨/80 立方米
B747E	货仓 15 吨/102 立方米
B747 Combi	货仓 35 吨/195 立方米
B737 全货机	15.1 吨/102 立方米
DC-8 全货机	48.8 吨/271 立方米
B747 全货机	104.7 吨/591 立方米

飞机的舱位一般分为上舱和下舱。除全货机外，一般都是上舱运客，下舱运货。此外，也有一些飞机的舱位为可变形舱，即将上舱的椅子拆除后可装货，运客时再装上椅子。飞机下舱的空气调节一般分为两种，一种是在较新的飞机下舱有空气调节，可承运活动物等；另一种机型较陈旧的飞机，下舱没有空气调节，只能承运普通货物。

三、航权

航权（Traffic rights）是指国际航空运输中的过境权和运输业务权。它是一个国家的重要航空权益，必须加以维护。"航权"的概念起源于 1944 年"芝加哥会议"，亦称之为"空中自由"权（freedoms of the air），该协定草拟出有关两国间协商航空运输条款蓝本，有关条款一直沿用至今。目前主要有八大航权。

第一航权：领空飞越权。一国或地区的航空公司不降落而飞越他国或地区领土的权利。例如：北京—纽约，中途飞越日本领空，那就要和日本签订领空飞越权，否则只能绕道飞行。

第二航权：技术降落权。一国或地区的航空公司在飞至另一国或地区途中，为非营运理由而降落其他国家或地区的权利，诸如维修、加油。例如：上海—芝加哥，由于飞机机型的原因，不能直接飞抵，中间需要在安克雷奇加油，但不允许在安克雷奇上下旅客和货物。

第三航权：目的地下客权。某国或地区的航空公司自其登记国或地区载运客货至另一国或地区的权利。例如：北京—东京，日本允许中国民航承运的旅客在东京进港。

第四航权：目的地上客权。某国或地区的航空公司自另一国或地区载运客货返回其登记国或地区的权利。例如：北京—东京，日本允许旅客搭乘中国民航的航班出境，否则中国民航只能空载返回。

第五航权：中间点权或延远权。某国或地区的航空公司在其登记国或地区以外的两国或地区间载运客货，但其班机的起点与终点必须为其登记国或地区。也就是说，第五航权是要和两个或两个以上的国家进行谈判的。以新加坡航空公司的货机为例，它只飞新加坡经我国厦门、南京到美国芝加哥的航线，并在厦门、南京拥有装卸国际货物的权利。

第六航权：桥梁权。某国或地区的航空公司在境外两国或地区间载运客货且中途经其登记国或地区（此为第三及第四航权自由的结合）的权利。例如：伦敦—北京—汉城，国航将源自英国的旅客运经北京后再运到韩国。

第七航权：完全第三国运输权。某国或地区的航空公司完全在其本国或地区领域以外经营独立的航线，在境外两国或地区间载运客货的权利。例如：伦敦—巴黎，由德国汉莎航空公司承运。

第八航权：国内运输权。某国或地区的航空公司在他国或地区领域内两地间载运客货的权利（境内经营权）。例如：北京—成都，由日本航空公司承运。

四、航线

航线是经过批准开辟的连接两个或几个地点进行定期或不定期飞行，经营运输业务的航空交通线。航线规定了航行的明确方向、经停地点以及航路的宽度和飞行的高度层。为了飞行安全、维持空中交通秩序，民航从事运输飞行，必须按照规定的航线飞行。

航线按飞机飞行的路线有国内航线和国际航线之分。国内航线是指飞机的起讫点和经停点均在一国国境内的航线，一般由国家民用航空管理机构指定。国际航线是指飞机的起讫点和经停点跨越一国国境，连接其他国家的航线。国际航线因需经过其他国家的领空，因此必须事先洽商，获得同意后方可开航。此外，我国还有地区航线之称，主要是根据我国的特殊情况，目前内地到香港之间的航线，被称为地区航线。

五、航班

飞机由始发站起飞按照规定的航线经过经停站至终点站做运输飞行称为航班。航班具有"定航线、定机型、定日期、定时刻"的特征。从基地站出发的飞行称去程航班，返回基地站的飞行称回程航班。按照飞行区域，航班可分为国内航班和国际航班。按照业务范围，航班可分为定期航班和不定期航班。

定期航班公布运价和班期，按照双边协定经营，向公众提供运输服务，对公众承担义务。不定期航班按照包机合同，个别申请个别经营，一般不对公众承担义务，不公开运价。定期国际航班是指具有下列全部特征的飞行系列：

- 它飞经一个以上国家领空；
- 它用航空器为取酬目的从事旅客、邮件或货物运输，每次飞行都以对公众开放供使用的方式经营；
- 就其在相同的两个或多个地点之间营运而言，它经营的依据为公布的班期时刻表，或者其飞行的正规或经常性已达到公认的制度性系列。

六、航空公司

航空公司是指拥有航空器并从事航空运输服务的公司。航空公司具有如下特点：

- 必须拥有一定数量的飞机，这是航空公司成立的前提条件；
- 必须有与其能力相适应的航空运输业务；
- 航空公司最主要的业务是把旅客和/或货物从一个地方运至另一个地方。

第三节　国际航空货运业务管理

一、航运进口货物代理业务

（一）国际航空进口货物运输代理业务

航空货物进口程序，是指空运货物从入境到提取或转运的整个流程所需通过的环节、所需办理的手续以及必备的单证。

1. 国际航空进口货物运输代理业务环节

在入境地海关清关的进口货物，一般包括以下几个环节：接单接货——分类编号——发到货通知或查询单——制单——报关及送货或转运等程序。

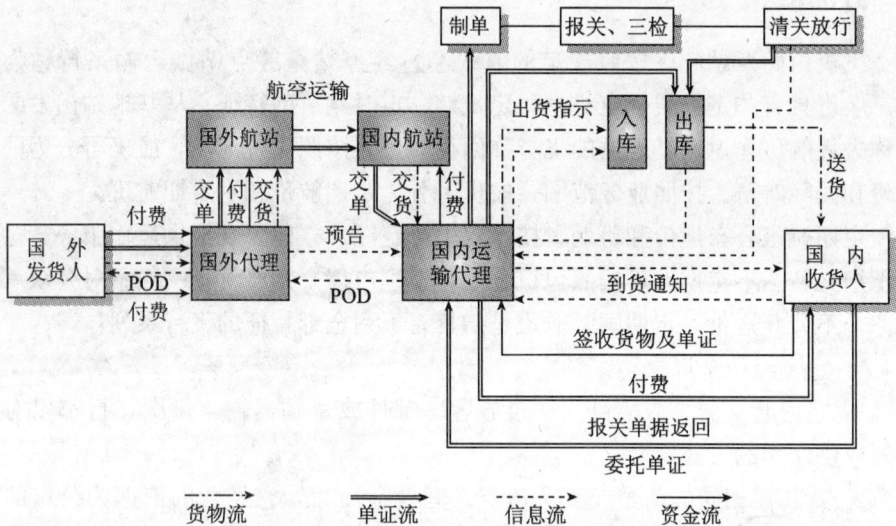

图 4-1　航空运输进口货物操作流程

（1）接单接货。在航空货物入境的同时，与货物相关的单据（运单、发票和装箱单等）也随机到达。运输工具及货物处于海关监管之下。中国民航卸机后，将货物存入海关监管库内，同时根据运单上的收货人及地址寄发取货通知。若运单上的第一收货人为航空货运代理公司，则把运输单据及与之相关的货物交给航空货运代理公司。

（2）分类编号。航空货运代理公司在取得航空运单后随即进行分类整理。分类的标准和方法很多，可根据进口货物的类别或贸易方式划分，也可以根据发货人或发货代理的国别和地区划分，还可以按照收货人的企业性质或经营范围划分，究竟如何分类，各公司可根据自己的具体情况而定。但一般说来，集中托运货物和单票货物、运费预付货物和运费到付货物应区分开来。

（3）发到货通知或查询单。航空货运代理在对货单编号后，根据运单或合同上的发货人名称及地址分别寄发到货通知单或查询单。到货通知单一般发给实际收货人，告知其货物已到空港，催促其速办报关、提货手续。到货通知单需要填写的项目有：公司名称、运单号、货物名称、到货日期、合同号、通知人及其电话等。查询单一般发给订货单位，其基本格式与到货通知单一样，只是还要根据货物的名称及贸易性质，列明需提供的各种批准文件或证明。

（4）制单。制单就是缮制《进口货物报关单》。制单的依据是运单、发票及证明货物合法进口的有关批准文件。因此，制单一般在收到客户的回询并获得必备的批文和证明之后方可进行。不需批文和证明的，可直接制单。

完成制单后，需要将报关单的各项内容输入电脑，打印出报关单一式多份。完成电脑预录入后，在报关单右下角加盖报关单位的"报关专用章"。然后将报关单连同有关的运单、发票订成一式两份，并随附批准货物进口的证明和文件，由经海关认可的报关员正式报关。

(5) 进口报关。进口报关，它是进口程序最关键的环节，是指向海关提出办理进口货物手续的过程。任何货物都必须在向海关申报并经海关放行后才能提出海关监管场所。报关一般包括初审、审单、征税、验放四个阶段。

在进行报关时必须注意报关期限的问题。报关期限是指货物运抵口岸后，收货人或其代理向海关报关的时间限制。海关法规定的进口货物报关期限为：自运输工具申报进境之日起的 14 日内。超过这一期限报关的，由海关征收滞纳金。滞纳金的计征时间为自运输工具申报进境之日起第 15 日到货物报关之日。滞纳金每天征收的金额为货物到岸价格的 0.5‰。

(6) 送货或转运。货物无论是转运到入境地以外的地区还是送到当地，都得先将货物从海关监管仓库或场所提取出来。提取货物的凭证是海关加盖放行章的正本运单。未经海关放行的货物处于海关监管之下，不能擅自提出监管场所。货主或其委托人在提取货物时还须结清各种费用。

在货物出库时，提货人应与仓库保管员仔细检查和核对货物外包装上的合同号、运单号、唛头及件数、重量等与运输单据所列是否一致。若出现单货不符，或货物短少、残损或外包装变形，航空货运代理公司应将民航出具的商务事故记录交给货主，如属于航空货运代理公司的责任，由航空货运代理公司出具事故记录。

航空货运代理公司可以接受货主的委托送货上门或办理转运。航空货运代理公司在将货物移交货主时与其办理交接手续，并向其收取货物进口过程中所发生的一切费用。

2. 进口报关单证

报关单证是报关的依据和凭证。进口报关单证可分为基本单证和按海关法必须提供的单证两大类。

(1) 基本单证。基本单证包括进口货物报关单、航空运单和发票。这三者是任何货物进口报关所必需的，缺一不可。有些货物只需这三种单证即可通关，如小量的资料、单一品名且单一规格的货物和合同项下不属于国家政策限制的进口产品。一般进口货物应向海关交验进口报关单一式多份（具体份数视贸易性质决定），运单两份（正本及副联或复印件各一份），发票正本一份。

（2）法定单证。法定单证，即证明货物是合法进口的各种批准文件。这类单证主要有：进口许可证、商检证、机电产品进口审批表、无线电管委会证明、海关审核颁发的加工贸易登记手册、减免税证明、重工业产品证明、音像制品许可证等。这类单证并非所有货物进口报关都需要，是否需要和需要哪一种，基本上取决于商品的类别及贸易性质。

①由商品类别决定的法定单证有：

• 进口许可证。凡进口国家限制进口的商品，均需申领进口许可证。该证由进口单位向对外经济贸易管理部门申领。

• 机电产品进口审批表。凡进口机电产品和仪器、仪表类商品，均需向海关交验机电产品进口审批表。

• 商检证明。凡进口属于法定商检的商品，均需向海关交验国家商检机构及有关检验部门出具的检验证书。属于合同商检的商品，一般由收、用货部门自行检验，发现不合格后报请当地商检机构复验。

• 无线电管委会证明。凡进口无线电器材、通信设备，如对讲机、无线寻呼机、无线电话、电报发送和接收设备等，均应向海关交验无线电管理委员会的批准文件。

②由贸易性质决定的法定单证有：

• 商检证书、索赔协议和税款缴纳证明。凡以无代价抵偿形式进口的货物，包括索赔、更换和补发的货物，均应在进口报关单的贸易性质一栏内填报"无代价抵偿"。报关时应随附商检证书、有国外发货人签字的索赔协议（或补发协议、换货协议）以及原进口货物的税款缴纳证明（如当时为征税进口）。

• 登记手册。登记手册一般适用于以来料加工、进料加工和补偿贸易等方式进口的物品。

• 减免税证明。外商独资企业、中外合资企业和中外合作企业，进口属于减免税范围内的物品，均应向海关交验减免税证明。

• 赠送函和接收函。外商免费提供的物品进口报关时，应向海关交验发货人出具的赠送函和收货人出具的接收函。

• 保证函。凡申请担保进口的货物，包括暂时进口货物、因故不能及时提供已领取的进口许可证的货物、不能在报关时交验有关单证的货物、正在申办减免税手续而要求海关缓办纳税手续的货物、经海关同意将未放行的货物暂时存放于海关监管区之外的货物等，进口报关时均应向海关交验进口单位主管部门出具的保证函。

• 海关关封。海关关封（非海关转关关封）是指外国企业常驻机构进口办公用品或常驻机构代表的私人安家物品时，向海关申办的一种批准证明。进口办公用品向海关递交办公用品申请表，详细列出货物的品名、数量和金额，并随附一份进口发票；进口安家物品填写私人物品申请表，并随附发票和到货清单。

（二）国内空运进港业务环节

国内空运进港业务主要是指为委托人委托的进港货物提供机场提货以及门到门的派送等业务。其作业流程如图4-2所示。

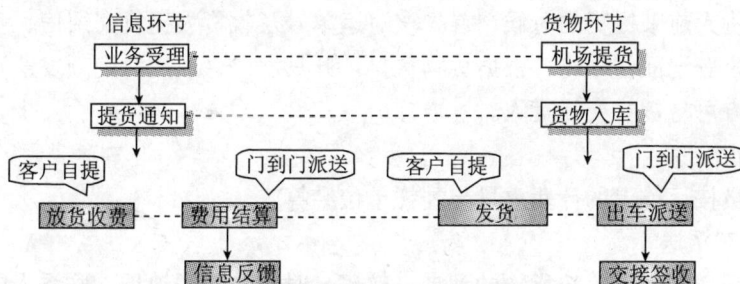

图4-2　国内空运进港业务流程图

1. 业务受理

航空公司根据到港货物信息，通知车辆调度安排车辆接货，同时将信息输入电脑系统，注明货物件数、重量/体积、到港航班号和到达时间。对需派送的到港货物，通知业务员准备派送单证，做好相关派送准备工作。将所需派送单证交车辆调度，同时制作车辆申请单，详细填写所列内容。

2. 机场提货

接货人员按照到港的预报信息，在飞机到达2小时后，前往机场与航空公司人员进行现场交接。核对运单号，按运单号逐一清点到港货物票数、件数。确认无误后，在航空公司交接清单上签收。对残缺或有异常情况的货物，应及时向航空公司索取"商务记录"单，该单应注明航班号、运单号、件数和异常货物情况的详细记录。

3. 提货通知

在货物到达仓库2小时内，需要通知收货人，同时告知提货所需携带文件及所需的所有费用。对无法正常取得联系的收货人，应及时与启运港委托人联系，获得确切的联系方式后及时通知，并做好记录。

4. 货物入库

（1）货物入库应由专人负责，根据货物的品名、件数、体积及库位状况确定存放地点；

（2）货物进库前应仔细核对外包装上的唛头、航空标签上的运单号，做好入库记录，注明货物品名、件数、货主名称、货物来源、进库日期、时间，经办人应签名；

（3）货物入库时，如发现外包装破损应向提货人员确认入库前货物情况并在入库记录上注明。

5. 放货收费

当提货人前来提货的时候，首先核对运单号及收货人提货介绍信、身份证或有效证件，登记证件号码，根据货物重量，开具发票（或交付定额发票）收取提货费后，方可将货物交提货人。

6. 费用结算

业务员按运单上的计费重量与委托单位结算。

7. 出车派送

接到派送预报后，按货物的到港（航班）时间、派送地址、联系人电话与其取得联系，征求客户的派送要求及送达时间，同时为客户提供货物情况和了解对方的卸货能力。

8. 交接签收

货物送达后与收货人当场清点交接签收，请货主在派送单上签名并注明接收日期。

9. 信息反馈

派送完毕后将收货人署名的签收单以及相关单证以传真或电子邮件方式反馈给委托人。

二、航运出口货物代理业务

（一）国际航空出口货物运输代理业务

航空货物出口程序，是指航空货运代理公司从发货人手中接货到将货物交给航空公司承运这一过程所需通过的环节、所需办理的手续以及必备的单证。

1. 国际航空出口货物运输代理业务环节

空运出口业务大致包括：销售、订舱、接货接单、制单、出口报关、发运、费用结算和信息传递等程序，如图4-3所示。

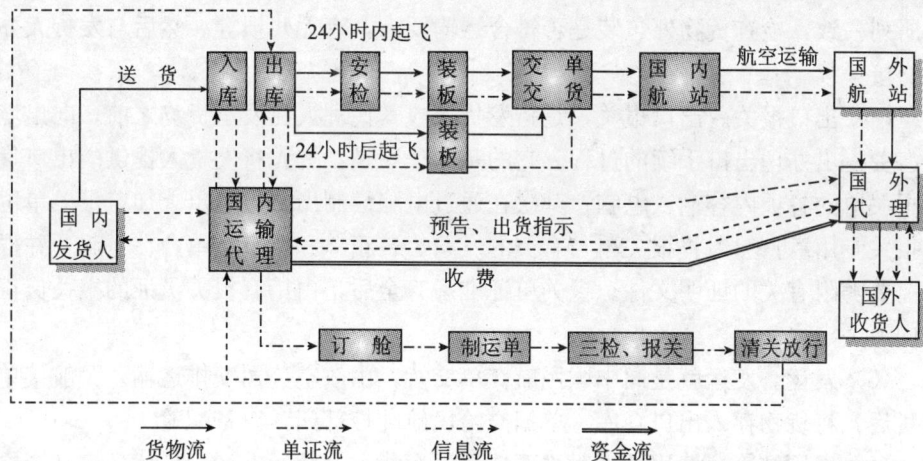

图 4-3　航空运输出口货物操作流程

（1）销售。销售，是指航空货运代理公司为争取更多的出口货源，到各进出口公司和有出口经营权的企业进行推销的活动。

在进行销售时，一般需向出口单位介绍本公司的代理业务范围、服务项目以及各项收费标准。航空货运代理公司与出口单位（发货人）就出口货物运输事宜达成协议后，可以向发货人提供中国民航的国际货物托运书作为委托书。委托书由发货人填写并加盖公章，作为委托书和接受委托的依据。对于长期出口的出口货运量大的单位，航空货运代理公司一般都与之签订长期的代理协议。

（2）订舱。向航空公司申请运输并预订舱位的行为称为订舱。货物订舱需要根据发货人的要求和货物本身的特点而定。一般来说，大宗货物、紧急物资、鲜活易腐物品、危险物品、贵重物品等，必须预订舱位。非紧急的零散货物，可以不预订舱位。

订舱时需向中国民航吨控部门领取并填写订舱单，并在订单上写明货物名称、体积、重量、件数、目的港及要求出运的时间等。中国民航根据实际情况安排航班和舱位。航空货运代理公司订舱时，可依照发货人的要求选择最佳航线和理想的承运人，同时为其争取最低、最合理的运价。订妥舱位后，航空货运代理公司应及时通知发货人备单、备货。

（3）接单、接货。接单，就是航空货运代理公司在订妥舱位后，从发货人手中接过货物出口所需的一切单证；接货，是指航空货运代理公司把即将发运的货物从发货人手中接过来并运送到机场。接货一般与接单同时进行。接货时应根据发票和装箱单清点货物，核对货物的数量、品名、合同号或唛头等是否与货运单上所列一致，检查货物外包装是否符合运输要求，有无残损等。然后与发货人办理交接手续。

（4）出口报关。出口报关，是指发货人或其代理人在发运货物之前，向出境地海关提出办理出口手续的过程。它的基本程序是：首先将发货人提供的出口货物报关单的各项内容输入电脑；其次在通过电脑缮制出的报关单上加盖报关单位的报关专用章；然后将报关单与有关的发票、装箱单和航空运单合在一起，并根据需要随附有关的证明文件。报关单证准备齐全后，由持有报关员证的报关员正式向海关申报。

（5）发运。发运就是向中国民航交单交货，由航空公司安排运输。民航接单接货后，将货物存入出口仓库，单据交给民航吨控部门，以备配舱。

（6）费用结算。费用结算时主要涉及同发货人、承运人和国外代理人三个方面的结算。与发货人结算费用，即向发货人收取航空运费（在运费预付的情况下），同时收取地面运费以及各种服务费和手续费，或根据发货人提供的账号办理托收。与承运人结算费用，就是向承运人支付航空运费，同时向其收取代理佣金。与国外代理结算主要涉及到付运费和利润分成。到付运费实际上是发货人的航空货运代理公司为收货人垫付的，因此收货人的航空货运代理公司在将货物移交收货人时，应收回到付运费并退还发货人的代理人。同时发货人的航空货运代理公司应将代理佣金的一部分分给收货人的货运代理。这样就形成了代理公司之间的账单来往。

（7）信息传递。航空货运代理公司在发运货物后，需要及时将发运信息传递给发货人，向其提供航班号、运单号和出运日期等，并随时提供货物在运输过程中的准确信息。与此同时，将由发货人留存的单据，包括盖有放行章和验讫章的出口产品退税的其他单据，寄送发货人。对于集中托运的货物，还应将发运信息预报收货人所在地的国外代理，以便其及时接货，及时查询，及时分拨处理。

2. 出口业务单证

出口货物所需的单证主要是指报关单证。它大致可分为两类：基本单证和法定单证，即证明货物合法出口的各种批准文件。

（1）基本单证，包括以下几种：

①航空运单。航空运单是航空运输中最重要的单据，它是承运人出具的一种运输合同，但它不能作为物权凭证，因而是一种不可议付的单据。航空运单的作用主要有：作为承运合同；作为接收货物的证明；作为运费账单；作为报关单证；作为保险证书；作为承运人内部业务交接的依据。

承运人必须根据运单上记载的各项内容办理货物的发货、转运、交付等事宜。如果货物出现漏发、错发等情况，航空运单是查询和办理交涉的主要依据。

②国际货物托运书。国际货物托运书由发货人填写。主要项目有：托运人名称、地址及账号，收货人名称、地址及账号，代理人名称及城市名称，货物的始发站、到达站、件数、重量及包装方式等。托运书应有发货人签字、盖章。

③出口货物报关单。出口货物报关单一般由发货人自己填写。其基本格式和需要填写的项目与进口货物报关单相同，只是出口报关单上应注明出口收汇核销单的编号。

④发票与装箱单。发票上应注明发货人和收货人的名称和地址、货物的品名、原产国别、声明价值、价格条件、货币名称等。发票需由发货人签字盖章。装箱单上应有每箱货物的箱号、重量、体积及唛头标志，每箱内装的件数及其品名。

⑤合同副本。即发货人与国外进口商签订的贸易合同的复印件或影印件。

（2）法定单证，包括以下几种：

①商检证明。出口货物的商检证明在两种情况下需要：一是国家为维护出口商品质量，而规定某些商品出口必须经过商检机构检验并出具检验证书，此为法定商检；另一种是进口商为保证商品质量而要求出口方出具的商检证书，即合同商检。

②配额许可证。一些进口国对从我国进口的某种商品进行数量和品种的限制，如纺织品等。因此，向上述国家出口实行配额管理的商品时，必须向对外经济贸易管理部门申领出口配额许可证。

③出口许可证。凡出口国家限制出口的商品，均应向出境地海关交验出口许可证。实行出口许可证管理的商品主要有：珍贵稀有野生动植物及其制品、文物、金银制品、精神药物、音像制品、重要的原材料、贵金属等。某些属于进口许可管理的商品也需要出口许可证。

④出口收汇核销单。出口收汇核销单由出口单位向当地外汇管理部门申领，出口报关时交出境地海关审核。核销单上必须加盖外汇管理部门印章和出口单位的公章。

⑤登记手册。凡以来料加工、进料加工、补偿贸易等方式出口的货物，均需向海关交验登记手册。

3. 特殊货物出口手续

（1）包机运输。如果发货人一次出口的货量较大，班机运输不能满足需要，发货人可以委托航空货运代理公司代其向航空公司包租飞机。包机可根据货量大小包租整架飞机或部分包机。

(2) 私人物品运输。出国人员和来华工作、学习的外国人回国时办理私人物品托运，应提供护照、定期机票和私人物品出境申报单。

(3) 挂衣箱运输。如果发货人出口比较高档的服装，不能打捆装箱，可以委托航空货运代理公司向航空公司租用挂衣箱。

(4) 鲜活易腐品运输。鲜活易腐品出口时，应提供必要的合格证明和卫生检疫证明。对运输过程中应注意的事项和运输时间的期限应以书面形式给予明确的提示。同时包装应符合鲜活易腐品的包装要求，并符合转运国或进口国对该类货物过境和入境的有关规定。

(5) 贵重物品运输。贵重物品出口时，发货人必须在国际货物托运书上填写声明价值。发运时每份运单货物的声明价值不得超过 10 万美元。包装应符合贵重物品包装的要求，航空货运代理公司收运时应对包装严格检查。运输单据和货物包装上应注明"贵重物品"字样。

(6) 危险品运输。危险品出口时，发货人应提供有关部门出具的货物物理、化学性质分析报告，提供有发货人签字的危险品运输委托书。包装应符合国际上关于危险品运输的要求，并有商检机构出具的包装合格证书。同时要按照危险品的不同等级，在货物外包装上粘贴危险品标签，在运输单据上注明"危险品"字样。

(7) 活动物运输。活动物出口时，发货人必须出具两份有托运申请人签字的出口动物证明书和有关的检疫证明书，并提供有关动物生活习性的资料。包装应符合动物包装运输的要求。

(8) 尸体运输。发货人必须提供医疗卫生单位及其他有关部门开具的死亡证明和入殓证明，发运国领事馆开具的死亡证书。非自然死亡者还应提供市级公证处和法医的验尸报告。

发运的尸体必须经过防腐处理，装载在密封的厚塑料袋中，然后装入金属箱内，金属箱内应铺垫木屑、木炭等吸湿物，金属箱的连接处应焊接牢固，以防气味和液体渗溢。

(9) 骨灰运输。发运骨灰所需要的证明与发运尸体基本相同，但还要提供殡仪馆开具的火化证明。

(二) 国内空运出港业务环节

国内空运出港业务是国内航空运输代理业务中的一个重要组成部分。在整个业务流程中，代理人将完成从接受委托人委托、货物入库、打制航空运单、航空交接、信息反馈等的一系列作业环节，其基本作业流程如图 4-4 所示。

信息环节　　　　　　　　货物环节

```
业务受理 ------------- 货物入库
   │                      │
 订　舱 ------------- 打　包
   │                      │
单证审核 ------------- 称　重
   │                      │
 制　单 ── 结算收费 ── 航空交接
   │
航班查询
   │
信息反馈
```

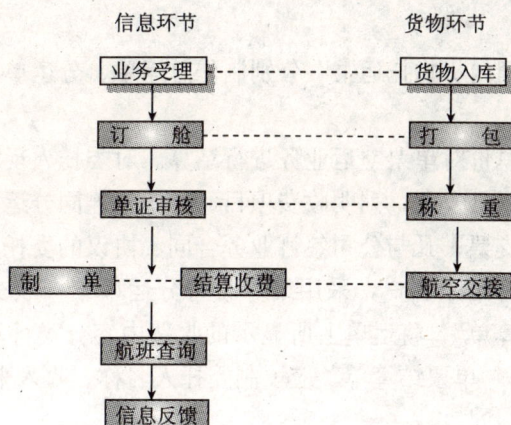

图 4-4　国内空运出港业务流程图

1. 业务受理

国内空运调度需要进行信息查询，确定通过网络、传真及班车带回的货物中是否有到港空运货物及到港中转的预报业务；按预报出港货物委托信息提供的目的地、件数、重量、体积、委托人等要求，做好记录；接收委托人委托空运的传真文件，按客户提出的要求做好预订舱记录；受理委托人要求空运的电话咨询，了解货物情况及目的地、件数、重量、提供方式，做好电话预订舱记录。

2. 订舱

订舱时首先审核预订舱记录内容与网络提供的信息是否相符，如有疑义立即与委托人进行核实，同时将正确信息补充输入电脑系统；然后根据订舱记录分别向航空公司订舱或预订舱。

3. 单证审核

审核单证时，需要审核由委托人填写的"航空公司国内货物托运书"所列内容，仔细核对货物品名、件数、体积大小、包装和完好程度，确定计费重量，甄别所托货物是否属禁运品，核实委托人及收货人详细单位名称、姓名、联系电话是否齐全，核对无误后请委托人在委托书上签名确认。

4. 打包和称重

在需要空运的货物到达后，进行卸货，磅称实际重量，丈量体积，计算计费重量，司磅人员确定计费重量后在航空托运书上签名确认，将托运书交制单员。在磅称货物重量的同时，仔细检查货物包装是否符合航空要求，对包装不符合航空要求的货物，应向委托人建议加固外包装或改包装并为委托人提供打包改包装服务。

5. 制单

制单员根据"国内货物托运书"分别制作总运单、分运单。

6. 结算费用

根据分运单的总价对单票空运业务进行结算。对委托人现场收取运费的，按分运单标明的总价开具发票，列明收费项目、运单号连同分运单（第一联）交委托方，收取现金或支票；凡与公司签订业务合同、协议的委托人，以公司内部划账结算方式，列为月结账客户，采用结算时将分运单第一联交委托人的结付方式；制作"单票结算单"，将运单上所显示的收费内容分类计算，列明收入与支出并显示所得利润。"单票结算单"应填制委托人名称、收入来源、支出流向。

7. 航空交接

（1）包装，制作航空吊牌。航空票签或吊牌上必须填明运单号、目的地城市名称、件数、重量。航空运单与航空票签必须为同一航空承运人，不得有误；

（2）根据不同航空承运人所列货运单内容，制作"航空交接单"。该单为航空承运人交接凭证，必须清晰显示交接货物的运单号、件数、重量、目的港城市名称。贵重物品托运时，必须填制"贵重物品交接单"，内容包括货物名称、件数、重量、外包装、运单号、目的地城市名称，连同"航空交接单"一起交承运人；

（3）装车，空运出港调度按空运货量情况申请车辆，安排人员负责装车事宜。同时要求装车人员认真核对装车票数和每一票出运的件数，并附有记录；

（4）交货，按承运人指定的交货时间、地点进行托运交接。双方过磅清点件数后，将总运单的第三联至第七联、随机文件以及贵重物品交接清单移交承运人，双方在交接清单上签名。

8. 航班查询

预订航班和货交承运人后，用电话方式，向航空公司查询货物是否按预订的航班出运。

9. 信息反馈

空运出港、中转的货物与航空公司交接后，经查询确认该航班货物是否已按预订航班正常出运，将确认信息输入电脑系统并及时将信息反馈给委托人。

三、国际货物航空运单

（一）航空运单的定义、性质

航空运单是承运人和托运人双方的运输合同，也是承运人或其代理人签发的重要的货物运输单据，其内容对双方均具有约束力。每一货运单都有各航空公司

（承运人）的标识部分，用以区分不同航空公司的货运单。该部分包括：承运人名称、承运人总部地址、承运人的图案标志、承运人的票证代号以及包括检查位在内的货运单序号。

航空运单不同于海运提单，它不可议付或转让，而且它不是代表货物所有权的物权凭证，持有航空运单也并不能说明可以对货物要求所有权。

（二）航空运单的作用

1. 航空运单是货物向海关申报的单证之一；

2. 航空运单是承运人交付货物和收货人核收货物的依据；

3. 航空运单是承运人或其代理人签发的收到货物的证明，即货物收据；

4. 航空运单的正本可作为承运人的记账凭证，是承运人据以核收运费的账单；

5. 航空运单是发货人与航空承运人之间缔结的运输合同；

6. 航空运单是承运人承办保险或发货人要求承运人代办保险时的保险证书。

（三）航空运单的分类

航空运单主要分为航空分运单和航空主运单两大类：

1. 航空分运单（House Air Waybill，HAWB）

航空分运单又称"小运单"，是航空货运代理公司在办理集中托运业务时签发的航空运单。它是航空货运代理公司与托运人之间的货物运输合同，合同双方分别为货主和航空货运代理公司。在集中托运的情况下，航空货运代理公司把从各个托运人那里收到的各小批量货物集中办理托运，航空运输公司集中托运物资为一大件。代理公司为方便工作，就另发给委托人自己签发的分运单，即航空分运单。

2. 航空主运单（Master Air Waybill，MAWB）

航空主运单是由航空运输公司签发的航空运单。它是航空公司和航空货运代理公司之间订立的运输合同，合同双方为集中托运人和航空运输公司，是航空运输公司据以办理货物运输和交付的依据，每一批航空运输的货物都有相对应的航空主运单。

（四）航空运单的填开责任

根据《华沙公约》、《海牙议定书》和承运人的运输条件规定，航空运单应由托运人填写，因此托运人对航空运单所填各项内容的正确性、完备性应负责任。如果由于航空运单所填内容不正确、不完整致使承运人或其他人遭受损失，托运人要承担责任；不论航空运单是托运人填开的，还是承运人或其代理人代为填开的，托运人都应承担责任。航空运单需由托运人签字，以此证明托运人接受航空运单正本背面的契约条件和承运人的运输条件。

（五）航空运单各项的填写及说明

1. 始发站机场（Airport of Departure），需填写 IATA 统一制定的始发站机场三字代码（如不知道机场名称，可填写城市 IATA 三字代码），这一栏应该和第 11 栏相一致。

1A：IATA 统一编制的航空公司代码，如中国国际航空公司的代码就是 999；

1B：运单号。

2. 始发站机场及所要求的航线（Airport of Departure and Requested routing）：（1）始发站机场（第一承运人地址）的全称和所要求的路线；（2）路线的目的地；（3）目的地机场；（4）航班/日期——仅供承运人使用，此栏一般不填，除非参加运输各有关承运人需要。

3. 发货人姓名、住址（Shipper's Name and Address），填写发货人姓名、地址、所在国家（或国家两字代号）以及电话号、电传号或传真号等联络方法。

4. 发货人账号（Shipper's Account Number），本栏一般不填，只在填开货运单的承运人有需要时才填写。

5. 收货人姓名、住址（Consignee's Name and Address），应填写收货人姓名、地址、所在国家以及电话号、电传号或传真号等联络方法。

6. 收货人账号（Consignee's Account Number），本栏一般不填，只在最后承运人有需要时才填写。

7. 承运人代理的名称和所在城市（Issuing Carrier's Agent Name and City）：（1）填承运人收取佣金的国际航协代理人的姓名和所在地（机场或城市）；（2）根据货物代理机构管理规则，该佣金必须支付给目的地国家的一个国际航协代理人，则该国际航协代理人的姓名和所在地（机场或城市）必须填入本栏，冠以"收取佣金代理人"（CommissionableAgent）字样。

8. 代理人的国际货协代号（Agent's IATA Code）：（1）在非货账结算区（NON−CASS），填 IATA 7 位代号；（2）在货账结算区（CASS），填 IATA 7 位代号，后面是三位 CASS 地址代号。

9. 代理人账号（Account Number），本栏一般不填，除非填开货运单的承运人需要才填写。

10. 财务信息（Accounting Information），此栏只有在采用特殊付款方式时才填写。（1）填支票或现金；（2）使用旅费证（MCO）付款时，只接受作为货物运送的行李。本栏内应填入 MCO 号和兑换成货运单中货币的换取联价值（按需要也可以是从旅费证联中所减去的金额数)。此外还应填入客票号和所使用的航班号/路线(注:代理人不得接受托运人使用 MCO 作为付款方式);(3)货物无法交付退运时,应将原始货运单号填在为退运货物所填开新货运单的本栏内。

11. 货币(Currency):(1)按照适用的运价规则,填适用于始发国的国际标准组织(ISO)货币三字代号;(2)除"在目的地国家收费栏"(即 33A~33D)外,货运单上所列明的金额均按(1)项中所指货币。

12. 收费代号——仅用于承运人(Charges Codes-For Carrier Use Only),表明支付方式。本栏一般不填写。

13. 运费及声明价值费(Weight Charge/Valuation Charge,WT/VAL),此时可以有两种情况:预付(PPD)或到付(COLL)。如预付在 14A 中填入"×",否则填在 14B 中。

14. 其他费用(Other),也有预付和到付两种支付方式。

15. 运输声明价值(Declared Value for Carriage),在此栏填入发货人要求的用于运输的声明价值。如果发货人不要求声明价值,则填入"NVD(No Value Declared)"。

16. 海关声明价值(Declared Value for Customs),发货人或其代理人在此栏填入对海关的声明价值,或者填入"NCV(No Customs Valuation)",表明没有声明价值。

17. 目的地机场(Airport of Destination),填写最终目的地机场的全称。

18. 航班及日期(Flight/Date),填入货物所搭乘航班及日期。

19. 保险金额(Amount of Insurance),只有在航空公司提供代保险业务而客户也有此需要时才填写。(1)如果本栏内无阴影,且该填开货运单承运人提供此项服务,可将保险数额填入本栏;(2)如果本栏内无阴影,且该填开货运单承运人不提供此项服务,或托运人不要求保险时,应在本栏内填入"×××"符号。

20. 操作信息(Handling Information),本栏一般填入参加运输承运人对货物处理的有关注意事项,要求填写得尽量清楚、简明,使涉及该批货物的所有人员能够一目了然。

21. 货物运价细目(Consignment Rating Details)。

22A. 货物件数和运价组成点(No. of Pieces/RCP,Rate Combination Point):(1)填入货物包装件数;(2)当需要组成比例运价或分段相加运价时,在此栏填入运价组成点机场的 IATA 代码。

22B. 毛重(Gross Weight),填入货物总毛重。

22C. 重量单位,可选择千克(kg)或磅(Lb)。

22D. 运价等级（Rate Class），根据具体情况填入下列代号。

M（Minimum Charge），起码运费。

N（Normal Rate），45 千克以下货物适用的普通货物运价，又称一般运价。

Q（Quantity Rate），45 千克以上货物适用的普通货物运价，又称折扣运价。

C（Specific Commodity Rates），特种运价，又称指定商品运价。

S（Class Charge Surcharge），高于普通货物运价的等级货物运价，又称附加等级运价。

R（Class Charge Reduction），低于普通货物运价的等级货物运价，又称折扣等级运价。

U（Unit Load Device Basic Charge Or Rate），集装设备基础运费或运价。

E（Unit Load Device Additional Rate），集装设备另加运价。

X（Unit Load Device Additional Lnformation），集装设备附加项。

Y（Unit Load Device Discount），集装设备折扣。

22E. 商品代码（Commodity Item No.）：（1）如果某一指定商品运价适用，该商品的品名编号应填在标有"C"代号同一行的本栏内；（2）如果某一折扣等级运价适用，该所适用的运费或运价的百分比应填在标有"R"代号同一行的本栏内；（3）如果某一附加等级运价适用，该所适用的运费或运价的百分比应填在标有"S"代号同一行的本栏内。

22F. 计费重量（Chargeable Weight），此栏填入按照适用运价规则计算出的计费重量，该重量可以与货物毛重相同也可以不同，航空公司根据计费重量来计算运费。

22G. 运价（Rate/Charge）：（1）如果某一最低运费适用，该运费应填在标有"M"代号同一行的本栏内；（2）如果某一普通货物 45 千克以下运价适用，每一重量单位的适用运价应填在标有"N"代号同一行的本栏内；（3）如果某一折扣运价适用，则每一重量单位的适用运价应填在标有"Q"代号同一行的本栏内；（4）如果某一指定商品运价适用，则每一重量单位的适用运价应填在标有"C"代号同一行的本栏内；（5）如果某一折扣等级运价适用，则每一重量单位的适用运价或该批货物的适用运费应填在标有"R"代号同一行的本栏内。（6）如果某一附加等级运价适用，则每一重量单位的适用运价或该批货物的适用运费应填在标有"S"代号同一行的本栏内。

22H. 运费总额（Total），此栏数值应为起码运费值或者是运价与计费重量两栏数值的乘积。

22I. 货物的品名、数量，含尺码或体积（Nature and Quantity of Goods incl. Dimensions or Volume），货物的尺码应以厘米或英寸为单位，尺寸分别以货物最长、最宽、最高边为基础。体积则是上述三边的乘积，单位为立方厘米或立方英寸。

22J. 该运单项下货物总件数（Total Number of Pieces）。

22K. 该运单项下货物总毛重（Total Gross Weight）。

22L. 该运单项下货物总运费（Total Charges）。

23. 其他费用（Other Charges），指除运费和声明价值附加费以外的其他费用。（1）填始发站发生的其他费用，按全部预付或全部到付；也可填途中或目的地发生的费用，按全部预付或全部到付；作为到付的其他费用，应视为"代垫付款"的，按代垫付款规定办理；（2）根据 IATA 规则各项费用分别用三个英文字母表示。其中前两个字母是某项费用的代码，如运单费就表示为 AW（Air Waybill Fee）。第三个字母是 C 或 A，分别表示费用应支付给承运人（Carrier）或货运代理人（Agent）；（3）填"其他费用"金额时，应冠以下列代号：

AC（Animal Container）动物容器租费；

AS（Assembly ServiceFee）集中货物服务费；

AT（Attendant）押运员服务费；

AW（Air Waybill）货运单费；

BR（Bank Release）银行放行；

DB（Disbursement Fee）代垫付款手续费；

DF（Distribution Service Fee）分发服务费；

FC（Charges collect Fee）运费到付手续费；

GT（Government Tax）政府捐税；

HR（Human Remains）尸体、骨灰附加费；

IN（Insurance Premium）代保险服务费；

LA（Live Animals）动物处理费；

MA（Miscellaneous—Due Agent）代理人收取的杂项费用（如无其他代号可用）；

MZ（Miscellaneous—Due lssuing CaFrier）填开货运单承运人收取的杂项费用（如无其他代号可用）；

PK（Packaging）包装服务费；

RA（Dangerous Goods Surcharge）危险品处理费；

SD（Surface Charge—Destination）在目的地的地面运输费；

ST（Stop in Transit）中途停运费；

SO（Storage—Origin）在始发站的保管费；

SR（Storage—Destination）在目的地的保管费；

SU（Surface—Charge）地面运输费；

TR（Transit）过境费；

TX（Taxes）捐税；

UH（ULD Handling）集装设备操作费。

（4）如果货物由于无法交付而退运，原货运单上所列明的费用，应向原收货人收取，而未收取的各项费用应填入新填开的货运单的本栏内。

24～26. 分别记录运费、声明价值费和税款金额，有预付与到付两种方式。

27～28. 分别记录需要付与货运代理人和承运人的其他费用合计金额。

29. 需预付或到付的各种费用。

30. 预付、到付的总金额。

31. 托运人证明栏（Shipper's Certification box），托运人或其代理人应在本栏内的 "Signature of shipper or his Agent" 处签字（打印或盖章均可），如根据托运人已经签了字的托运书填制货运单，承运人或其代理人可代表托运人签字。

32. 签单时间（日期）、地点、承运人或其代理人的签字。

33. 货币换算及目的地机场收费记录。

以上所有内容不一定要全部填入航空运单，IATA 也并未反对在运单中写入其他所需的内容。

四、国际航空货物运费

（一）航空货物运输区划

在国际航空运输中，费用的有关各项规章制度、运费水平都是由国际航协统一协调、制定的。在充分考虑了世界上各个不同国家、地区的社会经济、贸易发展水平后，国际航协将全球分为三个航协区（IATA Traffic Conference Areas），分别为第一航协区、第二航协区和第三航协区。每个航协区内又分成几个亚区。

第一航协区（TC1）：包括北美、中美、南美、格陵兰、百慕大和夏威夷群岛。

第二航协区（TC2）：整个欧洲大陆（包括俄罗斯的欧洲部分）及毗邻岛屿，包括冰岛、亚速尔群岛、非洲大陆和毗邻岛屿、亚洲的伊朗及伊朗以西地区。本区主要有三个亚区：

1. 非洲区：含非洲大多数国家及地区，但非洲北部的摩洛哥、阿尔及利亚、突尼斯、埃及和苏丹不包括在内。

2. 欧洲区：包括欧洲国家和摩洛哥、阿尔及利亚、突尼斯三个非洲国家和土耳其（既包括欧洲部分，也包括亚洲部分）。俄罗斯仅包括其欧洲部分。

3. 中东区：包括巴林、塞浦路斯、埃及、伊朗、伊拉克、以色列、约旦、科威特、黎巴嫩、阿曼、卡塔尔、沙特阿拉伯、苏丹、叙利亚、阿拉伯联合酋长国、也门等。

第三航协区（TC3）：整个亚洲大陆及毗邻岛屿（已包括在二区的部分除外），澳大利亚、新西兰及毗邻岛屿，太平洋岛屿（已包括在一区的部分除外）。其中可分为：

1. 南亚次大陆区：包括阿富汗、印度、巴基斯坦、斯里兰卡等南亚国家。

2. 东南亚区：包括中国（含港、澳、台地区）、东南亚诸国、蒙古、俄罗斯亚洲部分及土库曼斯坦等独联体国家、密克罗尼西亚等群岛地区。

3. 西南太平洋洲区：包括澳大利亚、新西兰、所罗门群岛等。

（二）航空货物计费重量

计费重量（Chargeable Weight）是指据以计算运费的货物的重量。在航空货物运输中计费重量是按实际重量和体积重量两者之中较高的一种计收。也即是在货物体积小、重量大的情况下，以实际重量（即毛量）作为计费重量；在货物体积大、重量小的情况下，就以货物的体积重量作为计费重量。

1. 体积重量（Measurement Weight）

体积重量主要针对体积大而重量相对小的轻泡货物，即凡1千克重量体积超过6000立方厘米或366立方英寸；或1磅重量体积超过166立方英寸者，以体积重量作为计费重量。体积重量的计算步骤是：

（1）不考虑货物的几何形状，分别量出货物的最长、最宽和最高的部分，单位为厘米或英寸，测量数值的尾数四舍五入；

（2）算出货物的体积；

（3）将体积折算成千克或磅。

在确定计费重量时，原则是按实际毛重和体积重量二者之中较大者确定。

2. 实际重量（Actual Weight）

实际重量是指一批货物包括包装在内的实际总重量。这种计费重量主要针对重量大而体积相对小的货物。具体界限是每6000立方厘米或366立方英寸的体积，其重量大于1千克；或者166立方英寸的体积，其重量大于1磅的货物，这种货物通常称为重货。具体计算时，当货物的实际重量以千克表示时，计费重量的最小单位为0.5千克。重量不足0.5千克的，按0.5千克计算，超过0.5千克以上不足 1 千克的按 1 千克计算，如：货物重量为 100.1 千克，则计费重量为 100.5 千克；货物重量为 100.6 千克，则计费重量为 101.0 千克；当货物的实际重量以磅表示时，计费重量的最小单位为 1 磅，不足 1 磅的按 1 磅计算。

3. 集中托运货物的计费重量

当一批货物由几件不同的货物所组成，如集中托运的货物，同一运单项下会有多件货物，其中有重货也有轻泡货，其计费重量则采用整批货物的总毛重或总的体积重量两者之中较高的一个计算。其计算步骤是：

（1）计算这一整批货物总的实际毛重；

（2）计算该批货物的总体积，并求出体积重量；

（3）比较两个数值，并以高的作为该批货物的计费重量。

（三）航空货物运价

1. 公布直达运价

公布直达运价是指航空公司在运价本上直接注明货物由始发地机场运至目的地机场的航空运输价格。公布直达运价包括以下几种。

（1）普通货物的运价（General Cargo Rates）

普通货物运价，又称一般货物运价，它是为一般货物制定的，仅适用于计收一般普通货物的运价，是航空货物运输中使用最为广泛的一种运价。任一（除含有贵重元素之外）按普通货物运价收取运费的货物，称普通货物或一般货物。

在通常情况下，各航空公司公布的普通货物运价针对所承运货物数量的不同规定几个计费重量分界点（Breakpoints）。最常见的是以 45 千克作为重量分界点，将普通货物运价分为 45 千克以下的普通货物运价，运价类别代号为 N；以及 45 千克和 45 千克以上的普通货物运价，运价类别代号为 Q。45 千克以上的普通货物运价低于 45 千克以下的普通货物运价。另外，根据航线货流量的不同，为了吸引更多的货载，世界上许多地区的航空公司对更高的重量点又进一步公布更低的运价。如 100 千克、200 千克、300 千克、500 千克甚至 1000 千克和 1500 千克等各档运价。所托运的货物越多，则每千克收取的运价越低。

普通货物的运费一般是以货物的实际毛重量或体积重量乘以相对应的重量等级的运价计得的。但由于对较高的重量等级提供较低的运价，很容易出现一些矛盾。有可能出现一批 40 千克重的货物按 45 千克以下的普通货物运价所计收的运费，反而高于一批 45 千克重的货物按 45 千克以上的一般货物运价所计收的运费的现象。因此航空公司有规定对航空运输的货物除了要比较其实际的毛重和体积重量并以高的为计费重量以外，如果使用较高的计费重量分界点计算出的运费更低，则也可使用较高的计费重量分界点的费率，此时货物的计费重量为较高计费重量分界点的最低运量。

【例1】

> Routing：PEK－TYO
> COMMODITY：Bamboo Basket
> PC/WT：2/23.5kg
> DIMS：39.6cm×40.2cm×50.4cm

运价：

> M：230.00　　　　　CNY
> N：37.51
> 45：28.13

体积重量：

$40×40×50×2÷6000=26.66kg \longrightarrow 27.0kg$

计算运费：

$27.0kg×CNY 37.51=CNY 1012.77$

【例2】

> Routing：PEK-TYO
> COMMODITY：Bamboo Basket
> PC/WT：2/40.0kg
> DIMS：39.6cm×40.2cm×50.4cm

运价：

> M：230.00　　　　　CNY
> N：37.51
> 45：28.13

体积重量：

$40×40×50×2÷6000=26.66kg \longrightarrow 27.0kg$

计算运费：

$40.0kg×CNY 37.51=CNY 1500.00$

$45.0kg×CNY 28.13=CNY 1265.85$

两种计费方法比较，取低者。

【例3】　某航空公司运送普通货物两件，总重220千克，每件体积91.4厘米×86.3厘米×91.4厘米，求应收运费。

解：体积重量：

91.4×86.3×91.4×2/6000＝237.4kg＞220kg

所以，按体积重量计收，为 237.4kg

应收运费＝237.4kg×运价

【例4】　某航空公司运送普通货物一件，重 285 千克，从北京运往伦敦，求应收运费。运价如下：

M　　　200.00

N　　　37.25

45　　　26.66

300　　　24.30

1000　　18.10

解：经济计费分界点＝（300×24.30）/26.66＝273.4kg＜285kg

所以，应按 300kg 等级计收

应收运费＝300kg×RMB 24.30＝RMB 7290

【例5】　某航空公司从北京运往阿克拉一只装笼内的小狗，毛重 25 千克，体积 108 厘米×50 厘米×60 厘米，求应收运费。

解：体积重量：

108×50×60/6000＝54kg＞25kg

所以，计费重量 54kg

适用运价 N 运价（假设已知 N 运价 RMB 46.83）

应收运费＝54kg×RMB 46.83＝RMB 2528.82

（2）等级货物运价（Class Rates Or Commodity Classification Rates）

等级货物运价是指适用于规定地区或地区间的指定等级的货物所适用的运价。等级货物运价通常是在普通货物运价（GCR）的基础上增加或减少一定百分比所构成的。换言之，等级货物运价实际上就是对某种特定的商品或货物在普通货物运价的基础上进行提价或优惠的价格。

等级货物运价大致分为两种：等级运价减价（Rebates Rates）和等级运价加价（Surcharged Rates）。

等级运价减价，用 R 表示，物品的运价是在普通货物运价的基础上减少一定的百分比。适用商品包括：

报纸、杂志、书籍等出版物（Newspaper，Magazine，Books Etc.）

作为货物托运的行李（Baggage Shipped As Cargo）

【例6】　某航空公司从北京运往多伦多小猪 4 只，毛重共 140 千克，求应收运费。

解：计费重量 140 千克

使用运价 GCR×150%＝CNY 22.85×150%＝34.275（元）

应收运费＝140kg×CNY 34.275＝4798.5（元）

【例 7】 某航空公司从上海运往大阪现钞 4 件，共 20 千克，体积 20 厘米×20 厘米×20 厘米，2 件；20 厘米×20 厘米×23 厘米，2 件，已知 N 运价 18.15RMB，计算运费。

解：体积重量：

(20×20×20×2＋20×20×23×2) /6000＝4.2kg＜20kg

所以，计费重量 20kg

适用运价 N×200%＝RMB 18.15×200%＝36.3（元）

应收运费＝20kg×CNY 36.3＝726（元）

等级运价加价，用 S 表示，物品的运价是在普通货物运价的基础上增加一定的百分比。适用商品包括：

活动物（Live Animals）

贵重物品（Valuable Cargo）

尸体（Human Remains）

（3）特种货物运价（Specific Commodity Rates）

特种货物运价，又称指定商品运价，是指自指定的始发地至指定的目的地而公布的适用于特定商品、特定品名的低于普通货物运价的某些指定商品运价。

特种商品运价是由参加国际航空运输协会的航空公司，根据在一定航线上应经常性特种商品运输的发货人的要求，或者为促进某地区的某种货物的运输，向国际航空运输协会提出申请，经同意后而制定的。

在使用特种货物运价时，首先是决定货物是属于哪一种特种货物，然后再查阅在所要求的航线上有哪些特种货物运价。进而查阅"航空货物运价表"上的"货物明细表"，选择与货物一致的号码。最后，根据适用该货物的起码重量，选择合适的特种货物运价。

国际航空运输协会公布特种商品运价时，将货物划分为以下各品类：

0001—0999 食用动物和植物产品

1000—1999 活动物和非食用动物及植物产品

2000—2999 纺织品、纤维及其制品

3000—3999 金属及其制品，但不包括机械、车辆和电器设备

4000—4999 机械、车辆和电器设备

5000—5999 非金属矿物质及其制品

6000—6999 化工产品及相关产品

7000—7999 纸张、芦苇、橡胶和木材及其制品

8000—8999 科学和专业精密仪器、器械及其零配件

9000—9999 其他货物

其中每一组又细分为 10 个小组，每个小组再细分，这样几乎所有的商品都有一个对应的组号，较详细地解释了各种商品。

特种货物运价是给予在特定的始发站和到达站的航线上运输特种货物的一个特别的运价。公布特种货物运价时，同时公布起码重量。特种货物运价往往低于普通货物的运价。

（4）起码运费（Minimum Charges）

起码运费是航空公司承运一批货物所能接受的最低运费，不论货物的重量或体积大小，在两点之间运输一批货物应收取的最低金额。起码运费的类别代号为 M。它是航空公司在考虑办理一批货物，即使是一批很少的货物，所必须产生的固定费用而制定的。一批货物运费的计算，是使用货物的计费重量乘以所适用的运价，不管使用哪一种运价，所计算出来的运费都不能低于公布的起码运费。当计算出的运费少于起码运费时，则以起码运费计收。

中国民航的起码运费是按货物从始发港到目的港之间的普通货物运价 5 千克运费为基础或根据民航和其他外国航空公司洽谈同意而制定的。

【例 8】

> Routing：PEK—TYO
> COMMODITY：NewTape
> PC/WT：1/0.4kg

运价：

> M：230.00　　　　　　　　CNY
> N：37.51
> 45：28.13

运费：

0.5kg×CNY 37.51＝CNY 18.755

因为低于起码运费，所以应按起码运费计收。

【例 9】　从北京把绿宝石 1 件运往雅典，重 3.7 千克，体积 20 厘米×20 厘米×200 厘米，运价 M 250.00，N 25.31，请计算运费。

解：体积重量：

$20 \times 20 \times 20 / 6000 = 1.3 \mathrm{kg} < 3.7 \mathrm{kg}$

所以，计费重量为4kg，

适用运价 $N \times 200\% = 25.31 \times 200\% = \mathrm{RMB}\ 50.62$

应收运费 $= 4 \mathrm{kg} \times \mathrm{RMB}\ 50.62 = \mathrm{CNY}\ 202.48$

起码运费：$\mathrm{CNY}\ 250.00 \times 200\% = \mathrm{CNY}\ 500 > \mathrm{CNY}\ 202.48$

所以，应按起码运费 CNY 500 计收。

【例10】 某航空公司从北京运往大阪热带鱼5.6千克，计算应收运费。

北京—大阪

M 125.00

N 23.23

解：计费重量6千克 适用运价：N 运价 23.23

应收运费 $= 6 \mathrm{kg} \times \mathrm{CNY}\ 23.23 = \mathrm{CNY}\ 139.38$

起码运费 $\mathrm{M} \times 200\% = 125.00 \times 200\% = \mathrm{CNY}\ 250 > \mathrm{CNY}\ 139.38$

所以，应按起码运费计收，即 CNY 250.00。

2. 非公布的直达航空运价

在 TAC Rates 中，如果货物的始发地至目的地之间没有公布的直达运价时，可以采用比例运价或分段相加运价的办法，组成最低的全程运价，这些统称为组合非公布直达运价。

（1）分段相加运价（Combination of Rate）

如果从货物始发地到目的地之间无公布的直达运价，同时也不可能采用比例运价构成全程运价时，可以在货物始发地和目的地之间选择较合适的运价计算点，分别找到始发地至该点及该点至目的地的运价，按分段运价相加的办法，组成最低的全程运价。

在采用分段运价相加组成全程运价时，可以选择几个不同的运价计算点，对构成的分段相加运价进行比较，取其最低者使用。如果各段运价适用的计费重量不同，计算运费时应在货运单运价栏内分别填写。采用分段相加的方式组成的非公布直达运价可作为等级货物运价的基础。当国内运价和国际运价相加时，国际运价的规定同样适用于相加后的全程运价。

（2）比例运价（Construction Rate）

货物的始发地和目的地之间无公布直达运价时，可采用比例运价与已知的公布直达运价相加组成非公布直达运价。

在利用比例运价时，普通货物运价的比例运价只能与普通货物运价相加，特种货物运价、集装设备的比例运价也只能与同类型的直达运价相加，不能混用。

此外，也可以用比例运价加直达运价，或用直达运价加比例运价，也可以在计算中使用两个比例运价，但这两个比例运价不可连续使用。再则，采用不同的运价构成点组成的公布直达运价，应取其较低者作为货物的运价；采用比例运价组成的公布直达运价可作为等级货物运价的基础。只有国际运输才可使用比例运价。

3. 航空附加费

(1) 声明价值附加费 (Valuation Charges)

在实际操作中，航空运输承运人会将自己对托运人的责任限制在一定的范围内，以限制经营风险。《华沙公约》中对由于承运人自身的疏忽或故意造成的货物的灭失、损坏或延迟规定了最高赔偿责任限额，这一金额一般被理解为每千克20美元或每磅9.07英镑或其他等值货币。如果货物的价值超过了上述值，即增加了承运人的责任，承运人要收取声明价值附加费。否则即使出现更多的损失，承运人对超出的部分也不承担赔偿责任。货物的声明价值是针对整件货物而言的，不允许对货物的某部分声明价值。

声明价值附加费的计算公式为：

声明价值附加费＝（货物价值－货物毛重×20美元/千克）×声明价值费费率

声明价值附加费的费率通常为0.5%。大多数的航空公司在规定声明价值附加费费率的同时还要规定声明价值附加费的最低收费标准。根据上述公式计算出来的声明价值附加费低于航空公司的最低标准，则托运人要按照航空公司的最低标准缴纳声明价值附加费。

【例11】 北京（PEK）到东京（TYO）运金块一批，毛重25千克，托运人的声明价值是人民币15000元。声明价值附加费的计算如下（1美元折合人民币8.30元）：

声明价值附加费＝（15000－20×8.30×25）×0.5%＝54.25元

(2) 其他附加费

其他附加费包括制单费（Air Waybill Fee）、货到付款劳务费（Charges Collect Fee）、中转手续费（Transit Charges）等，一般只有在承运人或航空货运代理人或集中托运人提供服务时才收取。

五、国际航空货物运输的变更、交付与索赔

（一）空运货物运输的变更

1. 自愿变更运输

由于托运人的原因改变运输，称为自愿变更运输。在货物交运后和提取前，托运人有权对货单上所列全部货物的运输作变更，变更的内容包括：发运前在始

发站退运、在航班的任一经停站停运、由目的站退回始发站、变更收货人、变更目的地。托运人要求变更时，应提出书面申请，出示货运单正本并保证负担由此而产生的一切费用。

始发站在接受托运人变更运输要求时，应有以下条件：

（1）托运人要求将货物由目的站退回时，应符合下列任一条件：①收货人尚未提取，或尚未要求提取；②收货人拒绝提取。

（2）不得由于托运人要求变更运输而损害承运人或其他托运人的利益。

（3）托运人不得要求将货运单上所列的部分货物变更运输，也不得要求将整批货物分批变更运输。

2. 非自愿变更运输

由于天气、货物积压、机械故障、禁运和承运人的其他原因而改变已订妥的航班和运输路线，称为非自愿变更运输。变更运输的权利：①当货物还在填开货运单的承运人监管之下时，该承运人有权变更运输；②由于第一点所述原因，货物需在中途变更运输时，只有货运单上所列变更运输时的承运人才有权变更运输。

非自愿变更运输时，有关承运人应按照货物运输安全、迅速、可靠的原则，尽速将货物运至目的地，可采取的措施包括：利用自己的其他航班将货物运至目的地；利用地面运输将货物运至目的地或将货物转交给其他承运人运至目的地。

3. 国际货物运费更改办法

在国际货物运输过程中，由于托运人的原因或由于承运人（或其代理人）的工作差错，需更改运费的具体数额或运费的付款方式时，应及时采取措施予以更正。

如托运人在办完托运手续后，货物尚未发运，要求将运费由预付改为到付，或由到付改为预付的处理，应重新填开货运单，并区分情况退回运费或补收运费。

如上述情况下，货物已发运，可按下列方法办理：

（1）如货物已被收货人提取，则应将情况告知托运人，不予办理更改手续。

（2）如该货系预订吨位，货运单上也已填明各承运人及航班日期，则应发电通知指定的承运人和目的站，要求在货运单上作相应的更改，并要求复电证实。

（3）如该货未预订吨位，货运单上也未填明承运人，则可直接电告货物目的站有关部门，要求在货运单上作相应的更改，并要求复电证实。

如因承运人（或其代理人）工作过失而造成运费多收、少收或错列付款方式（运费到付错为运费预付或反之）时，也应发电通知有关承运人和货物目的站有关部门，要求在货运单上作相应的更改，并要求复电证实。

无论何种原因造成的差错，除应及时发电通知有关承运人和货物目的站有关部门要求更正并复电证实外，还必须填制"货物运费更改单"一式若干份（视情况而定）送沿途有关部门，包括货物目的站交付货物的空运企业和始发站的财务部门，同时应留一份附在存根联后备查。

（二）货物交付

1. 货物在运达目的地后，承运人应当及时向收货人发出货物到达通知，货物到达通知以通常方式发出。对未收到或者未按时收到此通知的，承运人不承担责任。

2. 收货人收到或者要求提取货物、货运单的，托运人对货物的处置权即告终止；收货人拒绝接收货运单或者货物，或者承运人无法同收货人取得联系的，托运人继续行使对货物的处置权。

3. 除货运单上另有特别载明外，货物只能交付给货运单上载明的收货人或者其代理人。

4. 收货人在提取货物时，发现货物损坏、遗失或者延误，应向承运人提出，并按承运人规定填写货物运输事故记录。

5. 收货人提取货物，未提出异议，即视为货物已经在完好状态下按照运输合同有效交付。

6. 按适用的法律，已将货物交付给海关或者其他行政当局的，应当视为有效交付。

7. 货物运达目的地后，收货人拒绝或者未在规定的时间内提取货物的，承运人应当执行货运单上载明的托运人指示。货运单上未载明指示或者指示不能执行的，承运人应当将收货人未提取货物的情况通知托运人，并要求托运人予以指示。

8. 货物运达目的地机场后三个月内未收到托运人指示的，承运人按其无法交付货物的规定处理。

（三）索赔与理赔

1. 承运人的责任

因发生在航空运输期间的事件，造成货物毁灭、遗失或者损坏的，承运人应当承担责任，但法律规定免除责任的除外。

货物在运输过程中因延误造成的损失，承运人应当承担责任。但是，承运人证明本人或者其受雇人、代理人为了避免损失的发生，已经采取一切必要措施或者不可能采取此种措施的，不承担责任。

在运输过程中，经承运人证明，损失是由索赔人或者代行权利人的过错造成或者促成的，应当根据造成或者促成此种损失的过错的程度，相应免除或者减轻承运人的责任。

由几个连续承运人根据一张航空货物运输合同进行的运输被视为一个单一运输过程。由连续承运人运输的货物，每一承运人就其根据航空货物运输合同办理的运输区段作为运输合同的订约一方而承担责任。

对下列原因造成货物毁灭、遗失、延误或者损坏的，承运人不承担责任：

（1）货物本身的自然性质、质量或者缺陷；

（2）承运人或者其受雇人、代理人以外的人包装货物的，货物包装不良；

（3）政府有关部门实施的与货物入境、出境或者过境有关的行为；

（4）战争或者武装冲突。

因货物毁灭、遗失、损坏或者延误等造成的间接损失，承运人不承担责任。

2. 索赔期限与诉讼

（1）期限。如果货物明显损坏或者部分损失，发现后立即或最迟应当自收到货物之日起 14 日内提出；货物有其他损坏的，应当自收到货物之日起 14 日内提出；货物延误的，应当自货物处置权交给指定收货人之日起 21 日内提出；货物没有收到的，应当自货运单填开之日起 120 日内提出。任何异议均应当在前款规定的期间内写在运输凭证上或者另以书面提出。如未能在上述时限内提出异议，即丧失向承运人索赔的权利。

除承运人有欺诈行为外，收货人未在前款规定的期间内提出异议的，不能向承运人提出索赔诉讼。

（2）诉讼。当货物毁灭、遗失、损坏或者延误时，托运人有权对第一承运人提出诉讼，收货人有权对最后承运人提出诉讼，托运人和收货人均可以对发生毁灭、遗失、损坏或者延误在运输区域的承运人提出诉讼。

航空运输的诉讼时效期间为两年，自民用航空器到达目的地点、应当到达目的地点或者运输终止之日起计。

3. 理赔与赔偿的最高限额

根据规定，货物的赔偿责任限额为每千克 20 美元或与其等值货币。承运人能证明货物实际损失低于每千克 20 美元或者其等值货币的，按实际损失赔偿。

货物办理声明价值并支付声明价值附加费的，除承运人能证明托运人声明的金额高于托运货物的目的地点交付时的实际利益外，承运人应当在声明金额范围内承担责任。

部分货物或者货物中的任何包装件发生毁灭、遗失、损坏或者延误，确定承运人的赔偿责任限额以有关包装件的重量为限。当托运货物中任何包装件的毁灭、遗失、损坏或者延误，影响到同一货运单所列其他包装件的价值的，确定承运人的赔偿责任限额时，应考虑其他包装件的重量。在没有相反的证据时，毁灭、遗失、损坏或者延误的货物价值在全部货物总价值中的比例，按毁灭、遗失、损坏或者延误的货物重量在全部货物总重量中的比例确定。

六、国际航空货物运输保险

航空运输货物保险是以飞机为运输工具的货物运输保险。我国的中国人民保险公司接受办理航空运输货物的保险业务，并制定有"航空运输险"和"航空运输一切险"两种基本险条款以及"航空运输货物战争险"的附加险条款。

（一）航空运输险（Air Transportation Risks）和航空运输一切险（Air Transporatation All Risks）

1. 航空运输险与航空运输一切险的责任范围

（1）航空运输险责任范围。被保险货物在航空运输途中遭受雷电、火灾、爆炸或由于飞机遭受恶劣气候或其他危难事故而被抛弃，或由于飞机遭受碰撞、倾覆、坠落或失踪等自然灾害和意外事故所造成的全部或部分损失。

被保险人可对遭受承保责任内危险的被保险货物采取抢救、防止或减少货损的措施而支付合理费用，但以不超过该批被救货物的保险金额为限。

（2）航空运输一切险责任范围。除了包括上列航空运输险的保险责任外，还负责被保险货物由于被偷窃、短少等一般外来原因所导致的全部或部分损失。

航空运输险和航空运输一切险的除外责任与海洋运输货物险的除外责任基本相同。

2. 航空运输险和航空运输一切险的责任起讫

航空运输货物保险两种基本险的保险责任，采用"仓至仓条款"确定起讫期限，即自被保险货物运离保险单所载明的起运地仓库或储存处所开始运输时生效，包括正常运输过程中的运输工具在内，直至该项货物运达保险单所载明的目的地收货人的最后仓库或储存处所或被保险人用作分配、分派或非正常运输的其他储存处所为止。如未运抵上述仓库或储存处所的，则以被保险货物在最后卸载地卸离飞机后满30天为止。如在上述30天内被保险货物需转送到非保险单所载明目的地时，则以该项货物开始转运时终止保险责任。

如果由于被保险人无法控制的运输延迟、绕道、被迫卸货、重新装载、转载或承运人运用运输契约赋予的权限所作的任何航行上的变更或终止运输契约，致使被保险货物运到非保险单所载目的地时，在被保险人及时将获知的情况通知保险人，并在必要时加缴保险费的情况下，航空运输货物保险合同继续有效，则保险责任按下述标准终止：

（1）被保险货物在上述 30 天期限内继续运往保险单所载原目的地或其他目的地时，保险责任仍按前述"仓至仓条款"的规定终止。

（2）被保险货物在非保险单所载目的地出售的，保险责任至交货时终止。但不论任何情况，均以被保险货物在卸载地卸离飞机后满 30 天为止。

（二）航空运输货物战争险（Air Transportation Cargo War Risks）

航空运输货物战争险是航空运输货物险的一种附加险，只有在投保了航空运输险或航空运输一切险的基础上，经过投保人与保险公司协商方可加保。加保时须另加付保险费。

1. 责任范围

保险公司承担赔偿在航空运输途中由于战争、类似战争行为、敌对行为或武装冲突以及各种常规武器和炸弹所造成的货物的损失，但不包括因使用原子或热核制造的武器所造成的损失。

2. 责任起讫

航空运输货物战争险的保险责任期限是自被保险货物装上保险单所载明的起运地的飞机时开始，直到卸离保险单所载明的目的地的飞机时为止。如果被保险货物不卸离飞机，则以飞机到达目的地当日午夜起计算满 15 天为止。如被保险货物在中途转运时，保险责任以飞机到达转运地的当日午夜起计算满 15 天为止。

与海运、陆运险一样，航空运输货物在投保战争险的基础上，可加保罢工险，加保罢工险不另收费。如仅要求加保罢工险，则按战争险费率收费。航空运输罢工险的责任范围与海洋运输罢工险的责任范围相同。

七、国际航空特种货物运输

（一）鲜活易腐物品航空运输

鲜活易腐物品，是指在一般运输条件下易于死亡或变质腐烂的物品。如虾、蟹类；肉类；花卉；水果、蔬菜类；沙蚕、活赤贝、鲜鱼类；植物树苗；蚕种；蛋种；乳制品；冰冻食品；药品；血清、疫苗、人体白蛋白、人体球蛋白、胎盘球蛋白等。此种货物，一般要求在运输和保管中采取特别的措施，如冷藏、保温等，以保持其鲜活或不变质。

1. 收运条件

（1）鲜活易腐货物应具有必要的检验合格证明和卫生检疫证明，还应符合与运输有关的国家关于此种货物进出口和过境规定。

（2）包装：必须有适合此种货物特性的包装。要注意不致因在运输途中包装破损或有液体溢出而污损飞机或其他装载物。凡怕压货物，外包装应坚固抗压；需通风的货物，包装箱上应有通气孔；需冷藏冰冻的货物，容器应严密，保证冰水不致流出。带土的树种或植物苗应用塑料袋包装，以免土粒、草屑等杂物堵塞飞机空气调节系统。为便于搬运，鲜活易腐物品每件重量以不超过 25 千克为宜。

2. 运输

（1）收运前应订妥有关航班的吨位并应安排此类货物不在有关到达站国家的节假日或周末运达，以免延长提取时间造成货物变质腐烂。

（2）在货运单"货品名及数量"栏内应注明"鲜活易腐"（PERISHABLES）字样和在"处理情况"栏内注明应注意事项，并将装有各种卫生检疫证明的信封订在货运单后面，随货运单发运。

（3）为减少鲜活易腐货物在仓库存放的时间，托运人或收货人可直接到机场办理托运或提取手续。

（4）每件货物包装上应贴有"鲜活易腐"货物的标贴。

在运输过程中，对此类货物的腐烂、变质、失效，除由于承运人的责任原因外，承运人不负赔偿责任。

（二）危险物品航空运输

危险物品是指对人员和飞机有损害的气体、液体或固体物质，如易燃、易爆、易腐蚀、有毒、病原菌、易氧化、放射性、裂变、聚合等性质物品。上述物品又称被限制的运输物品。

1. 危险物品航空运输的一般规定

（1）此类货物是危害飞行安全的危险物品，在收运时，必须严格判明种类、性质，检查包装标准，限定数量和严格履行操作规定，以确保飞机和人员的安全。

（2）国际航线上的客、货飞机以及与其相衔接的国内航线飞机均可载运危险物品，但其数量、种类、包装等必须按照有关相应规定和参照国际航协的有关危险品运输的规定予以办理。

（3）托运人必须事先与航空公司或其代理人联系，提供危险物品的名称（学名）、物理和化学性质、包装方式和运输中的特殊要求。

（4）目前国内所有空运代理公司因条件所限，暂不接收危险物品的运输。

（5）托运人应填制危险物品托运证明书一式两份，托运证明书应由托运人签字。一份由收运单位存查，一份附在货运单后面随货物寄出，以便各承运人查阅。

（6）如联运时，必须查阅有关承运人的特殊规定，或事先与其洽妥。

（7）收运裂变物质和有放射源的物质时，托运人应填制放射物品托运书，得到国家有关当局的批准后，只能在货机上载运。自然的放射性液体一律拒运。

（8）如遇有在危险品规定中无此品名时，为了确保飞行安全，必须要求托运人予以详细证明。可根据交运货物的性质以及与何类物质的性质相近，并有技术部门的鉴定证明，经航空公司认可后方可收运。

2. 危险品货物航空运输的包装要求

（1）危险物品必须按照规定的数量盛装在相应规定的容器内，并牢固封好，必要时应加铅封，收运时应注意是否封好。容器应能防止内装物在正常运输条件下因温度、湿度或者压力的变化或者因震动而引起爆炸、失火、散失和漏溢。

（2）盛装液体的容器包装必须完全填充好。运输正常条件下由于温度的升高，内装容器必须留有充分的空隙，至少为5%。内装容器还必须抗压，在温度变化流体膨胀时，不致因此而外溢。

（3）危险物品的内包装应有防破碎和防震的内衬物，流体应有吸湿物，以保证其在运输正常条件下不致因震撞、摩擦而破损。

（4）易碎或易破的内包装容器，如陶制器、玻璃制品等，外包装必须加固，内衬物必须衬好，以防破碎外溢。

（5）包装尺寸不得小于普通货物规定的包装最低尺寸。

（6）同一包装内禁止混装不同性质的危险物品。

（7）外包装必须适于装卸操作，保证安全可靠。

（8）对于放射性、裂变、聚合物质除有上述一般包装要求外，还应注意以下各点：

①包装容器必须用坚固的优质材料制作，应具有封严、抗压、抗腐蚀和抗辐射线穿透的化学和物理性能。同时应保证运输过程中温度在−40℃和70℃间变化而不会失封和漏溢，并保证在一般运输事故时亦不会外溢。

②包装容器不应有凸出部分，铅封和封严部位应在凹处，以免碰撞失封而造成危险。外表面应尽量平滑、光洁，以及容易除去污染。裂变物质的容器外表不能有存水凹处，以避免水漏进内包装而引起恶果。

③包装容器的焊接需符合国家或国际标准，保证焊接处不出事故。

④在运输正常条件下，包装容器不能因加速、高度震动和共振而失去容器封严可靠性。特别是螺栓、螺帽部分不致松动和脱落。

⑤如放射性物质同时具有其他危险特性时，包装应同时考虑到除放射性外其他危险特性的要求。

⑥外包装表面的非固定放射性污染的最大允许限度如表4-3所示（每300立方厘米平均数）。

表 4-3　　　　　　　　　　外包装表面非固定放射性污染的最大允许限度

放射性污染	最大允许限度	
	毫居里/立方厘米	毫居里/立方厘米
仅指天然贫化铀和天然钍	10^{-3}	6.45×10^{-3}
β、v 射线和低害 α 射线	10^{-4}	6.45×10^{-4}
所有其他 α 射线	10^{-5}	6.45×10^{-5}

3. 标贴

按照危险品的种类在货物外包装明显处贴上不同的标贴，另外根据货物的不同情况再加贴"不可倒置"、"易碎物品"、"急货"等标贴。如系仅限装在货机上的危险物品，应加贴"仅限货机"的标贴。

（1）"爆炸"标贴（EXPLOSIVE），为橘黄色底、黑色字；尺寸为 10 厘米×10 厘米；英文缩写为 REX。（详见图 4-5）

（2）"非易燃压缩气"标贴（NON-FLAMMABLE COMPRESSED GAS），底为绿色，字为黑色；尺寸为 10 厘米×10 厘米；英文缩写代码为 RNG。（详见图 4-6）

（3）"易燃气体"标贴（FLAMMABLE GAS），底为红色，字为黑色；尺寸为 10 厘米×10 厘米；英文缩写代码为 RFG。（详见图 4-7）

（4）"易燃液体"标贴（FLAMMABLE LIQUID），底为红色，字为黑色；尺寸为 10 厘米×10 厘米；英文缩写代码为 RFL。（详见图 4-8）

（5）"易燃固体"标贴（FLAMMABLE SOLID），红白道，字为黑色；尺寸为 10 厘米×10 厘米；英文缩写代码为 RFS。（详见图 4-9）

（6）"受潮易燃固体"标贴（FLAMMABLE WATER REACTIVE MATE-RIAL），底为蓝色，字为黑色；尺寸为 10 厘米×10 厘米；英文缩写代码为 RFW。（详见图 4-10）

（7）"易氧化物质"标贴（OXIDIZING MATERIAL），底为黄色，字为黑色；尺寸为 10 厘米×10 厘米；英文缩写代码为 ROX。（详见图 4-11）

（8）"有机过氧化物"标贴（ORGANIC PEROXIDE），底为黄色，字为黑色；尺寸为 10 厘米×10 厘米；英文缩写代码为 ROP。（详见图 4-12）

（9）"毒品"标贴（POISONOUS ARTICLE），底为白色，字为黑色；尺寸为 10 厘米×10 厘米；英文缩写代码为 RPB。（详见图 4-13）

（10）"传染性物质"标贴（INFECTIOUS SUBSTANCE），底为白色，字

为黑色；尺寸为 10 厘米×10 厘米；英文缩写代码为 RIS。（详见图 4 - 14）

（11）"放射性"标贴，分为"Ⅰ级放射性"标贴、"Ⅱ级放射性"标贴和"Ⅲ级放射性"标贴。

①"Ⅰ级放射性"标贴

在整个运输过程中，在货物表面任一点发出的辐射剂量率不超过 0.5 毫伦琴/小时，而且该货物并不属于Ⅱ、Ⅲ级裂变物质，亦在运输中无须特殊照料的放射性货物，在外包装的四面贴上"Ⅰ级放射性"标贴。符号和字体为黑色，底色为上黄下白，附一条红竖线；尺寸为 10 厘米×10 厘米；英文缩写代码为 RRW。（详见图 4 - 15）

②"Ⅱ级放射性"标贴

辐射剂量率超过Ⅰ级放射性物质或属于Ⅱ级裂变物质，但只要在整个运输过程中，在货物表面任一点发出的辐射剂量率不超过 50 毫伦琴/小时，以及运输指数不超过 1。符号和字体为黑色，底色为上黄下白，附两条红竖线；尺寸为 10 厘米×10 厘米；英文缩写代码为 RRY。（详见图 4 - 16）

③"Ⅲ级放射性"标贴

该货超过Ⅱ级的限制数，或系属于Ⅱ、Ⅲ级裂变物质，而且在整个正常运输过程中在货物表面任一点发出的辐射剂量率不超过 200 毫伦琴/小时，而运输指数不超过 10。符号和字体为黑色，底色为上黄下白，附三条红竖线。式样略。

（12）"腐蚀"物品标贴（CORROSIVE），尺寸为 10 厘米×10 厘米；英文缩写代码为 RCM。（详见图 4 - 17）

（13）"磁性"物质标贴（MAGNETIZED MATERIAL），尺寸为 10 厘米×10 厘米；英文缩写代码为 MAG。（详见图 4 - 18）

图 4 - 5 "爆炸"标贴　　图 4 - 6 "非易燃压缩气"标贴　　图 4 - 7 "易燃气体"标贴

图 4-8 "易燃液体"标贴　　　图 4-9 "易燃固体"标贴　　　图 4-10 "受潮易燃固体"标贴

图 4-11 "易氧化物质"标贴　　图 4-12 "有机过氧化物"标贴　　图 4-13 "毒品"标贴

图 4-14 "传染性物质"标贴　　图 4-15 "Ⅰ级放射性"标贴　　图 4-16 "Ⅱ级放射性"标贴

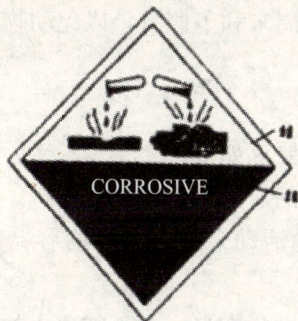

图 4-17 "腐蚀"物品标贴

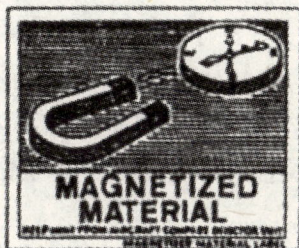

图 4-18 "磁性"物质标贴

（三）活体动物航空运输

活体动物航空运输指活的家禽、家畜、野生动物（包括鸟类）、试验用的动物、两栖动物、鱼介、昆虫以及其他动物的航空运输。

1. 收运条件

（1）托运人必须事先与航空公司或其代理人联系，说明动物的种类、数量、运输航程和在运输中的特别要求等，经同意后方可收运。

（2）托运人必须办妥海关手续，根据有关国家的规定，办妥进出口和过境许可证。

（3）托运的动物必须健康情况良好，无传染病，并具有卫生检疫证明。

（4）托运人每托运一批动物，应填制托运动物证明书，一式两份，证明书应由托运人签字，一份交承运人留存，一份和其他证件一起附在货运单上寄往目的站。

（5）必须在托运人订妥吨位之后方可收运。如需与其他承运人联运时，必须事先洽妥。

（6）动物运输不办理运费到付。

2. 收运注意事项

（1）动物运输应尽量利用直达航班，如无直达航班，应尽量选择中转次数少的航班。

（2）动物与尚在哺乳期的幼畜同时托运，只有大动物与幼畜可以分开时，方可收运。

（3）妊娠期的哺乳动物，一般不予收运，除非兽医证明动物在运输过程中无分娩的可能方可收运。但必须对此类动物采取防护措施。

（4）有特殊不良气味的动物，不予收运。

（5）应注意动物运达目的站的日期避开周末和节假日，以免动物运达后延误交付，造成动物死亡。

3. 包装要求

为了保证安全运输，动物的容器和包装要求如下：

（1）动物容器的尺寸，应适合不同机型的舱门大小和货舱容积。容器的大小应适应动物的特性，并应为动物留有适当的活动余地。大动物容器需适合机械装卸。

（2）容器必须有足够的通气孔，以防止动物窒息。对不能离水的动物，应注意包装防止水的漏溢以及因缺氧而造成动物在途中死亡。

（3）容器必须防止动物粪便漏溢损坏和污染飞机，必要时加放托盘和吸湿物（禁止用稻草作吸湿物）。

（4）容器应坚固，防止动物破坏、逃逸和接触外界。容器上应有便于搬运的装置。动物的出入口处，应设有安全设施，以防发生事故。

（5）必要时容器内应备有饲养设备和饲料。

（6）容器上应清楚地写明收货人的姓名和详细地址（与货运单上相同），容器上还应写明动物的习性和特性、有关特殊饲养的方法及注意事项。

（7）容器上应贴有："动物"标贴（LIVE ANIMALS）；"不可倒置"标贴（THIS SIDE UP）；对会危害人员的有毒动物，应贴"有毒"标贴（POISONOUS）；对实验用不带菌（Specific Pathogen Free，简称为SPF）的动物，应贴有"实验用动物"标贴（LABORATORY ANIMALS）。

（8）非尼龙袋包装的带水活鱼介类，一定要装在防止水漏溢的容器中，以免损坏和污染飞机设备。

（9）对某些动物的包机运输，承运人可提供容器及其他设备，但托运人应支付容器设备费。

4. 填制货运单的要求

（1）动物与其他货物不得填在同一份货运单上。

（2）填写货运单时，应注明动物（LIVE ANIMALS）。

（3）在"货物品名及数量"栏内，动物的名称应用常用名称，动物的数量要注明。

（4）在货运单的"货物处理情况"栏内应注明：由于自然原因而死亡，承运人不负责任。

（5）如托运人提供在途中供动物用的食物，应在货运单上注明。食物包装上应注明货运单号码，拴挂在容器上。

5. 责任范围

（1）动物在运输过程中，由于自然原因而发生的病、伤或死亡，承运人不负责任，除非证明由于承运人原因造成的。

（2）动物在运输途中或到达目的地后死亡（除承运人的责任事故外）所产生的一切处理费用，应由托运人或收货人承担。

（3）由于托运人的过失或违反承运人的运输规定，致使动物在运输过程中造成对承运人或第三者的伤害或损失时，托运人应负全部责任。

6. 几种动物运输的包装要求

（1）运输一般动物的包装要求（如装运羊驼、羚羊、小骆驼、鹿、斑马及家畜牛、马、驴、骡等）

①运输上述动物可用木质或轻金属容器，容器的两侧和顶部可用刨光的木料制作，或用麻布或帆布（内塞刨花或纤维）作衬垫。

②容器两侧的木板不能低于动物站立时两肩的高度，肩以上可用木条板。两边条板之间的间隔应能防止动物的头和脚伸出。

③容器的后部应设一滑门或合页门，门上应备有安全插销防止动物逃逸。

④容器的地板应做成条板式的，以防止动物滑倒。地板应能防止粪便漏溢，并应有吸湿物。

⑤装带有角动物的容器，它的高度和宽度应保证不会伤及动物的角和动物的角不致刺穿容器顶部。

⑥必要时容器上应设有食槽，可从外面加放饲料。

⑦容器的大小，应能对动物的活动有所限制，限制动物不能完全转身，以免动物活动时自身挤伤。容器下部四壁护板应坚固合适，使动物在活动时不致损伤腿蹄。

（2）运输凶猛动物的包装要求（如装运獾、熊、山猫、野狗、狐狸、麝猫、鬣狗、豺狼、虎、豹、狮等）

①运输上述动物的容器必须坚固、安全。须用坚硬木料或金属材料制作，容器前部应用粗钢丝网或铁栏杆制成。门上栏杆的距离，应能防止动物前爪外伸。容器后部应有一活门，活门必须有安全开关，以防动物逃逸而发生事故。

②容器必须保证空气流通，不致使动物窒息。容器的两侧，必须留有足够的通风孔，容器后面的滑门，应从上到下都有通风孔。通风孔的直径约为 2.5 厘米，通风孔外面应有稀麻布或铁纱保护。

③容器地板应做成铁篦形，使动物的排泄物能落到下面的托盘上。如不能做成铁篦形，则地板必须防漏，并应有吸湿物，保证动物的排泄物不外溢。

④为使地面运输工作人员操作安全，动物容器上应有便于搬运的装置。

⑤容器的大小，除应适应机门的大小外，还应根据动物的大小和数量而定，并应留有余地，保证动物能自由活动和站立。

⑥容器应装有供动物饮水的装置。

⑦此种容器亦适应运输狒狒和各种猩猩。

（3）运输爬行动物的包装要求（如蝎、蛇等）

爬行动物应装在结实的袋（如尼龙网袋等）里，所用的袋应保证空气流通。将袋口封好，然后吊放在胶合板制的外包装里。胶合板箱应坚固，应有足够的通气孔，通气孔应有罗纱或铁纱保护，以防动物逃逸。箱盖应能抽动。箱底和周围应用金属片加固。箱外再用承木加固。

（4）运输鸟类的包装要求

运输鸟类的容器，应考虑鸟的生活习性和在容器内能自由活动。容器的大小要使鸟能自由上下栖木。容器内设有盛装饲料和饮水的器皿。为防止鸟跌落水槽而溺死，可在水槽里放置小浮板。爱争斗的鸟必须分装。容器应备有足够的通气孔。如用铁纱罩时，必须处理好，以免伤害鸟类。

（四）作为货物运送的行李

作为货物运送的行李（BAGGAGE SHIPPED AS CARGO）原称无人押运行李（UNACCOMPANIED BAGGAGE）。其收运条件如下：

1. 旅客必须持有定期客票，并在乘机前办妥托运手续。

2. 凡作为货物运送的行李，只能在旅客手持客票中所列各地点的机场之间运输。

3. 作为货物运送的行李，仅限于旅客本人的衣服和与旅行有关的私人物品，包括手提打字机、小型乐器、小型体育用品；但不包括机器、机器零件、货币、证券、珠宝、表、餐具、镀金属器皿、皮毛、影片或胶卷、照相机、票证、文件、酒类、香水、家具、商品和销售样品。

在客票"签注"（ENDORSEMENT）栏内应注明"UNBAG"字样，并注明货运单号码、件数和重量。如旅客要求将钥匙带往目的站时，应请其装入自备的结实信封内，在信封上写明收货人和托运人的姓名、地址，然后由收运部门封妥订在货运单之后。在货运单"处理情况"栏内应填明"KEY OF UNACCOMPANIED BAGGAGE"字样。

旅客必须自行办妥海关手续和支付应付的费用。到达目的地后的一切费用亦应由旅客本人负担。作为货物运送的行李重量不得计算在免费行李额内。为了便于识别旅客交运的行李和作为货物运送的行李，在作为货物运送的行李上应加挂货物标贴。

（五）灵柩运输

1. 收运条件

预留吨位。装有尸体的灵柩应尽可能利用直达航班运送。不论是利用直达航班运送还是由几个航班联运，均应向有关航班吨位控制部门发电申请预留吨位。并附死者姓名及死亡原因和收货人姓名及地址。

2. 尸体的处理和包装

尸体应经防腐处理，然后装入厚塑料袋中密封，放在金属箱内。金属箱内应铺放木屑和木炭等吸湿物，连接处焊牢，以防止气味或液体渗溢。金属箱外应套装木棺，木棺的两侧应装有便于装卸的把手。

托运人必须提供卫生或其他有关部门出示的死亡证明书及入殓证明书。其中死亡证明书应包括死者姓名、年龄、性别、国籍、死亡日期、死亡原因，特别注明非由于传染病而死亡等内容。入殓证明书应说明尸体的包装符合上述第2点的要求。

第四节　国际航空货物运输的国际公约和法律

一、航空货物运输的国际公约

有关航空运输的国际条约，影响比较大的主要有 1929 年的《华沙公约》、1955 年的《海牙议定书》和 1961 年的《瓜达拉哈拉公约》等。但国际航空货物运输若干法律规定主要以《华沙公约》为主，并结合《海牙议定书》有关内容进行了修订。

（一）《华沙公约》

《华沙公约》全称为《统一航空运输某些规则的公约》（Convention forthe Unification of Certain Rules Relating to International Carriage by Air），是 1929 年在华沙签订的，因而简称《华沙公约》。我国于 1958 年 7 月宣布参加该公约，同年 10 月，该公约对我国正式生效。

1. 公约适用范围

本公约共 41 条，只适用于国际性的运输，具体范围为：

（1）适用于所有以航空器运输旅客、行李或货物而收取报酬的国际运输；

（2）适用于航空运输企业以航空器运输的免费运输；

(3) 适用于国家或其他符合下列条件的运输:

①根据有关各方所订立的合同,不论在全程运输中有无中断或转运,其出发地和目的地是在两个缔约方或非缔约方中的权力管辖下的领土内有一个约定的经停地点的任何运输,或在同一缔约方的主权、宗主权、委任统治权,或权力管辖下的领土间的运输,如果没有这种约定的地点,对华沙航空货运公约则不作为国际运输。

②如货物的全程运输系由多个承运人共同完成货物的连续运输,但运输被合同各方认为是一项单一运输业务,则无论是以一个合同或几个合同形式订立,就华沙航空货运公约来说,则应视为一项单一的运输,并不因其中一个合同或几个合同完全在同一缔约方的主权、宗主权、委任统治权,或权力管辖下的领土内履行而丧失其国际性质。

必须说明,华沙航空货运公约不适用于根据国际邮政公约规定的运输事项。

2. 运输凭证

运输凭证主要包括客票、行李票和航空货运单,分别适用于运送旅客、行李和货物。在《华沙公约》中航空货物运输的凭证被称为航空货运单(Air Consignment Note, ACN),它是订立契约、接受货物和承运条件的证明。所以航空货运单就是双方当事人订立的运输合同。

3. 承运人责任

承运人对在航空运输期间"即货物交由承运人保管的全部期间,不论在航空站内、在航空器上或在航空站经停的任何地点"因旅客死亡、受伤或身体上的任何其他损害而产生的损失和对行李或货物因毁灭、遗失或损坏而产生的损失都要负责。对旅客、行李和货物在航空运输途中因延迟而造成的损失也要负责。

《华沙公约》对承运人的责任限制也做了规定,并明确规定"企图免除承运人的责任,或定出一个低于本公约规定的责任限制的任何条款都属无效"。承运人对每一旅客的责任以 125000 法郎为限,对行李或货物的责任以每千克 250 法郎为限,对旅客自己保管的物品以每件 5000 法郎为限。

承运人在下列情况下,可免除或减轻责任:

(1) 如承运人能证明,货物的灭失或损害系由于受损人的过失引起或促成时,可免除承运人全部或部分责任;

(2) 如承运人能证明他或他的雇用人已采取一切必要的措施,以避免损失的发生,或能证明他或他的雇用人员不可能采取这种防范措施,承运人则对货损不负责任;

(3) 如承运人能证明,货物的灭失或损害系由领航上的疏忽或飞机操作上的疏忽和驾驶上的失误引起的，并能证明他和他的代理人已在一切方面采取了必要的措施，以避免损失，承运人对此损失不负责任，但此项对旅客人身伤亡不适用。

4. 托运人和收货人的权利和义务

托运人应对在航空货运单上所填写有关货物的各项说明和声明的正确性负责。托运人还应提供各种必需的资料，以便在货物交付收货人以前完成海关、税务或公安手续。这些必需的有关证件应附在航空货运单的后面。

托运人在履行契约规定的一切义务的条件下，有权在起运地航空站或目的地航空站将货物提回；或在途中经停时终止运输；或在目的地或运输途中交给非航空货运单上所指定的收货人；或要求将货物退回起运地航空站。

收货人在货物到达目的地，并在交付了应付款项和履行运单上规定的运输条件后，有权要求承运人移交货运单并发给货物。

5. 索赔和诉讼时效

根据《华沙公约》的规定，在货物遭受损害的情况下，收货人或有关当事人应当立即在发现后向承运人提出书面通知，或在收货后 7 天之内提出书面通知，如上述规定期限内没有提出，则作为托运人放弃该项索赔。

1955 年的《海牙议定书》对托运人提出的书面通知作了修改，由原来的 7 天改为 14 天，延迟交货由原来的 14 天改为 21 天。诉讼在两年内提起，即从货物到达之日起，或该项货物应到达之日起，或从运输终止之日起。过了该期限没有提起诉讼，则作为托运人放弃了该项诉讼。但如果承运人方面有欺诈行为则不在此限。

（二）《海牙议定书》的有关改进

《海牙议定书》的全称是《修改 1929 年 10 月 12 日在华沙签订的统一国际航空运输某些规则的公约的议定书》（Protocol to Amend the Convention for the Unification of Certain Rules Relating to International Carriage by Air Signed at Warsaw on 12 October 1929），简称《海牙议定书》，这是一份修正《华沙公约》的文件，共 27 条，于 1963 年 8 月 1 日生效，我国在 1975 年 8 月 20 日宣布参加该议定书，同年 11 月 28 日开始对我国生效。该议定书的有效文本是英文、法文、西班牙文三种文字的文本，但遇有分歧时仍以法文文本为准。议定书存档国是波兰。

《海牙议定书》对《华沙公约》的修改主要涉及以下几个方面：

1. 修改后的公约适用范围

经修改的公约适用于公约第一条规定的国际运输，但以出发地和目的地须在本议定书的两个当事方的领土内，或在本议定书的一个当事方的领土内，而在另一方领土内有一约定的经停地点者为限。

2. 承运人的责任

《华沙公约》原规定承运人如能证明货物或行李的损失发生是由于驾驶上、航空器的操作上的过失，并在其他方面采取了必要的措施以避免损失时，可不负责任。《海牙议定书》删除了这一免责条款，加重了承运人的责任。

3. 以航空货运单代替航空托运单

以航空货运单代替原用的航空托运单，而且《华沙公约》关于航空托运单的一切规定均适用《海牙议定书》使用的航空货运单。

4. 索赔时效条款

对提出索赔的时间，《海牙议定书》做了宽限，对行李的时限从 3 天延长到 7 天，对货物的时限从 7 天延长到 14 天，对延误引起的损害索赔则由 14 天延长到 21 天。

5. 承运人的责任限额

《海牙议定书》把对旅客最高赔偿限额由 125000 法郎提高到 250000 法郎。在司法诉讼中黄金折合成本国货币时要按判决日的黄金对本国货币的比值计算。

二、《中华人民共和国民用航空法》的有关规定

《中华人民共和国民用航空法》于 1995 年 10 月 30 日经第八届全国人大常委会第十六次会议审议通过，并于 1996 年 3 月 1 日起正式施行。该法是适用于民航企业航空器试航、人员管理、飞行安全保障、机场建设等的综合性法规，是我国民航史上的第一部规范民用航空活动的大法。该法第九章主要针对公共航空运输（包括旅客、行李和货物运输）做了具体的规定。

在对航空货物运输的有关规定中，《中华人民共和国民用航空法》吸收了《华沙公约》的主要精神，如国际航空运输的定义，承运人责任期间，发、收货人的权利和义务，诉讼时效等，同时采纳了《海牙议定书》中的合理内容，删除了承运人的驾驶过失免责，延长了索赔时效。针对承运人对货物灭失或损坏的责任，《中华人民共和国民用航空法》还采取了更为严格的态度。在它的第 125 条第 4 款中规定：

"因发生在航空运输期间的事件，造成货物毁灭、遗失或者损坏的，承运人应当承担责任；但是，承运人证明货物的毁灭、遗失或者损坏完全是由于下列原因之一造成的，不承担责任：

• 货物本身的自然属性、质量或者缺陷；

- 承运人或者其受雇人、代理人以外的人包装货物的，货物包装不良的；
- 战争或者武装冲突；
- 政府有关部门实施的与货物入境、出境或者过境有关的行为。

可见，在这个问题上《中华人民共和国民用航空法》不再以是否存在过失来判断承运人是否负责，转而采用了严格责任制为基础。

由此可见，我国制定颁布的民用航空法，其最大的特征是依据民用航空活动国际性强的特点，并从我国改革开放的实际需要出发，认真研究并借鉴了国际航空立法经验，使我国的民用航空法与国际通行的航空规则接轨，并使之有利于我国航空运输业和国际航空运输业的发展。

思考与练习题

一、名词解释

1. 航空运输市场
2. 班机运输
3. 起码运费

二、简答题

1. 简述国际航空运输的特点和作用。
2. 简述航空货物运输的方式。
3. 简述八大航权。
4. 简述航空运单的作用。

三、论述题

1. 结合实际说明国际航空进口货物运输代理业务环节。
2. 试述活体动物怎样进行航空运输。

四、计算题

某航空公司从北京运往伦敦一只装笼内的小猫，毛重 15 千克，体积 90 厘米×40 厘米×50 厘米，求应收运费。

第五章 国际铁路货物运输

学习目的

　　本章主要讲授铁路货物运输的基本知识，国际铁路货物联运的运输实务和费用计算，大陆桥运输的内容，以及特殊货物的铁路运输。通过本章的学习，可以了解铁路货物运输的基本知识和大陆桥运输的产生及发展，掌握国际铁路联运的相关规章、运输实务，以及费用的计算，熟悉特殊货物在铁路运输中的注意事项。

第一节　国际铁路货物运输概述

一、铁路运输的特点及作用

（一）铁路运输的特点

　　铁路运输具有较高的连贯性和准确性，它几乎不受气候条件的影响，一年四季都可不分昼夜地进行运输工作。铁路运输是我国也是世界上许多国家陆上交通的　种主要方式，与其他运输方式相比较，它具有运量大（　列货物列车　般能承运 3000 吨～5000 吨货物）、运行速度快（平均每小时的运行速度在 100 千米左右）、安全性好、运输成本低等优点。

（二）铁路运输在我国对外贸易中的作用

　　铁路运输在我国国民经济中占有重要地位，在我国对外贸易中更是起着非同一般的作用，具体体现在以下几个方面：

　　1. 铁路运输在我国进出口货物的集港、疏港和调拨运输中同样起着重要的作用。

我国海运出口货物向港口的集中，主要是由铁路承担的，而进口货物的疏运绝大部分也依靠铁路运输这种方式，从而把货物运至合同指定的用货地点。至于国内各省市地区之间的货物、原料、半成品、包装物料的调拨运输，大部分也通过铁路运输来完成。

2. 铁路运输为发展我国与亚洲、欧洲各国之间的经济贸易关系提供了十分有利的条件。

我国对朝鲜、蒙古、俄罗斯、哈萨克斯坦，以及越南等中亚国家的进出口货物，绝大部分是通过铁路运输的。我国与东欧、西欧、北欧和中东地区一些国家之间，也可以通过国际铁路联运或西伯利亚大陆桥运输等方式来运送进出口货物。

3. 铁路运输是联系香港九龙地区，开展港、澳贸易的一种重要运输方式。

随着双方贸易的不断扩大，经由铁路运输的货物正在逐年增加。香港地区作为国际贸易的自由港，有通往世界各地的海、空运定期航线，交通运输非常发达。因此，充分发挥香港在我国转口贸易中的作用，开展我国与世界各地的陆空联运和陆海联运，就更离不开铁路运输了。

二、我国铁路货物运输

铁路运输是现代运输业的主要运输方式之一。目前全世界 117 个国家和地区共有铁路约 130 万千米，其中电气化铁路约 26 万千米。与其他运输方式相比，铁路运输具有运力大、速度快、安全好、成本低以及运输准确性和连续性强等特点。

新中国成立以来，我国的铁路建设发展迅速。新建铁路干线从沿海延伸到中部、西南和西北地区，初步改变了过去重沿海、轻内地，路网布局不合理的现象。至 1997 年年底，全国铁路营业里程达 65969.5 千米，居亚洲第一位、世界第四位。我国的铁路工业生产体系初步形成，铁路机车工业和车辆制造工业得到迅速发展，铁路信号、通信工业的生产能力也已形成一定规模。2002 年，我国运往俄罗斯、哈萨克斯坦、朝鲜、蒙古、越南等周边国家，或通过这些国家的铁路运往欧洲或中亚等其他国家的货运量为 2600 多万吨。随着我国对外经济贸易和铁路的发展，到 2008 年，国际联运的货运量将翻一番，达到 5000 多万吨。

三、铁路运输的基本知识

（一）铁路线路 （Line Haul）

火车行驶的线路称为铁路线路，是机车车辆和列车运行的基础。它是由路基、桥隧建筑和轨道组成的整体工程结构。

铁路线路应当经常保持完好状态，使列车能按规定的最高速度安全、平稳和不间断地运行，以保证铁路运输部门能够质量良好地完成客货运输任务。

1. 铁路轨距（Rail Gauge）

铁路轨距就是线路上两股钢轨头部的内侧距离。按其大小不同，可分为宽轨、标准轨和窄轨三种：标准轨的轨距为 1435 毫米；大于标准轨的宽轨轨距大多为 1524 毫米和 1520 毫米；小于标准轨的窄轨轨距多为 1067 毫米和 1000 毫米。我国铁路基本上采用标准轨距（台湾地区和海南岛铁路轨距为 1067 毫米，昆明铁路局的部分轨距为 1000 毫米）。

目前世界各国都在广泛采用无缝线路。就是把若干根标准长度的钢轨，焊接成为每段 800 米～1000 米或更长的长钢轨线路。无缝线路接头很少，并具有行车平稳，轨轮磨损及线路养护维修工作量少等优点，因此是轨道现代化的内容之一。

2. 铁路限界（Rail Line Demarcation）

对机车车辆和接近线路的建筑物、设备所规定的不允许超越的轮廓尺寸线，称为限界。这样做可以确保机车车辆在铁路线路上运行的安全，防止机车车辆撞击邻近线路的建筑和设备。

铁路的基本限界有机车车辆限界和建筑接近限界两种。

机车车辆限界是机车车辆横断面的最大极限，它规定了机车车辆不同部位的宽度、高度的最大尺寸和底部零件至轨面的最小距离。机车车辆限界是和桥梁、隧道等限界起相互制约作用的，当机车车辆在满载状态下运行时，也不会因产生摇晃、偏移现象而与桥梁、隧道及线路上其他设备相接触，以保证行车安全。

建筑接近限界是一个和线路中心线垂直的横断面，它规定了保证机车车辆安全通行所必需的横断面的最小尺寸。凡靠近铁路线路的建筑及设备，其任何部分（和机车车辆有相互作用的设备除外）都不得侵入限界之内。

此外，随着经济建设的发展，经由铁路运输的长大货物不断增加。当货物装车后，货物任何部分的高度和宽度超过机车车辆限界时，称为超限货物。对于超限货物的运输，则要采用特殊的组织方法来进行。

（二）铁路机车和车辆

1. 机车（Locomotive）

机车就是人们常说的火车头，它是铁路运输的基本动力。目前我国铁路使用的机车种类很多。按照机车原动力分，可分为蒸汽机车、内燃机车和电力机车三种。

（1）蒸汽机车。蒸汽机车是以蒸汽为原动力的机车。其优点是结构比较简单，制造成本低，使用年限长，驾驶和维修技术较易掌握。最主要缺点是热效率太低，总效率一般为 5%～9%，使机车的功率和速度的进一步提高受到了限制。其次是煤水消耗量大，在运输途中产生大量的煤烟污染环境。因此，我国于1989 年停止生产蒸汽机车，并采取自然过渡的办法，在牵引动力改革中逐步对蒸汽机车予以淘汰。

（2）内燃机车。内燃机车是以内燃机为原动力的机车。与蒸汽机车相比，它的热效率一般可以达到 20%～30%。内燃机车装备时间短，一次加足燃料后，持续时间长，机车利用效率高，特别适用于缺水或水质不良地区运行。但其主要缺点是机车构造复杂，制造、维修和运营费用较多，对环境有较大的污染。

（3）电力机车。电力机车是从铁路沿线的接触网获取电能产生牵引动力的机车。所以电力机车是非自带能源的机车。它的热效率比蒸汽机车高一倍以上。它起动快、速度高、善于爬坡；可以制成大功率机车，运输能力大、运营费用低，当利用水力供电时，更为经济；电力机车不用水，不污染空气、劳动条件好，运行中噪声也小，便于多机牵引。但电气化铁路需要建立一套完整的供电系统，在基建投资上要比采用蒸汽机车或内燃机车大得多。

从世界各国铁路牵引动力的发展来看，电力机车被公认为最有发展前途的一种机车，它在运营上有良好的经济效益。

2. 车辆（Car）

铁路车辆是运送旅客和货物的工具，它本身没有动力装置，需要把车辆连挂在一起由机车牵引，才能在线路上运行。

铁路车辆可分为客车和货车两大类。现把我国铁路货车的种类、标记简单介绍如下：

（1）货车的种类。货车主要用于装运货物，按其用途可分为通用货车、专用货车和特种货车，其中通用货车又分为棚车、敞车和平车三大类。

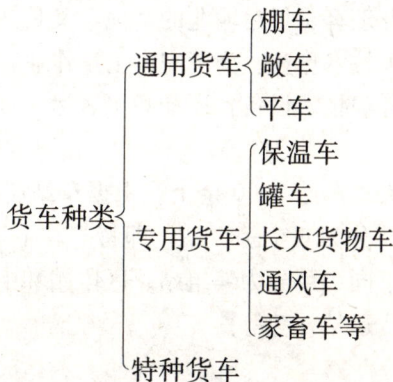

```
                        ┌ 棚车
               通用货车 ┤ 敞车
                        └ 平车

                        ┌ 保温车
                        │ 罐车
货车种类 ┤      专用货车 ┤ 长大货物车
                        │ 通风车
                        └ 家畜车等

               特种货车
```

棚车。棚车车体由端墙、侧墙、棚顶、门窗等部分组成，用于运送比较贵重和怕潮湿的货物。

敞车。敞车仅有端墙、侧墙和地板，主要用于装运不怕湿损的散装或包装货物。

平车。平车车体只有一平板底，适合于装载重量或体积或长度较大的货物。

专用货车是专供铁路特殊作业时使用的车辆，如保温车、救援车、罐车等。

（2）标记。为了表示车辆的类型及其特征，便于使用和运行管理，在每一铁路车辆车体外侧都应具备规定的标记。

一般常见的有：路徽、车号、配属标记、自重、载重、容积、车辆全长及换长、定期检修标记等。此外，根据货车构造及设备的特征，在车辆上还涂打各种特殊标记，如 MC 表示可以用于国际联运等。

我国部分货车的种类及其基本型号如表 5-1 所示。

表 5-1　　　　　　　　部分货车基本型号表

顺序	车种	基本型号	顺序	车种	基本型号
1	棚车	P	7	保温车	B
2	敞车	C	8	集装箱专用车	X
3	平车	N	9	家畜车	J
4	砂石车	A	10	罐车	G
5	煤车	M	11	水泥车	U
6	矿石车	K	12	长大货物车	D

（三）铁路车站（Rail Station）

铁路车站既是铁路办理客、货运输业的基地，又是铁路的基层生产单位，办理与列车运行有关的各项技术作业。为了完成上述作业，车站上设有客货运输设备及与列车运行有关的各项技术设备，还配备了客运、货运、行车、装卸等方面的工作人员。

目前，全国铁路有大小车站 5000 余个。根据车站所担负的任务量和在国家政治、经济上的地位，共分为 6 个等级站，即特等、Ⅰ等、Ⅱ等、Ⅲ等、Ⅳ等、Ⅴ等站；按技术作业的不同，可分为编组、区段站和中间站；按业务性质又分为货运站、客运站和客货运站，等等。

第二节　国际铁路货物联运

一、国际铁路货物联运概况

（一）国际铁路货物联运的基本含义

国际铁路货物联运，简称国际联运，它是使用一份统一的国际联运票据，无须发、收货人参加，而由铁路部门负责办理两个或两个以上国家或地区铁路全程运送的货物运输方式。

这个概念强调了国际联运的三个要点：第一，票据统一，在整个联运过程中使用的是一份统一的票据；第二，由铁路部门负责从接货到交货的全过程运输，即便是在由一国铁路向另一国铁路移交货物时也无须发、收货人的参与；第三，它是两个或两个以上国家或地区的铁路运输。

（二）国际铁路货物联运的特点

1. 运输时间短，成本低

由于国际铁路联运的始发站和最终目的站大多是内陆车站，或发、收货人的铁路专用线，总的来说，货物直接从发货人的专用线或就近的车站发出，直接到达收货人的专用线或就近的车站，从而使运输时间比海运短，运输成本比海运低。这个特点在从中国内陆发往伊朗、阿富汗、东欧、芬兰以及相反方向的货物运输上，表现得特别明显。

2. 涉及面广，手续复杂

国际联运不仅涉及几个国家或地区的铁路、车站和国境站，而且要涉及外贸、海关、商检、发货人、收货人、收转人等各方面，同时各国的规章制度又比较多，故办理起来手续复杂。

3. 参加国多

凡是办理国际联运，都要涉及两个或两个以上的国家或地区，有时还要通过与国际货协有关的国家，向与国际货协无关的西北欧国家办理发送，才能完成全程的运送工作，最后运到目的地。

4. 要求高

由于国际联运参加国多，涉及多个国家或地区的铁路、车站和国境站，有时还要收转人参加，这就要求每批货物的历程必须高标准严要求，符合有关规章和协议的规定，否则将造成货损、货差、延迟交货等运输事故。

5. 运距远

国际联运货物至少有两个国家或地区参加，因此运距较长，有时还要过境其他国家或地区铁路，特别是通过苏联铁路运送的，运距长达 8000 多千米。

（三）国际铁路货物联运的范围

1. 参加国际货协铁路间的货物运送

参加国际货协各铁路间的货物运送，是从发运站拟一份运送票据，由铁路负责直接或通过第三国铁路运往最终到站交付收货人。

目前，参与国际铁路货物联运的有：阿塞拜疆、阿尔巴尼亚、白俄罗斯、保加利亚、越南、格鲁吉亚、伊朗、哈萨克斯坦、中国、朝鲜、吉尔吉斯斯坦、拉脱维亚、立陶宛、摩尔多瓦、蒙古、波兰、俄罗斯、塔吉克斯坦、土库曼斯坦、乌兹别克斯坦、乌克兰、爱沙尼亚 22 个国家铁路。

由于国际货协参加国铁路轨距不同或铁路互不连接，所以联运货物的运送方式也不同。

（1）在相同轨距各国铁路之间，可用发送国车辆直接过轨，不必换装而直通运送；

（2）在不同轨距各国铁路之间，由接收站及时准备适当车辆，货物在国境站换装或更换货车轮后继续运送；

（3）在铁路不连接的国际货协参加国铁路之间，其货物运送可以通过参加国铁路某一车站予以转运。

2. 向未参加国际货协但采用国际货协规定的铁路间的货物运送

我国发往未参加国际货协但采用国际货协规定的匈铁、捷铁、德铁及相反方向的货物运送，全程采用国际货协运单办理。

3. 未参加国际货协并且不采用国际货协规定的铁路间的货物运送

（1）我国通过蒙古、独联体、罗马尼亚和保加利亚往未参加国际货协铁路的国家运送货物时，用国际货协运单分别办理至罗马尼亚或保加利亚的出口国境站，以及通过波兰马拉舍维切站（即原特雷斯波尔站）和捷克和斯洛伐克铁路切尔纳（蒂萨河畔的）站往未参加国际货协并且不采用国际货协规定的铁路的国家运送货物，均用国际货协运单办理至上述国境站；继续运送时，由国境站长用国际铁路货物运送公约的运单办理转发至最终到站。我国通过独联体鲁瑞卡站往芬兰和朱耳法站往伊朗运送货物时，用国际货协运单办理至上述国境站，并由站长办理转发送。相反方向运送时，也均由上述国境站长办理转发送。

（2）我国通过独联体铁路阿什哈巴德站往伊朗和捷尔梅兹港口站往阿富汗运送货物时，均用国际货协运单办理至上述国境站；继续运送时，则须由发货人或由收货人委托在这个站的代理人办理转发至最终到站。相反方向运送时，也由上述车站的代理人办理转发送。我国通过独联体铁路运往阿富汗及相反方向的货物运送时，用国际货协运单办理至（自）阿富汗的海拉顿或图尔贡季站。

（3）我国通过匈牙利铁路扎洪站往未参加国际货协铁路国家和通过保加利亚铁路库拉塔或斯维伦格勒往希腊和土耳其运送货物时，均用国际货协运单办理至上述国境站；继续运送时，则须由发货人或由收货人委托在这些站的代理人办理转发送至最终到站。相反方向运送货物时，也由上述车站的代理人办理转发送。

4. 通过港口的货物运送

我国通过独联体铁路塔林、里加等港口站往芬兰、瑞典、挪威和丹麦等国家发货，或朝鲜、越南、蒙古和独联体等国通过我国铁路大连、天津、新港、上海南、黄浦、连云港等港口站往阿尔巴尼亚、日本等国家发货和相反方向运送时，发站和港口站间用国际货协运单办理，由发货人或收货人委托在港口站的代理人办理转发送。

5. 我国同邻国铁路间的货物运送

（1）中朝铁路间

中铁国境站　　朝铁国境站
丹　东——新义州
集　安——满　浦
图　们——南　阳

我国铁路主要采用准轨（1435毫米轨距），朝鲜铁路也是准轨，中朝铁路间货车可以相互过轨，我国进口货物和车辆在我方国境站办理交接，出口货物和车辆则在对方国境站办理交接。

（2）中越铁路间

中铁国境站　　越铁国境站
凭　祥——同　登
山　腰——老　街

越南铁路主要是米轨（1000毫米轨距），但连接我国铁路凭祥的一段铁路，为准轨和米轨的混合轨。我国铁路同越南铁路间经由广西凭祥的联运货车可以相互过轨，货物和车辆的交接暂在凭祥站办理。我国昆明铁路局的部分铁路是米轨，同越南铁路间经由山腰的联运货车也可以相互过轨，我国进口货物和车辆在山腰站办理交接，出口货物和车辆在新铺站办理交接。需经昆明铁路局批准、米轨换装的联运货物，除有特定者外，暂不办理。

（3）中俄铁路间

中铁国境站　　俄铁国境站

满洲里——后贝加尔

绥芬河——格罗迭科沃

珲　春——卡梅绍瓦亚

俄罗斯铁路是宽轨（1520 毫米轨距）。我国进口货物和车辆在我方国境站办理换装和交接，出口货物和车辆则在对方国境站办理换装和交接。

（4）中哈铁路间

中铁国境站　　哈铁国境站

阿拉山口——多斯特克

哈萨克斯坦铁路是宽轨（1520 毫米轨距）。我国进口货物和车辆在我方国境站办理换装和交接，出口货物和车辆则在对方国境站办理换装和交接。

（5）中蒙铁路间

中铁国境站　　蒙铁国境站

二　连——扎门乌德

蒙古铁路是宽轨（1520 毫米轨距）。我国进口货物和车辆在我方国境站办理换装和交接，出口货物和车辆则在对方国境站办理换装和交接。

（6）我国同其他国家铁路间的货物运送

保加利亚、匈牙利、德国、波兰、罗马尼亚、捷克 6 国铁路都是准轨（1435 毫米轨距）。我国铁路同这些铁路联运的货物全程须换装两次：在中—蒙或中国—独联体国境站换装一次；在独联体—匈牙利、独联体—波兰、独联体—罗马尼亚或独联体—捷克国境站（接收）又换装一次。在蒙古—俄罗斯国境站不需换装。

阿尔巴尼亚铁路同其他国家铁路不连接。我国往阿尔巴尼亚发货时，可发到匈牙利的布达佩斯或东欧一国家铁路车站，由发货人或收货人委托的代理人领取后，用其他运输工具继续运往阿尔巴尼亚。

6 过境朝鲜铁路运输

自中国经由集安国境站过境朝鲜铁路向云峰电厂（中朝合办，在国境线中方一侧）及相反方向运送的货物，视为国际联运货物，按《国际铁路货物联运协定》规定办理。运单的到站和返程的发站，填写为朝鲜铁路"云峰"，收货人和返程的发货人栏内须注明"云峰电厂专用自卸或自装"字样。

朝鲜铁路满浦国境线至云峰国境线间的过境里程为 51.5 千米。中国铁路运送费用按国内货物运价规则计算，朝鲜铁路过境运送费用（包括验关费）按统一过境运价规则计算。上述国内和过境运送费用，往云峰电厂发货时，在发站向发货人核收，相反方向运送时，在到站向收货人核收。各发站和到站对代收的朝鲜铁路过境运送费用，按《国际铁路联运清算办法》的规定，由所属分局收入检查室审核列账，编制国内4号表后，寄送铁道部国际联运清算中心，统一同朝鲜铁路办理清算。发货人应按每一运单填制"中华人民共和国经朝鲜民主主义人民共和国过境转运货物清单"一式三份。没有随附清单的货物，发站拒绝承运。

自中国通过图们国境站过境朝鲜铁路经由清津东港站运送的中国进出口货物，按《国际铁路货物联运协定》规定办理。朝鲜铁路的发站或到站为清津东港站，发货人或收货人为清津贸易支社。朝鲜铁路南阳国境线至清津东港站的过境里程为177千米。各发站和出口国境站对装运上述货物的车辆，应尽量连挂在一起。

(四) 国际铁路货物联运办理的种别

国际铁路货物联运办理种别分为整车、零担和大吨位集装箱货物。

1. 整车货物

整车货物是一份运单托运的按体积、重量或种类需要单独车辆运送的货物。从中国往哈萨克斯坦用机械冷藏列车或成组冷藏车运送易腐货物时，准许按每一列或一组为一票运送；从中国往俄罗斯用机械冷藏列车运送易腐货物时，按每车一票运送；发站承运跨装、爬装及使用游车的货物时，准许按每一车组（不得超过五辆）为一票运送。

我国《铁路货物运输规程》（简称《货规》）规定：一批货物的重量、体积或形状需要以一辆以上货车运输的，应按整车托运。

下列货物不得按零担办理托运：

需要冷藏、保温或加温运输的货物；规定按整车办理的危险货物；易于污染其他货物的污秽品；蜜蜂；不易计算件数的货物；未装容器的活动物；一件货物重量超过2吨，体积超过3立方米或长度超过9米的货物。

2. 零担货物

零担运输是按一份运单托运的一批货物，重量不超过5000千克，按其体积或种类不需要单独车辆运送的货物称为零担货物。一批货物重量超过5000千克或一件重量不足10千克、体积小于0.01立方米的货物不能按零担办理。

中朝铁路相互间和从朝鲜通过中国运往越南、蒙古及相反方向运送的零担货物，不受《国际联运》第7条有关每批零担货物重量不应超过5000千克的规定限制。但每批货物重量不得超过29吨，体积不得超过62立方米。每件货物重量超过2吨时，应使用敞车、平车、砂石车装运；2吨以下的货物，不受车种的限制。中朝间一件重量不足10千克的零担货物可以运送，不受国际货协规定的限制。

中越铁路相互间运送一批重量超过5000千克，但体积不超过32立方米，或一件重量不足10千克，但体积不少于0.01立方米的货物，如不需要单独车辆运送时，均可按零担货物办理。

3. 集装箱货物

集装箱分为小吨位、中吨位、大吨位箱。

容积1立方米至3立方米，最大容许总重小于2.5吨的箱称为小吨位集装箱。容积3立方米至15立方米，最大容许总重2.5吨～5吨的箱称为中吨位集装箱。20英尺箱、30英尺箱、40英尺箱称为大吨位集装箱。

我国铁路目前只办理整车运送的铁路5吨箱和零担运送的铁路1吨箱以及货主自备大吨位集装箱装运的进口货物，出口货物可利用返还的集装箱运到集装箱所属路，也可用货主自备箱装运。中俄间铁路大吨位集装箱作为货主自备箱按国际货协规定办理。1993年中蒙铁路间开始办理中铁10吨箱的运输业务。

4. 慢运、快运和整车货物随旅客列车挂运

国际铁路联运货物，按运送速度可分为慢运和快运，根据有关铁路间的商定，整车货物可随旅客列车挂运。

根据《国际货协》的规定，慢运整车每昼夜应为200运价千米，零担应为每昼夜150运价千米；快运整车应为每昼夜320运价千米，零担应为每昼夜200运价千米，挂旅客列车运送的整车每昼夜应为420运价千米。

我国国内不办理快运。快运发到我国的进口货物，在中国铁路暂按慢运办理。

（五）国际货物铁路联运的运输限制

1. 在国际铁路直通货物联运中不准运送的货物

（1）应当参加运送铁路的任何一国禁止运送的物品；

（2）属于参加运送铁路的任何一国邮政专运的物品；

（3）炸弹、弹药军火，但狩猎和体育用的除外；

（4）爆炸品压缩气体、液化气体、在压力下溶解气体、自燃品和放射性物质（指《国际货协》附件2品名表中未列载的）；

（5）一件重量不足10千克，体积不超过0.1立方米的零担货物；

（6）在换装联运中，使用不能揭盖的棚车运送的一件重量超过1.5吨的货物；

（7）在换装联运中，使用敞车类货车运送的一件重量不足100千克的零担货物；但不适用于《国际货协》附件第2号中规定的一件最大重量不足100千克的

货物。

在履行运输合同期间，如发现承运了不准运送的物品，尽管名称正确，也应将这项货物截留，并按截留国家的国内法令和规章处理。

2. 不准在一辆车内托运和承运的货物

（1）数批整车货物；

（2）整车货物与一批或数批零担货物；

（3）整车货物与大吨位集装箱货物；

（4）大吨位集装箱货物与一批或数批零担货物。

3. 下列货物不准按一份或数份运单在一辆车内混装运送

（1）一种易腐货物同照管办法不同的另一种易腐货物；

（2）按《国际货协》附件第4号第6条规定需要遵守保温制度或特殊照管的易腐货物同非易腐货物；

（3）危险货物同按照《国际货协》附件第2号的规定禁止在一辆车内混装的其他货物；

（4）由发货人装车的货物同由铁路方装车的货物；

（5）根据发送路国内规章不准许在一辆车内混装运送的货物；

（6）堆装运送的货物同其他货物。

4. 下列货物，只有在参加运送的各铁路间预先商定后才准运送

（1）一件重量超过60吨的；在换装运送中，对越南重量超过20吨的；

（2）长度超过18米的；运往越南长度超过12米的；

（3）超限的；

（4）在换装运送中用特种平车装运的；

（5）在换装运送中用专用罐车装运的化学货物；

（6）用罐车运往越南的一切罐装货物。

5. 下列货物的运送必须按特殊规定办理

（1）危险货物；

（2）押运人押运的货物；

（3）易腐货物；

（4）不属于铁路或铁路出租的空、重车；

（5）货捆货物。

二、国际铁路货物联运相关规章

各铁路局和国境站以及发、收货人在办理国际铁路货物联运业务时，必须遵

守国际铁路货物运输的有关规章。国际联运适用的规章，有的是由参加国铁路主管部门共同签订的，有的是某个铁路主管部门制定的，有的适用铁路和收、发货人，有的只适用于铁路。具体适用的规章如下：

（一）《国际铁路货物联运协定》

《国际铁路货物联运协定》（简称《国际货协》），它是参加国际铁路货物联运协定的各国铁路和发、收货人办理运输时都必须遵守的基本文件。它规定了货物运送条件、运输组织、运费计算核收办法，以及铁路与发、收货人之间的权利和义务等。

（二）《国际铁路货物联运协定办事细则》

《国际铁路货物联运协定办事细则》（简称《货协细则》），它具体规定了参加《国际货协》的铁路及其工作人员在办理运输时所必须遵守的铁路内部的办事程序及各铁路间相互关系的规则。它只适用于铁路工作人员和调整铁路之间的关系。

（三）《国境铁路协定》

《国境铁路协定》是由两相邻国家铁路主管部门签订的，它对国境站、列车运行、条件、所采用的时间、列车服务办法、调车工作、事故处理、货物和车辆的交接，双方对损失的责任等作出了具体规定。根据协定的规定，两相邻国家铁路主管部门要定期召开国境铁路会议（一般每年一次，在两国轮流举行），对执行协定中的情况进行协商，并签订《国境铁路会议议定书》。中朝、中蒙、中越、中哈、中俄和中蒙俄铁路间都签订有协定和议定书。它对铁路和发、收货人都有约束力。

（四）《关于统一过境运价规程的协约》

它规定了《统一过境运价规程》（简称《统一货价》）的法律地位，以及施行、修改补充、清算、工作语种等具体事项。它只适用于铁路本身。

（五）《统一过境运价规程》

它规定了参加《统一货价》的铁路按照《国际货协》的条件运送过境货物时，在特定的情况下，办理货物运送手续、过境运费和杂费的计算、过境铁路里程表、货物品名分等表和货物运费计算表等。它对铁路和发、收货人都适用。

（六）《国际旅客联运和国际铁路货物联运车辆使用规则》

《国际旅客联运和国际铁路货物联运车辆使用规则》（简称《车规》），主要对铁路车辆部门和国境站适用。

（七）《关于国际旅客联运和货物联运清算规则的协约》和《国际旅客和货物联运清算规则》

《关于国际旅客联运和货物联运清算规则的协约》和《国际旅客和货物联运清算规则》（简称《清算规则》），这两个规章适用于铁路部门。

（八）《国际货协》附件中的其他规则

主要规则有：

1.《危险货物运送规则》。它按照货物的危险性质，规定了危险货物的名称、包装办法、重量限制、使用车种、混装限制及其他条件。

2.《敞车类货车货物装载和加固规则》。它规定各铁路使用敞车类货车装运货物时在装载和加固方面应遵守的技术条件。

此外，附件中还有《铁路集装箱货物运送规则》、《铁路联运易腐货物运送规则》、《铁路联运托盘货物运送规则》、《不属于铁路的车辆运送规则》、《货捆运送规则》，以及不同轨距铁路的装载条件、运单格式、表示牌和标记样式等。

（九）我国铁路有关的规章和文件

我国铁路有关的规章有《铁路货物运输规程》、《铁路货物运价规程》、《铁路货物装载加固规则》、《危险货物运送规则》；有关的文件有《国际铁路货物联运办法》。

一般说来，在以上各种规章中，多边协定高于双边协定，双边协定高于国内规章。因此，铁路和发、收货人在办理运输中首先要适用《国际货协》、《统一货价》等多边协定，其次是适用《国际铁路协定》，再次才适用国内的规章。如果双边协定参加者对多边协定或我国铁路对多边协定和双边协定有保留的，则不再适用被保留的有关条款。实际上多边协定中都规定有适用双边协定和一国国内规章的条款，据此可相应地适用双边协定的特殊规定和国内规章。

《国际铁路货物联运办法》严格说并不是规章，不具有约束力。它是铁路部门考虑到需要适用的规章较多，为了便于执行并符合实际需要，而将以上规章整理简化而成的。它仅供国内使用，铁路和发、收货人在同国外铁路办理运输和交涉时，仍须根据国际联运的有关规章，不得援引该办法。

表5-2　　　　铁组成员参加铁组范围内现行协定和协约的情况

国家名称	国际客协	国际货协	国际客价	统一货价	车规	清算规则
阿塞拜疆	是	是	否	否	否	否
阿尔巴尼亚	是	是	否	否	否	否
白俄罗斯	是	是	是	是	是	是
保加利亚	否	是	否	是	是	是

续 表

国家名称	国际客协	国际货协	国际客价	统一货价	车规	清算规则
匈牙利	否	否	否	否	是	是
越南	是	是	是	是	是	是
格鲁吉亚	是	是	否	否	否	否
哈萨克斯坦	是	是	是	是	否	是
中国	是	是	是	是	是	是
朝鲜	是	是	是	是	是	是
吉尔吉斯坦	是	是	是	是	否	是
拉脱维亚	是	是	是	是	是	是
立陶宛	是	是	是	是	是	是
摩尔多瓦	是	是	否	是	是	是
蒙古	是	是	是	是	是	是
波兰	是	是	否	否	是	是
俄罗斯	是	是	是	是	是	是
罗马尼亚	否	否	否	否	是	是
斯洛伐克	是	否	否	否	是	是
塔吉克斯坦	是	是	是	是	否	是
土库曼斯坦	是	是	是	否	是	否
乌兹别克	是	是	否	否	否	是
乌克兰	是	是	否	是	是	是
捷克	是	否	否	否	否	是
爱沙尼亚	是	是	是	是	是	是
合计参加国	22	21	13	15	17	20

三、国际铁路联运出口货物运输实务流程

国际铁路联运出口货物运输组织工作，主要包括计划的编制、货物的托运、承运、装车、运送和交付等。具体国际联运出口货物运输流程如图5-1所示。

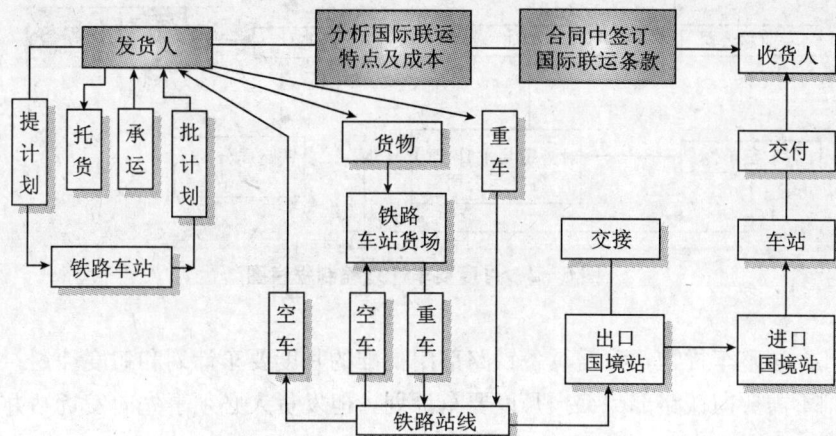

图 5 - 1　国际联运出口货物运输流程

（一）国际铁路联运出口货物运输计划的编制

国际铁路联运出口货物运输计划是对外贸易运输计划的组成部分，体现了对外贸易国际铁路联运的具体任务，也是日常铁路联运工作的重要依据。它一般是指向国外销售的货物和对外经济援助的物资，由国际铁路联运运往国外的月度要车计划。

运送计划是组织和管理货物运送的基础。月度要车计划的提出和批准是商务部和铁道部共同组织国际铁路货物联运的工作依据。铁道部规定，国际联运运送计划的批准权限在各铁路局，铁道部对开往国境站的总车数实行控制。

国际铁路联运要车计划采用双轨编报——"双轨（铁路、外贸）上报、双轨下达"的办法，其编制程序如下：

1. 各省、市、自治区发货单位应按当地铁路部门的规定，填制"国际联运月度要车计划表"，向铁路局（分局、车站）提出下月的要车计划，并在规定的时间内，分别报送当地对外贸易主管部门和各主管公司；

2. 各铁路局汇总发货单位的要车计划后，上报铁道部；各省、市、自治区对外贸易主管部门和各进出口公司在审核汇总所属单位的计划后，报送商务部；

3. 商务部汇总审核计划后，与铁道部平衡核定；

4. 月度要车计划经两部门平衡核定，并经有关国家铁道部门确认后，由商务部将该核准的结果通知各地对外贸易主管部门和各进出口总公司再分别转告所属发货单位；各铁路局（分局、车站）将铁道部批准的月度要车计划分别通知发货单位。

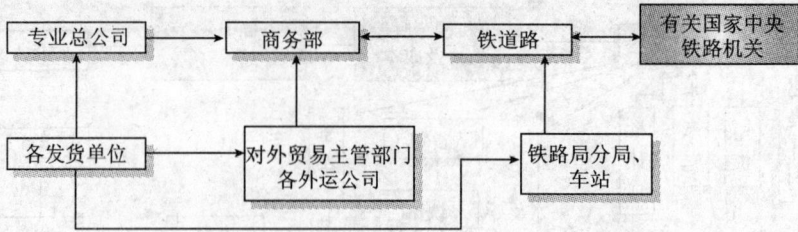

图 5-2 月度要车计划编制程序图

凡发送整车货物，都需具备铁路部门批准的月度要车计划和旬度计划；零担货物则不需要向铁路部门编报月度要车计划，但发货人必须事先向发货站办理托运手续。

如果有特殊情况而发生变更计划或计划外运送时，发货单位可以向铁路提出补充计划或变更计划，凡符合条件的，商务部在铁道部所授车皮数目内审批，并将意见转告铁道部，铁道部同意后，电告各铁路局，发货单位接到通知后，向有关部门办理手续，并积极组织发送。

（二）国际铁路货物联运的托运和承运

具有批准的国际联运出口运输计划，是进行货物托运与承运的前提。托运与承运的过程实际就是铁路与发货人之间签订运输合同的过程。

1. 托运和承运的一般程序

货物的托运，是发货人组织货物运输的一个重要的环节。托运和承运的一般程序如下：

（1）发货人在托运货物时，应向车站提交货物运单和运单副本，以此作为货物托运的书面申请。

（2）车站接到运单后，应进行认真审核，对整车货物应检查是否有批准的月度、旬度货物运输计划和要车计划，检查货物运单各项内容是否正确，如确认可以承运，应予签证。车站在运单上签订货物应进入车站日期或装车日期，即表示受理托运。

（3）发货人按签证指定的日期将货物搬入车站或指定的货位，铁路根据货物运单的记载查对实货，认为符合国际货协和有关规章制度的规定，车站方可以予以承运。

整车货物一般在装车完毕后，由发站在货物运单上加盖承运日期戳，即为承运。发运零担货物则与整车货物不同，发货人在托运时，不需要编制月度、旬度要车计划，即可凭运单向车站申请托运。

（4）车站受理托运后，发货人应按签证指定的日期将货物搬进货场，送到指定的货位上，经查验、过磅后，即交由铁路保管。

（5）当车站将发货人托运的货物，连同货物运单一同接受完毕，在货物运单上加盖承运日期戳时，即表示货物业已承运。

铁路对承运后的货物负保管、装车发运责任。总之，承运是铁路负责运送货物的开始，表示铁路对发货人托运的货物承担运送义务，并负运送上的一切责任。

2. 货物托运的有关要求

发货人向铁路托运货物时，应做以下工作：

（1）货物的品质、规格、数量须符合合同的规定。凡属需要商品检验和检疫的商品，应及时做报验工作。

（2）托运时应认真过磅，细致查点件数，并将重量和件数正确记载在运单上。另外还应遵守下列规定：

①用敞车类货车运送不盖篷布或苫盖篷布而不加封印的整车货物，在承运时，如总件数不超过 100 件时，发货人在运单中应记载货物的件数和重量；如总件数超过 100 件时，发货人在运单中只记载货物的重量，并在运单"件数"栏内记载"堆装"字样。

②整车运送小型无包装精制品，如小型压延金属的铁丝等，只按重量承运，不计件数。发货人应在运单"件数"栏内注明"堆装"字样。

③包装时已确定重量，并在每一货件上标有标记重量的有包装货物，以及同一标记重量的货物，承运时不过磅。发货人应尽可能按标记重量或准重量托运货物，以减少货物过磅确定重量的手续。在这种情况下，发货人应在运单"确定重量方法"栏内记载货物总重量的确定方法。

（3）货物的包装应能充分保证防止货物在运送中灭失和损坏，防止毁坏其他货物和运输工具、包装以及伤害人员。危险货物应按《国际货协》附件 2《危险货物运送规则》的条件包装。如用纸箱包装的货物，应在箱面和箱底沿中线缝加贴牛皮纸或胶条；用麻布（或白布）包装的出口货物，发货人应做到包装完整清洁，包件捆紧，发运时应根据车辆情况妥善衬垫；装两层以上的桶装货物，发货人应在各层货物之间用垫木或其他适当的衬垫物妥善衬垫，以防止包装磨损擦破，货物撒漏。内外包装及衬垫，一般不采用稻草、麦秸等材料，如必须使用时，应附有植物检疫证书。

（4）货物标记和表示牌是为运送货物提供方便，便于识别货物，以利于装卸和收货人提货。所以，发货人应在货件上作字迹清晰、不易擦掉的标记，或拴挂货签。对整车货物（堆装货物除外），应在接近车门的货件上作标记，每车不少于 10 件。对零担货物，应在每件货物上作标记，标记的内容：发送路和发站、到达路和到站、每件的记号和号码、发货人和收货人姓名、零担货物的件数、运单号。这些内容应同运单记载一致。

如运送某些要求采取特别防护的货物，发货人应在每个货件上作"小心对待"标记或粘贴《国际货协》附件 6 格式的表示牌。标记应用发送国文字书写，并译成俄文，表示牌上的记载用发送国文字和俄文印刷。由中国发往越南、朝鲜的货物可不附译俄文。货件上不应有旧的标记或表示牌以及与运输无关的字画。

（5）货物的声明价格。发货人在托运货物时声明价格，其目的在于保证货物发生货损货差时，能够得到铁路按照货物的声明价格的全部赔偿。按《国际货协》的规定，发货人在托运下列货物时应声明价格：金、银、白金及其制品、宝石、贵重毛皮及其制品、摄制的电影片、画、雕像、艺术制品、古董、家庭用品。只有当发货人在运单"发货人的特别声明"栏内注明"不声明价格"的记载，并签字证明时，才准许承运无声明价格的货物。

托运上述以外的货物，根据发货人的希望，也可声明价格。

3. 托运所涉及的运输单证

主要有运单和运单的随附单证。

（1）《国际货协》运单（SMGS RAIL WAY BILL）。《国际货协》运单简称货协运单，是国际铁路货物联运运单中的一种。货协运单是由发送国铁路代表所有参加运送货物的各国铁路同发货人之间订立的运送契约。因此，参加国际联运的各国铁路和发、收货人在货物运送中便具有了相应的权利和义务，它对铁路和发、收货人都具有法律效力。

关于运单的组成、作用及填写说明，参见本书《国际铁路货物联运运单》部分。

（2）运单的随附单据。经国际铁路联运出口的货物通过国境站时，需要履行海关手续、商品检验、卫生检疫等法定手续。为此，发货人必须将所需的文件附在运单上。这些文件主要有出口货物报关单、出口货物明细单，并根据货物性质的需要还可能有出口许可证、品质证明书、商品检验证书、植物检验证书或兽医证明书等。其他有关单据，则视合同的规定和货物不同要求而定。

在运单上所附的一切文件，应由发货人记入运单第 23 栏"发货人添附的文件"栏内，并牢固地附在运单上，随货物同行。

铁路没有义务检查发货人在运单上所添附的文件是否正确和是否齐全。

（三）国际铁路货物联运的装车发运

按我国铁路规定，在车站公共装卸场所内的装卸工作，由铁路负责组织；其他场所如专用线装卸场，则由发货人或收货人负责组织。但某些性质特殊的货物，如易腐货物、未装容器的活动物等，即使在车站的货场内，也均由发货人组织装车或卸车。货物装车发运的主要程序如下：

1. 货物进站

货物应按铁路规定的时间进站。进站时，发货人应组织专人在车站接货。由铁路装车的货物，应会同铁路货运员对货物的件数、包装、品名、唛头标记、运单及其随附单证逐件进行检查，如发现问题或相互不符，必须修复、更换或查明原因予以更正。经铁路货运员验收完毕，认为符合运送要求，发货人即同货运员办理货物交接手续，并在运单上签证确认。零担货物经铁路货运员查验、过磅，发货人按运单记载交付运杂费后，货物在站内的保管和装车发运工作即由铁路负责。在专用线装车时，发货人应在货车调送前一日将货物搬至货位，并做好装车前的一切准备。

2. 请车和拨车

由铁路负责装车的货物，有关请车和拨车均由铁路自行办理。由发货人负责装车时，不论是在车站的货场内装车或是在专用线装车，发货人应按铁路批准的日要车计划，根据货物的性质和交货数量，向车站请拨车辆。发货人要正确合理选择需要的车种和车辆吨位，尽量做到车种适合货种，车吨配合货吨，并在保证货物和车辆安全的前提下，充分利用车辆的载重吨和容积，以提高经济效益。铁路在货车调送到装货地点或车辆交接地点之前，应将送车时间通知发货人，发货人应根据铁路送车通知按时接车，同时组织装车力量，在铁路规定的时间内完成装货工作，按时交车，并将装车完毕时间通知车站。

3. 货物的装车、加固和施封

（1）装车。在装车时应该保证具备三个基本条件：第一，货物包装完整、清洁、牢固，货物标志、标记清晰完整；第二，单证齐全、内容准确、完备；第三，车辆的车体完整、清洁，技术状态良好，具备装车的必备条件。由发货人装车的货物，发货人应在现场负责监装。铁路负责装车的货物，一般应由铁路监装，在必要时可要求发货人在货场检查货物装载情况。现场监装工作的内容主要有：装车前，检查货位上的货物，复核点数，是否符合装车条件。货车调到时，会同铁路货运员检查车辆是否符合装车要求。装车时对配载货物做到心中有数，计算准确，装载合理，保证货物全部装车。检查货物是否装载恰当，确保运输安全。装车完毕，检查车辆是否封闭、加固、通风以及相应的安全措施。记录车号，做好发运登记，并在出口货物明细单上填写车号、运单号和装车日期；如实际车数与原单记载有出入时，应及时做好修改和更正。装车结束后，及时向车站交付运费，取回盖有发站承运戳记的运单副本抄件。

（2）加固。对于敞车、平车及其他特种车辆装运超限货物，箱装和裸装的机械设备以及车辆等货物，应在装车时放置稳妥，捆绑牢固，以防运送途中发生移动、坠落、倒塌及互相撞击，保证安全运送。由我国铁路用敞车类货车发运货物时，装载加固按我国国内规章办理，暂不执行《国际货协》附件第14号《敞车类货车货物装载加固规则》的规定。货物出口加固工作，应由铁路负责（自装车和专用线装车由发货人负责），但发货人检查加固情况，如不合要求，应提醒铁路方面重新加固。

（3）施封。施封是保证货物运输安全的重要措施之一，以便分清铁路与发、收货人之间，铁路之间的相互责任。我国装运国际联运出口货物的棚车、冷藏车、罐车必须施封。货车施封，应使用只在毁坏后才能开启的封印。铁路装车时由铁路施封，发货人装车由发货人施封，或委托铁路施封，此时发货人在运单"铅封"栏内注明"委托铁路施封"字样。对出口货物和换装接运的进口货物，各发站和进口国境站必须用10号铁线将车门上部门扣和门鼻拧紧，在车门下部门扣处施封。

（四）出口货物交付

出口货物装车发运，在货物到站后，应通知运单中所记载的收货人领取货物。在收货人付清运单所载的一切应付运送费用后，铁路必须将货物连同运单交付收货人，收货人必须支付运送费用并收取货物。收货人只在货物因毁损或腐坏而使质量发生变化，以致部分货物或全部货物不能按原用途使用时，才可以拒绝领取货物。收货人领取货物时，应在运行报单上填记货物领取日期，并加盖收货戳记。

四、国际铁路联运进口货物运输实务流程

国际联运进口货物运输与出口货物运输在货物与单据的流转方向上正好相反，但其流转程序基本相同。

（一）联运进口计划

对从国外进口的货物，国外国境站每月5日将下月运送计划预告我国国境站外运分公司（或办事处）或其他有关接运单位。在货物装车前3天，还要将货物品名、重量、件数、到站、收货人和过轨日期预告我国国境站及接运单位。如果是计划外运送，应在装车前5天，预告我国国境站外运分公司或有关接运单位。

国境站外运分公司或接运单位根据国外国境站的预告计划，制订接运计划并于每月 15 日前将下月接运计划，包括吨数、车件、货物品名、到站等，报所在铁路局。铁路局根据优先安排原则批准并列入计划运输，并于 24 日前报铁道部运输局，抄送外事局，同时下达国境站并通知有关单位。

（二）联运进口货物发运前的准备工作

我国国内有关订货及运输部门对联运进口货物的运输准备工作主要包括联运进口货物在发运前编制运输标志；审核联运进口货物的运输条件和向国境站寄送合同资料等。

1. 联运进口货物运输标志的编制

运输标志即唛头（Mark），一般印制在货物外包装上。唛头必须绘制得清楚醒目，色泽鲜艳，大小适中，印制在货物外包装的显著位置。从而为承运人运送货物提供方便，便于识别货物，便于装卸，便于收货人提货。

我国规定，联运进口货物在订货工作开始前，由商务部统一编制向国外订货的代号，作为收货人的唛头，各进出口公司必须按照统一规定的收货人唛头对外签订合同。

国际联运进口货物使用标准的收货人唛头后，就可以在订货卡片、合同、运单的"收货人"栏内，用收货人唛头代替收货人实际名称，而不再用文字填写收货人全称及其通信地址，从而既加强了保密，减少了订货合同和运输过程中的翻译工作，也在很大程度上方便了运输，防止了错发错运事故。使用收货人唛头时，须严格按照对外贸易的统一规定，不得颠倒编排顺序，增加内容或任意编造代号唛头。

2. 审核联运进口货物的运输条件

联运进口货物的运输条件是合同不可缺少的重要内容，因此必须认真审核，使之符合国际联运和国内的有关规章。

审核联运进口货物运输条件的内容主要包括收货人唛头是否正确；商品品名是否准确、具体；货物的性质和数量是否符合到站的办理种别；包装是否符合有关规定等。

3. 向国境站货运代理机构抄寄合同资料

各进口单位对外签订合同后，要及时将合同资料寄给货物进口口岸的货运代理人一份。这些合同资料包括：合同的中文抄本及其附件、补充书、协议书、变更申请书和有关函电等。其内容应有合同号、品质、规格、数量、单价、经由口岸、到达路局、到达车站、完整的收货人唛头、包装和运输条件等。如果是口岸报关，口岸代理单位应事先为进口公司在口岸海关注册备案。如改变货物的经由口岸时，有关进口公司须将改后的有关合同资料，寄给新的经由口岸的货运代理机构一份，并通知原经由口岸注销合同资料。

（三）进口货物的发运

国际联运进口货物发运工作，是由国外发货人根据合同规定，向该国铁路办理。办理发运的手续有三种：

1. 参加《国际货协》或采用《国际货协》规定的国家的铁路向我国发运进口货物时，国外发货人向该国铁路办理发运的一切手续，均按《国际货协》和该国国内铁路规章办理。

2. 海运货物通过参加《国际货协》的过境铁路港口向我国发送时，可委托港口站的收转人办理转发送，并从该港口站起用《国际货协》运单完成全程运送。

3. 从未参加《国际货协》并且不采用《国际货协》规定的国家的铁路向我国发运进口货物时，通常有两种做法：一是由发货人通过发送国铁路将货物办理至《国际货协》第一个过境路的进口国境站或采用《国际货协》规定的铁路的进口国境站，然后由该国境站站长以发货人全权代理人的资格和由他负责的条件下，填写《国际货协》运单，并随附原运单，将货物发送至我国最终到站；二是由发货人把货物发往参加《国际货协》的国家或采用《国际货协》规定的国家，委托该国的运输机构代收后，再按《国际货协》和该国国内铁路规章办理托运至我国最终到站。

（四）进口货物在国境站的交接与分拨

1. 进口货物的交接程序

进口货物的交接程序与出口货物的交接程序基本相同。其具体程序为：

（1）进口国境站有关单位根据货车预报和确报做好检查准备工作；

（2）货车到达后，铁路会同海关接车；

（3）两国国境站交接所根据交接单，办理货物和车辆的现场交接；

（4）我国进口国境站交接所通过内部联合小公做好单据核放、货物报关验关工作；

（5）由铁路负责将货物调往换装线，进行换装作业，并按流向编组向国内发运。

2. 进口货物单证的审核、制作和传递

联运进口货物运抵口岸，双方铁路进行检查、办理单证交接后，口岸铁路将全部单证移交外运审核，再转海关放行。

（1）审核单证项目。外运分公司接到铁路传递的全部单证后，根据合同资料，对运单和原明细单等进行认真审核，包括到站、收货人、经由口岸、合同号、订单号、品名、规格、数量、标记等。无误后，截留原明细单一份，按规定的份数抄制进口货物明细单，其中交口岸海关、商检、铁路各一份，随运单交收货人一份，抄进出口公司一份。

（2）进口货物明细单。对要在口岸变更到站收货人的货物，应按合同卡片的变更要求，准确抄制进口货物明细单。凡属计划变更的货物，均需复制两份进口货物明细单，并在该单左上角加盖戳记，其中一份交铁路作为变更依据，另一份交财会核收变更手续。

（3）过境运费的审核。对于通过第三国铁路联运进口货物的过境运费，除我国国境站铁路进行审核外，外运分公司还要查核过境运费记载是否正确。若发现计算有误，属于铁路责任的，应联系铁路会同交付路更正；属于发货人责任的，应及时通知有关单位，以便向发货人提出异议。

（4）国际联运进口货物的分拨、分运。对于小额订货（具有零星分散的特点），合装货物和混装货物，通常以口岸代理人为收货人。因此，在双方国境站办妥货物交接手续后，口岸代理人应及时向铁路提取货物，进行开箱分拨，并按照合同缮制有关货运单证，向铁路重新办理托运手续。在分运货物时，必须做到货物包装牢固，单货相符，并办清海关申报手续。

五、国际铁路联运运单填写说明

（一）国际铁路货物联运运单的作用

国际铁路货物联运运单是参加国际铁路货物联运的铁路与发货人、收货人之间缔结的运输合同。它体现了参加联运的各国铁路和发货人、收货人之间在货物运送上的权利、义务、责任和豁免，对铁路和发货人、收货人都具有法律效力。

（二）国际铁路货物联运运单的组成

国际铁路货物联运运单组成：

1. 运单正本（随同货物至到站，并连同运单第5张和货物一起交给收货人）；

2. 运行报单（随同货物至到站，并留存到达路）；

3. 运单副本（货物发运后，交给收货人。可作为发货人与收货人通过银行结算贸易款的依据）；

4. 货物交付单（随同货物至到站，并留存到达路）；

5. 货物到达通知单（随同货物至到站，并同货物一起交给收货人）。

此外，还有为发送路和过境路准备的必要份数的补充运行报单。

（三）运单正面填写说明

下列记号表示：

"X"——应由发货人填写；

"0"——应由铁路填写；

"X0"——应由发货人或铁路填写（视由何人办理货物装车或车辆施封而定）。

X1 发货人，通信地址。填写发货人名称及其通信地址。发货人只能是一个自然人或法人。填写发货人名称可为发货人姓名或发货人单位完整名称。由中、朝、越发货时，准许填写这些国家规定的发货人及其通信地址的代号。

向发货人返还货物或空容器时，要援用原批货物运单上的收货代号填写。

0数字编码栏按发送路的规定填写（中国铁路暂不用）。

X2 合同号码。发货人应在该栏内填写出口单位和进口单位签订的供货合同号码。如供货合同有两个号码，则发货人在该栏内填写出口单位合同号码，进口单位合同号码可填写在第6栏内。

X3 发站。填写运价规程中所载的发站全称。由朝鲜运送货物时，还应注明发站的数字代号（如咸兴为3—521）。如系专用线或专用铁道装车应在发站后以括号注明专用线或专用铁道名称。向发货人返还货物或空容器时，应以原运单中的原到站为发站。

X4 发货人的特别声明。发货人可在本栏中填写自己的声明，如修改运单、易腐货物的运送方法或使用大吨位集装箱装载等。

X5 收货人，通信地址。填写收货人名称及其通信地址。收货人只能是一个自然人或法人。填写收货人名称时，可为收货人姓名或收货单位完整名称。必要时，发货人可指定在收货人的专用线或专用铁路交货。往中、朝、越发货时，准许填写这些国家规定的收货人及其通信地址的代号。

下述事项可在本栏做相应记载：

1. 根据发站申报或收货人要求申请变更收货人时，运输合同变更处理站（截留货物的车站或国境站）应将原收货人及通信地址划销，并记载新收货人。

2. 从《国际货协》参加路向未参加路发货而由站长办理转发时，记载"站长"。经独联体铁路朱耳法站往伊朗发货时，记载"独联体铁路—朱耳法站站长"。经独联体铁路阿什哈巴德站往伊朗发货时，记载"收转人"。经独联体铁路捷尔梅兹站往阿富汗发货时，记载"收转人"。

3. 从《国际货协》参加路通过其过境路港口发货时，记载"收转人"。

0数字编码栏按到达路规定由到站填写（中国铁路暂不用）。

Ｘ6　对铁路无约束力的记载。发货人可以在本栏填写有关本批货物的记载，供收货人参考，铁路对此不承担任何义务和责任。

发货人还可在本栏右上角处填写进口单位合同号码。如本栏篇幅不足，发货人也可以在运单第5张背面第94、第95两栏的右侧空白处做上述记载。

Ｘ7　通过的国境站。记载货物应通过的发送国和过境国的出口国境站。如有可能从一个出口国境站通过邻国的几个进口国境站办理货物运送，则还应注明运送所要通过的进口国境站。例如经由独联体出口国境站乔普发货时，还应注明匈牙利进口国境站扎洪或捷克进口国境站切尔纳。根据发货人注明的通过国境站确定径路。

发现误送的国境站可在接收路同意下更改本栏的径路，并加盖本站日期戳证明。

Ｘ8　到达路和到站。在斜线之前，应注明到达路的简称，在斜线之后，应用印刷体字母（中文用正楷粗体字）注明运价规程中所载的到站全称。运往朝鲜的货物，还应注明到站的数字代号（如平壤为1—030）。

在第9～11各栏内填写事项时，可不受各栏间竖线的严格限制。但是，有关货物事项的填写顺序，应严格符合条例各项的排列顺序。填写全部事项时，如篇幅不足，应添附篇幅相当于运单的补充清单，并在有关栏内记载"记载事项见补充清单"字样。

Ｘ9　记号、标记、号码。填写每件货物上的记号、标记、号码。

Ｘ10　包装种类。注明货物的包装种类（如"木箱、纸箱、铁桶"等）；使用集装箱运送货物时，注明"集装箱"字样，并在下面用括号注明装入集装箱内货物的包装种类。

如货物运送时不需要容器或包装，并在托运时未加容器和包装，则应记载"无包装"字样。

Ｘ11　货物名称。货物名称应符合《国际货协》第7条第8项的规定，包括："危险货物须按《国际货协》附件第2号的规定；过境货物须按《统一货价》品名表的规定；其他货物或按运送该批货物适用的发送路、到达路或直通运价规程品名表的规定，或按贸易上通用的名称填写。"

Ｘ12　件数。注明一批货物的数量，使用集装箱运送货物，注明集装箱数，并在下面用括号注明装入所有集装箱内的货物总件数。运送货捆货物时用分数注明：货捆数目（分子），装入货捆中的货件总数（分母）。例如：5/30。

如用敞车类货车运送不盖篷布而未加封的货物，当总件数超过100件时，则注明"堆装"字样，不注货物件数。

运送小型无包装制品时，亦注明"堆装"字样，不注件数。如使用运送用具办理运送，则在运送用具名称同一行上，根据运单第11栏的填写内容注明该运送用具的数量。

X 13　发货人确定的重量（千克）。注明货物的总重。用集装箱和托盘或使用其他运送用具运送货物时，注明货物重量，集装箱、托盘或其他运送用具的自重和总重。对于大吨位集装箱，应分别记载每箱的货物重量、集装箱自重和总重。运送空集装箱时，记载集装箱自重。

X 14　共计件数（大写）。用大写填写第12栏（件数）中所记载的件数，即货物件数或记载"堆装"字样，而发送集装箱货物时，注明第12栏括号中记载的装入集装箱内的货物总件数。

X 15　共计重量（大写）。由发货人用大写填写第13栏〔发货人确定的重量（千克）〕中所记载的总重量。

X 16　发货人签字。发货人应签字证明列入运单中的所有事项正确无误。发货人的签字可用印刷的方法或加盖戳记办理。

X 17　互换托盘。本栏的记载事项，仅与互换托盘有关。注明托盘互换办法，并分别注明平式托盘和箱式托盘的数量。所有其他托盘均为运送用具，与这些托盘有关事项载入第18、第19两栏。

X 18　种类、类型。在发送集装箱货物时，应注明：

——集装箱种类（指小吨位、中吨位、大吨位）；

——集装箱类型指小吨位和中吨位集装箱以容积（立方米表示）划分类型，分别为3立方米以下各型及15立方米以下各型；大吨位集装箱以长度（英尺表示）划分类型，包括有20英尺、30英尺、40英尺（6058毫米、9125毫米、12192毫米）。

X 19　所属者及号码。运送集装箱时，应注明集装箱所属记号和号码。不属铁路的集装箱，应在号码之后注明大写拉丁字母"P"。

使用运送工具时，应注明运送用具可能有的所属记号和号码。不属铁路的运送用具，应注明大写拉丁字母"P"。填写事项时，如篇幅不足，应添附篇幅相当于运单的补充清单，并注明"记载事项见补充清单"。

X 20　发货人负担下列过境铁路的费用。注明根据《国际货协》第15条由发货人负担过境路费用的过境路简称。如发货人不负担任一过境路的费用，则发货人应记载"无"字样；如未记载"无"字样，也认为过境运送费用已转由收货人支付。

X 21　办理种别。办理种别分为：整车、零担、大吨位集装箱。不需要者划销。

X 22 由何方装车。可由发货人或铁路装车。不需要者划销；无划销记载时，即认为由发货人装车。

X 23 发货人添附的文件。注明发货人在运单上添附的所有文件（如出口货物明细单、出口货物报关单、动植物检疫证书、出口许可证、品质证明书、商品检验证书、卫生检疫证书、植物检疫证书和其他货物出口所必需的文件）。

如运单上未添附出口货物明细单、出口货物报关单、出口许可证（国家规定的特定商品），发货人在本栏注明"无须添附各种文件"字样。

如运单上附有补充清单，记载添附补充清单的张数。

X 24 货物的声明价格（瑞士法郎）。用大写注明以瑞士法郎表示的货物价格。

X 25 批号（检查标签）。在本栏上半部注明发送路和发站的数字编码。在本栏下半部按发送路现行的国内规定，填写批号。

在采用检查标签时，必须在第 2 张运行报单和第 1 份补充运行报单（存根）的第 25 栏内，各贴附一份检查标签。检查标签应符合《国际货协》的规定。

中国铁路不采用检查标签，而将运送本批货物的带号补充运行报单的号码填入运单和不带号码的补充运行报单的本栏下半部，上半部不填。

X 26 海关记载。本栏供海关记载之用。

X0 第 27～30 栏的一般说明。这些栏用于记载使用车辆的事项，只在运送整车货物时填写。

关于车辆的事项视由何方装车而确定由发货人或发站填写。当在国境站将整车货物换装到另一种轨距的车辆或在中途换装时，换装站应将原车辆记载事项划销，但原字迹须能辨认，并应在下面记载换装后每一车辆的事项。

X0 31 换装后的货物重量。货物换装运送时，应注明换装后铁路确定的重量。将货物从一辆车装至数辆车时，换装后每辆车的货物重量应分别记载。

X0 32 铁路确定的重量（千克）。注明铁路确定的货物重量。

X0 33—44 数字编码栏。各栏内供铁路记载事项之用。各铁路只能在其留存的运单各张上或补充运行报单上记载数字编码（中国铁路暂不用）。

参加运送的铁路，可商定共同使用上述各栏的方法。

X0 45 封印个数和记号。关于封印个数和记号，视由何方施封而确定由发站或发货人填写。填写车辆或集装箱上施加的封印个数和所有记号［车站名称、封印号码或施封年月日、铁路局简称或钳子号码（发货人封车时为发货人简称）］。

发货委托铁路代封时，发货人应注明"委托铁路施封"字样。

X0 46 发站日期戳。在货物承运后，发站在运单的所有各张和补充运行报单上加盖发站日期戳，作为签订运输合同的凭证。如承运的货物在发送前需预先保管，则在发站日期戳下记载"×年×月×日"签字证明。

X0 47 到站日期戳。货物到达后，到站在运单的第1、2、4、5张上加盖到站日期戳。

X0 48 确定重量方法。注明确定货物重量的方法，例如："用轨道衡"、"用1/10的衡器"、"用1/100的衡器"、"按标准重量"、"丈量法"（1/100的衡器）。

如由发货人确定重量，则发货人还应在本栏内注明关于确定货物重量的方法。

X0 49 过磅站戳记、签字。在32栏中记载的重量用过磅站戳记和司磅简称。

X 50 附件2。根据《国际货协》附件第2号托运危险货物时，必须在方框内画对角线。

如果该栏中方框和"附件第2号"字样为黑色，则发货人在根据《国际货协》附件第2号托运至中华人民共和国、俄罗斯联邦及相反方向和过境这些国家的危险货物时，除在运单货物名称下画一横线外，同时还应在运单第一张货物名称下画一红线。

（四）运单背面填写说明

第1、2、3张以及各份补充运行报单的背面需填写，且仅由铁路填写。

53 联运。根据第8栏的说明注明发送路和到达路的简称或编码。

54～59 计算运送费用的各项。用于计算运送费用（货物运费、押运人乘车费、杂费和有关运送的其他费用）的各项分别为：

第54项。发运路（由发站至出口国境站），如广安门站至二连站。

第55～58项。过境路（由出口国境站至进口国境站），如扎门乌德站至苏赫巴托站。

第59项。到达路（由进口国境站至到站），如纳乌什基至巴库站。同时，在计算运送费用的每2项内，应填写起、止站。杂费和其他费用用相应的数字编码表示。在编码之后填写费用款额（发送路和到达路用本国货币表示，过境路用瑞士法郎表示）。

在列入每一过境路发生的费用时，如计算运送费用一项中的地方不够，可另外使用计算运送费用的下一项。在这种情况下，应把运送费用的每一项分别相加。

60 类项号码。根据采用的运价规程，注明类项或项目号。

61 等级。注明所采用的运价等级。

62 费率。注明运费的运价费率。

63 计费重量（千克）。填写作为运费计算依据的重量。如运费按各种不同的运价等级计算，则应分别注明每种等级的计费重量。

64 数字编码栏（中国铁路暂不用）。

65 数字编码栏（中国铁路暂不用）。

66 千米。填写运价里程。

67 运价。注明所采用的运价号价《统一货价》。

68 向发货人计算的费用。向发货人计算的运送费用应记入本栏。

69 向收货人计算的费用。向收货人计算的运送费用应记入本栏。

70 款额。向发货人计算的费用，用瑞士法郎表示。

71 款额单位。在"单位"字样后注明向发货人核收费用的货币（发送国的货币）。

72 款额。向收货人计算的费用，用瑞士法郎表示。

73 款额单位。在"单位"字样后注明向发货人核收费用的货币（到达国的货币）。数字编码栏应按到达路的规定填写。

74 注明由发货人支付费用时以瑞士法郎表示的过境运费额。

75 注明以向发货人核收费用的货币表示的运费额。

76 注明由收货人支付费用时以瑞士法郎表示的过境运费额。

77 注明以向收货人核收费用的货币表示的运费额。

78 注明由发货人支付费用时以瑞士法郎表示的杂费和其他费用的总额。

79 注明以向发货人核收费用的货币表示的杂费和其他费用的总额。

80 注明由收货人支付费用时以瑞士法郎表示的杂费和其他费用的总额。

81 注明以向收货人核收费用的货币表示的杂费和其他费用的总额。

82 注明计算运费相应项的第 74 和第 78 栏中以瑞士法郎表示的共计款额（运费、杂费和其他费用）。

83 在计算第 54 项的运费时，注明第 75 和第 79 栏中以向发货人核收费用的货币表示共计款额（运费、杂费和其他费用）。

84 注明计算运费相应项的第 76 和第 80 栏中以瑞士法郎表示的共计款额（运费、杂费和其他费用）。

85 在计算第 59 项的运费时，注明第 77 和第 81 栏中以向收货人核收费用的货币表示共计款额（运费、杂费和其他费用）。

86 注明第 82 栏加总所得的总额。

87 注明第83栏加总所得的向发货人核收的总额（大写），并由铁路工作人员签字证明。

88 注明第84栏加总所得的总额。

89 注明第85栏加总所得的向收货人核收的总额（大写），并由铁路工作人员签字证明。

90 发送路（到达路）的兑换率。注明支付当日发送路和到达路所采用的兑换率，以便换算第82和第84栏所载的款额。我国以瑞士法郎表示的铁路运送费用折算人民币的比例，以铁道部财务司的通知为准。

91 有关计费的记载。填写有关计算和核收费用的记载，如发货人在运单所填写的某一国境站临时规定国境区段内车辆容许轴重低于18吨，则发站应在本栏注明"（3）车辆容许轴重____吨"。

当发送路和到达路间已商定另外一种不同于《国际货协》第15条规定的运送费用支付办法时，发站应在本栏注明"（8）已商定不按《国际货协》第15条规定支付运送费用"字样。签字盖车站日期戳。

92 应向发货人补收的费用。过境路应在本栏内填写发送路未计算的，但应向发货人核收的费用。

93 铁路记载。必要时，填写有关货物运送的记载。

94 商务记录。该栏在按照《国际货协》第18条的规定编制商务记录时填写。

95 运到期限延长。记载货物滞留的车站，以及按照《国际货协》第14条第6项铁路有权延长运到期的滞留原因和时间。为表示滞留原因，应采用以下编码：

1——履行海关和其他的规定；

2——检查货物内容；

3——检查货物重量；

4——检查货件数量；

5——变更运输合同；

6——运送阻碍；

7——照料牲畜（如遛放、饮水、兽医检查）；

8——冷藏车在运行途中补冰；

9——因发货人的过失而造成的整理货物的装载、修整货物或包装；

10——因发货人的过失而造成的货物换装；

11——其他原因。

在使用编码"11——其他原因"时，除数字编码外，还应用文字注明货物滞留原因的有关事项。关于不属于《国际货协》第 14 条第 6 项所述原因造成的货物滞留的记载，应记入第 93 栏内，此种记载列入第 95 栏，并不赋予铁路延长货物运到期限的权利。

96　国境站戳记。按货物运送所通过的国境站顺序仅加盖国境站日期戳。

97　关于向收货人通知货物到达的事项。填写关于货物到达站通知收货人的日期和时间。

98　货物交付收货人。货物交给收货人时加盖到站日期戳并注明交付时间，以确认货物交付收货人。同时要求收货人签字，并填记日期，以确认货物已经领取。

第 5 张的背面，第 93～96 栏，根据第 4 张背面的说明填写。

六、国际铁路货物联运费用的计算与核收

（一）计算费用适用的规章

计算运送费用适用的规章主要是《统一货价》、《国际货协》、《清算规则》和中华人民共和国的《铁路货物运价规则》。《统一货价》是计算过境铁路运送费用的依据，《铁路货物运价规则》是计算我国进出口货物从过境站（或发站）至到站（国境站）运送费用的依据。

（二）运送费用的核收办法

1. 参加《国际货协》各铁路间运送费用核收的原则

（1）发送路的运送费用。发送路指的是在国际铁路联运中，货物发送国家铁路的简称。发送路运送费用按承运当日发送路国内规章规定计算，以发送国货币，在发站向发货人核收。

（2）到达路的运送费用。到达路是指在国际铁路联运中，货物到达国家铁路的简称。到达路运送费用按承运当日（我国进口货物，按进口国境站在运单上加盖日期戳当日）到达路国内规章规定，以到达国货币，在到站向收货人核收。

（3）过境路的运送费用。过境路是指在国际铁路联运中，货物发送路和到达路以外的途经铁路。过境路运送费用按承运当日《统一货价》规定计费。

2.《国际货协》参加路与非《国际货协》参加路间运送费用的核收方法

我国通过蒙古、独联体、罗马尼亚、保加利亚、波兰等参加《国际货协》铁路去往未参加《国际货协》的原南斯拉夫、奥地利、瑞士、德国、法国、芬兰、瑞典、伊朗和阿富汗等国家，以及相反方向运送货物时，运送费用按下列规定核收：

（1）我国铁路的运送费用按我国国内规章规定计算，在发站向发货人核收（相反方向运送时，在到站向收货人核收）。

（2）蒙古、独联体、罗马尼亚、保加利亚、波兰等参加《国际货协》的各过境铁路的运送费用，按《统一货价》计算，在发站向发货人核收（相反方向运送时，在到站向收货人核收）。

（3）往未参加《国际货协》的国家运送时，办理转发送国家铁路的运送费用，可以在发站向发货人核收或者在最终到站向收货人核收。

（4）匈牙利、捷克斯洛伐克、南斯拉夫、奥地利、瑞士、德国等未参加《国际货协》的过境铁路、波兰铁路和到达铁路的运送费用，按这些铁路所参加的另一种国际铁路联运协定计算，在到站向收货人核收（相反方向运送时，在发站向发货人核收）。

3. 通过国境铁路港口站货物运送费用核收的规定

（1）我国通过参加《国际货协》的港口站往其他国家（和相反方向）运送时，我国铁路的运送费用按我国国内的规章规定计算，在发站向发货人核收（相反方向运送时，在到站向收货人核收）；蒙古、独联体、罗马尼亚、保加利亚、波兰等参加《国际货协》等各过境铁路的运送费用，按《统一货价》计算，并根据发货人在运单中的记载向发货人或收货人核收。

（2）参加《国际货协》铁路的国家通过我国铁路港口站往其他国家运送时，过境我国的运送费用按《统一货价》规定计算，并且必须在发站向发货人核收；相反方向运送时，则必须在这些铁路到站向收货人核收。只有在港口站发生的杂费和其他费用，可在该港口站向代理人核收。

（三）国际铁路联运货物国内段运送费用的计算

国际铁路联运货物国内段运送费用，按照我国的《铁路货物运价规则》进行计算。运费计算的程序及公式如下：

1. 根据货物运价里程表确定从发站至到站的运价里程；

2. 根据运单上填写的货物品名查找货物品名检查表，确定适用的运价号；

3. 根据运价里程和运价号在货物运价率表中查出相应的运价率；

4. 按《铁路货物运价规则》确定的计费重量与该批货物适用的运价率相乘，算出该批货物的运费。运费计算公式如下：

$$货物运价率 \times 计费重量 = 运费$$

其中，货物运价率由运价里程和货物运价号查出。

运费支付方式有现付、到付、后付和预付四种：

（1）现付。发货人和收货人在承运或领取货物的当日，以现金、支票、同城托收（无承付）结算凭证、付款委托书等方式支付所发生的全部运费。

（2）到付。有时有些意外情况如发生抢险、救灾、防疫等情况，在发站支付运送费用确有困难，经发送铁路局同意，可以由收货人在到站支付。但个人运送货物不能按到付办理；按到付办理的货物，收货人必须在领取货物之前，支付一切铁路运送费用。

（3）后付。在下列情况下，可以按后付办理：①抢险、救灾、防疫等情况发生在发站、到站，当时支付确实有困难的，经发送铁路局同意后可以后付；②铁路军事运送以后付凭证运送的货物；③各铁路局另有规定的，在办理承运或领取手续当时，以后付凭证记账方式办理的。

（4）预付。一般情况下不采用预付这种方式，但由于发、收货单位属于外地单位，在当地银行无法开户，经车站同意，可在办理运送手续之前，直接将款汇到收款车站，用于一次或多次支付运送费用。车站一般设立预付款的收支台账。

（四）国际铁路货物联运过境运费的计算

1. 国际铁路货物联运过境运费的计算程序和公式

国际铁路货物联运过境运费是按照《统一货价》的规定计算的。其运费计算的程序及公式如下：

（1）根据运单记载的应通过的过境站，在《统一货价》过境里程表中分别找出货物所通过的各个国家的过境里程。

（2）根据货物品名，查阅《统一货价》中的通用货物品名表，确定所运货物应适用的运价等级。

（3）根据货物运价等级和各过境路的运送里程，在《统一货价》中找出符合该批货物的运价表。

（4）《统一货价》对过境货物运费的计算是以慢运整车货物的运费额为基础的（即基本运费额），其他种别的货物运费是在基本运费额的基础上分别乘以不同的加成率。

过境运费的计算公式：

$$货物运价率 \times 计费重量 = 基本运费额$$
$$基本运费额 \times 加成率 = 运费$$

其中，货物运价率由过境里程和运价等级查出。

2. 过境运输费用计算和核收需注意的问题

（1）《统一货价》对过境货物运费的计算，是以慢运整车货物的运费额为基础，按快运办理的货物和随旅客列车挂运的整车货物、零担货物，则按上述办法计算出运费后，再分别乘以100％、200％、50％加成率，即为该批货物的过境运费。超限货物加成率为100%。

（2）整车货物按照货物实际重量计算，但不得少于规定的计费重量：一等货物为20吨，二等货物为30吨。

（3）如果在货物品名分等表中"计费重量标准"栏内记载为"标重"时，运费按货物实际重量（但不得少于发送路车站所拨给的车辆标准载重量）计算核收。标准载重量即车辆上标记的载重量。如果车辆上有两个标记时，以较少的载重量作为标准载重量。

（4）如果所拨给的车辆的载重量小于货物品名分等表所载的计费重量标准时，运费按实际重量（但不得少于所拨给的车辆标准载重量）计收。

（5）如果在国境站将规定按车辆载重量（标准）计算的货物，从一种轨距的一辆或数辆车换装到另一种轨距的一辆或数辆车内，并且接运车辆的载重量小于发路车站所拨给的一辆或数辆的载重量时，运费按照换装后的一辆或数辆车的总载重量计收。

（6）零担货物按照货物的实际重量计算（零担货物没有计费重量标准问题）。但如果数种货物包装为一件时，则是根据总重量和其中最高运价等级的费率加50%计算。

（7）国际联运运费的计算与核收，由于各国计算、收费的变化，特别是由参加国的货运代理（或运费代理）与货主结算，在实际操作中所产生的各种杂费与实际运费出入较大。

七、对港澳地区的铁路货物运输

（一）对香港地区铁路货物运输的特点

对香港地区铁路运输主要是指对港货物原车直接过轨方式，其特点是：

1. 商品结构的特殊性

在对港铁路货运量中，鲜活商品占深圳过轨总运量的比重很大，鲜活货物对运输有特殊要求，如运送速度快，质量高，伸用特种车辆等。

2. 运输方式的特殊性

对港澳运输不同于国际联运，也不同于国内运输，而是一种特定的运输方式。内地与香港的铁路尚未直通，现行运输方式是发送地以国内运输办理至深圳北站，铁路以租用车方式将货车租给外贸单位，深圳外运公司或中国铁路对外服务总公司（以下简称铁外服）作为各外贸发货单位的代理与铁路办理租车手续并支付租车费，然后过轨去香港。货车过轨后，香港中旅货运有限公司（以下简称港中旅）则作为上述两家的代理，在港段重新起票托运，由香港九广铁路公司将货物运到目的站。国内段运输是一次起票，两端收费，即发站至广州北站的运费由发站计收，广州北站至深圳北站的运费，在原有运费基础上增加50％，由深圳北站计收。对港运输是租车方式，另行制票运输。深圳口岸的租车费及口岸其他费用由发货人的代理人先行垫付或发货人直接支付。香港段产生的运费及相关杂费由发货人的代理人先行垫付或发货人直接支付。对香港铁路运输不是国际联运，国内使用的运单不是全程运送票据，不能作为结汇凭证，而是采用中外运（集团）总公司（以下简称"中外运"）或铁外服签发的货物承运收据作为结汇凭证。

3. 贸易方式的特殊性

对港澳地区贸易方式不同于对其他国家的贸易，有相当数量的商品特别是鲜活商品，是根据香港市场的变化情况随时进行调整。反映在运输上必然是计划多变，力争做到数量不多不少，时间不早不晚，优质、适量、均衡、及时地供应香港市场。这就比一般国际联运和外贸运输要求高。

4. 费用项目繁杂

由于对香港铁路原车过轨运输是"租车方式、两票运输、三段计费"，所以费用项目繁杂，共包括四部分：

（1）发站至广州北站的运费、铁路建设基金、电气化附加费及其他杂费；

（2）广州北站到深圳北站147千米的运费及加成50％铁路建设基金等；

（3）深圳口岸的中转费（深圳北站到达罗湖桥头）、调车费、租车费、装卸费及杂费、口岸代理劳务费等；

（4）香港段的运费及杂费，包括终点费、装卸费、延期费等和香港段代理劳务费。

（二）对香港地区铁路货物运输的一般程序

目前，对香港地区铁路货物运输，一般包括以下步骤：

1. 发货地外运或外贸公司向当地铁路局办理从发货地至深圳北站的国内铁路运输的托运手续，填写国内铁路运单。

2. 发货地外运或外贸公司委托深圳外运分公司办理接货、报关、查验、过轨等中转运输手续。预寄的单证和装车后拍发的起运电报是深圳外运组织运输的依据（如发货地有条件，也可在发货地报关）。

3. 深圳外运接到铁路的到车预告后，抽出事先已分类编排的有关单证加以核对，并抄给港中旅作为接车准备。

4. 货车到达后，深圳外运与铁路进行票据交接，如单证齐全无误，则向铁路编制过轨计划；如单证不全或者出现差错，则向铁路编制留站计划。准备过轨的货车，由深圳外运将出口货物报关单或监管货物的关封连同货物运单送海关申报，经审查无误，海关即会同联检单位对过轨货车进行联检。联检通过后，海关即放行。

5. 港中旅向港段海关报关，并在罗湖站向广九铁路公司办理起票手续，港段铁路将过轨货车送交到九龙站交港中旅卸货。

（三）对香港地区铁路货物运输的主要单证电报

单证、电报是深圳外运和港中旅接受委托、组织运输的依据。供港货物的单证电报要求必须做到：份数齐全、填写准确、寄拍及时。因为如单证电报迟到或有错，货车就不能及时过轨，造成在深圳口岸留站压车，不仅商品不能及时出运，而且增加租车费用，严重时甚至造成堵塞。

1. 供港货物委托书

供港货物委托书是供港铁路运输最基本的也是必备单证之一。它是发货人向深圳外运和港中旅委托办理货物转运、报关、接货等工作的依据，也是最主要的工作依据以及向发货人核算运输费用的凭证。

委托书一般应为委托人填写、盖章，但承运人要审单，避免差错。委托书所填制的内容与其他单证填制的内容要相符，如果货物内容复杂难以在委托书里说明，可以附单说明。委托书如有小的修改，应用书面形式及时传真通知深圳外运或铁外服，以便更改。发站承运人也应将委托书留底存档备查，其内容应按批填制，并为同一货主所属的货物。

2. 承运货物收据

由于国内铁路部门与香港九龙铁路当局没有货运直接通车运输协议，各地铁路发往香港的货物，不能一票直达香港，银行不同意用国内铁路运单作为对外结汇的凭证。因此，为了解决各外贸专业公司结汇的需要，各地外运公司以运输承运人的身份向各外贸专业公司提供经深圳口岸中转香港货物的"承运货物收据"，作为向银行结汇的重要凭证。

签发承运货物收据主要依据委托书和国内铁路运单的领货凭证。

承运货物收据的格式及内容和海运提单基本相同，主要区别是它只以第一联为正本。正本反面印有"承运简章"，注明承运人的责任范围，其中第二条印有："由本公司承运之货物，在铁路、轮船、公路、航空及其他运输机构范围以内，应依据各该机构规章办理。"

3. 出口货物报关单

出口货物报关单是出口货物必须具备的基本单据，也是发货人向海关申报的依据。

4. 起运电报

深圳口岸和驻港机构接到起运电报后可以及时做好接运准备，必要时还可作为补制单证的依据，是供港运输的必备条件。

发货人必须在货物装车后 24 小时内向深圳外运拍发起运电报，如在广州附近装车，应该电话通知深圳外运。货物发运后，如对原委托书、报关单及起运电报的内容有所更改时，发货单位应立即以急电或电话通知深圳外运公司。

除以上单证外，还有商检证、文物出口证明书、国内铁路运单等单证。

（四）对香港地区铁路货物运输的快运货物列车

运行组织在一般情况下是由铁路部门负责的，但是供应港澳的运输具有鲜活商品多、按配额发运、两票运输等特点，所以外贸运输部门需要配合铁路部门共同组织运输工作，快运货物列车就是根据这个特殊性，由外贸和铁路部门共同协作组织进行的。

1. 快运货物列车的概念和特点

快运货物列车就是以外贸供港物资为基本车组，沿途不解体，根据鲜活商品的需要进行各项定型作业，直达深圳的货物列车。其特点是：

（1）定线运行：固定发车日期、发车时刻、运行时刻和发车车站。

（2）定点挂车：根据外贸货源情况，固定装车点、装车时间、挂车点、挂车时间和平均挂车数量。

（3）定型作业：沿途根据需要，进行加冰、上水、清粪等作业。

2. 开行的快运列车及其优越性

目前开行的快运列车有：751 次、753 次、755 次，也称三趟快车。其中：751 次逢单日由江岸始发，逢双日由长沙北始发，承担两湖供港物资的发运任务；753 次由上海经龙华始发，承担江苏、上海、浙江、江西等省、市供港物资的发运任务；755 次由郑州北站始发，承担河南省以及三北（东北、西北、华北）地区经郑州中转供港物资的发运任务。

快运列车的优越性体现在：

（1）加快了运送速度；

（2）有利于对港澳市场的均衡供应；

（3）保证了商品质量；

（4）改善了押运条件；

（5）为陆空、陆海联运的开展创造了有利条件。

（五）对香港地区铁路货物运输费用的计算

对香港地区的铁路运输是分两段运输的，即国内段和港段运输。因此，运费是分别按国内铁路运输和香港地区铁路运输计算的，国内段按人民币计算，港段按港币计算。

1. 国内段铁路运输费的计算

（1）国内段铁路运输费的计算

按《国内价规》计算，公式如下：

$$货物运价率×计费重量=运费$$

公式中各因素可参照上节国际铁路货物联运国内段运送费用的计算来确定。

（2）深圳口岸有关费用

①深圳北站有关费用。包括货车租用费和货物装卸费。其中货车租用费按《国内价规》规定计算；货物装卸费按当地物价部门批准的装卸费率核收。

②深圳外运分公司有关费用。包括整车出口劳务费和仓储费用。

2. 港段铁路运杂费的计算

港段铁路运费的计算程序如下：

（1）按商品名称找出运费等级。

（2）根据运费等级查出运费率，其计算公式是：

$$运费（以港币计算）=货物分类等级运价率×车皮标重（吨）$$

（六）对澳门地区铁路货物运输

出口单位或货运代理在发送地车站将货物托运至广州，整车到广州南站新风码头 42 道专用线。零担到广州南站，危险品零担到广州吉山站，集装箱和快件到广州车站，收货人均为广东省外运公司，货到广州后由省外运公司办理水路中转将货物运往澳门，货到澳门由南光集团运输部负责接货并交付收货人。

第三节　大陆桥运输

一、大陆桥运输的产生、发展及现状

大陆桥运输（Land Bridge Transport）指以横贯大陆上的铁路或公路运输系统作为中间桥梁，把大陆两端的海洋连接起来，实现海铁联运的一种运输方式。人们从地理概念上将海—陆—海的陆地部分形象地比喻为连接两边海洋的一座桥梁，大陆桥的称号由此而来。

大陆桥运输是"国际多式联运"的组成部分，它以国际集装箱为媒介，并将多种运输方式联合成一个整体的运输体系，从而选择最便捷的路径，使之发挥各自的优势，以达到缩短运程、降低运费、简化手续、加速送达和保证安全的运输目的。

（一）大陆桥运输的产生和发展

大陆桥运输是集装箱运输问世以后的产物。1967年，由于阿以战争，苏伊士运河封闭，航运中断，而巴拿马运河因运输能力有限而堵塞，远东与欧洲之间的海上货运船舶，不得不绕航非洲好望角或南美合恩角，致使航程和运输时间倍增，加上油价上涨，航运成本骤升。此时正当集装箱运输兴起，大陆桥运输应运而生。1967年年底首次开辟了使用美国大陆桥的运输路线，实现从远东港口至欧洲的货运。这是世界上第一条大陆桥运输线，它将原来全程使用海洋运输的方式更改为海—陆—海运输方式。

20世纪70年代初，由日本至欧洲的货物又改用西伯利亚铁路过境运输。从日本至英国的货物，自日本装船，运至俄罗斯远东地区港口，转装西伯利亚及欧洲铁路，再装船至英国港口。这条路线就是闻名世界的西伯利亚大陆桥运输线，它的西端延伸至整个欧洲大陆及伊朗、阿富汗等国，东端包括日本、中国大陆、韩国在内的整个东南亚地区和北美的西海岸，全程13000千米，比经苏伊士运河或巴拿马运河的日本——西欧海上航运距离缩短一半。该大陆桥运输自1967年至1970年只运送了511箱（TEU）。至1981年全年办理量已达到15万箱（TEU）的水平。而后，由于苏联的解体，一段时间内集装箱运量大幅度下滑。目前，俄罗斯铁道部门已采取了一系列技术组织措施，使西伯利亚大陆桥运量保持在回升的水平上。

在我国同相关国家的努力下，1990年9月12日我国兰新铁路同哈萨克斯坦阿克斗卡—德鲁日巴铁路在两国边境正式接轨。从此，东起我国连云港经徐州、郑州、西安、兰州、乌鲁木齐经阿拉山口进入哈萨克斯坦，再经俄罗斯、白俄罗斯、东欧和西欧直达荷兰鹿特丹港的全长1万多千米的亚欧大陆桥贯通了。1992年12月，中哈铁路正式开办国际联运。亚欧大陆桥在我国境内有481千米，由陇海铁路、兰新铁路和北疆铁路连接而成。由济南、郑州、兰州、乌鲁木齐铁路局和北疆铁路公司管辖，穿过江苏、安徽、河南、陕西、甘肃和新疆6个省市自治区。在这条营业线上有400多个车站，其中较大的车站有24个，内有徐州北、郑州北、西安东、宝鸡东、兰州西、乌鲁木齐西等大型编组站。中国铁路为了保证亚欧大陆桥的畅通和快捷，专门制定了集装箱班列运行图，使列车每昼夜运行距离不低于500千米，连云港至阿拉山口运送时间不超过8天。

（二）大陆桥运输的优势

大陆桥运输是以集装箱为媒介，将海运和陆运结合起来、一票到底的多式联合运输。因此，大陆桥运输将多种运输方式的优点融为一体，具体表现为以下几个方面：

1. 加快运输速度，降低运输成本

大陆桥运输尽管中途须转换运输工具，但在换装作业中，集装箱装卸效率高，加之铁路运输速度快，时间准确，使货运速度加快，相应地又降低了运输成本。

2. 保证货运质量，节省包装费用

大陆桥运输充分体现了集装箱运输的优越性。集装箱运输有利于保证货运质量，减少货损货差。利用大陆桥运输方式，在转换不同运输工具时，只对集装箱进行装卸，无须搬动箱内货物。另外，集装箱本身坚固耐用、强度大，能很好地保护货物，装入集装箱的货物不必再做运输包装，因此又节省了包装费用。

3. 缩短运输里程，节省运输时间

大陆桥运输与海上运输相比，大大缩短了运输里程。以中国天津港至德国汉堡港为例，海上运输距离为 21175 千米，而大陆桥运输距离仅为 10155 千米，不及海上运输距离的一半。再从时间看，海上运输一般需 60 天左右，而大陆桥运输只需 35 天左右。

4. 简化货运手续，利于资金周转

在门到门运输方式下，发货人只需将货物交给总承运人（或多式联运经营人），办理一次托运，无须费时费力，即可取得货运单据，货物的全程运输则由总承运人负责。大陆桥运输同海上运输相比，可提前结汇，有利于发货人的资金周转。

（三）大陆桥运输与国际铁路货物联运的区别

国际铁路货物联运，主要是欧亚大陆国家之间通过《国际铁路货物联运协定》和《国际铁路货物运送公约》来组织货物的单纯铁路运输，承运人系各国的铁路部门。而大陆桥运输一般是包括铁路运输在内的海—陆—海的运输方式。

属于多式联运的大陆桥运输，同国际铁路货物联运相比较，存在明显的区别：

1. 运输合同名称不同。国际铁路货物联运运输合同是联运运单，而大陆桥运输的运输合同是多式联运单据。

2. 结汇所用单据不同。国际铁路货物联运用联运运单副本结汇，而大陆桥运输则用多式联运单据结汇。

3. 承运人不同。国际铁路货物联运的承运人是铁路，大陆桥运输的承运人是无船承运人或多式联运经营人。作为实际承运人的铁路，则是受多式联运经营人的委托来负责货物运输。

4. 承运人责任不同。国际铁路货物联运的承运人为铁路，铁路负连带责任，但仅负责各自运输区段的责任；大陆桥运输的承运人为多式联运经营人，对全程运输负责。

5. 承运货物种类不同。国际铁路货物联运承运的货类，按其种别分为整车、零担和大吨位集装箱。国际铁路货物联运集装箱分为小吨位、中吨位和大吨位集装箱三种，而小吨位和中吨位集装箱只能按整车或零担种别办理托运。大陆桥运输以国际标准集装箱为运输单位，此类集装箱适于各种不同运输工具之间的转换，在国境站办理货物交接时，无须拆箱、倒载，仅办理集装箱交接即可。

6. 运费构成和计算方法不同。国际铁路货物联运运送费用由发送路、到达路和过境路三段费用构成，运费按照发送国铁路、到达国铁路和过境铁路的不同规定来计算；大陆桥运输的运费由国内段运费、过境苏联铁路运费、过境蒙古铁路和欧洲铁路运费构成。上述费用除国内段运费按有关运输规定收取外，国外的运费均与代理签订运费协议，按协议费率向代理支付。

二、大陆桥运输线路

（一）大陆桥运输方式

大陆桥运输方式有铁—铁、铁—海和铁—卡三种方式。

铁—铁是指从中国内陆口岸（满洲里、二连、阿拉山口）经独联体国家铁路运送到东欧、北欧，然后进一步通过铁路转运到西欧内陆。

铁—海是指从中国内陆口岸（或海运口岸上海到东方港）经独联体国家铁路运送到塔林、里加及俄罗斯的圣彼得堡，再海运转至西欧、北欧各港口。

铁—卡是从中国内陆口岸经独联体国家铁路到俄—波边境波方一侧的布列斯特后，再用卡车转运至西欧内陆。

上述运输线路组合中，也有海—铁—卡、铁—海—铁等形式。

（二）北美大陆桥

北美大陆桥包括美国大陆桥和加拿大大陆桥。

1. 美国大陆桥

美国大陆桥产生于20世纪60年代，是世界上最早出现的大陆桥。美国有两条大陆桥运输线，一条从西部太平洋口岸的西雅图、旧金山、洛杉矶等港口至东部大西洋口岸的纽约；另一条从西部太平洋口岸的上述港口至南部墨西哥湾口岸的休斯敦、新奥尔良等港口。

由于东部港口拥挤等原因，美国的大陆桥运输基本处于停顿状态。但在大陆桥运输的过程中，派生并形成了小陆桥和微型陆桥运输方式。小陆桥运输，比大陆桥的海—陆—海运输缩短了一段海上运输距离，成为海—陆或陆—海形式。例如，远东至美国东部大西洋口岸或美国南部墨西哥湾口岸的货运，由原来全程海运，改为由远东装船运至美国西部太平洋口岸，转装铁路（公路）专用车运至东部大西洋口岸或南部墨西哥湾口岸，以公路或铁路为桥梁，把美国西海岸同东海岸或墨西哥湾连接起来。

2. 加拿大大陆桥

加拿大大陆桥运输线从加拿大太平洋沿岸的温哥华开始，终结于接近大西洋沿岸的蒙特利尔，它开通于 1979 年。日本至欧洲的货物，可用集装箱船运至温哥华，然后换装到铁路列车上运至蒙特利尔，最后再装船运至欧洲各港口。由于种种原因，同美国大陆桥一样，加拿大大陆桥也处于停顿状态。

（三）西伯利亚大陆桥

西伯利亚大陆桥利用俄罗斯西伯利亚铁路作为陆地桥梁，把太平洋远东地区与波罗的海和黑海沿岸以及西欧大西洋口岸连接起来的大陆桥。该大陆桥运输线东自苏联的纳霍特卡港或东方港起，横贯欧亚大陆，至莫斯科后，分为三路，第一路自莫斯科至波罗的海沿岸的圣彼得堡港，转船至西欧、北欧港口；第二路从莫斯科至俄罗斯西部国境站，转欧洲其他国家铁路（公路）运至欧洲各国；第三路从莫斯科至黑海沿岸，转船至中东、地中海沿岸。所以，从远东地区至欧洲，通过西伯利亚大陆桥运输有海—铁—海、海—铁—公和海—铁—铁三种运送方式。

（四）新亚欧大陆桥

新亚欧大陆桥东起中国连云港，西至荷兰鹿特丹，全长 10837 千米。1990年 9 月 11 日，北疆铁路与土西铁路接轨，1992 年 9 月，新亚欧大陆桥的正式通车，标志着连接欧、亚两洲的第二条大陆桥运输线正式开通。该大陆桥两端辐射范围广，东端的中国从北至南沿海各港口货物都可上桥；西端触及的范围囊括整个欧洲及中亚各国。

新亚欧大陆桥的主要路径有：

1. 从中国港口上桥，通过中国、哈萨克斯坦、俄罗斯、爱沙尼亚、拉脱维亚等国至波罗的海沿岸的圣彼得堡、塔林、里加等港口转海运运至西欧、北欧等国；

2. 从中国港口上桥，通过中国、哈萨克斯坦、俄罗斯、白俄罗斯、波兰、德国、荷兰、比利时铁路至北海口岸的港口转海运运至北欧、英国或直接运至西欧各国；

3. 从中国港口上桥，通过中国、哈萨克斯坦、俄罗斯、乌克兰、斯洛伐克、匈牙利、奥地利、瑞士、德国、法国铁路至英吉利海峡港口转海运；

4. 从中国港口上桥，通过中国、哈萨克斯坦、俄罗斯铁路运至黑海沿岸的新罗西斯克和马里乌波尔港口转海运运至巴尔干地区；

5. 从中国港口上桥，通过中国、哈萨克斯坦、乌兹别克斯坦、土库曼斯坦、伊朗、土耳其铁路运至伊斯坦布尔。

（五）中亚国家运输路径

亚欧大陆桥目前主要运输业务是到中亚各国的国际联运，其运输线路及里程如图5-3所示：

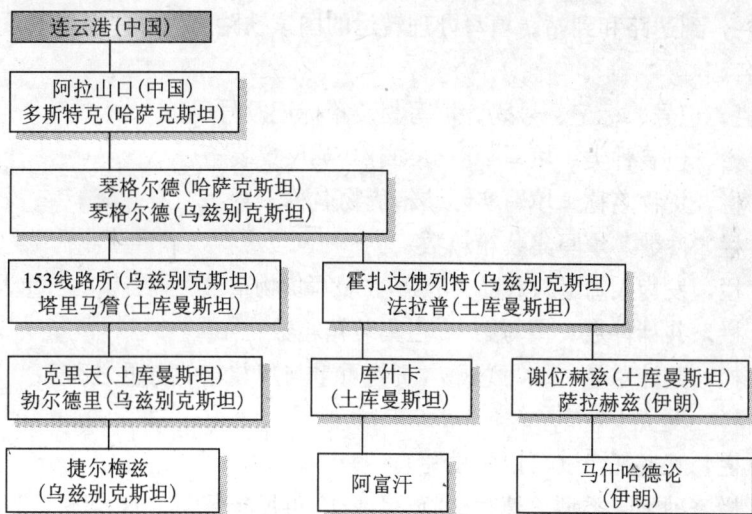

图 5-3   中亚国家运输路径示意图

三、运单、装箱单、联运提单及填写方法

大陆桥运输以集装箱为运输单位，以多式联运经营人为总承运人，以铁路为实际承运人。因此，大陆桥运输的单证除了包括其他运输方式应有的单证外，还有集装箱装箱单、联运提单和铁路联运运单。

（一）国际铁路货物联运运单

国际铁路货物联运与大陆桥运输存在区别，它们的填法也不一样。在大陆桥运输中，国际铁路货物联运运单的填法可见诸以下各栏。

第1栏，发货人及其通信地址。填写大陆桥运输的总承运人，一般为发货省、市的外运分公司及其地址。

第2栏，合同号码。填写贸易合同号码。

第 3 栏，发站。填写集装箱进入我国的入境口岸站，如连云港。

第 4 栏，发货人的特别声明。填写转发送代理的名称及最终到站名称，如俄罗斯的全苏过境运输公司或各国的外运公司。

第 5 栏，收货人及其通信地址。填写各铁路负责转发送的代理的名称及其地址。

第 6 栏，对铁路无约束效力的记载。填写委托欧洲段国外代理的名称、地址等。

第 7 栏，通过的过境站。填写所经过的过境站。

第 8 栏，到达路和到站。填写办理转运的国家铁路简称，并在斜线下填写转运站的站名。

第 9 栏，记号、标记、号码。填写集装箱标记及号码。

第 10 栏，包装种类。填写 20 英尺或 40 英尺集装箱。

第 11 栏，货物名称。填写实际装箱货物名称。

第 12 栏，件数。填写集装箱箱数。

第 13 栏，发货人确定的重量（千克）。填写货物重量、集装箱的自重及总重。

第 14 栏，共计件数。填写第 12 栏集装箱箱数。

第 15 栏，共计重量。填写总重（货物重量与集装箱的自重之和）。

第 16 栏，发货人签字。

第 17 栏，互换托盘（可以不填写）。

第 18 栏，种类、类型。填写 20 英尺或 40 英尺集装箱。

第 19 栏，所属者及号码（可以不填写）。

第 20 栏，发货人负担下列过境铁路费用。填写支付过境铁路费用的代理名称。

第 21 栏，办理种别。选择填画大吨位集装箱。

（二）集装箱装箱单

此为集装箱所装货物明细单，它主要包括以下内容：货物名称、件数、包装、重量、尺码、经由口岸、发箱站、到达站、运单号、集装箱号、铅封号、集装箱规格、提单号、唛头、发货人、收货人及通知人、代理名称、运输方式、集装箱来源、装箱日期、集装箱总重（货重加集装箱自重）等内容。装箱单的内容应和联运提单及铁路联运运单的内容相一致，否则将影响货物的交接和费用结算。装箱单各栏的填写说明如下：

1. 编号：发货人或代理根据自己的情况进行编号、备查。

2. 经由口岸：填写中国出境口岸和苏联西部口岸。

3. 发箱站：填写实际发箱地。

4. 到达站：填写集装箱的最终到站。

5. 运单号：填写铁路运单号。

6. 集装箱号：填写包括前缀和 7 位阿拉伯数字的箱号。

7. 铅封号：在报关封后，正确填写铅封号。

8. 集装箱规格：40 英尺箱填写"40"，20 英尺箱填写"20"，特殊集装箱用英文加以说明。

9. 提单号：填写该箱货物的提单号，如果该箱内有数批货物则应把所有提单号编写与其他栏（件数及包装、品名、重量、尺寸）相对应地填上。

10. 主要唛头：将货物包装外部的唛头填上。

11. 件数及包装：如果箱内有数票货物，每一票的件数和包装分别填写，然后再填写该箱内的总件数。

12. 品名：填写货物品名。

13. 毛重：填写所装货物的毛重和总重。

14. 尺码：填写所装货物的体积和总体积。

15. 收货人及通知人：填写收货人名称、地址，如无收货人则填写通知人的名称、地址。

16. 国外代理：填写苏联段代理和欧洲段代理的简称，要与运单中注明的一致。

17. 运输方式：保留采用的运输方式，不用的划掉，如用铁—铁，就把铁—海和铁—卡划掉。

18. 集装箱来源：自备箱填 SINOTRANS，代存代租箱填 SINOCON，代理箱填代理名称。

19. 装箱日期：填货物装入集装箱的日期。

20. 整箱重量：填货物重量和箱体自重之和。

21. 发货人：填发货人或代理名称并加盖印章。

装箱单内容必须逐项填写，不得漏填和误填。全部用英文填写"发箱站"、"到站"和"品名"。

（三）联运提单

联运提单是承运人收到货物后签发给托运人的单证，其性质和作用与海运提单相同，它是承运人签发给托运人的货物收据，是承运人与托运人之间运输合同的证明，是收货人或提单持有人凭以提取货物的所有权凭证。提单各项内容的含义及填写如下：

1. 发货人：即委托方，在大陆桥运输中，一般是外贸单位，填写其完整名称。

2. 收货人或指示：即提单的抬头人，记名收货人或不记名收货人。由发货人提供具体名称和地址。但在以信用证为支付方的条件下，多为空白抬头（TO ORDER）。总之按发货人的规定填写，以备在目的地由代理联系收货人提取货物。

3. 通知地址：根据发货人提供的通知方及地址填写，当收货人栏内用不记名式（TO ORDER）时，则此栏内必须有被通知方的名称及地址，以备承运人通知其运输信息，及通知提单持有人准备提货。否则，因无法与提单持有人联系，造成无人提货而发生仓储费或贸易上发生纠纷事件。

4. 前段运输工具：填 BY TRAIN 即火车。

5. 海运船只：不填写。

6. 卸货港：不填写。

7. 收货地点：按实际收货地点填写。

8. 装货港：一般不填写。

9. 交货地点：即集装箱国外最终到站，在到岸价条件下，一般交货地点及最终到站应与买卖合同中规定的目的站一致。

10. 运费支付地：到岸价即 CIF 出口，运费预付时填发站所在地；离岸价即 FOB 出口，运费到付时，不填写。

11. 正本提单份数：由买卖合同规定，按委托人的要求确定份数填写，份数填写用 ONE/TWO/THREE，不得用阿拉伯数字 1/2/3 填写。

12. 标志和号码：应按发货人提供的标志唛头以及号码如实填写，不能简化、遗漏或填错。另外还须填上铅封号码。

13. 件数和包装种类：必须按发货人提供的细节认真填写，为了避免件数被篡改，需要用英文大写字母注出总数。如一张提单上分别有几种包装种类，总数必须用英文说明。另外还要填上集装箱箱号。

14. 货名：要用英文大写字母填上货物的确切名称，不得用其他文字。

15. 总重量（千克），容积（立方米）：对于货物的重量和容积，要求每票货物都要以公制计算的千克和立方米表示。

16. 运费和费用：大陆桥出口运输的一般做法是在离岸价条件下，注明运费到付（FREIGHT COLLECTED）；在到岸价条件下，注明运费预付（FREIGHT PREPDED）。为划清费用，对于边境交货要注明交货条款。

17. 说明：提单正本签发的张数，其中一份办理提取货物后，其余各份则作无效。

18. 提单签发地点及日期：签发地点一般与发货地点一致，提单签发日期应为承运人接管货物并把货物装入集装箱的日期。绝不能预借或倒签提单，因为这将使承运人违背提单条款而承担收货人可能提出的责任。具体填写应为 20TH－JULY 1986 AT BEIJNG，以防止被篡改。

19. 代表承运人签字：只有承运人和经承运人委任并授权的代理有权签署。

20. 提单编号：每份提单都应有编号，以便查询和记录。编号的方法可用发货人托运单的号码，也可根据情况自行决定。但号码不要超过 4 位数字。

四、我国有关亚欧大陆桥运输的规定

为发展新亚欧大陆桥运输，我国有关部委曾在 1991 年联合颁布了《关于亚欧大陆桥国际集装箱过境运输管理试行办法》。该办法的主要内容至今仍然是适用的。

（一）《关于亚欧大陆桥国际集装箱过境运输管理试行办法》的主要内容

1. 亚欧大陆桥运输指国际集装箱从东亚、东南亚国家或地区由海运或陆运进入我国口岸，经铁路往蒙古、独联体、欧洲、中东等国家和地区或相反方向的过境运输。

2. 过境集装箱（以下简称过境箱）箱型应符合国际标准化组织的规定。目前亚欧大陆桥运输只办理普通型 20 英尺箱、40 英尺箱。其他冷藏、板架、开顶等专用型集装箱的运输需临时议定。

3. 办理过境箱的中国口岸暂定为：连云港、天津、大连、上海、广州和阿拉山口、二连、满洲里、深圳北铁路换装站。

4. 我国办理过境箱运输的全程经营人为中国铁路对外服务总公司、中国对外贸易运输（集团）总公司、中国远洋运输总公司、中国外轮代理总公司及其在口岸所在地的分支机构和口岸所在地政府指定的有国际船、货代理权的企业。办理过境箱铁路运输的各经营人应与有关国家铁路经营人协商并签订协议，做好过境箱的交接、清算、信息处理等工作。

5. 过境箱经铁路运输按《国际铁路货物联运协定》及铁道部有关规定办理。铁路部门应及时与过境国铁路部门联系，对过境箱运输合理组织，加强调度，掌握动态，在计划、装车、挂运等方面提供方便。

6. 过境箱在港口的运输、装卸作业按交通部有关规定办理。过境箱在中国港口的装卸船费、堆存费及装卸车费等，按现行规定支付。各港口应对过境箱的提取、装卸、转运提供方便。

7. 过境箱入境时经营人应按海关规定填写"过境货物申报单"一式两份，向入境地海关申报。申报单应注明起运国和到达国，一份由入境地海关存查，另

一份由海关做关封，并加盖海关监管货物专用章，随铁路票据传递到出境口岸站，交出境地海关，凭此检查放行。

8. 下列物品不准办理过境运输：各种武器、弹药及军需品（通过军事途径运输的除外），鸦片、吗啡、海洛因、可卡因、烈性毒品及动植物。

9. 卫生检疫、动植物检疫机关对来自非疫区的过境箱一般不进行卫生检疫和动植物检疫。对来自疫区的过境箱，经营人需向卫生检疫、动植物检疫机关申报。装有动植物产品的过境箱，经营人需向卫生检疫、动植物检疫机关申报。卫生检疫、动植物检疫机关对申报的过境箱应简化手续，为过境箱及时转运提供方便，申报时一律不收取费用。

10. 各地海关应加强对过境箱的管理，在口岸联检及报关中如发现过境箱以藏匿或伪报品名等手法逃避海关监管，装运禁止过境的货物时，由海关按我国有关规定处理；对箱体外形完整、封志无损，未发现违法可疑时，可只做外形查验，为过境箱提供方便。

11. 过境箱原则上由经营人办理运输保险或保价运输。各承运人应严格执行过境箱的交接手续，发生货损货差时，认真做好商务记录，按国际和国内有关规定处理。

12. 亚欧大陆桥运输的过境国际铁路联运计划及国内陆桥上桥货物的国际铁路联运计划按现行规定办理。

（二）影响新亚欧大陆桥运输的主要问题

据中国外运（集团）总公司有关专家介绍，目前影响新亚欧大陆桥运输的主要问题是：

1. 协调困难。亚欧大陆桥运输通道涉及不同的地域、不同的经济和社会文化背景的国家和地区，涉及多个国家铁路运输、口岸通关、换装作业等环节，涉及托运人、政府部门、港口、铁路承运人、海运承运人、大陆桥经营人等方方面面。因此，只有协调好各方利益，才能保证各个环节的安全、畅通与高效。要做好这些工作需要有专业化的国际协调机构来负责。而目前的国际铁路联盟、铁路合作组织只是单纯的铁路运输的国际组织，不能涵盖大陆桥运输的各个环节和各个方面。

2. 价格没有竞争力。大陆桥运输的一大特点就是总的运输价格由各国的铁路、口岸、海运等多个环节的价格决定，运输成本构成复杂，涉及各方利益，协调解决难度大。虽然走海运要比走陆路时间慢一半，但海运极具竞争力的价格，使货主渐渐放弃了这条横跨亚欧大陆的铁路线。

3. 时间无保证。亚欧大陆桥运输至少要经过 4～5 个国家的陆地和海运口岸。据有关部门统计，目前货物在口岸的平均滞留时间占全程时间的 30%；在口岸滞留的时间中因单证、海关查验而滞留占 60%，运力衔接等其他原因滞留占 40%。一些口岸的通信设施条件差，不能满足现代信息的通信要求。由于信息渠道不畅通，信息交换机制不健全，加大了大陆桥运输的不确定性。

4. 信用证结汇有风险。目前，国际间的贸易绝大多数采用银行信用证结汇，特别是国际集装箱运输大规模普及后，信用证结汇已被认为是公平、高效、风险小的国际贸易结算方式。但是，利用国际铁路联运或大陆桥运输的国际贸易很难采用信用证方式结汇。这是因为《国际货协》中规定的国际铁路联运运单必须填写实际收货人，实际收货人不必提交运单或运输单证，只须出具自己的有效身份证明就可以在铁路到站提走货物。这种规定排斥了国际货运代理使用自己的提单作为物权凭证，提供信用证结汇的可能，加大了出口商的交易风险和交易成本。

5. 信息服务体系不统一。目前，亚欧大陆桥沿线国家的信息化建设的水平参差不齐，在国家与国家之间、一个国家内各部门之间，缺乏统一的运输信息交流标准，信息沟通与共享存在很多障碍，这些直接影响了大陆桥运输的服务质量。中国的海运、港口、铁路、口岸等企业或部门，虽已建立了各自的运输管理信息系统，对运输过程进行跟踪和记录，但是这些部门信息系统之间缺乏有效联结和沟通，而且大部分信息主要是为内部的生产监控服务，没有形成完整统一的大陆桥运输信息服务体系。

6. 来自西伯利亚大陆桥运输的竞争。近几年，西伯利亚大陆桥表现出强劲的竞争力，年货运量达到 10 万 TEU，并且以 25% 的速度攀升。其中，货运量主要来自韩国和日本，近 1 万 TEU 来自中国。中国的货主通过近海航运，把货物从上海等地运到俄罗斯的港口，然后再通过西伯利亚大陆桥运到欧洲。这样，既价格便宜，而且相对亚欧大陆桥来说，它基本上都在俄罗斯一国境内通过，省去了诸多麻烦。中国铁路要想吸引亚欧大陆桥运输的集装箱货物，主要是到中亚国家的货物，就必须采取更为明智的举措。

第四节　特殊货物的铁路运输

一、集装箱货物运输

（一）适用于国际联运的铁路集装箱

《国际货协》中的《集装箱运送规则》适用于运送小吨位、中吨位和大吨位重集装箱，以及大吨位空集装箱。

小吨位集装箱：容积 1 立方米至 3 立方米，最大容许总重小于 2.5 吨。

中吨位集装箱：容积 3 立方米至 5 立方米，最大容许总重 2.5 吨至 5 吨。

大吨位集装箱：长 20 英尺、30 英尺或 40 英尺（相应为 6058 毫米、9125 毫米或 12192 毫米），宽 8 英尺（2438 毫米）和高 8 英尺 6 英寸（2591 毫米）以下 ISO（国际标准化组织）系列 I 的集装箱。

小吨位集装箱和中吨位集装箱可办理零担或整车货物运送。不属于铁路的小吨位和中吨位空集装箱不适用集装箱运送的规定。大吨位集装箱（20 英尺、30 英尺或 40 英尺集装箱）货物和大吨位空集装箱仅可办理大吨位集装箱货物运送。不符合上述条件的集装箱及《国际货协》附件第 2 号《危险货物运送规则》未作规定的危险货物专用集装箱，需经参加运送的各铁路商定后，才准许运送。

对于小吨位和中吨位集装箱，我国铁路目前只办理整车运送的 5 吨箱和零担运送的 1 吨箱装运进口货物。出口货物可利用返还的集装箱装运到集装箱所属路。

（二）集装箱办理条件及要求

集装箱由发送路集装箱办理站承运。到站和换装国境站必须符合《国际货协》附件 8.1、8.2、8.3 号所列载的集装箱到站的规定，根据有关路的协商，也可运至未列载的到站。

我国往未参加《国际货协》铁路的欧洲国家发运属于发货人的大吨位集装箱（20 英尺、40 英尺）时，不适用《统一货价》第 4 条第 2 项的规定，可用《国际货协》运单办理至参加《国际货协》的东欧某一国家铁路的进口国境站，由发货人或收货人委托在该站的代理人办理转发至最终到站，相反方向运送时，可从该国境上开始办理。过境《国际货协》其他参加路的运送费用，不适用《统一货价》第 4 条第 9 项的规定，不在我国铁路发站或到站核收，由发货人或收货人通过与其他国家有关方面签订的协议，同过境路直接进行清算。在运单"X20 发货人负担下列过境铁路的费用"栏内记载何人支付过境铁路运送费用，如："独联体费用通过独联体过境运输公司支付"或"俄铁、蒙铁费用通过××过境运输公司支付"。

铁路集装箱不得装运能损坏玷污集装箱，使得集装箱掏箱后不能清洗、消毒的货物，以及能引起传染的有臭味的食品和物质。用集装箱装运危险货物必须遵守《国际货协》附件第 2 号《危险货物运送规则》规定。运送途中需要加冷、通风、加温的食品或其他物品，必须使用专用集装箱，并同参加运送的铁路商定后才能运送。

用小吨位和中吨位集装箱向阿塞拜疆、白俄罗斯、格鲁吉亚、哈萨克斯坦、吉尔吉斯斯坦、拉脱维亚、立陶宛、摩尔多瓦、蒙古、俄罗斯、塔吉克斯坦、土库曼斯坦、乌兹别克斯坦、乌克兰和爱沙尼亚运送货物时，一件的重量不得超过120千克，用大吨位集装箱运送时，不得超过1500千克。

用铁路大吨位集装箱向阿塞拜疆、白俄罗斯、格鲁吉亚、哈萨克斯坦、吉尔吉斯斯坦、立陶宛、摩尔多瓦、蒙古、俄罗斯、塔吉克斯坦、土库曼斯坦、乌兹别克斯坦、乌克兰和爱沙尼亚运进和从这些国家运出家庭用品时，只有在同这些国家铁路商定后，才准许运送。

（三）运送集装箱对运单填写的要求

发货人必须对每种集装箱和每一大吨位空集装箱填写运单，但下列情况可按一份运单办理：

1. 按整车货物运送时：（1）在不换装运送中，同其他货物一起发送的数个小吨位或数个中吨位集装箱；（2）在换装运送中发送的数个小吨位集装箱；（3）在换装运送中发送路与换装铁路商定发送的数个中吨位集装箱。

2. 在不换装运送中装在一辆车上的大吨位集装箱不超过3个，其总长度不超过50英尺（18174毫米）时：（1）发货人应根据运单填写说明，在运单上记载关于集装箱种类、类型、所属路简称或记号、号码等事项；（2）关于货物重量、集装箱自重和总重等事项；（3）关于封印数量和封印记号等事项。

（四）集装箱的装箱、装运与交付

集装箱的承运和装车按发送路的现行国内规章办理，而集装箱的交付按到达路的现行国内规章办理。

1. 发货人应确认集装箱是否适用于装运该种货物，如果发货人将货物装入不良的集装箱或不适合运送该种货物的集装箱，则铁路对由此而发生的货物灭失、毁损、腐坏或因其他原因降低质量概不负责。

集装箱可在集装箱容许总重量（集装箱自重除外）以内进行装载，超过时，应根据《国际货协》第12条第3、第4项关于车辆超载的规定办理。发货人向集装箱内装载货物时，应使集装箱门能够自由开启和关闭，并不损坏集装箱，同时采取措施，保护箱体免受货物的不良影响（如腐蚀）。装运无容器或简易容器的货物时，发货人应采取措施（如用纸或其他材料在箱壁衬垫，使用防护层，橡皮垫，将货物包入软质绝缘材料），以保证货物完整，防止发生毁损、腐坏或其他原因降低质量。

发货人只应托运技术状态良好的集装箱，如托运不属于铁路的大吨位集装箱已破损，则应在运单"货物名称"栏内注明破损的形状和尺寸。

2. 集装箱的装车按发送路国内规章办理。在换装运送中，不准将中吨位集装箱与其他零担货物同车运送。大吨位集装箱应使用敞车或有端侧板的平车装，装载两箱时，箱门应相对、间距不得超过 200 毫米。

除装运家庭用品集装箱，可由发站在有发货人在场时施封外，重集装箱应由发货人施封，有发货人的封印时，方可承运。大吨位集装箱空箱箱门也应关好并施封。中吨位和大吨位集装箱的第一门孔应施加一个封印，加挂在最后关闭的箱门的锁闭装置的把手上。

发货人应根据《国际货协》附件第 8.4 号格式填写集装箱表示牌，一份放入集装箱中，一份放在集装箱的规定位置或箱门（未规定该位置时）上，并除掉旧的表示牌。表示牌应用中、俄文（我国往朝鲜、越南运送时，只用中文）打印牌填写。

3. 铁路发现集装箱在运送途中有破损，不能继续运送货物时，应用自备的器材和费用，将货物换装至另一适用的集装箱中。如无适于换装货物的集装箱时，则将小吨位或中吨位集装箱的货物装入箱、袋或适用的容器中；将大吨位集装箱的货物换装入车辆中，发往到站。此时，应将货物过磅，必要时按《国际货协》第 18 条规定编制商务记录。

如货物因特殊的自然性质、危险性或其他原因不能由铁路进行换装，则应根据《国际货协》第 21 条处理该货物；不属于铁路所有的破损集装箱，换装站应按此规定处理该集装箱。

4. 铁路向收货人交付货物时，如集装箱及封印完整，则对集装箱内因货物容器和包装不适当或无容器和包装以及放置方法不正确而发生的货物灭失、重量不足、毁损、腐坏或其他原因降低质量，概不负责。

收货人返还属于铁路的集装箱的状态必须清洁，必要时须经过消毒。不属于铁路的集装箱交付收货人后，到达路无义务采取返还空集装箱或继续使用的措施。

（五）进出境集装箱的管理

1. 发站对每一铁路集装箱应按《车辆使用规则》附件 13 格式编制寄送单随同集装箱直至返还所属路。寄送单号码应在补充运行报单"货物名称"栏内注明。对进口铁路集装箱，进口国境站应将寄送单的标题译成中文（可用盖章方式），以便国内各站辨认，凭此单向所属路回送集装箱。

2. 进口铁路集装箱到达到站后，收货人应按国内规定的时间掏空或送回集装箱，超过规定时间，铁路核收集装箱滞留费。空集装箱如无出口货物装运，到站应立即凭原寄送单经原经由国境站免费返还所属路。如原寄送单丢失，到站编制国内格式的普通记录返还，由国境站补制新的寄送单交出。

3. 进口国境站应根据交接清单建立铁路集装箱登记簿，按规定计算每一进口集装箱的周转期限，超过周转期限未返还的集装箱，国境站应发电报催促到站迅速返还。

4. 小吨位和中吨位集装箱周转期限到达路为 12 昼夜，如集装箱的运程往返总长超过 1500 千米时按每昼夜 130 千米计算。超过周转期限时，到达路须向所属路支付集装箱滞留费，规定期限届满后 6 个月内未返还所属路时，即作为失窃，应向所属路赔偿。

二、超限、超长、超重货物运输

（一）超限货物

超限货物是指超过参加运送的任何一个铁路的限界的货物。一件货物在平直线路停留时不超限，但行经半径为 300 米的曲线时，按货物的内侧或外侧的计算宽度，仍然超限时，国内段运送也按超限货物办理。在换装运送中，计算货物是否超限时，车底板距轨面的高度定为 1300 毫米（运往越南时，米轨为 1100 毫米）。

我国铁路关于超限货物的分类按根据超限部位在高度方面的位置分为：

1. 上部超限——货物在距轨面 3600 毫米以上高度的超限；

2. 中部超限——货物在距轨面 1251 毫米～3600 毫米之间的超限；

3. 下部超限——货物在距轨面 150 毫米～1250 毫米之间的超限。

（二）超长货物

超长货物是指一件货物长度超过 18 米（运往越南超过 12 米）的货物。而按我国国内铁路规定，一件货物的长度超过所载普遍平车的长度，需要使用游车或跨装而不超长的为超长货物。须注意对于超长货物的概念联运与国内规定的不一样。

下列货物（除运越南外）不经预先特殊商定即可运送：①不换装运送中，装在一辆车上，长度超过 18 米而不超过 35 米的货物。使用游车时货物不应支靠在游车上；②长度不超过 30 米的铁路钢轨和钢筋混凝土用的圆钢筋（对欧洲 1435 毫米轨距的铁路，为长度不超过 36 米）。一车负重的超长货物，每一端凸出端梁的最大长度一般不得超过负重货车长度的 30%。

（三）超重货物

超重货物指一件重量超过 60 吨（在换装运送中，对罗马尼亚重量超过 30 吨，对越南重量超过 20 吨）的货物。

（四）发运超限、超长、超重货物的有关规定

运送这三种货物时，发货人须在托运货物1个月以前（对于换装运送，则在2个月以前），向发站提出关于每件货物容器或包装种类、重量和尺寸等有关资料。对于超限货物，还应提出（超长、超重货物在很必要时提出）装车示意图。各站将上述资料立即报送主管铁路局，由铁路局审核后报铁道部，以便同有关铁路商定。

这三种货物只有在参加运送的各国铁路间预先商定后，才准运送。

（五）装运超限、超长、超重货物的技术条件

1. 装载货物的重量，除另有规定者外，不得超过货车标记载重，并应合理地分布在车底板上，不得偏重。

2. 货物必须捆绑牢固，其加固形式应与货物的重量、形状、大小等特点相适应。必须保证能经受正常的铁路调车作业和列车运行中所产生的各种外力的作用，使货物在运输过程中不致发生移动、滚动、倾覆、倒塌或坠落。

3. 货物重心的投影，一般应位于车底板纵横中心线的交叉点上。特殊情况下必须位移时，横向位移不得超过100毫米，超过时必须采取配重措施；纵向位移时，每个车辆转向架所承受的重量一般不得超过货车标记载重量的50%，且两转向架承受重量之差不得大于10吨。

4. 重车重心高一般不得超过2000毫米。这是考虑在最不利运行条件下（即重车行经曲线、道岔时，受横向力，垂直惯性力和风力的作用，以及车体弹簧震动引起重车重心偏移等因素），保证重车不致发生倾覆，并留有一定的安全系数。如重车重心高超过2000毫米时，可采取配重措施，降低重车重心高度，否则应限速运行。重心高度为2001毫米～2400毫米时，区间限速50千米；重心高度为2401毫米～2800毫米时，区间限速40千米；重心高度为2801毫米～3000毫米时，区间限速30千米。

三、鲜活易腐货物运输

凡在运送中对高温或低温需采取防护措施（加冷、通风、加温）、照料或照管的货物，均属易腐货物。易腐货物根据装车前的技术处理和保温处理情况及热状态，可分为深冻结（低于−18℃）、冻结（−6℃～8℃）、冷却和非冷却货物。

（一）运送条件

运送易腐货物时，应遵守《国际货协》附件4《易腐货物运送规则》的规定。运往越南或过境该国铁路运送易腐货物时，应同越南铁路预先商定。

易腐货物的运送方法（加冷、通风、加温）、车种（冷藏车、棚车）或使用

大吨位集装箱装载货物，均应由发货人确定，并记载入运单"发货人特别声明"栏内。如没有此项记载，即认为没有必要加冷、通风或加温。

发货人在选择易腐货物的运送方法时，须根据货物的性质，考虑所运货物的最大可能持续运输时间，以及货物运送全程的季节和气候条件等因素来确定。货物的最大可能持续运输时间须大于货物的运到期限。

如果易腐货物需要照料或照管并因此必须进行押运，则发货人或收货人应根据《国际货协》附件第3号的规定提供押运人。使用棚车运送需要加温的易腐货物以及活鱼，从发站至到站必须有发货人或收货人的押运人押运，才可运送。如果使用不属于铁路的机械冷藏车（机械冷藏集装箱）运送易腐货物，并且其设备由机械冷藏车（机械冷藏集装箱）所属单位的工作人员照管，则这些工作人员即被认为是发货人的押运人，但应根据《国际货协》附件第3号的规定办理必要文件。

凡使用不符合发送国商务、卫生标准的车辆和集装箱及使用不符合发送国商务、卫生和技术标准的不属于铁路的车辆装运易腐货物时，其后果均由发货人负责。

（二）运送要求

托运的易腐货物，必须符合发送国标准要求规定的应有的质量（包括温度）状态。另外，运送需要容器或包装的易腐货物，其容器和包装必须符合货物运输可靠性的要求。

在运送肉、肉制品、黄油、脂油、动物脂肪及其他需进行动物卫生检疫的易腐货物时，发货人应在运单上添附动物检疫证明书。而托运鲜水果、蔬菜、马铃薯和活植物时，应添附发送国主管机关颁发的检疫证明书，即使参加运送易腐货物铁路的国家中只有一国要求有卫生证明书，则发货人也应按规定将其附在运单上。

对需要采取防护措施运送的易腐货物，发货人应在运单"发货人的特别声明栏"内注明必要的防护措施和运送全程的保温制度。保温制度应以温度变化范围的形式表示，并要考虑到铁路车辆（或集装箱）保证这种温度要求的技术可能性。如果运单中没有发货人的此项记载，则认为运送该易腐货物时没有必要对货物采取防护措施。

发货人在选择易腐货物的运送方法、车辆或集装箱种类时，应根据货物装车前的热状态和生理状态，并考虑货物可能的适运期限、算出的运到期限（运到期限不应超过适运期限），以及运行全程的季节和气候变化。运送方法和车种选择不当，其后果由发货人负责。

易腐货物装车后，发站应向有关国境站和国境铁路局及时预报货物的品名、数量、装车日期等，以便做好接运工作。

（三）主要易腐货物一览表

1. 鲜的和罐头的水果和浆果（晾干的和烤干的除外）：西瓜、香蕉、香瓜、鲜的水果和浆果、柑橘类水果、亚热带作物、醋渍的水果和浆果、水果和浆果的酱、羹和团、各种果子酱和蜜饯、水果和浆果的果酱。

2. 鲜的和罐头的蔬菜和蘑菇（晾干的和烤干的除外）：茄子、鲜辣椒、黄瓜、番茄、白菜、马铃薯、洋葱、食用甜菜、冬油菜、小红萝卜、鲜蘑菇、各种咸的和醋渍的蔬菜和蘑菇、蔬菜酱和蔬菜羹、所有青菜。

3. 肉类和肉制品（包括屠宰的禽类和野禽）、肉类熏制品、香肠和动物脂肪：动物的肉（各种的）、脂油和脂肪、屠宰的禽类、内分泌原料、副产品。

4. 鱼类、鱼制品和虾类：养鱼业用的活鱼子和鱼秧；还有各种鱼，包括活鱼、冷却鱼、冻鱼、熏鱼、咸鱼和醋渍鱼、各种鱼子和虾类。

5. 奶类和奶制品：鲜奶、奶皮、奶油、奶渣、各种奶酪、羊奶干酪、黄油和熔炼的油。

6. 蛋类和冰蛋。

7. 人造黄油、含有鹅油的人造黄油、混合脂油以及人造植物性脂油。

8. 含有酒精的饮料：啤酒和黑啤酒、蜜酒、水果和浆果制的甜酒、葡萄酒、葡萄糖汁、葡萄浆液、浸酒、果子露酒和香槟酒。

9. 天然和人造的矿泉水以及各种不含酒精的饮料。

10. 面包酵母（压缩的）。

11. 密封的罐头。

12. 活植物：活树和活灌木、菜苗、各种树苗和其他植物苗、常青植物、活花和剪下的花。

四、危险货物运输

（一）危险货物的定义

凡在运输、装卸和储存保管过程中能引起人身伤亡和财产受到毁损的具有爆炸、易燃、毒害、腐蚀、放射性等特性的货物，均属危险货物。

（二）危险货物的分类

按其主要危险性和运输要求分为9类：

1. 爆炸品；

2. 压缩气体和液化气体；

3. 易燃液体；

4. 易燃固体、自燃物品和遇湿易燃物品；

5. 氧化剂和有机过氧化物；

6. 毒害品和感染性物品；

7. 放射性物品；

8. 腐蚀品；

9. 杂类。

（三）危险货物运送的规定和限制

为了保证安全，运送危险货物的容器（包装）必须坚固、完整，容器（包装）应符合《国际货协》附件2《危险货物运送规则》之附件1各表规定的要求和国内《危险货物运输规则》的规定和要求。在个别情况下，不按《国际货协》、《危规》条件运送时，应通知发站商得有关铁路同意后，才准许运送。

危险货物一般使用棚车或危险货物专用车装运，有些危险货物，据其性质和可能，也可使用平车或敞车装运，但需要得到发站铁路局的承认。整车危险货物应是同一品名或属于同类项、同性质的货物，不属同类项货物的拼装，应符合《国际货协》和国内危险货物运输规定的要求。

不准混装运送的危险货物，不得用一张运单办理运送。

思考与练习题

一、名词解释

1. 国际货物铁路联运

2. 大陆桥运输

二、简答题

1. 简述铁路运输在我国对外贸易中的作用。

2. 简述哪些货物的运送必须按特殊规定办理。

3. 简述对香港地区铁路货物运输的特点。

4. 简述大陆桥运输的优势。

三、论述题

结合实际说明国际铁路联运出口货物运输实务流程。

第六章 国际公路货物运输

学习目的

　　本章主要讲授国际公路货物运输的基本要素，公路集装箱运输及杂货运输实务，进出口货物公路运输实务及运费计算，公路货物运输公约和协定，特殊货物的公路运输。通过本章的学习，可以了解国际公路货物运输的特点和作用，掌握公路集装箱运输及杂货运输实务，即出口货物公路运输实务，熟悉公路货物运输公约和协定以及特殊货物的公路运输。

第一节　公路货物运输概述

一、国际公路货物运输的特点和作用

（一）世界公路运输的概况

　　公路运输始于 19 世纪末期。在所有运输方式中，公路运输可谓后来居上。第二次世界大战以后，公路运输的发展速度空前，当前世界公路线路总里程占整个运输线路总里程的 2/3，约达 2100 万千米。从地理分布上看，欧美的公路运输处于世界领先地位。美洲公路线路长度约达 900 万千米，欧洲公路线路长度约为 520 万千米，二者相加约占世界公路线路总里程的 70%。世界其他地区的公路线路里程，虽不及欧美，但也已初具规模。亚洲的公路线路达 180 多万千米，澳洲和非洲的公路线路共约 230 万千米。20 世纪 50 年代，随着比较完善的公路网的建成，美国、日本、西欧等国又致力于高速公路建设，此后更多的国家群起效仿，致使公路运输呈现新的发展局面。

1. 货运汽车大型化、重载化和专业化

在货运方面，大型拖挂车和专用车的广泛运用，有力地提高了运输效率和效益。拖挂车运载量大，油耗省，运输成本低；重载汽车、专用车可提高货运质量，减少货损货差，节省费用，运输效率高。由于它们的这些优势，货运汽车正朝着大型化、重载化和专业化的方向发展。

2. 从境内到跨境大力修建高速公路

高速公路是公路运输的高级形式，它具有快速、安全、经济、高效等优点，其规模与质量又是衡量一个国家公路交通运输和汽车工业现代化的重要标志。因此，自 20 世纪 20 年代开始，一些国家相继推进高速公路的建设。目前全世界高速公路通车里程已逾 20 万千米。

美国是世界上拥有高速公路最多最长的国家，它所拥有的高速公路的里程几乎占世界总量的一半。欧洲是高速公路最发达的地区，德国和意大利修建高速公路最早，1928 年至 1932 年期间建成通车的从波恩至科隆的高速公路，堪称世界上最早的高速公路。继德国和意大利之后，英国、法国、荷兰、比利时、西班牙、瑞士、奥地利、卢森堡、瑞典、挪威等国也都相继修建高速公路。20 世纪 70 年代以后，许多发展中国家也奋起直追，纷纷修建自己的高速公路。

当今在西欧，跨越国界的高速公路已形成网络，把各国紧密地连接在一起。除此以外，位于巴尔干半岛的阿尔巴尼亚、马其顿、保加利亚、土耳其等国也在兴建横跨南部欧洲东西的跨国界高速公路网。在北美自由贸易区内，加拿大、美国和墨西哥也将修建连接三国的高速公路；南美、东南亚、非洲地区也在酝酿建立地区高速公路网络。这些跨越国界高速公路网的建成，将进一步促进地区经济发展和区域经济一体化。

3. 高新技术广泛应用于公路运输经营管理

近些年来，发达国家十分重视高新技术尤其是计算机信息技术、自动控制技术和新材料在公路运输经营管理中的应用，这是公路运输的一个重要发展趋势。例如，在以集装箱为媒介的多式联运中，很多国家引进并使用高新技术，依靠计算机管理信息系统，自动管理和控制货物运输的全过程，以便及时跟踪查询运输状况。鉴于卫星定位与通信系统（GPS）定位精度高，报时准确，能提供全天候服务，又不受地理条件限制，最适合于现代汽车运输导航。中国外运汽车运输有限公司引进 GPS，对货物展开在途跟踪查询，以强化车辆和货物的在途管理，有力地提高了运输的效能。

4. 旅客运输快速化、舒适化

高速、安全、舒适，这是公路客运的发展方向。大客车一般在高速公路和高等级的干线公路上行驶，要求具备较高的行驶速度。在强调速度的同时，为了提高客车车身整体的抗撞击强度，各种先进的机、电控制装置及制动系统等得到普遍采用，使大客车的制动性能更佳，保证了客运的安全。此外，运用一些诸如降低震动频率之类的技术手段，又提高了客车的舒适度。

（二）我国公路运输的发展概况

公路运输在我国国民经济中发挥着重要作用。无论在短途货物运输、边境口岸的国际贸易运输中，还是在国际集装箱、超大件货物的运输中，公路运输的作用均清晰可见。

新中国成立以来，中国的公路建设和公路运输发展较快。20 世纪 90 年代以来，公路建设成绩显著。"九五"期间是公路发展最快的时期，在这期间，路网建设步伐加快，服务范围和整体技术水平大幅度提高。以高等级公路为主体的国道主干线系统建设取得重大进展，初步形成连接一些重要城市及地区的高速公路通道，部分经济较发达地区的高速公路网开始形成，路网通达深度有较大提高，交通运输对国民经济的严重制约已经得到缓解。但是，我国的公路交通仍存在如下一些问题：路网结构不合理，全国公路主骨架尚未形成，各层次路网规模及其功能、地位相互之间匹配不够，布局不尽合理，影响整个路网规模和作用的发挥；公路技术等级结构不合理，高速公路偏少，一级公路、二级公路比重偏低，高级、次高级路面里程不足公路总里程的一半，县乡公路技术等级低、抗灾能力弱；区域发展不平衡，西部地区公路技术等级低，行车条件差；客、货运枢纽站场建设滞后，布局不合理。

1. 改革开放前公路基础设施的建设

1906 年，中国修筑自己的第一条公路，自此至 1949 年中华人民共和国成立，历经 40 余年，全国公路通车总里程也不过区区 8.07 万千米。

新中国成立后，国家对交通运输业给予应有的重视。1952 年公路里程达到 12.67 万千米。20 世纪 50 年代中后期，为适应经济发展和开发边疆的需要，我国开始大规模建设通往边疆和山区的公路，相继修建了川藏公路、青藏公路，并在东南沿海、东北和西南地区修建国防公路，公路里程迅速增长，1959 年达到 50 多万千米。

20 世纪 60 年代，我国在继续大力兴建公路的同时，加强了公路技术改造，有路面道路里程及其高级、次高级路面比重显著提高。70 年代中期我国开始对青藏公路进行技术改造，80 年代全面完成，建成了世界上海拔最高的沥青路面公路。随着公路事业的发展，公路桥梁建设也得到发展，建成了一批具有中国特色的石拱桥、双曲拱桥、钢筋混凝土拱桥以及各式混凝土和预应力梁式桥。在

1949 年—1978 年的 30 年间，尽管国民经济发展道路曲折，但全国公路里程仍基本保持持续增长，到 1978 年底达到 89 万千米，平均每年增加约 3 万千米，公路密度达到 9.3 千米/百平方千米。

2. 改革开放后公路基础设施的建设

改革开放二十几年来，中国公路建设跨入了快速发展的新时期。为了确保国民经济持续快速健康发展，党中央、国务院调整投资结构，加大对交通运输的投资力度。"九五"计划执行以来，全社会公路建设投资每年都在 1000 亿元以上。1998 年，公路建设投资规模由原计划的 1200 亿元增加到 1600 亿元。同年 8 月，中共中央、国务院决定采取更为积极的财政政策，发行 1000 亿元财政债券，并配合增加银行贷款，使全社会公路建设投资增加到 1800 亿元，以加快基础设施建设。自 1998 年以来，公路建设投资连续三年突破 2000 亿元，1999 年全年完成投资 2137 亿元。加快公路等基础设施建设，使我国的公路建设取得了骄人的成绩。至 1999 年底，我国公路里程已达 135 万千米，公路密度达到 14.1 千米/百平方千米，近几年平均每年新增公路里程 2.5 万千米。二级以上公路大量增加，路面质量明显提高，等外公路的比重大幅度下降。

在这一期间，我国也开始着手兴建高速公路。1988 年 10 月 20 日，沪嘉高速公路和沈大高速公路的沈阳至鞍山段 90 千米建成通车，标志着我国高速公路建设实现了零的突破。至 1999 年底，我国高速公路已达 1.16 万千米，是世界上为数不多的高速公路超过 1 万千米的国家之一。

2005 年底，全国公路总里程达到 193.05 万千米，其中，国道 132674 千米、省道 233783 千米、县道 494276 千米、乡道 981430 千米、专用公路 88380 千米。全国等级公路里程 159.18 万千米，占公路总里程的 82.5%，全国新增高速公路通车里程 6717 千米。各地区公路里程持续增长，公路技术状况进一步提高。2005 年底，东部地区公路里程 63.13 万千米，比上年末增加 2.45 万千米，增长 4.0%；中部地区 65.99 万千米，比上年末增加 1.76 万千米，增长 2.7%；西部地区 63.93 万千米，比上年末增加 1.77 万千米，增长 2.9%。

（三）国际公路运输的特点和作用

1. 公路运输对进出口货物集散起重要作用

公路运输机动灵活、简捷方便，适用于进出口货物在内陆的集、疏中转。在短途货物运送中，公路运输灵活简便的优势，更是其他运输方式无法比拟的。

2. 公路运输有助于实现"门到门"运输

在以集装箱为媒介的海运、陆运（铁路和公路运输）与空运的多种方式的联合运输中，为了保证联运货物运送过程能及时衔接，实现"门到门"的运输目标，公路运输必不可少。

3. 公路运输是我国边疆地区与邻国物资交流的重要工具

我国陆地广阔，与朝鲜、俄罗斯、蒙古、哈萨克斯坦、印度、尼泊尔、巴基斯坦、吉尔吉斯斯坦、缅甸和越南等国以及中国港澳地区相毗邻，同上述国家和地区之间的货物运送有相当部分是通过公路运输来完成的。长期以来，公路运输为发展我国与周边国家和地区的经济贸易联系提供了十分有利的条件，不但运输距离短、费用省，而且对加强与邻国的经济合作、促进两国之间的经济和文化往来，均具有重要意义，是我国与周边国家和地区之间重要的运输方式之一。

4. 公路运输的局限性

公路运输与其他运输方式相比也有一定的局限性：如载重量小，运价高，不适宜长途运输。此外，车辆在运行过程中震动较大，易造成货损货差事故。

二、国际公路运输的分类

国际公路运输，按照不同的标准，可有不同的分类。

（一）按其流向分类

国际公路运输可分为进口货物运输和出口货物运输。

（二）按使用车型不同分类

国际公路运输可分为无盖敞车、密斗车和集装箱运输。

1. 无盖敞车、密斗车又统称为吨车（主要有 3 吨、8 吨和 10 吨三种），主要使用于全程起迄地为深港两地的适车货物运输。

2. 集装箱运输又分为散货集装箱运输和整箱运输。采用集装箱运输的货物基本上都是进出口中转货，汽车运输只承运中间的一段运输。

（三）按承运货物的贸易特性分类

国际公路运输就深港两地之间的进出口贸易运输而言，可分为以下几种：

1. 一般贸易运输。指持有国家、省、市经贸部门签发的进出口许可证或符合国家进出口货物规定的对外贸易货物运输（包括来料加工货物的运输）。

2. 保税（监管）货物运输。保税货物系指经海关特许缓办进口纳税手续或在境内暂时存放后再出口的货物。监管货物系指已向海关办妥出口手续，但尚未实际出口，须受海关监管的货物。在国际汽车运输上视同境外货物。

3. 转关（接驳）货物运输。转关货物运输系指由境内一设关地点办理转关手续后加签封条转运到另一设关地点的应受海关监管的货物运输，或者指入境后转运至另一设关地点办理海关手续的货物运输。接驳货物运输系指境外车辆运送货物到入境地后，货物不换装，而更换境内车辆进行接运的一种方式。

4. 来料加工货物运输。系指外商提供原料，入境加工后全部复运出境的货物运输。

5. 其他货物运输。主要指无加封的货物运输。如液体槽车、散装、无包装货物、大型物件等海关认为不必加封条的货物运输。

三、国际公路运输的基本要素

（一）汽车

1. 汽车的分类

汽车是指不用轨道、架线，使用自身动力装置驱动的，利用公路设施运送客、货的运输装备，一般有四个或四个以上的轮子。汽车按用途可分为载客汽车、载货汽车和专用汽车三大类。

载客汽车又分为微型轿车、轿车、微型客车、轻型客车、中型客车、大型客车和特大型客车等。

货车按最大总质量划分为微型货车（最大总质量不超过 1.8 吨）、轻型货车（最大总质量 1.8 吨～6.0 吨）、中型货车（最大总质量 6.0 吨～14.0 吨）、重型货车（最大总质量在 14 吨以上）等。

专用汽车是指服务于专门对象或提供专门功能的汽车，一般按用途可分为作业型专用汽车和货物运输型专用汽车。其中货物运输型专用汽车主要包括：自卸车、散粮车、厢式车、敞车、平板车、罐式挂车、冷藏车、高栏板车、特种车等。

（1）自卸车：带有液压卸车装置，可以自动后翻或侧翻，使货物依靠本身的重力自行卸下，具有较大的动力和较强的通过能力。常用于矿山和建筑工地。

（2）散粮车：带有进粮口和卸粮口，以便于散粮的装卸。专门用于无包装粮食的运输。

（3）厢式车：即标准的挂车或货车，除具备普通货车的机械性能外，还必须具备全封闭的厢式车身和便于装卸作业的车门。其特点是载货容积大、货厢密封性能好、运送货物的安全性高。

（4）敞车：即挂车顶部敞开，可装载高低不等的货物。

（5）平板车和低平板车：平板车是无顶、无侧厢板的挂车，主要用于运输钢材、木材和集装箱等货物。低平板车，货台平面在长鹅颈之后，货台主平面降低，适合用于运输各种大型设备、钢材等。

（6）罐式挂车：车身由罐体构成，用于运输流体类货物，如各类粉粒物料、液体等，既可节省包装，又可提高卸料速度，载货剩余率低。

(7) 冷藏车：用于运输需控制温度的货物。

(8) 高栏板车：其车厢低架凹陷或车厢特别高以增大车厢容积。

(9) 特种车：其车身设计独特，用于运输独特货物。

2. 汽车的特点

汽车作为物流运输装备与火车、轮船、飞机相比有以下特点：

(1) 操作简单；

(2) 活动范围大；

(3) 自由度大；

(4) 成本较低；

(5) 污染较大；

(6) 不适合大宗远程货物运输等。

（二）公路

最早的公路是伴随着汽车的出现和使用而形成的。它是联结各城市、乡镇并主要或专门供汽车行驶的道路。现代公路已进入高速公路和网络化时代。

现代公路按管理系统可分为国家公路、省级公路、乡级公路和专用公路；按建筑质量标准，我国现分为七个等级；按运行速度又分为普通公路和高速公路。高速公路在公路运输中的作用是十分巨大的，由于其设计车速高，通行容量大，从而缩短了行车时间，加速了车辆周转，提高了线路利用率。

第二节　公路集装箱货物运输及杂货运输实务

一、公路集装箱运输的特点

在公路集装箱运输中，其货物的包装形态发生了质的变化，因此其货物的装卸、运输过程（即流程）也将发生变化。

从货物运输的流转程序来说，出口集装箱货物必须是先将分散的小批量货物预先汇集在内陆地的仓库或货运站内，然后组成大批量货物以集装箱形式运到码头堆场，或者由工厂、仓库再将货物整箱拖运到码头堆场。进口集装箱货物如果是整箱运输的，将直接送往工厂或仓库掏箱，如果是拼箱运输的，将箱子送到仓库或货运站拆箱后再分送。这种货物的运送方式同传统的运送方式有着很大的不同：

1. 它的运送路线简单、方便，一般都在固定的几个仓库或货运站、堆场，这对集装箱运输规模化、标准化创造了有利的条件。

2. 它的作业方式将更容易实现机械化和程序化，为开展集装箱码头堆场、货运站直至仓库之间的拖挂车运输打下了良好的基础，这对提高集装箱公路运输效率有重要意义。

从货物的装卸流程来看，集装箱货物分整箱货和拼箱货两种，整箱货是由发货人自行装箱，拼箱货是由集装箱货运站负责装箱。这同传统的件杂货装卸也有很大的区别：

1. 从装卸业务上来看，明确规定了整箱货由货主自行装箱，拼箱货由货运站负责，这就从根本上解决了以往公路运输单位装卸而造成质量差的老大难问题。

2. 从管理上来看，由货主或货运站装箱，拆箱也更便于实现专业化、熟练化。集装箱货物装卸流程的变化也使各环节中的责任划分更加明确。

二、集装箱公路运输的货源组织

（一）货源组织的客观性

集装箱货源受国家政策的影响很大，牵涉到国家对外贸易的发展和集装箱化的比例，同时还受到货主、货运代理以及船公司等各种变化的影响，因此从公路集装箱运输货源来说，其平衡性和稳定性只是相对的、暂时的。由于货源的不平衡，对运输的需求也是经常处于不稳定的状态。因此集装箱公路运输在时间上和方向上都存在着一定的不均衡性。表现在货物的流量上是月度、季度或各旬间有很大差异，上行和下行也存在很大差异。所以说，集装箱货源运输的客观因素在一定程度上左右了公路集装箱运输的发展。

（二）集装箱货源组织形式

1. 计划调拨运输

集装箱货源组织最基本的形式是计划调拨运输。这种计划调拨运输是由公路运输代理公司或配载中心统一受理由口岸进出口的集装箱货源，由代理公司或配载中心根据各集卡公司（车队）的车型、运力，以及基本的货源对口情况，统一调拨运输计划。计划运输是保证集装箱公路运输正常发展的前提，也是保证企业效益的主要支柱。同时，计划运输对公路集装箱运输的运力调整和结构调整起着指导作用。

2. 合同运输

集装箱公路运输的第二种货源组织形式就是合同运输。在计划调拨运输以外或有特殊要求的情况下可采用合同运输形式。由船公司、货运代理或货主直接与集卡公司（车队）签订合同，确定某一段时间运箱量多少。这尽管是计划外的，但是长期的合同运输事实上也列入运输计划之列，这对稳定货源、保证计划的完成同样具有积极意义。

3. 临时托运

临时托运可视为小批量的、无特殊要求的运输。这一般不影响计划运输和合同运输的完成。这主要是一些短期的、临时的客户托运的集装箱，但这也是集卡（车队）组货的一个不可缺少的货源组织形式。

（三）集装箱公路运输货源组织的手段

1. 委托公路运输代理公司或配载中心组货。这是最主要的货源渠道，是因为集装箱公路运输代理公司或配载中心一旦成立并发挥职能，其货源组织的能量是不可低估的。这不仅在于作为专门的公路集装箱货运代理与集装箱运输有关单位有密切的联系，业务上熟悉，商务上也便于处理，更重要的是，对客户要方便得多。这在事实上将提高其知名度，反过来其业务量亦将随之增大。

2. 建立营业受理点。委托集装箱公路运输代理公司或配载中心受理集装箱托运业务，并不排斥各自集卡（车队）在主要货主、码头、货运站设立营业受理点，这有以下几个好处：

①能及时解决一些客户的急需或特殊需要；

②集卡（车队）在现场营业室办理托运，能更快地了解、掌握集装箱运输市场的信息动态，从而为其运输经营提供依据；

③允许适度的竞争对搞活集装箱运输市场是必要的，但是各集卡（车队）设立营业点必须规范行为，严格执行运价规定，并负责所产生的一切后果。

3. 及时了解港区、货代、货主的情况。这也是一个组货的好渠道，要与他们保持密切的联系，随时掌握他们手中的货源，并争取直接了解客户产销和对集装箱运输的需求变化。主要帮助客户解决运输疑难问题，与其确立稳定的业务关系。

二、公路集装箱多式联运

我们在这里所讨论的仅限于多式联运（国内段）的公路运输的货运形式和业务范围。

（一）货运形式

货运形式主要有以下几个方面：

1. 整箱的港到门直达运输；

2. 整箱的港到站至堆场运输；

3. 整箱的门到港直达运输；

4. 整箱的门到场或站运输；

5. 空箱的场到门或站到门运输；

6. 空箱的站到场或场到站运输；

7. 空箱的站到站或场到场运输。

（二）进口货运业务

进口货运业务归纳如下：

1. 编制进口箱运量计划。运量计划主要是依据港务局提供的船期动态表以及船公司或货代提供的进口箱数，并结合本公司运输能力而编制的。

2. 接受汽车托运。首先要由货主或其代理向集卡公司提出进口集装箱陆上运输申请，集卡公司在了解箱内货物和卸货地点情况后，符合条件的接受托运。

3. 申请整箱放行计划。集卡公司在接受托运之后，应向联合运输营业所申请整箱放行计划，拆箱货应由陆上运输管理处批准。

4. 安排运输作业计划。集卡公司应根据"先重点后一般"原则，合理安排运输计划。如遇超重箱或超标准箱应向有关部门申请超限证，跨省运输则应开具路单等。

5. 向码头申请机构和理货、卫检等。无论整箱还是拆箱应及时向港区提出作业申请，由港区根据需要配备机械和人力。集卡公司还应代收货人提出理货、卫检或一些特殊需要的申请。

6. 从堆场提取重箱。集卡公司在取得放行单和设备交接单后应到指定地点提取整箱，并办理出场集装箱设备交接单。

7. 交箱。集装箱送至收货人处拆箱时，须有理货公司派员理货。货主接受货物后，在交接单上签收，集卡运输责任才告结束。

8. 空箱回运。集装箱空箱应按指定时间、地点送回，在交接空箱时，应凭设备交接单办理集装箱交接。

（三）出口集装箱业务

出口集装箱业务归纳如下：

1. 掌握货源。集卡公司应广泛开展货源组织工作，掌握船公司和货运代理近期内待装运的箱源，预先做好运力安排。

2. 接受托运。集卡公司在了解掌握待装货物和装箱地点情况后，符合条件的予以承运并订立运输契约。

3. 安排作业计划。接受托运后，应及时编制作业计划。超重、超限、跨省运输应向有关部门申请。

4. 根据所承运的货物应在前一天向码头申请机械。

5. 领取空箱。集卡公司凭签发的出场《集装箱设备交接单》和搬运单到指定地点提取空箱。

6. 装箱和送交重箱。空箱在托运人处装箱，经过理货公司理货，由装箱人提供装箱单，集卡公司将重箱连同装箱单、设备交接单到指定港区交付，并办理集装箱设备交接。

（四）公路集装箱多式联运的义务和责任

我国的国际集装箱多式联运还处在发展阶段，全程运输的责任体制还不完善。特别是集装箱公路运输的责任条款还未制定齐全，公路集装箱运输的商务纠纷仍按照传统运输的责任予以划分处理，在一定程度上阻碍集装箱公路运输的发展。

因此国家应根据我国国情制定集装箱公路运输的责任条款，以明确集装箱公路运输在多式联运中应拥有的权利和义务以及承担的相应责任，如：

1. 制定详细的运单和有关运输条款；

2. 在接受货物时，集卡公司应该核对托运单填写的内容；

3. 集卡运输满足货主和货代要求，有改变运输时间和地点的义务；

4. 由于公路运输原因发生损坏、灭失等事故，或由于不正确使用有关单证而发生的后果，承担一切责任和费用，所支付的赔偿应以不超过经营人对货物损坏和灭失以及其他所实际支付的额度为条件；

5. 作为运输方应向收货人和发货人交清手续，发现短缺或污损、丢失等应会同有关方面核实；

6. 由于集卡公司原因未满足运单规定的条件，而又未采取任何处理造成的损失，应由集卡公司承担；

7. 货物的灭失和损害系由于车辆安排不当，集卡公司应负有责任；

8. 某种特殊风险所造成的集装箱或货物灭失和损坏，集卡公司应负有举证责任；

9. 货物的灭失和损坏由于无包装或包装不良所致，集卡公司应予免责；

10. 由于发货人、收货人或代理人从事的搬运、清点所造成的货物损坏、灭失，集卡公司应予免责；

11. 由于集装箱包装标志、号码不清、不当，或由于托运人、发货人记载不准确而发生错误，集卡公司应予免责；

12. 承运活动物和由于集装箱货物本身自然特性所引起的损坏、腐烂、锈损等，集卡公司同样也应予免责。

（五）公路集装箱运输与有关部门的业务往来

公路集装箱运输同传统运输有很大区别，其中最大的区别就是环节、手续和单证。由于环节、手续、单证的需要，集装箱公路运输又必然要和有关部门发生各种业务往来，因此，作为集装箱公路运输公司来说，熟悉了解有关部门的业务工作和政策、法规是保证多式联运发展的重要一环。

1. 集装箱公路运输应熟悉并了解海关、商检和港监的业务工作。海关方面应知道海关对国际集装箱运输报关、报检及集装箱进出口货物的有关规定，还要知道海关办理报关验收的工作程序及所需要的各种单证。商检方面应了解商检局关于对商品检验、集装箱检验、出证、报验及有效索赔期等各项有关规定。港监方面应清楚集装箱运载危险品的有关规定，以及在运输过程中应采取的防范措施。

2. 集装箱公路运输应熟知船公司或其代理的工作程序和有关单证，并与船公司或其代理保持密切联系，及时掌握车、船的到站、靠泊及装卸作业时间。

3. 集装箱公路运输与港站的关系则比较重要，不仅仅是熟悉和了解，而且是要配合和执行。要掌握港站的工作规律和熟知其工作程序，及时同港站有关部门办理各项单证交接手续和预报进港、进站以及机械申请计划。

4. 集装箱公路运输与集装箱运输管理部门、联合运输营业所和运输管理处经常会发生单证流转，应严格按照有关规定办理，密切合作。

四、整车货物运输

（一）整车货物运输的概念

一次货物运输在3吨以上者可视为整车运输，如货物重量虽在3吨以下，但不能与其他货物拼装运输，需单独提供车辆办理运输，则也可视为整车运输，但以下的货物必须按整车运输：

1. 鲜活货物，如冻肉、冻鱼、鲜鱼，活的牛、羊、猪、兔、蜜蜂等；

2. 需用专车运输的货物，如石油、烧碱等危险货物，粮食、粉剂等散装货等；

3. 不能与其他货物拼装运输的危险品；

4. 易于污染其他货物的不洁货物，如炭黑、皮毛、垃圾等；

5. 不易于计数的散装货物，如煤、焦炭、矿石、矿砂等。

整车货物运输托运、受理的主要方法归纳如下：

1. 登门受理，即有运输部门派人员去客户单位办理承托手续。

2. 下产地受理，在农产品上市时节，运输部门下产地联系运输事宜。

3. 现场受理，在省、市、地区等召开物资分配、订货、展销、交流会议期间，运输部门在会场设立临时托运或服务点，现场办理托运。

4. 驻点受理，对生产量较大，调拨集中，对口供应，以及货物集散的车站、码头、港口、矿山、油田、基建工地等单位，运输部门可设点或巡回办理托运。

5. 异地受理，企业单位在外地的整车货物，运输部门根据具体情况，可向本地运输部门办理托运、要车等手续。

6. 电话、传真、信函网上托运，经运输部门认可，本地或外地的货主单位可用电话、传真、信函网上托运，由运输部门的业务人员受理登记，代填托运单。

7. 签订运输合同，根据承托双方签订的运输合同或协议，办理货物运输。

8. 站台受理，货物托运单位派人直接到运输部门办理托运。

（二）整车货物运输的生产过程及其组织的原则

1. 整车货物运输生产过程构成

整车货物运输生产过程是一个多环节、多工种的联合作业系统，是社会物流必不可少的、重要的服务过程。这一过程是公路货运业的劳动者运用运输车辆、装卸设备、承载器具、站场设置等，通过各种作业环节，将货物这一运输对象，从始发地运送到目的地的全过程。它由四个相互关联、相互作用的部分组成，即运输准备过程、基本运输过程、运输服务过程和辅助运输过程。

（1）运输准备过程。运输准备过程又称运输生产技术准备过程，是货物进行运输之前所做的各项技术性准备工作。其中包括车型选择、线路选择、装卸设备配置、运输过程的装卸工艺设计等技术准备过程。

（2）基本运输过程。基本运输过程是运输生产过程的主体，是指直接组织货物，从起运地至到达地完成其空间位移的生产活动。其中包括起运站装货、车辆运行、终点站卸货等作业过程。

（3）运输服务过程。运输服务过程是指服务于基本运输过程和辅助运输过程中的各种服务工作和活动。例如，各种行车材料、配件的供应，代办货物储存、包装、保险业务，均属于运输服务过程。

（4）辅助运输过程。辅助运输过程是指为保证基本运输过程正常进行所必需的各种辅助性生产活动。辅助运输过程本身不直接构成货物位移的运输活动，它主要包括车辆、装卸设备、承载器具、专用设施的维护与修理作业，以及各种商务事故、行车事故的预防与处理工作，营业收入结算工作等。

划分整车货物运输生产过程的各个组成部分是相对的。它们之间的关系既表现了一定的相对独立性，又表现了相互关联性。同时，通过运输准备过程、运输服务过程、辅助运输过程活动,可以使基本运输过程能够与物流过程的各个功能环节有机地协调起来,使得运输生产过程的服务质量得以提高。

2. 整车货物运输生产过程组织的原则

整车货物运输生产过程组织与企业的服务项目、经营规模、车型结构、营运范围、经营组织、经营方式,以及市场货源充沛程度、货流在时间上和空间上的分布、服务要求等有密切关系。尽管企业有各自的特点,针对运输生产过程组织而言,最基本的要求是尽可能地做到运输生产过程的连续性、均衡性和协调性。

(1) 连续性。连续性是指在运输过程的各个生产环节、各项作业之间,在时间上能够紧密衔接和连续进行,不发生各种不合理的中断现象,使货物在接受运输服务过程中的各项作业能够很好地衔接起来,不发生或少发生不必要的停留和等待现象。连续性要求是提供较高运输服务水准、获得较高劳动生产率的重要因素,它可以缩短货物的在途时间,提高运送速度;可以有效地利用车辆、站场和仓库,提高设备利用率;可以改善运输服务质量、节约运输时间与费用,等等。

(2) 均衡性。均衡性是指企业及其内部各个生产环节在同一时期内,完成大致相等的工作量或稳步递增的工作量,避免出现时松时紧,前松后紧等情况。保持运输过程的均衡性有利于企业保持正常的生产秩序,有利于充分利用车辆、站场、设备、仓库的生产能力,有利于提高行车安全和提高运输服务质量。需要指出的是,运输过程应充分体现其服务过程,其均衡性要求只能是相对的,是以满足货主的要求为前提的,但是作为运输过程组织者应当尽量做到车辆、人员负荷的相对均衡性。

(3) 协调性。协调性是指运输过程中的各个环节、各项作业之间,在时间上尽可能保持平行关系,在生产能力上保持比例关系。这两方面关系的实现就可以在确保运输服务质量的前提下,使所配备的生产人员(驾驶员、装卸工人及其他生产工作人员等)、车辆(车型、吨位等)、运输设施(站场、装卸设备等)在数量上协调配合,不发生失调、脱节现象。

运输过程的协调性是现代化大生产的客观要求,是劳动分工与协作的必然结果。将运输过程的各个环节、各项作业在安排生产能力上保持协调性,既可以大大提高旅客或货物的运送速度,又可以提高车辆、设备、站场等设施设备、工具的利用率和劳动生产率,进一步提高运输过程的连续性。

(三) 整车货物的托运、受理

在公路货物运输中,货物托运人向公路运输部门提出运送货物的要求叫托运,公路运输部门接受货物运输的行为则叫受理,也称承运。公路货物的托运与受理一方面能为货主解决生产、销售、进出口运输需要,另一方面也使运输部门有了充足的货源，满足运力的需要。以下是整车货物的托运受理工作程序。

1. 货物托运人签填托运单

货物托运单（无论整车、零担、联运）是承、托双方订立的运输合同或运输合同证明，其明确规定了货物承运期间双方的权利、责任，货物托运单的主要作用。

整车货物的托运单一般由托运人填写，也可委托他人填写，并应在托运单上加盖与托运人名称相符的印章，托运单的填写有严格的要求。

（1）内容准确完整，字迹清楚，不得涂改，如有涂改应由托运人在涂改处盖章证明；

（2）托运人、收货人的姓名、地址应填写全称，起运地、到达地应详细说明所属行政区；

（3）货物名称、包装、件数、体积、重量应填写齐全。

2. 托运单内容的审批和认定

公路运输部门收到由货物托运人填写的托运单后，应对托运单的内容进行审批。其审批内容主要有以下几个方面：

（1）审核货物的详细情况（名称、体积、重量、运输要求）以及根据具体情况确定是否受理。下列情况运输部门通常不予受理：

①法律禁止流通的物品或各级政府部门指令不予运输的物品；

②属于国家统管的货物或各级政府部门列入管理的货物，必须取得准运证明方可出运；

③不符合《危险货物运输规则》的危险货物；

④托运人未取得卫生检疫合格证明的动、植物；

⑤托运人未取得主管部门准运证明的，属规定的超长、超高、超宽货物；

⑥必须由货物托运人押送、随车照料，而托运人未能做到的货物；

⑦由于特殊原因，以致公路无法承担此项运输的货物。

（2）检验有关运输凭证。货物托运应根据有关规定同时向公路运输部门提交准许出口、外运、调拨、分配等证明文件，或随货同行的有关票证单据，一般分为：

①根据各级政府法令规定必须提交的证明文件；

②货物托运人委托承运部门代为提取货物的证明或凭据；

③有关运输该批（车）货物的质量、数量、规格的单据；

④其他有关凭证，如动植物检疫证、超限运输许可证、禁通路线的特许通行证、关税单证等。

（3）审批有无特殊运输要求，如运输期限、押运人数，或承托双方议定的有关事项。

3. 确定货物运输里程和运杂费

对货物运输的计费里程和货物的运杂费由货物受理人员在审核货物托运单的内容后认定。

4. 托运编号及分送

托运单认定后，应将托运单按编定的托运号码编号，然后告知调度、运务部门，并将结算通知交货主。

5. 托运、受理的要求

托运、受理工作应做到：

（1）托运人、收货人名称，联系人，地址，电话要准确；

（2）起讫站名、装卸货物地址要详细；

（3）货物名称、规格、性质、状态、数量、重量应齐全、准确；

（4）应选择合理的运输路线；

（5）有关证明文件，货运资料应齐全；

（6）危险货、特种货应说明运输要求、采取的措施、预防的方法；

（7）运费结算单的托收银行、户名、账号要准确。

（四）整车货物的监装和监卸

1. 货物的监装

车辆到达装货地点，监装人员应根据货票或运单填写的内容、数量与发货单位联系发货，并确定交货办法。散装货物根据体积换算标准确定装载量，件杂货一般采用以件计算。

在货物装车前，监装人员应注意并检查货物包装有无破损、渗漏、污染等情况，一旦发现，应与发货单位商议修补或调换。如果发货单位自愿承担因破损、渗漏、污染等引起的货损，则应在随车同行的单证上加盖印章或作批注，以明确其责任。装车完毕后，应清查货位，检查有无错装、漏装，并与发货人员核对实际装车的件数，确认无误后，办理交接签收手续。

2. 货物的监卸

货物监卸人员在接到卸货预报后，应立即了解卸货地点、货位、行车道路、卸车机械等情况。在车辆到达卸货地点后，应会同收货人员、驾驶员、卸车人员检查车辆装载有无异常，一旦发现异常应做出卸车记录后再开始卸车。

卸货时应根据运单及货票所列的项目与收货人点件或监秤记码交接。如发现货损货差，则应按有关规定编制记录并申报处理。收货人可在记录或货票上签署意见但无权拒收货物。交货完毕后，应由收货人在货票收货回单联上签字盖章，公路承运人的责任即告终止。

五、零担货物运输

（一）零担货物运输的概念和特点

1. 零担货物运输的概念

零担运输是指托运人一次托运货物的数量不足一整车的运输。它是相对于整车运输而提出来的，由于现在是多品种小批量的需求方向，因此零担货物运输非常重要。零担运输一般要求定线路、定班期发运。

2. 零担货物运输的特点

零担货物运输是汽车货物运输中相对独立的一个部分，相对于其他汽车运输，零担货物运输有其独有的特点：

（1）货源不确定。零担货物运输的货物流量、货物数量、货物流向具有一定的不确定性，并且多为随机性发生，难以通过运输合同方式将其纳入计划管理范围。

（2）单位运输成本较高。为了适应零担货物运输的要求，货运站要配备一定的仓库、货棚、站台，以及相应的装卸、搬运、堆置的机具和专用厢式车辆。此外，相对于整车货物运输而言，零担货物周转环节多，更易出现货损、货差，赔偿费用较高，因此，导致了零担货物运输成本较高。

（3）组织工作复杂。零担货物运输货运环节多，作业工艺细致，对货物配载和装载要求也相对较高。因此，作为零担货物运输作业的主要执行者——货运站，要完成零担货物质量的确认、货物的积配载等大量的业务组织工作。

正因为零担货物运输具有与整车货物运输不同的特点，因此它是整车货物运输的重要补充。随着商品经济的发展，适应商品流通需要，零担货物运输不断完善，其特点主要表现为：零担货物运输具有品种繁多、小批量、多批次、价高贵重、时间紧迫、到站分散的特点；零担货物运输可承担一定的行李包裹的运输，成为客运工作的有力支持者；零担货物运输机动灵活，对于具有竞争性、时令性和急需的零星货物运输具有尤为重要的意义。因为零担货物运输可以做到上门取货、就地托运、送货到家、代办中转、手续简便、运送快速，能有效地缩短货物的送达时间，加速资金周转。

（二）零担货物的托运受理

零担货物的办理内容包括受理托运、检货司磅、验收入库、开票收费、配运装车、卸车保管、提货交付。下面介绍零担货物托运受理方法与托运单填写和审核。

1. 托运受理的方法

（1）站点受理，即由货主送货到站、到站办理托运手续；

（2）上门受理，即由车站指派业务人员到托运单位办理托运手续；

（3）预约受理，即与货主约定日期送货到站或上门提取货物。

2. 托运单的填写与审核

公路零担货物托运单一式两份，一份由起运站存查，另一份则于开票后随货同行。凡货物到站在零担班车运输路线范围内的，则称为直线零担，可填写"零担货物托运单"；如需要通过中转换装的，称联运零担，可填写"联运货物托运单"。填写托运单时应注意：

（1）填写的内容齐全、完整、准确，并注明提货方式；

（2）填写的货物名称应用常见的通俗易懂的名称，不可用代号、字母代替；

（3）如有特殊事项除在发货人声明栏内记载外，还必须向受理人员作书面说明。

对填写的托运单在审核时则应注意：

（1）检查并核对托运单内容有无涂改，对涂改不清的则要求重新填写；

（2）审核到站与收货人地址是否相符，以免误运；

（3）对货物的品名、属性应进行鉴别，避免造成货运事故；

（4）对同一批货物且多种包装的应认真核对，以免错提错交；

（5）对托运人在声明栏内填写的内容应特别予以注意，如要求的内容无法办理则应予说明。

（三）零担货物的配运装车

零担货物在配运装车时应注意：

1. 整理各种随货同行的单据，其中包括提货联、随货联、托运单、零担货票及其他随送单据；

2. 根据运输车辆核定吨位、容积、货物的理化性质、形状、包装等合理配装，并编制货物交接清单；

3. 货物装车前，货物保管人员将接受的货物按货位、批量向承运车辆的随车人员或驾驶员和装车人员交代货物的品名、件数、性能，以及具体装车要求；

4. 中途装卸零担货物，则应先卸后装，无论卸货进仓或装货上车均应按起点站装卸作业程序办理；

5. 起运站与承运车辆应根据"零担货物装车交接清单"办理交接手续，并按交接清单有关栏目逐批点交。交接完毕后，由随车理货人员或驾驶员在交接清单上签收。交接清单以一站一车为原则。

（四）零担货物的卸车交货

零担班车到站后，对普通到货零担及中转联运零担分别理卸。并根据仓库情况，除将普通到货按流向卸入货位后，对需要中转的联运货物，应办理中转手续。零担货物的卸车交货应注意以下几点：

1. 班车到站时，车站货运人员应向随车理货员或驾驶员索阅货物交接单，以及跟随的有关单证，并与实际装载情况核对，如有不符应在交接清单上注明；

2. 卸车时，应向卸车人员说明有关要求和注意事项，然后根据随货同行的托运单、货票等逐批、件验收，卸车完毕后，收货员与驾驶员或随车理货员办理交接手续，并在交接清单上签字；

3. 卸车完毕后，对到达的货物记入"零担货物到达登记表"，并迅速以到货公告或到货通知单催促收货人前来提货；

4. 交货完毕，公路运输的责任即告终止，因而，交货时应注意：

（1）不能以白条、信用交付货物；

（2）在凭货票提货时，应由收货人在提货联上加盖与收货人名称相同的印章并出示有效证明文件；

（3）如凭到货通知单交付货物，收货人在到货通知单上加盖与收货人名称相同的印章，并验看收货人的有效证明，并在货票提取联上由提货经办人签字交付；

（4）凭电话通知交付时，则凭收货人提货证明，并经车站认可后由提货经办人在货票提货联上签字交付；

（5）如委托他人代提货，则应有收货人向车站提出的盖有相同印章的委托书，经车站认可后，由代提货的人在货票提货联上签章交付。

（五）零担货物运输技术

在零担货物运输过程中，由于货物的品种多，规格和型号存在较大的差异，因此货物在配装上显得尤为重要。在货物实际装载的过程中，我们希望车辆能够充分地利用其体积和装载量。因此在对车辆进行装载设计时，除了要考虑单一的装载要求外，还要同时考虑满足车辆的体积和装载量的要求。

1. 单一装载条件的车辆集装技术

货物配装问题也是影响零担货物运输成本的一个重要因素，运输企业正是采用较好的配装策略来发挥运输工具的效率，如凑整运输，从而使运输成本尽量降低。配装决策主要包括货物运输中货物种类及每种货物的数量问题。货物配装问题的数学表述为：

设货车的载重量上限为 G，用于运送 n 种不同的货物（物品），物品的重量分别为 W_1，W_2，…，W_n。每种物品对应于一个价值系数，分别用 P_1，P_2，…，P_n 表示，它代表物品的价值、运费、效益等。

设 X_k 表示第 k 种物品的装入数量，配装问题可表述为：

$$\max f(x) = \sum_{k=1}^{n} P_k X_k$$

满足条件：

$$\sum_{k=1}^{n} W_k X_k \leqslant G$$

$$X_k \geqslant 0, \quad k = 1, 2, \cdots, n$$

货物配装问题类似于运筹学中的背包问题，可用动态规划法求解。

2. 两种装载条件下的车辆集装技术

前面我们介绍了重量或体积一种限制条件下的车辆装载问题。在实际装载过程中，不但要考虑车辆在额定重量上发挥车辆的最大效用，同时要考虑车辆在体积上也发挥整车的最大效用。这个问题的数学表述为：

设货车的载重量上限为 G，装载体积上限为 V，用于运送 n 种不同的货物（物品），物品的重量分别为 W_1，W_2，…，W_n，体积分别为 V_1，V_2，…，V_n，每种物品对应于一个价值系数，分别用 P_1，P_2，…，P_n 表示，它代表物品的价值、运费、效益等。

设 X_k 表示第 k 种物品的装入数量，配装问题可表述为：

$$\max f(x) = \sum_{k=1}^{n} P_k X_k$$

满足条件：

$$\sum_{k=1}^{n} W_k X_k \leqslant G$$

$$\sum_{k=1}^{n} V_k X_k \leqslant V$$

$$X_k \geqslant 0, \quad k = 1, 2, \cdots, n$$

这种问题类似于运筹学中的二维背包问题，可用动态规划法求解。

第三节　进出口货物公路运输

在我国邻近的国际货物运输中，交易量频繁的是与港澳地区的进出口业务，而且这些业务主要采用公路运输方式。大陆地区与港澳地区的转口贸易能否成功在很大程度上取决于国际货物运输。

一、国际货物公路运输车辆的申办程序

（一）出入境车辆及其区别

出入境车辆按其车籍注册地不同，可分为入境车辆和出境车辆，这两类车辆的运营路线及区域是不同的。

1. 入境车辆，指车籍注册地为境外，首次经过口岸为进入内地方向的车辆，国内车牌颜色为黑色。对入境车辆，境外注册的企业只有与国内企业联合成立中外合资或合作的货运企业，其车辆才能办理入境手续。入境车辆的行驶路线及区域一般只限于香港到国内中外合资或合作货运企业注册地。为此，车辆仍挂深圳牌。个别需延长路线的，也严格限于省内范围。

2. 出境车辆，指车籍注册地为内地，首次经过口岸为出境方向的车辆，国内车牌颜色为红色。对于出境车辆，其经营范围不加限制，即可以从全国各地到香港。出入境车辆必须经指定的口岸通行。还有一类出入境车辆属自用厂车（国内车牌颜色仍为黑色），主要是指专门承运本企业（外商来华投资的企业）进出境物资的车辆。这类车辆不得对外承运货物。

（二）办理国内车辆牌照程序

办理国内车辆牌照需持有关政府批文、司机身份证明、车辆照片等到公安部门办理手续，凭"广东省公安厅港澳车辆及驾驶员驾车出入境通知书"（一式五份）到有关管理部门登记备案。程序如下：

1. 到交通管理部门指定的口岸车辆管理所登记备案，领取国内车牌；

2. 到深圳海关登记备案，领取一线司机登记本（俗称绿本）；

3. 到检疫、检验、边检部门登记备案；

4. 到交通部门办理运输管理登记，交纳管理费。

（三）办理香港车辆牌照程序

1. 首先向香港运输署提出申请，按运输署指定的时间、地点进行车辆检验工作，并获得验车报告（从申请到验车　般需 1 个月时间）。

2. 验车合格后 3 个月内，按车价 25% 交纳首次登记税（相当于我国的养路费，但要求一次交清）。

3. 到运输署登记领取牌照（如超过 3 个月未办理手续需重新申请）。

4. 按照香港运输署的有关规定，车辆必须购买第三者责任保险。

至此，车辆可在香港行驶。车辆挂"双牌"后，可向深港双方同时申请无线电通信频道，安装无线电对讲机。

（四）过境运输车辆司机应具备的条件

参加出入境汽车运输的司机必须经中港双方考核，同时持有双方的驾驶执照，并按国家出入境管理规定办理护照，到有关部门登记备案后方可驾驶车辆出入境。

取得香港方驾驶执照的过程比较复杂。按香港政府的有关规定，驾驶深圳市所管辖的出入境车辆的司机必须具有深圳市户口并具备持有大货车驾驶证五年以上的资历。在此基础上，需首先在香港申请私家车执照（免试），再申请参加中型货车考试并获取中型货车驾驶执照（可驾驶 8 吨～10 吨货车），然后方可申请参加货柜车考试，领取货柜车驾驶执照。上述的考试由市政府外事办公室向香港运输署提出计划，在香港运输署安排的时间内进行。

二、进口货物运输实务

（一）一般贸易货物运输

1. 托运人填制托运凭证和《香港进/出口载货清单》，办理《香港中国旅行社》封条，填写《司机签证本》并填上封条号码。

2. 由经营单位（收货人）申请并填制中国海关《进境汽车载货清单》和《汽车进出口载货清单》。车辆驶进中国海关监管场内，将《司机签证本》送交经营单位的报关人员。

3. 经营单位备齐报关文件并办理通关手续。进口报关文件有货物进口批文、贸易合同、商业发票、报关单、减免关税证明，针对货物的法定检验证明（如商检、动植检、卫检等）及有关主管单位批准进口的批件。通关手续也可由经营单位提供全部报关文件，委托有报关权的公司代办报关手续。委托报关应由经营单位出具委托书（正本）。

4. 运往托运人指定地点卸货，填制《收货凭证》，办理货物交接手续。

（二）来料加工货物运输

来料加工的进口运输与一般货物进口运输的不同之处是：

1. 由来料加工单位凭主管海关核发给该单位的《来料加工登记手册》领取并填制主管海关核发的来料加工专用《汽车进境载货清单》（一式六份，有编号）。为节省时间，清单可预先由香港的经营单位填妥后交承运人代交给入境地海关。

2. 填写《司机签证本》，并填上《香港中国旅行社》封条号码。

3. 将《汽车进境载货清单》交入境地海关核发盖章。

4. 运往经营单位主管海关，审验货物后再到经营单位卸货，办理货物交接手续。如果运出深圳海关辖区，还需走海关指定入境通道，办理转关手续，凭香港中旅社《海关封志换领券》加换封条。

（三）保税货物运输

1. 由货主与保税仓储公司签订保税仓储合同，送交主管海关审批认可后，方可办理货物入境手续。

2. 订车。由承运人填制《承运凭据》、《载货清单》、《香港进/出口载货清单》和中国海关《进境汽车载货清单》。

3. 填制中国海关《转关运输货物准单》（一式三份），备齐通关文件，包括商业发票（正本）、装箱清单（正本）。

4. 从海关指定的进境通道入境，运往保税仓主管海关报关，核对单据文件，加盖印章后运往保税仓库。由保税仓库办理报关进仓手续，卸货入仓，办理交接货物手续。

三、出口货物运输实务

（一）一般贸易货物的运输

1. 订车。一般由托运人（货主、货运代理人）向承运人（运输公司）提出订车计划，计划内容应包括货物名称、数量、车辆吨位和容积、订用时间等。承运人根据托运人的要求安排车辆（到指定地点提取空箱），填制《承运凭据》，并按计划到起运地装货，承运货物到达出境口岸。

2. 填制中国海关的有关载货清单。清单分为以下两种：

（1）针对货物的中国海关《出境汽车载货清单》；

（2）针对汽车的中国海关《汽车进出口载货清单》及《集装箱货运进出口载货清单》。

3. 备齐通关文件，办理报关手续。通关文件主要有：货物出口许可证（指需领取出口许可证的货物）；出口贸易合同（正本）；商业发票；有关的法定证明（如商检、卫检、动植检等检验证书）；有关主管单位的出口批件（文物、药品等特殊物品的出口有此专门要求）。

报关手续由货主或货主委托的报关单位办理。办理报关手续时须填制报关清单（一式四联）。如果是委托报关单位报关，货主应向受委托方出具报关委托书。

4. 填写中国海关《出境司机签证本》（俗称绿本）。

5. 按海关要求将车辆驶往指定车场，由海关对照清单，查验货物，核实无误后，加施海关封条。

6. 载货车辆驶往指定出境口岸，办理出境前的边防检查、验证司机护照等手续。

7. 由司机在香港入境口处填写《香港进/出口载货清单》一式四联。香港政府规定需提供入口许可证的货物，还需将入口许可证交海关查验。目前香港政府规定纺织品入口需提交入口许可证，入口许可证一般由入口商在香港贸发局办理，提前交给承运人，供香港海关查验。

8. 司机在香港人民入境事务处接受查验护照、车辆载货文件。

9. 境外交货。境外交货一般有码头交货、货仓交货和工厂交货三种情况：

（1）码头交货。由深圳陆运至香港船公司码头交付的货物，主要是经香港中转至世界各地的货物。根据托运人指示，由二程承运人（船公司）或其代理人将集装箱取送文件转交陆运承运人，或由陆运承运人到二程承运人处取得该文件。陆运承运人方的司机凭取送集装箱文件到二程承运人指定的集装箱堆场，取出空箱后到境内预约地点装货。其后，根据二程承运人指示，将已装货物的集装箱送至船公司码头，并由码头收货人开具码头收据，陆运承运人将码头收据交托运人作为完成货物运输并收取运费的依据。托运人凭码头收据向二程承运人提取正本运单。

（2）货仓或工厂交货。司机将货物（集装箱）运至货仓或工厂后，填制货物交接凭据（俗称落货纸），由收货人在送货单或承运凭据上签收，承运人凭此向托运人收取运费并作为完成运输的凭证。

10. 为了有效地考核车辆营运效果，掌握和统计单车运输情况，一些涉外运输公司自制了《车辆行车路单》，统计和考核车辆营运情况和经济效益。

（二）监管货物运输

监管货物一般情况下储存在出境地海关指定的海关监管仓内，入仓前需到海关办理转关入仓手续。办理复出口运输的一般程序如下：

1. 订车。由托运人向承运人订车，并填制《货物出仓单》，向主管海关申报复出口。承运人填制《承运凭据》，按约定时间派车前往监管仓装货。托运人填制中国海关《出境汽车载货清单》、《汽车进出口载货清单》。

2. 运往海关指定的场所，查车验货，加施海关封条。前往出境关口，填写中国海关《进出境司机签证本》。

3. 办理出境查验手续后出境。办理香港入境手续（同一般贸易货物出口）。

（三）转关运输与接驳运输

1. 转关运输

转关运输分为直接进口转关和存在境内保税（监管）仓内货物转关两类。进口直接转关的货物办妥进口手续后，运往托运人所在地主管海关报关、验货。司机在托运人指定地点卸货，填制收货凭证后，收货人需在国内转运车辆持有的《司机签证本》（白本）上加盖公章，以示货物收妥无误。司机执《收货凭据》回公司办理内部交接事宜。存在境内保税（监管）仓内货物转关则需办理出仓手续，方法同监管仓货物相类似。

2. 接驳运输

（1）接驳运输、转运运输、过境运输三者之间的区别

在实际业务中这三个概念容易相混淆，但实际上这三者间是存在着严格的区别的。

接驳运输是指境外车辆运送货物到入境地后，货物不换装，仅更换境内车辆进行接运的一种方式。

转运运输是指没有办理海关进口手续的货物，在某一国设有海关的地点换装运输工具，运往另一设关地方或不通过某一国陆地运往国外；或已办理出口手续的货物，运至某一国另一设关地点换装运输工具转运国外的一种方式。

过境运输是指货物由外国起运，通过某一国陆地、港口，继续运往外国的一种方式。

（2）从事接驳运输的基本条件

①车辆：除应具备参与营运的完整手续和各项条件外，还应符合海关监管的要求，具有加封条件和装置。车辆经各地海关审查批准后，发给《载运海关监管货物车辆载货登记本》（俗称二线本或接驳证），用于记载每次运输的监管情况。通常外地车辆只能承运需经当地海关监装和清关的货物，单位自备运输车辆仅作载运本单位的海关监管货物之用。

②司机：应具备驾驶车辆的必备条件和海关监发的《载运海关监管货物车辆载货登记本》。该登记本是海关允许载运海关监管货物的重要证件。该登记本不得转借、转让，用毕向原发证海关换领新本。

（3）接驳运输的组织与程序

由于参与接驳运输的不一定是同一运输企业的车辆，若组织协调不好，会造成进境车辆等候接驳车辆或接驳车辆等候进境车辆的现象，影响到货物的送达速度和车辆的周转速度。因此，接驳运输的承运人或其代理人都很重视接驳的组织协调工作。

接驳工作在海关指定的海关监管场地，并在海关的监管下进行。

①接驳按其操作方式不同大致可分为三类：

a. 过货作业：即进境汽车所载货物经过装卸作业移至接驳车辆上；

b. 吊柜作业：即进境车辆所载集装箱经过装卸作业移至接驳车辆的拖架上；

c. 换拖车（头）作业：即进境车辆将拖架与集装箱一起交给接驳车（头）。

②接驳业务的工作程序（以过货作业为例）：

a. 凡进入车场需要接驳的车辆，先到海关指定的验封位置，请海关工作人员验封、启封；

b. 验封、启封完毕，将车辆驶离验封台，停靠在规定的位置；

c. 携带二线本及有关货物清单到接驳场，向有关部门申请转卸作业，并交费取回作业单证；

d. 接货空车到达后，先将车停在指定的位置，货主将有关作业单证交给接驳台调度员，按接驳台安排，由作业班组在海关监管下进行对车倒装转卸作业；

e. 在进行倒装转卸作业的同时，境内外货主应备齐境内外司机本，填好货物清单转单手续，并交海关审单；

f. 作业完毕，空车打开车门驶离接驳台场，载重货车驶到审单处，待海关审单，做封志。然后取回清单及司机本，驶离接驳场。

虽然接驳作业的交接工具不尽相同，但货物及文件资料的交接都是在海关的监管下进行的，并由海关在接驳双方驾驶员的《准载证》上登记，加盖海关印鉴，并将关封文件交给接驳车驾驶员。然后接驳车驾驶员按海关规定路线行驶至目的地，配合收货人报关，查验货物并盖章签收。

（四）来料加工货物运输

境外来料加工制成品的复出口运输一般程序是：

1. 托运人（加工企业）填制主管海关核发的来料加工专用《出境汽车载货清单》；

2. 凭海关制发的《来料加工登记册》，在加工企业所在地主管海关办理报关手续。目前已实行电脑录入联网管理，可向主管海关进行货物及运输工具预申报；

3. 承运人填制《承运凭据》，按托运人要求的时间到指定地点装货，前往海关验货，施封加印，运往出境地海关办理通关手续后出境；

4. 办理香港入境手续。

（五）其他货物运输

对海关认为无须加封条的货物，在运输和通关时，由托运人在海关办妥报关手续后，凭主管海关的报关文件，到出境地海关办理通关手续，查车验货并出境。

（六）口岸出入境车辆、货物手续简化

1. 出入境边防检查站：深圳皇岗口岸目前对司机的出入境检查采用"快捷

通"方式运作，即预先将司机资料输入电脑系统，该司机出入境时在通道上使用指模辨认系统即可调出相关资料核对身份。

2. 海关于 2001 年 1 月 1 日开始，明确将查验货物的工作后移到企业主管海关，以达到提高口岸的通关速度，并配合三项新的举措。

①汽车的备案制度（俗称电子车牌）。

②转关运输加海关封志及验封制度。

③采取报关资料预申报制度（EDI 报关资料与电子车牌的对碰）。

四、国际货物公路运输的运价与费用

（一）国际货物公路运输的运价

1. 基本运价

基本运价，分为整批货物基本运价、零担货物基本运价和集装箱基本运价三种。整批货物基本运价指一等整批普通货物在等级公路上运输的每吨千米运价。零担货物基本运价指零担普通货物在等级公路上运输的每千克千米运价。集装箱基本运价指各类标准集装箱重箱在等级公路上运输的每箱千米运价。

2. 普通货物运价

普通货物运价，分为一等货物、二等货物和三等货物三个等级，并实行分等计价。以一等货物为计价基础，二等货物加成 15%，三等货物加成 30%。

3. 特种货物运价

特种货物运价，分为长大笨重货物运价、危险货物运价和贵重、鲜活货物运价三种。

（1）长大笨重货物运价：①一级长大笨重货物运价在整批货物基本运价的基础上加成 40%～60%；②二级长大笨重货物运价在整批货物基本运价的基础上加成 60%～80%。

（2）危险货物运价：①一级危险货物运价在整批（零担）货物基本运价的基础上加成 60%～80%；②二级危险货物运价在整批（零担）货物基本运价的基础上加成 40%～60%。

（3）贵重、鲜活货物运价：贵重、鲜活货物运价在整批（零担）货物基本运价的基础上加成 40%～60%。

4. 特种车辆运价

按车辆的不同用途，在基本运价的基础上加成计算。但如同时运用特种车辆运价和特种货物运价两个价目时，不得同时加成计算。

5. 快运货物运价

快运货物运价按计价类别在相应运价的基础上加成计算。

6. 集装箱运价

（1）标准集装箱运价。标准集装箱重箱运价按照不同规格箱型的基本运价执行。标准集装箱空箱运价在标准集装箱重箱运价的基础上减成计算。

（2）非标准集装箱运价。非标准集装箱重箱运价按照不同规格的箱型，在标准集装箱基本运价的基础上加成计算；非标准集装箱空箱运价在非标准集装箱重箱运价的基础上减成计算。

（3）特种集装箱运价。特种集装箱运价在箱型基本运价的基础上按装载不同特种货物的加成幅度加成计算。

7. 包车运价

包车运价按照不同的包用车辆分别制订。

8. 非等级公路货物运价

非等级公路货物运价在整批（零担）货物基本运价的基础上加成10%～20%。

9. 出入境汽车货物运价

出入境汽车货物运价，按双边或多边出入境汽车运输协定，由两国或多国政府主管机关协商确定。

（二）国际货物公路运输的费用

公路运送费用包括运费和其他费用。运费是指公路承运人在运输货物时依照所运货物的种类、重量、距离而收取的费用，它是公路货物运输费用中的重要组成部分。其他费用也称杂费，主要是指公路货物运输中产生的相关费用。主要包括装卸费、调车费、装货（箱）落空损失费、道路阻塞停运费、车辆处置费、运输变更手续费、车辆通行费、货物检验费、报关手续费、集装箱租箱费及取箱、送箱费等。

1. 计费重量

在计算公路货物运输费用时，需要考虑货物的计费重量。公路货物运输计费重量规定如下：

（1）一般货物。无论整批、零担，计费重量均按毛重计算。整批货物运输以吨为单位，吨以下计至100千克。尾数不足100千克的，四舍五入；零担货物运输以千克为单位，起码计费重量为1千克。重量在1千克以上、尾数不足1千克的，四舍五入。

（2）轻泡货物。每立方米重量不足333千克的货物为轻泡货物。整批轻泡货物的高度、长度、宽度以不超过有关道路交通安全规定为限，按车辆标记吨位计算重量；零担轻泡货物以货物包装最长、最宽、最高部位尺寸计算体积，按每立方米折合为 333 千克计算重量。

（3）包车运输。按车辆的标记吨位计算重量。

（4）散装货物。如砂、矿石、木材等，按体积、有关单位统一规定的重量换算标准计算重量。

（5）集装箱运输。以箱作为计量单位，不按箱内货物实际重量计算。

2. 计费里程

公路货物运输计费里程以千米为单位，尾数不足 1 千米的，进整为 1 千米，按货物的装货地点至卸货地点的实际运输里程计算。

出入境汽车货物运输的境内计费里程以交通主管部门核定的里程为准。境外里程按毗邻国（地区）交通主管部门或有权认定部门核定的里程为准。未核定里程的，由承、托双方协商或按车辆实际运行里程计算。

3. 公路货物运输运费计算

（1）整批货物运费计算公式：

$$整批货物运费＝吨次费×计费重量＋整批货物运价×计费重量$$
$$×计费里程＋货物运输其他费用$$

（2）零担货物运费计算公式：

$$零担货物运费＝计费重量×计费里程×零担货物运价＋货物运输其他费用$$

（3）集装箱运费计算公式：

$$重（空）集装箱运费＝重（空）箱运价×计费箱数×计费里程＋箱次费$$
$$×计费箱数＋货物运输其他费用$$

（4）包车运费计算公式：

$$包车运费＝包车运价×包用车辆吨位×计费时间＋货物运输其他费用$$

第四节　公路货物运输公约和协定

为了统一公路运输所使用的单证和承运人的责任，联合国所属欧洲经济委员会负责草拟了《国际公路货物运输合同公约》（简称 CMR），并在 1956 年 5 月 19 日在欧洲 17 个国家参加的日内瓦会议上一致通过。该《公约》共有 12 章 51 条，主要内容是公约适用范围、承运人责任、合同的签订与履行、索赔和诉讼以及连续承运人履行合同等。另外，为了有利于开展集装箱联合运输，联合国所属欧洲经济委员会成员国之间于 1956 年缔结了关于集装箱的关税协定。协定的宗旨是相互间允许集装箱免税过境，在这个协定的基础上，根据欧洲经济委员会倡议，还缔结了《国际公路车辆运输规定》。

一、适用范围

《国际公路货物运输合同公约》（以下简称公路货运公约）适用范围为：

第一，用于公路以车辆运输货物而收取报酬的运输合同，接受货物和指定交货地点依据合同的规定在两个不同的国家，其中至少有一国是缔约方。

第二，如车辆装载运输的货物在运输过程中经由海上、铁路、内陆水路或航空，但货物没有从车辆上卸下，公约仍对整个运输过程适用。但应证明以其他运输方式运输时发生的有关货物的灭失或损害并非系由于公路承运人的行为或不行为所致，而仅是由于其他运输方式或由于此种运输方式运输时才会发生的原因所致。若发货人与其他运输方式的承运人订立了仅是关于货物运输合同的，则公路承运人之责任不得依本公约予以确定，而应按照其他运输条件的承运人的责任规定予以确定。如没有这些规定的条件，公路承运人的责任仍依据本公约的规定予以确定。

第三，若公路承运人本人也为其他运输方式下的货物运送人，其责任也应依照上述第二点中的规定予以确定，但在作为公路承运人和其他运输方式的承运人时，则他具有双重身份。

第四，公路承运人应对其受雇人、代理人或其他人为执行运输而使用其服务的任何其他人的行为或不行为一样承担责任。

二、运单

在公路货运业务中，习惯认为运单的签发是运输合同的成立，公路货运公约规定："运单是运输合同，是承运人收到货物的初步证据和交货的凭证。"

（一）运单应记载的主要内容

1. 运单的签发日期和地点；

2. 发货人的名称和地址；

3. 收货人的名称和地址；

4. 承运人的名称和地址；

5. 货物接管的地点、日期和指定的交货地点；

6. 一般常用的货物名称、包装方式，如属危险货物，还应注明通常认可的性能；

7. 货物件数、特性、标志、号码；

8. 货物毛重，或以其他方法表示的数量；

9. 与运输有关的费用（运输费用、附加费、关税以及从合同签订至终止之间发生的其他费用）。

此外，运单还应包括：是否允许转运的说明；发货人负责支付的费用；货物价值；发货人关于货物保险和承运人指示；交付承运人的单据清单；有关履行运输的期限等。

除这些之外，缔约方还可在运单上列入他们认为有利的事项。

（二）运单的性质

长期的公路货运业务和公约对运单的性质一般认为：

1. 运单是运输合同；

2. 运单是货物的收据、交货的凭证；

3. 运单是解决责任纠纷的依据；

4. 运单不是物权凭证，不能转让买卖。

（三）运单的签发及证据效力

公路货运公约第四条规定："运输合同应以签发运单来确认，无运单、运单不正规或运单丢失不影响运输合同的成立或有效性，仍受本公约的规定约束。"运单签发有发货人、承运人签字的正本三份，这些签字可以是印刷的，或如运单签发国法律允许，也可由发货人和承运人以盖章替代。第一份交付发货人，第二份应跟随货物同行，第三份由承运人留存。

当货物准备装载于不同车内，或在同一车内准备装载不同种类的货物，或多票货物时，发货人或承运人有权要求对使用的每辆车，每种货或每票货物分别签发运单。

如在运单中未包括不管有任何相反条款，该运输必须遵照本公约各项规定说明，承运人应对由于处置货物的行为或不行为而遭受的所有费用、货物灭失和损害负责。

承运人在接收货物时应该检验运单中有关货物件数、标志、号码的准确性；检查货物的外表状况及其包装。当对货物检查无合理、准确的方法时，应将此种无合理、准确的检查原因记入运单内。同时，对货物的包装和外表状况也应作出保留理由，除非针对保留发货人已在运单上明确同意受约束，否则保留对发货人不应有约束力。对检查产生的费用承运人有权提出索赔。

三、发货人责任

在公路货物运输全过程中，发货人的责任有以下几点：

1. 没有准确提供自己的名称、地址；

2. 没有在规定的地点、时间内将货物交承运人；

3. 收货人的名称、地址有误，且由发货人提供；

4. 对托运的货物没有说明其准确名称而造成的损失；

5. 对托运的危险货物没有在运单中注明危险特性、危规编号，以及一旦发生意外时应采取的措施；

6. 对运输要求没有作说明；

7. 没有提供办理海关和其他手续所必要的通知；

8. 货物包装不牢、标志不清；

9. 货物内在缺陷引起的货损；

10. 由于发货人的过失造成对第三方的损害。

特别应说明的是为了交付货物应办理的海关或其他手续，发货人应在运单后附必需的单证，或将其交承运人支配和提供给承运人所需的全部情况。对承运人来说，没有责任调查单证情况的准确与否，除非是由于承运人的行为或过失。对于单证情况的缺陷所引起的损失，发货人应向承运人负责。

由于灭失或不当使用所产生的后果系承运人作为一个代理应负的责任过失所致时，承运人则应承担赔偿责任，但此种赔偿以不超过货物灭失所支付的全部赔偿为限。

四、承运人责任和赔偿责任限制

（一）承运人的责任

1. 承运人的责任期限

承运人的责任期限为自接管货物时起至交付货物时止。

2. 承运人的责任

承运人对整个运输过程中发生货物全部灭失或部分灭失、货物的损坏以及货物的延迟交付负责。因承运人用于运输的车辆状况不良，或因向承运人出租车辆的人（或出租车辆人的代理人、受雇人）的错误行为或过失引起的货物灭失或损坏，应由承运人负责。如一份运输合同需由多个公路承运人来完成，则每一个承运人都应对运输全过程负责，第二承运人和每一个连续承运人在接受货物和运单时，自动成为该运输合同的当事人。但由于下列原因造成的货物灭失、损坏或延迟，承运人不予负责：

（1）索赔人的错误行为或疏忽，或执行了索赔人的错误指示（但承运人应负举证责任）；

（2）货物的固有缺陷；

（3）货物的包装不善，包装上的标志或号码不足或不当；

（4）合同中明确规定使用无盖敞车；

（5）发货人、收货人或其代理人对货物进行搬运、装载、积载和卸载；

（6）承运活动物。

（二）承运人赔偿责任限制

如果货物的灭失或损害发生在承运人责任期限内，且因承运人或其代理人过失所致，承运人对此项灭失或损害承担赔偿责任，其原则是：

1. 凡根据本公约所规定的内容进行货物运输时，承运人对全部或部分货物的灭失赔偿，并依照接运地点、时间的货物价值计算；

2. 有关货物的价值应根据货物交易价格，如无此项价格时则应根据当时市场价。如既无交易价格，又无当时市场价，则应依照同类、同品名货物的通常货价决定；

3. 货物毛重每千克的赔偿不超过 8.33 个特别提款额；

4. 当货物发生全部灭失时，有关运输费用、关税，以及因货物运输发生的其他费用应全部偿还。如系部分货物灭失，则应按比例赔偿；

5. 在延误损失赔偿情况下，承运人承担的最高赔偿不超过全部运输费用的总和；

6. 只有在申报货物价值，并支付了附加运费的情况下，才能得到较高的赔偿。

如货物的灭失或损害系由于承运人或其代理人、受雇人的故意不当行为所致，则承运人无权享受责任限制。

五、连续承运人责任

在公路货物运输过程中，如果是由几个承运人共同完成货物全程运输的，则每一承运人对全程运输负责，每一承运人即成为运单条款或运输合同的当事人一方。连续承运人，即从前一承运人那里接受货物的承运人应给前一承运人签署收据，并在运单上与上名字、地址。必要时他也有权在运单中对所接受的货物作出保留，运单的性质和作用同样适用于承运人之间的关系。有关运输过程中发生的货物灭失、损害或延误，受损人可向第一承运人提起诉讼，或向最后一个承运人提起诉讼，或向造成货物灭失、损害的实际承运人提起诉讼。

但上述赔偿并不影响承运人有权根据公路货运公约从参加运输的其他承运人那里追偿已付的余额及利息和由于索赔而发生的所有费用，并且：

1. 造成货物灭失或损害的承运人应单独承担责任，不管此项赔偿受损人已向其他承运人提出；

2. 当货物的灭失或损害系由两个或两个以上的承运人共同过失行为所致时，每一承运人则应按比例进行分摊此项所收取的运费；

3. 如货物的灭失或损害无法确定属某一承运人责任时，则按上述 2 处理。

六、索赔和诉讼

（一）货运事故赔偿

1. 货物发生全部灭失或部分灭失时，承运人的赔偿应参照接运地点和时间货物的价值进行计算，货物的价值应根据商品交易所价格计算，如无此种价格，则根据当时市价计算。如既无交易所价格，又无当时市价，则参照同类、同品质货物的通常货价计算。如货物全部灭失，承运人还应全部偿还运输费用、关税及同货物运输有关的其他费用。如货物部分灭失，则按灭失部分的比例赔偿。货物赔偿额不得超过毛重每千克 25 法郎。"法郎"指重 10/31 克，其黄金纯度为 900‰的金法郎。

2. 由于延迟交货而引起的货物损坏，承运人承担的最高赔偿额不超过全部运输费用的总和。

3. 如果货物损坏，承运人应对货物降低价值的部分负责赔偿。但如果整票货物损坏，其赔偿不得超过在全部灭失情况下所支付的金额；如果部分货物损坏，其赔偿不得超过在部分灭失情况下所支付的金额。

（二）索赔时效

1. 收货人在提取货物时，如果出现以下三种情形：

（1）收货人未与承运人及时检验货物状况；

（2）货物有明显的灭失或损坏，但未延迟交货；

（3）货物灭失或损坏不明显，在交货后 7 日内（星期日和节假日除外），收货人未向承运人就灭失或损坏状况提出保留性说明，则收货人接收货物的事实，即应作为其收到运单上所载明的货物的初步证据。如果货物灭失或损坏不明显，则其保留性说明应以书面形式作出。

2. 在收货人与承运人就货物状况做了及时检验之后，如果货物灭失或损坏不明显，只有在收货人自检验货物时起 7 日内（星期日和节假日除外），及时以书面形式提出保留意见的情况下，与检验结果相反的证据的提出才会被接受。

3. 在自货物交付收货人处置时起 21 天内，如果收货人没有向承运人提出书面保留意见，则对延迟交货不予赔偿。

（三）诉讼时效

按照《国际公路货物运输合同公约》货物运输所引起的诉讼，其诉讼时效为一年。但在下列情况下，诉讼时效为三年：

1. 故意的不当行为；

2. 根据受理案件的法院或法庭地的法律认为过失与故意的不当行为相等时。

诉讼时效期限开始起算时间为：

（1）如果货物系部分灭失，损坏或交货延迟，自交货之日起算；

（2）如果货物系全部灭失，自合同规定的交货期限届满后第 30 天起算，如无规定交货期限，则从承运人接管货物之日起第 60 天起算；

（3）在其他所有情况下，自运输合同订立后满 3 个月时起算。时效期限开始之日不计算在内。

时效期限可因提出书面索赔而中止，直至承运人以书面通知拒绝索赔并将所附单据退回之日为止。如索赔的一部分已被承认，则对有争议部分的索赔恢复时效期限。诉讼时效期限的延长应由受理案件的法院或法庭地的法律决定。

第五节　特殊货物的公路运输

一、超限货物运输

（一）超限货物运输的含义及类型

超限货物运输是指使用非常规的超重型汽车列车（车组）载运外形尺寸和重量超过常规车辆装载规定的大型物件的公路运输。它是公路运输中的特定概念。

大型物件是指符合下列条件之一的货物：

1. 货物外形尺寸。长度在 14 米以上或宽度在 3.5 米以上或高度在 3 米以上的货物。

2. 重量在 20 吨以上的单体货物或不可解体的成组（捆）货物。

根据我国公路运输主管部门现行规定，公路超限货物（即大型物件，简称大件）按其外形尺寸和重量分成四级，如表 6-1 所示。

超限货物重量指货物的毛重，即货物的净重加上包装和支撑材料后的总重，它是配备运输车辆的重要依据，一般以生产厂家提供的货物技术资料所标明的重量为参考数据。

表 6 - 1 　　　　　　　　　　大型物件分组

级别	重量（吨）	长度（米）	宽度（米）	高度（米）
一	40～100	14～20	3.5～4	3～3.5
二	100～180	20～25	4～4.5	3.5～4
三	180～300	25～40	4.5～5.5	4～5
四	300 以上	41 以上	5.5 以上	5 以上

（二）超限货运的特性

与普通公路货运相比较，超限货运具有以下特殊性：

1. 大件货物运输必须确保安全，万无一失。大型设备都是涉及国家经济建设的关键设备，重中之重，稍有闪失，后果不堪设想。为此要有严密的质量保证体系，任何一个环节都要有专职人员检查，按规定要求严格执行，未经检查合格，不得运行。所以安全质量第一的要求，既是大件货物运输的指导思想，也是大件货物运输的行动指南。

2. 大件货物要用超重型挂车作载体，用超重型牵引车牵引和顶推。而这种超重型车组（即汽车列车）是非常规的特种车组，车组装上大件货物后，其重量和外形尺寸大大超过普通汽车列车和国际集装箱汽车列车。因此，超重型挂车和牵引车都是用高强度钢材和大负荷轮胎制成，价格昂贵，而且要求行驶平稳，安全可靠。

3. 运载大件货物的超重型车组要求通行的道路有足够的宽度和净空、良好的道路线形，桥涵要有足够的承载能力，有时还要分段封闭交通，让超重型车组单独通过。这就牵涉到公路管理、公安交通、电信电力、绿地树木等专管部门，必须得到这些部门的同意、支持和配合，采取相应措施，大件货物运输才能进行。

由于大件货物运输要求严、责任重，所运大件价值高、运输难度大，牵涉面广，所以受到各级政府和领导、有关部门、有关单位和企业的高度重视。

（三）超限货运组织工作要点

超限货运组织工作环节主要包括办理托运、理货、验道、制订运输方案、签订运输合同、线路运输工作组织，以及运输统计与结算等项。

1. 办理托运

由大型物件托运人（单位）向已取得大型物件运输经营资格的运输业户或其代理人办理托运，托运人必须在（托）运单上如实填写大型物件的名称、规格、件数、件重、起运日期、收发货人详细地址及运输过程中的注意事项。凡未按上述要求办理托运或运单填写不明确，由此发生运输事故的，由托运人承担全部责任。

2. 理货

理货是大件运输企业对货物的几何形状、重量和重心位置事先进行了解，取得可靠数据和图纸资料的工作过程。通过理货工作分析，可为确定超限货物级别及运输形式、查验道路以及制订运输方案提供依据。

理货工作的主要内容包括调查大型物件的几何形状和重量、调查大型物件的重心位置和质量分布情况、查明货物承载位置及装卸方式、查看特殊大型物件的有关技术经济资料，以及完成书面形式的理货报告。

3. 验道

验道工作的主要内容包括查验运输沿线全部道路的路面、路基、纵向坡度、横向坡度及弯道超高处的横坡坡度、道路的竖曲线半径、通道宽度及弯道半径，查验沿线桥梁涵洞、高空障碍，查看装卸货现场、倒载转运现场，了解沿线地理环境及气候情况。根据上述查验结果预测作业时间、编制运行路线图，完成验道报告。

4. 制定运输方案

在充分研究、分析理货报告及验道报告的基础上，制定安全可靠、可行的运输方案。其主要内容包括配备牵引车、挂车组及附件，配备动力机组及压载块，确定限定最高车速，制定运行技术措施，配备辅助车辆，制订货物装卸与捆扎加固方案，制订和验算运输技术方案，完成运输方案书面文件。

5. 签订运输合同

根据托运方填写的委托运输文件及承运方进行理货分析、验道、制定运输方案的结果，承托双方签订书面形式的运输合同，其主要内容包括明确托运与承运甲乙方、大型物件数据及运输车辆数据、运输起讫地点、运距与运输时间，明确合同生效时间、承托双方应负责任、有关法律手续及运费结算方式、付款方式等。

6. 线路运输工作组织

线路运输工作组织包括建立临时性的大件运输工作领导小组负责实施运输方案，执行运输合同和相应对外联系。领导小组下设行车、机务、安全、后勤生活、材料供应等工作小组及工作岗位并组织相关工作岗位责任制，组织大型物件运输工作所需牵引车驾驶员、挂车操作员、修理工、装卸工、工具材料员、技术人员及安全员等依照运输工作岗位责任及整体要求认真操作、协调工作，保证大件运输工作全面、准确完成。

7. 运输统计与结算

运输统计指完成公路大型物件运输工作各项技术经济指标统计，运输结算即完成运输工作后按运输合同有关规定结算运费及相关费用。

二、危险品货物运输

（一）危险货物的定义

危险货物是指具有爆炸、易燃、毒害、腐蚀、放射性等性质，在运输、装卸和贮存保管过程中，容易造成人身伤亡和财产损毁而需要特别防护的货物。包括三层含义：

1. 容易造成人身伤亡和财产损毁。这是指危险货物在运输、装卸和贮存保管过程中，在一定外界因素作用下，比如受热、明火、摩擦、震动、撞击、洒漏以及与性质相抵触物品接触等，发生化学变化所产生的危险效应，不仅使（危险）货物本身遭到损失，而且危及人身安全和破坏周围环境。

2. 具有爆炸、易燃、毒害、腐蚀、放射性等性质。这是危险货物造成火灾、中毒、灼伤、辐射伤害与污染等事故的基本条件。

3. 需要特别防护。主要指必须针对各类危险货物本身的物理化学特性所采取的"特别"防护措施，如对某种爆炸品必须添加抑制剂、对有机过氧化物必须控制环境温度等，这是危险货物安全运输的先决条件。

因此，上述三项要素必须同时具备的货物方可称为危险货物。

（二）危险货物对运输装卸工作的要求

1. 爆炸品

爆炸品是指在外界作用下（如受热、撞击等）能发生剧烈化学反应，瞬时产生大量的气体和热量，使周围压力急骤上升，发生爆炸，对周围环境造成破坏的物品，也包括无整体爆炸危险，但有燃烧、抛射及较小爆炸危险，或仅产生热、光、音响或烟雾等一种或几种作用的烟火物品。

爆炸品货物对汽车运输工作的安全要求有：

（1）运输安全要求

①慎重选择运输工具。公路运输爆炸品货物禁止使用以柴油或煤气为燃料的机动车，自卸车、三轮车、自行车以及畜力车同样不能运输爆炸物品。

②装车前应将货厢清扫干净，排除异物，装载量不得超过额定负荷。押运人应负责监装、监卸，数量收交清楚，所装货物高度超出部分不得超过货厢高的1/3；封闭式车厢货物总高度不得超过 1.5 米；没有外包装的金属桶（一般装的

是硝化棉或发射药）只能单层摆放，以免压力过大或撞击摩擦引起爆炸；在任何情况下雷管和炸药都不得同车装运，或者两车在同时同一场所进行装卸。

③公路长途运输爆炸品时，其运输路线应事先报请当地公安部门批准，按公安部门指定的路线行驶，不得擅自改变行驶路线，以利于加强运行安全管理，万一发生事故也可及时采取措施处置。车上无押运人员不得单独行驶，押运人员必须熟悉所装货物的性能和作业注意事项等。车上严禁捎带无关人员和危及安全的其他物资。

④驾驶员必须集中精力，严格遵守交通法令和操作规程。车与车之间至少保持50米以上的安全距离，一般情况下不得超车、强行会车，非特殊情况下不准紧急刹车。

⑤运输及装卸工作人员，都必须严格遵守保密规定，对有关弹药储运情况不准向无关人员泄露，同时必须严格遵守有关库、场的规章制度，听从现场指挥人员或随车押运人员的指导。

(2) 装卸操作安全要求

①参与装卸的人员，都必须严格遵守保密规定，不准向无关人员泄露有关弹药储运情况。同时，必须严格遵守有关库、场的规章制度，听从现场指挥人员或随车押运人员的指导。

②装卸时，必须轻拿轻放，稳中求快，严防跌落、摔碰、撞击、拖拉、翻滚、投掷、倒置等。

③装车时，应分清弹药箱的种类、批号，点清数量，防止差错。

④装车不得超高、超宽，堆放要稳固、紧凑、码平，非封闭式货厢的车辆装车后必须盖好苫布，苫布边缘必须压入栏板里面，再以大绳捆扎牢固。

⑤火炸药和弹药当受到强烈的振动、撞击、摩擦、跌落、拖拉、翻滚等作用时，容易发生严重后果，必须严加注意。

由此可见，爆炸物品在装卸过程中一定要轻拿轻放，严禁摔、掷、撞、翻滚等有剧烈振动的操作行为。

2. 压缩、液化、加压溶解气体货物

将常温常压条件下的气体物质，经压缩或降温加压后，贮存于耐压容器或特制的高强度耐压容器或装有特殊溶剂的耐压容器中，均属于压缩、液化、加压溶解气体货物。常见的气体货物如氧气、氢气、氯气、氨气、乙炔、石油气等。

压缩、液化、加压溶解气体货物对汽车运输工作的安全要求有：

(1) 运输安全要求

①夏季运输除另有限运规定外，车上还必须置有遮阳设施，防止暴晒。液化

石油气槽车应有导静电拖地带。

②运输可燃、有毒气体时，车上应备有相应的灭火和防毒器具。

③运输大型气瓶，行车途中应尽量避免紧急制动，以防止气瓶的巨大惯力冲击车厢平台而造成事故。运输一般气瓶在途中转弯时，车辆应减速，以防止急转弯或车速过快时，所装气瓶会因离心力作用而被抛出车厢外，尤其是市区短途运输没有二道防振橡皮圈的气瓶更应注意转弯时的车速。

（2）装卸操作安全要求

①操作人员必须检查气瓶安全帽是否齐全旋紧。操作时，严格遵守操作规程；装卸时，必须轻装轻卸，严禁抛、滑或猛力撞击。

②徒手操作搬运气瓶，不准脱手滚瓶、脱手传接。装车时，要注意保护气瓶头阀，防止撞坏。气瓶一般应横向放置平稳，妥善固定，气瓶头部应朝向一方，最上一层不准超过栏板高度。小型货车装运气瓶，其车厢宽度不及气瓶高度时，气瓶可纵向摆放，但气瓶头部应紧靠前车厢栏板，不得竖装。

③可以竖装的气瓶，如低温液化气体的杜瓦瓶或大型液化石油气钢瓶，必须采取有效的捆扎措施。

3. 易燃液体货物

易燃液体货物是指易燃的液体、液体混合物或含有固体物质（如粉末沉积或悬浮物等）的液体（但不包括因其危险性已列入其他类别危险货物的液体），如乙醇（酒精）、苯、乙醚、二硫化碳、油漆类以及石油制品和含有机溶剂制品等，其主要危险是燃烧和爆炸。

易燃液体货物对公路运输工作的安全要求有：

（1）运输安全要求

①运输易燃液体货物，车上人员不准吸烟，车辆不得接近明火及高温场所。装运易燃液体的罐（槽）车行驶时，导除静电装置应接地良好。

②装运易燃液体的车辆，严禁搭乘无关人员，途中应经常检查车上货物的装载情况，如捆扎是否松动，包装件有否渗漏。发现异常时应及时采取有效措施。

③夏天高温季节，当天天气预报气温在 30℃ 以上时，应根据当地公安消防部门的限运规定按指定时间进行运输。

④不溶于水的易燃液体货物原则上不能通过越江隧道，或按当地有关管理部门的规定进行运输。

（2）装卸操作安全要求

①装卸作业必须严格遵守操作规程，轻装、轻卸，防止货物撞击，尤其是内容器为易碎容器（玻璃瓶）时，严禁摔损、重压、倒置，货物堆放时应使桶口、

箱盖朝上，堆垛整齐、平稳。

②易燃液体不能与氧化剂或强酸等货物同车装运，更不能与爆炸品、气体以及易自燃物品拼车。能溶于水的或含水的易燃液体不得与遇湿易燃物品同车装运。

③易燃液体受热后，常会发生容器膨胀或鼓桶现象，为此，作业人员在装车时应认真检查包装的（包括封口）完好情况，发现鼓桶破损或渗漏现象不能装运。

4. 易燃固体、自燃物品和遇湿易燃物品货物运输

易燃固体指燃点低，对热、撞击、摩擦敏感，易被外部火源点燃，燃烧迅速，并可能散出有毒烟雾或有毒气体的固体货物，如赤磷及磷的硫化物、硫磺、萘、硝化纤维塑料等。

自燃物品指自燃点低，在空气中易于发生氧化反应，放出热量，而自行燃烧的物品，如黄磷和油浸的麻、棉、纸及其制品等。

遇湿易燃物品指遇水或受潮时，发生剧烈化学反应，放出大量易燃气体和热量的物品，有些不需明火即能燃烧或爆炸，如钠、钾等碱金属，电石（碳化钙）等。

易燃固体、自燃物品和遇湿易燃物品对公路运输工作的安全要求有：

（1）运输安全要求

①行车时，要注意防止外来明火飞到货物中，要避开明火高温区域场所。

②定时停车检查货物的堆码、捆扎和包装情况，尤其是要注意防止包装渗漏留有隐患。

（2）装卸操作安全要求

①装卸时要轻装轻卸，不得翻流。尤其是含有稳定剂的包装件或内包装是易碎容器的，应防止撞击、摩擦、摔落致使包装损坏而造成事故。

②严禁与氧化剂、强酸、强碱、爆炸性货物同车混装运输。

③堆码要整齐、靠紧、平稳，不得倒置，以防稳定剂的流失或易燃货物的泗漏。

5. 氧化剂和有机过氧化物货物运输

氧化剂系指处于高氧化态，具有强氧化性，易分解并放出氧和热量的物质，包括含过氧基的无机物。这些物质本身不一定可燃，但能导致可燃物燃烧，与松软的粉末状可燃物能组成爆炸性混合物，对热、振动、摩擦较敏感，如硝酸钾、氯酸钾、过氧化钠、过氧化氢（双氧水）等。

有机过氧化物系指分子组成中含有过氧基的有机物，其本身易爆易燃、极易

分解，对热、振动与摩擦极为敏感，如过氧化二苯甲酰及过氧化乙基甲基酮等。

氧化剂和有机过氧化物对运输工作要求有：

（1）运输安全要求

①根据所装货物的特性和道路情况，严格控制车速，防止货物剧烈振动、摩擦。

②控温货物在运输途中应定时检查制冷设备的运转情况，发现故障应及时排除。

③中途停车时，也应远离热源、火种场所，临时停靠或途中住宿过夜，车辆应有专人看管，并注意周围环境是否安全。

④重载并发生车辆故障维修时应严格控制明火作业，人不准离车，同样要注意周围环境是否安全，发现问题应及时采取措施。

（2）装卸操作安全要求

①装卸场所应远离火种、热源，夜间应使用防爆灯具。对光感的物品要采取遮阳避光措施。

②操作中不能使用易产生火花的工具，切忌撞击、振动、倒置，必须轻装、轻卸、捆扎牢固，包装件之间应妥贴整齐，防止移动摩擦，并严防受潮。

③用钢桶包装的强氧化剂如氯酸钾等不得堆码。必须堆码时，包装之间必须有安全衬垫措施。

④雨、雪天装卸遇水易分解的氧化剂（如过氧化钠、过氧化钾、漂粉精、保险粉等）时，必须具备防水的条件下才能进行装卸作业。装车后，必须用苫布严密封盖，严防货物受潮。

⑤袋装的氧化剂操作中严禁使用手钩；使用手推车搬运时，不得从氧化剂洒漏物上面压碾，以防受压摩擦起火。

⑥氧化剂对其他货物的敏感性强，因此严禁与绝大多数有机过氧化物、有机物、可燃物、酸类货物等同车装运。

6. 毒害品和感染性物品货物运输

毒害品是指进入肌体后，累积达一定的量，能与体液和组织发生生物化学作用或生物物理变化，扰乱或破坏肌体的正常生理功能，引起暂时性或持久性的病理状态，甚至危及生命的物品，如四乙基铅、氢氰酸及其盐、苯胺、硫酸二甲酯、砷及其化合物以及生漆等。

感染性物品指含有致病的微生物，能引起身体病态，甚至致人死亡的物质。

毒害品和感染性物品货物对运输工作的要求有：

（1）运输安全要求

①防止货物丢失，这是行车中要注意的最重要的事项。万一丢失而又无法找回，必须紧急向当地公安部门报案。

②要平稳驾车，勤加瞭望，定时停车检查包装件的捆扎情况，谨防捆扎松动、货物丢失。

③行车要避开高温、明火场所；防止袋装、箱装毒害品淋雨受潮。

④用过的苫布，或被毒害品污染的工具及运输车辆，在未清洗消毒前不能继续使用，特别是装运过毒害品的车辆未清洗前严禁装运食品或活动物。

（2）装卸操作安全要求

①作业人员必须穿戴好防护服装、手套、防毒口罩或面具。

②装卸操作时，人尽量站立在上风处，不能在低洼处久待；搬运装卸时，应做到轻拿轻放，尤其是对易碎包装件或纸袋包装件不能摔掼，避免损坏包装使毒物洒漏造成危害。

③堆码时，要注意包装件的图示标志，不能倒置，堆码要靠紧堆齐，桶口、箱口向上，袋口朝里。小件易失落货物（尤其是剧毒品氰化物、砷化物、氰酸酯类），装车后必须用苫布严密封盖，并用大绳捆扎牢固。

④装卸操作人员不能在货物上坐卧、休息，特别是夏季衣衫汗湿，易沾染有毒粉尘，不能用衣袖在脸上擦汗，以免毒物经皮肤侵入中毒。如皮肤受到沾污，要立即用清水冲洗干净。作业结束后要换下防护服，洗手洗脸后才能进食饮水吸烟。

⑤要尽量减少与毒害品的接触时间，要加强对作业人员的关注，发现有呼吸困难、惊厥、昏迷要立即送医院抢救。

⑥无机毒害品除不得与酸性腐蚀品配载外，还不得与易感染性物品配装。有机毒害品不得与爆炸品、助燃气体、氧化剂、有机过氧化物等酸性腐蚀物品配载。

7. 放射性物品运输

根据国家标准规定，放射性物品系指放射性比活度大于 7.4×10^4 贝克/千克的物品。

放射性物质有块状固体、粉末、晶粒、液态和气态等各种物理形态，如铀、钍的矿石及其浓缩物，未经辐照的固体天然铀、贫化铀和天然钍以及表面污染物体（SCO）等。

放射性物品公路运输及装卸工作要求有：

（1）放射性物品的配载

①除特殊安排装运的货包外，不同种类的放射性货包（包括可裂变物质货

包）可以混合装运、贮存，但必须遵守总指数和间隔距离的规定。

②放射性物品不能与其他各种危险品配载或混合贮存，以防危险货物发生事故，造成对放射性物品包装的破坏，也避免辐射诱发其他危险品发生事故。

③不受放射线影响的非危险货物可以与放射性物品混合配载。放射性货物应与未感光的胶片隔离。

（2）放射性货物运输装卸过程中的辐射防护

放射性照射又称辐射。辐射防护的目的是保障辐射工作人员（包括运输人员）和广大居民的健康，以及保护环境不受污染，以使伴有射线和放射性物质的生产科研活动得以顺利进行。射线对人体的照射有两种：一种是人体处在空间辐射场中所受到的外照射；二是摄入放射性物质对人体或人体的某器官组织所形成的内照射。对两种照射都要进行防护。

8. 腐蚀品货物运输

凡从包装内渗漏出来后，接触人体或其他货物，在短时间内即会在被接触表面发生化学反应或电化学反应，造成明显破坏现象的物品，称为腐蚀品。如硝酸、硫酸、氯磺酸、盐酸、甲酸、溴乙酰、冰醋酸、氢氧化钠、肼和水合肼、甲醛等。

腐蚀品货物对公路运输工作的要求有：

（1）运输安全要求

①驾驶员要平稳驾驶车辆，特别在载有易碎容器包装的腐蚀品的情况下，路面条件差、颠簸振动大而不能确保易碎品完好时，不得冒险去通过。

②每隔一定时间要停车检查车上货物情况，发现包装破漏要及时处理或丢弃，防止漏出物损坏其他包装酿成重大事故。

（2）装卸操作安全要求

①腐蚀品的配载应注意：酸性腐蚀品和碱性腐蚀品不能配载；无机酸性腐蚀品和有机酸性腐蚀品不能配载；无机酸性腐蚀品不得与可燃品配载；有机腐蚀品不得与氧化剂配载；硫酸不得与氧化剂配载；腐蚀品不得与普通货物配载，以免对普通货物造成损害。

②装卸作业时要轻装轻卸，防止撞击、跌落，禁止肩扛、背负、揽抱、钩拖腐蚀品。酸坛外包装要用绳索套底搬动，以防脱底，酸坛摔落，发生事故。

③堆装时应注意指示标记，桶口、瓶口、箱盖朝上，不准横放倒置，堆码要整齐、靠紧、牢固；没有封盖的外包装不得堆码。

④装卸现场应视货物特性，备有清水、苏打水（对酸性能起中和作用）或稀醋酸（对碱性起中和作用），以应急求之需。

⑤需要丢弃时，要注意环境安全。

三、鲜活易腐货物运输

鲜活易腐货物是指在运输过程中容易死亡和腐烂变质的货物，因此需要对其采取一定的防范措施以防止发生质量变化。公路运输的鲜活易腐货物主要有鲜鱼虾、鲜肉、瓜果、蔬菜、牲畜、观赏野生动物、花木秧苗、蜜蜂等。

（一）鲜活易腐货物运输的特点

1. 运送时间上要求紧迫。大部分鲜活易腐货物，极易变质，要求以最短的时间、最快的速度及时运到。

2. 运输途中需要特殊照料的一些货物，如牲畜、家禽、蜜蜂、花木秧苗等的运输，需配备专用车辆和设备，沿途专门的照料。

3. 季节性强、运量变化大。如水果蔬菜大量上市的季节、沿海渔场的渔汛期等，运量会随着季节的变化而变化。

（二）鲜活易腐货物保藏及运输的方法

鲜活易腐货物运输中，绝大多数都是因为发生腐烂所致，只有少数部分确因途中照料或车辆不造成死亡。对于动物性食品来说，发生腐烂的原因主要是微生物的作用。由于细菌、霉菌和酵母在食品内的繁殖，使蛋白质和脂肪分解，变成氨、游离氮、硫化醛、硫化酮、二氧化碳等简单物质，同时产生臭气和有毒物质。此外，还使维生素受到破坏，有机酸分解，使食物腐败变质不能食用。对于植物性食物来说，腐烂原因主要是呼吸作用所致。呼吸作用是一个氧化过程，能抵抗细菌入侵，但同时也不断地消耗体内的养分。随着体内各种养分的消耗，抗病性逐渐减弱，到了一定的程度细菌就会乘虚而入，加速各种成分的分解，使水果、蔬菜很快腐烂。而水果蔬菜如被碰伤后，呼吸就会加强，也就加快了腐烂过程。

了解鲜活易腐货物腐烂变质的原因，有利于我们得出保藏这些货物的方法。凡是能用以抑制微生物的滋长，减缓呼吸作用的方法，均可达到延长鲜活易腐货物保藏时间的目的。冷藏方法比较有效并常被采用，它的优点是：能很好地保持食物原有的品质，包括色、味、香、营养物质和维生素；保藏的时间长，能进行大量的保藏及运输。

冷藏货大致分为冷冻货和低温货两种。冷冻货是指货物在冻结状态下进行运输的货物，运输温度的范围一般在 $-10℃ \sim -20℃$ 之间，低温货是指货物在还未冻结或货物表面有一层薄薄的冻结层的状态下进行运输的货物，一般允许的温度调整范围在 $+16℃ \sim -1℃$ 左右。货物要求低温运输的目的，主要是为了维持货物的呼吸以保持货物的鲜度。

　　为了防止冷藏货物变质，在运输过程中需要保持一定的温度，该温度一般称作运输温度。温度的高低应根据具体的货种而定，即使是同一货物，由于运输时间、冻结状态和货物成熟度的不同，对运输温度的要求也不一样。现介绍一些具有代表性的冷冻货和低温货的运输温度如表6-2和表6-3所示。

表6-2　　　　　　　　　　　　　　冷冻货物的运输温度

货名	运输温度（℃）	货名	运输温度（℃）
鱼	−17.8～−15.0	虾	−17.8～−15.0
肉	−15.0～−13.3	黄油	−12.2～−11.1
蛋	−15.0～−13.3	浓缩果汁	−20.0

表6-3　　　　　　　　　　　　　　低温货物的运输温度

货名	运输温度（℃）	货名	运输温度（℃）
肉	−1.0～−5.0	葡萄	+6.0～+8.0
腊肠	−1.0～−5.0	菠萝	+11.0以内
黄油	0.6-−+0.6	橘子	+2.0～+10.0
带壳鸡蛋	−1.7～+15.0	柚子	+8.0～+15.0
苹果	−1.1～+16.0	红葱	−1.0～+15.0
白兰瓜	+1.1～+2.2	土豆	+3.3～+15.0
梨	+0.0～+5.0		

　　用冷藏方法来保藏和运输鲜活易腐货物时，温度是主要的条件，但湿度的高低、通风的强弱和卫生条件的好坏对货物的质量也会产生直接的影响。而且温度、湿度、通风、卫生四个条件之间又有互相配合和互相矛盾的关系，只有充分了解其内部规律，妥善处理好它们相互之间的关系，才能保证鲜活易腐货物的运输质量。

　　用冷藏方法来保藏和运输鲜活易腐货物必须连续冷藏。因为微生物活动和呼吸作用都随着温度的升高而加强，若储运中某个环节不能保证连续冷藏的条件，那么货物就可能在这个环节中开始腐烂变质，这就要求协调组织好物流的各个环节，为冷藏运输提供必要的物质条件。就运输环节来讲，应尽可能配备一定数量的冷藏车或保温车，尽量组织"门到门"的直达运输，提高运输速度，确保鲜活易腐货物的完好。

（三）鲜活易腐货物的运输组织工作

良好的运输组织工作，对保证鲜活易腐货物的质量十分重要。鲜活易腐货物运输的特殊性，要求保证及时运输。应充分发挥公路运输快速、直达的特点，协调好仓储、配载、运送各环节，及时送达。

鲜活易腐货物装车前，必须认真检查车辆及设备的完好状态，应注意清洗和消毒。装车时应根据不同货物的特点，确定其装载方法。如为保持冷冻货物的冷藏温度，可紧密堆码，水果、蔬菜等需要通风散热的货物，必须在货件之间保留一定的空隙，怕压的货物必须在车内加隔板，分层装载。配载运送时，应对货物的质量、包装和温度要求进行认真的检查，包装要合乎要求，温度要符合规定。应根据货物的种类、运送季节、运送距离和运送地方确定相应的运输服务方法，及时地组织适宜车辆予以装运。

思考与练习题

一、简答题

1. 简述国际公路运输的特点和作用。
2. 简述哪些货物必须按整车运输。
3. 简述公路货运全过程中发货人的责任。

二、论述题

1. 试述一般贸易货物的出口运输实务。
2. 试述危险货物对运输装卸工作的要求。

第七章 国际多式联运

学习目的

　　本章主要讲授国际多式联运的概念、优越性、基本条件，国际多式联运的组织形式，国际多式联运的操作实务。通过本章的学习，可以了解在国际多式联运过程中有关责任方的责任划分，熟悉并掌握国际多式联运货物的交接方式及交接地点，掌握国际多式联运的概念及组织方式，掌握国际多式联运的有关单证及各种单证的应用。

第一节　国际多式联运概述

一、国际多式联运的定义

　　国际多式联运是指"按照多式联运合同，以至少两种不同的运输方式，由多式联运经营人将货物从一国境内接管货物的地点运至另一国境内指定地点交付的货物运输。"国际多式联运是一种以实现货物整体运输的效益最优化为目标的联运组织形式。它通常是以集装箱为运输单元，将不同的运输方式有机地组合在一起构成连续的、综合性的一体化货物运输。通过一次托运、一次计费、一份单证、一次保险，由各运输区段的承运人共同完成货物的全程运输，即将货物的全程运输作为一个完整的单一运输过程来安排。然而，它与传统的单一运输方式又有很大的不同。

二、国际多式联运发展的主要因素

　　目前，国际多式联运已成为一种新型的重要的国际运输方式，受到国际航运界的普遍重视。国际多式联运之所以有如此迅速的发展，主要有以下几种因素：

（一）货物流通过程的变化

如今，全球经济技术飞速发展，任何一个国家所面临和关心的主要问题都是如何降低单位生产成本，提高经济效能，扩大销售市场，使商品生产多样化，满足市场的需要。一些发达国家通过一段时间的努力，使产品的生产过程的合理措施已达到一定程度，但随之又出现了货物的流通过程不能配合生产过程，不能及时满足需求的问题。而社会产品从生产领域到消费领域必须经过流通领域，没有流通过程，便不会实现社会产品的使用价值。

流通过程不创造新产品，但创造新价值，而且，最终又增加了产品的价值。因为，无论是产品的包装、储存、运输和装卸都要消费劳动，要有人来完成这一工作。此外，还要有资金建造仓库，购置包装材料和运输工具，添置装卸机械设备，增加了的价值就是流通成本，是构成价格条件的主要部分。而经济却要求产品在流通过程中增加的价值越小越好。因此，要求尽量节省流通过程中的劳动消耗，最大限度地降低流通费用。流通过程的主要环节是包装、储存、运输、装卸，虽然同一环节都在进行不断改革，但只有在出现集装箱的多式联运之后，才使流通过程发生了巨大的变化。

（二）货物运输方式的变化

集装箱运输的产生不仅对运输业本身，而且对于与运输业有关的其他工业部门均带来了很大的变化。它不仅能给货主节省包装费用、运费、保险费、还能大大缩短货物装卸时间，提高运输工具的周转率。追溯集装箱运输的发展历史可以发现，世界各国对集装箱的使用，首先都是从铁路、公路运输开始的。

在集装箱运输发展的同时，科学技术突飞猛进，电子计算机技术被广泛应用于运输的各个领域。目前，世界上许多船公司积极开展计算机管理，建立计算机国际联机网络。通过这种国际联机化，可随时掌握集装箱的动态和盘存管理，从而大幅度提高管理的效率。同时，通过由计算机处理订舱业务和编制各种货运单证，从而实现对海上运输、集装箱维修保养和内陆运输控制的一体化管理。无疑，科学技术的这一发展，又使传统的交通运输方式得以改变，经济效益得到提高，从而进一步促进了国际多式联运的发展。

（三）货物贸易结构的变化

世界经济贸易结构随着世界经济格局和其他因素的变化而在不断变化。发达国家的工业品出口结构更趋高级化，且经济重心由重、化工业转向电子技术为代表的高、精、尖产品，所谓进入了产品"轻、薄、短、小、精加软件的时代"。在这种情况下，为避免贸易摩擦，实现进出口贸易的平衡，巩固自己的竞争地位，发达国家的生产商先后在销售地发展自己的生产、加工、销售等基地。与此同时，发展中国家为了摆脱发达国家的控制，避免失去国际市场，努力发展本国经济，向工业化目标发展，从单纯的出口原材料变为在本国加工，制成半成品或成品。这样做，一方面满足本国的需求，以取代从发达国家的日用品进口，另一方面则用于出口，获得外汇。制成品贸易的发展，适箱货源的不断增加，为集装箱的多式联运创造了条件。

（四）经营方式的变化

国际多式联运业务开展之前，各种运输方式经营者各自为政，自成体系，因而其经营的范围十分有限，但一旦进入国际多式联运业务，其经营范围可大大扩展，并可最大限度利用自己所拥有的设备、设施。对其他行业者来说，则可避免不必要的重复投资。由于发展了国际多式联运，打破了行业界限，各承运人可选择最佳运输方式、路线，组织合理运输，提高运输组织水平，协调各种运输方式的衔接。这样做的目的是在提高运输效率的情况下，降低运输成本。

通过国际多式联运，提供优质服务，方便了货主。货主只要指定交货地点，运输经营人在条件许可下将各种运输方式组合起来。设定最佳运输路线，提供统一货运单证、统一责任限制、统一费率。因此，货主对多式联运的要求日益高涨，并与国际运输业者一起致力于促进国际多式联运的发展。

货人工厂或仓库装箱后，可直接运送至收货人的工厂或仓库。运输途中换装时无须掏箱、装箱，从而减少了中间环节。尽管货物经多次换装，但由于使用专业机械装卸，且又不涉及箱内的货物，因而，货损货差事故、货物被窃大为减少，从而在一定程度上提高了货运质量。此外，由于各个运输环节的各种运输工具之间配合密切，衔接紧凑，货物所到之处中转迅速及时，大大减少了货物停留时间。因此，从根本上保证了货物安全、迅速、准确、及时地运抵目的地。

三、国际多式联运的优越性

国际多式联运是今后国际运输发展的方向，开展这种运输方式具有许多优越性，主要体现在以下几个方面：

（一）手续简单统一

在国际多式联运方式下，无论货物运输距离有多远，无论使用几种运输方式完成对货物的运输，也不论运输途中经过多少次转换，所有一切运输事宜均由多式联运经营人负责办理。而托运人只需办理一次托运，订立一份运输合同，一次支付费用，一次保险，从而省去托运人办理托运手续的许多不便。同时，由于多式联运采用一份货运单证、统一计费，因而也可以简化制单和结算手续，节省人力和物力。此外，一旦运输过程中发生货损、货差，由多式联运经营人对全程运输负责，从而也可简化理赔手续，减少理赔费用。

（二）安全可靠

在国际多式联运方式下，各个运输环节和各种运输工具之间配合密切，衔接紧凑，货物所到之处中转迅速及时，大大减少了货物的在途停留时间，从根本上保证了货物安全、迅速、准确、及时地运抵目的地，因而也相应地降低了货物的库存量和库存成本。同时，多式联运系通过集装箱为运输单元进行直达运输，尽管货运途中须经多次转换，但由于使用专业机械装卸，且不涉及箱内货物，因而货损、货差事故大为减少，从而在很大程度上提高了货物的运输质量。

（三）提早结汇，降低成本

由于多式联运可实行"门到门"运输，因此对货主来说，在将货物交由第一承运人以后即可取得货运单证，并据以结汇，从而提前了结汇时间。这不仅有利于加速货物占用资金的周转，而且可以减少利息的支出。此外，由于货物是在集装箱内进行运输的，因此，从某种意义上来看，可相应地节省货物的包装、理货和保险等费用的支出。

（四）提高运输管理水平，实现运输合理化

对于区段运输而言，由于各种运输方式的经营人各自为政，自成体系，因而其经营业务范围受到限制，货运量相应也有限。而一旦由不同的运输经营人共同参与多式联运，经营的范围可以大大扩展，同时可以最大限度地发挥其现有设备的作用，选择最佳的运输线路组织合理化运输。

（五）其他作用

从政府的角度来看，发展国际多式联运具有以下重要意义：

1. 有利于加强政府部门对整个货物运输链的监督与管理，保证本国在整个货物运输过程中获得较大的运费收入分配比例；

2. 有助于引进新的先进运输技术；

3. 减少外汇支出；

4. 改善本国基础设施的利用状况；

5. 通过国家的宏观调控与指导职能保证使用对环境破坏最小的运输方式，达到保护本国生态环境的目的。

四、国际多式联运的基本条件

根据多式联运公约的规定和现行的多式联运业务特点，多式联运应具备的条件必须是：

（一）必须订立国际多式联运合同

在多式联运过程中无论使用多少种运输方式，作为负责全程运输的多式联运经营人必须与发货人订立多式联运合同。因为，该运输合同是多式联运经营人与发货人之间权利、义务、责任、豁免的合同关系和运输性质的确定，也是区别多式联运与一般货物运输方式的主要依据。

（二）多式联运经营人必须对全程运输负责

多式联运经营人不仅仅是订立多式联运合同的当事人，也是多式联运单证的签发人。自然，在多式联运经营人履行多式联运合同所规定的运输责任的同时，可将全部或部分运输委托他人（分运承运人）完成，并订立分运合同，但分运合同的承运人与发货人之间不存在任何合同关系。

（三）必须是国际间的货物运输

多式联运经营人接管的货物必须是国际间的货物运输，这不仅有别于国内货物运输，主要还涉及国际运输法规的适用问题。

（四）全程运输必须使用国际多式联运单据

国际多式联运虽由多种运输方式共同完成一票货物的全程运输，但由多式联运经营人签发的多式联运单据应满足不同运输方式的需要。该单据是证明多式联运合同，以及证明多式联运经营人接管货物并负责按照合同条款支付货物的凭证。虽然单一运输方式也采用了一些单据，如海上运输采用海运提单，铁路、公路运输采用货运单，航空运输采用空运单，但显然这种仅适用于单一运输方式的单据是不能满足国际货物多式联运的要求的。

（五）全程运输必须使用两种或两种以上不同的运输方式

国际多式联运必须使用两种以上不同的运输方式，因此，在一定程度上，运输方式的组成是确定运输是否属于多式联运的一个非常重要的因素。如航空运输长期以来依靠汽车接送货物运输，从形式上看，这种运输已构成两种运输方式，但这种汽车接送业务习惯上被视为航空运输业务的一个组成部分，只是航空运输的延伸，而不属于国际多式联运。

另外，从上述多式联运应具备的基本条件看，凡根据多式联运合同所进行的多式联运必须具备上述条件。多式联运经营人作为订立多式联运合同的一方，以至少两种运输方式组织运输并履行合同责任。但在事实上，多式联运下的多式联运合同并非是独一无二的。因为，除了多式联运经营人承担或不承担部分运输外，更多的运输由他人来完成并与多式联运经营人订立分运合同。此外，现行的国际货运公约对联运的条件作了不同的规定，如：

1. 凡符合下列条件属汉堡规则下的货物联运：两种运输方式之间，其中之一必须是海运；所订立的合同是国际间的货物运输。

2. 凡符合下列条件属公路货运公约下的货物联运：运输合同中规定的接管、交付货物的地点位于两个不同的国家；货物系由载荷车辆运输。

3. 凡符合下列条件属铁路货运公约下的货物联运：运输方式之一在公约所规定的铁路线上运输；另一运输方式为公约所规定的公路或海上运输。

4. 凡符合下列条件属华沙公约下的货物联运：根据有关方订立的运输合同，不论运输过程中有无中断或转运，其出发地和目的地是在两个缔约方或非缔约方的主权、宗主权、委托统治权，或权力管辖下的领土内在一个约定的经停地点的任何运输。

事实上，任何现行国际货运公约缔约方的法律都强制规定，凡签订该公约范围内的运输合同应遵守公约所规定的义务。即该运输合同既要满足单一货运公约下的货物联运条件，又要符合多式联运公约范围内的要求，除非这两个公约所规定的责任、义务相同，否则公约之间的抵触难以避免。因为，作为订立多式联运合同的多式联运经营人，同时又作为某一运输区段的实际承运人时，首先应确定的是所订立的运输合同是否属于现行货运公约所适用的范围。

第二节　国际多式联运的组织形式

国际多式联运是采用两种或两种以上不同运输方式进行联运的运输组织形式。这里所指的至少两种运输方式可以是海陆、陆空、海空等。这与一般的海海、陆陆、空空等形式的联运有着本质的区别。后者虽也是联运，但仍是同一种运输工具之间的运输方式。各种运输方式均有自身的优点与不足。由于国际多式联运严格规定必须采用两种或两种以上的运输方式进行联运，因此，这种运输组织形式可综合利用各种运输方式的优点，充分体现社会化大生产和大交通的特点。由于国际多式联运具有其他运输组织形式无可比拟的优越性，因而这种国际运输新技术已在世界各主要国家和地区得到广泛的推广应用。目前，有代表性的国际多式联运主要有远东和欧洲、远东和北美等海陆空联合运输。

一、海陆联运

海陆联运是国际多式联运的主要组织形式，也是远东和欧洲多式联运的主要组织形式之一。目前，组织和经营远东与欧洲海陆联运业务的组织机构主要有班轮公会的三联集团、北荷、冠航和丹麦的马士基等国际航运公司，以及非班轮公会的中国远洋运输公司、中国台湾长荣航运公司和德国那亚航运公司等。这种组织形式以航运公司为主体，签发联运提单，与航线两端的内陆运输部门开展联运业务，与大陆桥运输展开竞争。目前，海陆联运主要分为海铁联运和公海联运。

（一）海铁联运

海铁联运的流程如图所示：

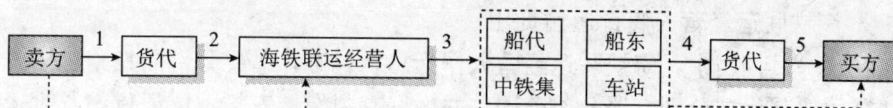

海铁联运流程图

1. 卖方向货代提出运输委托

买卖双方在签订贸易合同以后，如果运输条款规定由卖方负责运输安排，卖方在货物备好以后，向货运代理提出运输委托；如果运输条款规定由买方负责运输安排，则由买方负责此项工作。

卖方在向货运代理提出运输委托时一般要如实填写《运输委托单》，内容包括委托人公司名称、联系办法、货物品名、尺码、重量、集装箱数量、包装、进出口地、交货期、运输时间、中转港口、运输价格、结算方式等，经双方核对后，由卖方操作人员签字并加盖公司公章。如货运代理认为卖方填写的《运输委托单》内容条款可以接受，由具体操作人员签字、盖章予以确认。

通常情况下，卖方还可以委托货运代理办理报关、报验等手续，不过卖方需要另外支付费用，并提供合格的报关、报验单据。

2. 货运代理向海铁联运经营人进行运输委托

货运代理在确认卖方运输委托之后，书面向海铁联运经营人进行委托，填写《海铁联运委托单》，内容包括委托人公司名称、联系办法、货物品名、尺码、重量、集装箱数量、包装、进出口地、铁路货运站、交货期、运输时间、中转港口、运输价格、结算方式等，经双方核对后，由海铁联运操作人员及货运代理操作人员共同签字并加盖公司公章。

委托后，货运代理需按照海铁联运经营人的要求将货物运输到指定的铁路货运站，海铁联运经营人在现场或委托铁路货运站核对货物，无误后收货。在货运代理支付有关全程运输费用后，海铁联运经营人签发海铁联运提单给货运代理。货运代理在接受提单之前应认真分析条款内容，确保自己的合法权利能够得到保障，货物能够按照约定的条件送达交货地点。由于目前海铁联运已经成为习惯的运输方式，海铁联运提单的条款基本上是国际通用的条款，货运代理和海铁联运经营人一般不会对提单条款进行修改。

货运代理在取得海铁联运提单后应及时将其交给卖方，由卖方持提单、商业发票、信用证等单证到银行办理结汇和相关手续。值得注意的是，在很多情况下，货主不通过货运代理，而是直接向海铁联运经营人进行货物运输委托，并取得海铁联运提单。

3. 海铁联运经营人履行运输责任

在这一过程当中，海铁联运经营人作为总承包方，需要分别同铁路运输公司和船公司或其代理分别签署分包合同，并做好有关衔接安排，保证货物及时运到海铁联运提单列明的交货地点。

当海铁联运经营人接受货运代理或货主的运输委托后，即向铁路运输公司或其代理书面提出车皮申请，在得到确认后，通知货运代理或卖方将货物运到指定的铁路货运站。铁路货运站在收到货物后，同海铁联运经营人共同进行核对，如果同海铁联运经营人申报的一致，货运站通知铁路运输公司或其代理，在海铁联运经营人支付了铁路运输费用后，签发铁路运单给海铁联运经营人。

海铁联运经营人在接受货运代理或卖方委托后，也要向集装箱班轮公司或其代理进行独立的海运定舱。通常是以提交书面的定舱委托书的形式进行的。定舱委托书的内容包括委托人公司名称、联系办法、货物品名、尺码、重量、集装箱数量、包装、进出口地、交货期、运输时间、装港、卸港、运价、结算方式、定舱船舶名称、航次等。船公司代理在核对了有关内容后，签字并加盖公司公章，即表示海铁联运经营人同船公司达成了协议，经确认的定舱委托书将作为合同约束双方。

在船舶代理公司内部，通常是由出口部或市场部负责接受和确认海铁联运经营人的书面委托，然后由市场部向公司运价管理部门进行特殊运价报备，并将出口定舱委托书交与定舱操作部门，操作部门向箱管部门提出提空箱申请，批准后通知海铁联运经营人到指定堆场提箱，通常要以支票或现金进行抵押，待装货后的重箱进入港口堆场后，被证明完好后，方可取回支票或押金。在箱子使用过程中，船公司是以"设备交接单"进行箱子管理的。

在重箱进入船公司堆场后，理货人员在与定舱单核对后，出具场站收据，并提交船公司或其代理，由船公司或其代理签发无批注的清洁提单给海铁联运经营人，并作为物权凭证和双方运输合同的证明。

由于在海铁联运中，铁路运输公司和船公司分别是分包方，两个公司在一票海铁联运货中并没有直接关系，因此，需要海铁联运经营人在两个运输区段的衔接处给予特别的关注，确保装货后的重箱在经铁路运抵港区后，能够及时、完好地进入船公司指定堆场。如果发生运输过失，海铁联运经营人将首先向买卖双方承担全部责任，然后再向铁路运输公司或船公司进行追偿。

货物按期装船后运抵进口地的卸港，船公司的代理根据事先收到的电子舱单向海关进行申报。

4. 海铁联运经营人做好进口安排

在货物到达中转港口前，海铁联运经营人应该提前做好货物抵达港口的准备工作。首先，海铁联运经营人要根据海运提单向船公司咨询货物到港的确切时间，并及时与卖方保持联系。在货物抵达港口后，如果货物最终到达的目的地是港口，海铁联运经营人应凭借海运提单将货物及时运到自己的海关监管的集装箱场站，并提前根据卖方提供的通知方，通知买方及时进行提货。如果货物最终到达的目的地是在内陆地区，海铁联运经营人应该及时办理转关手续，并办理铁路运输手续，要求铁路运输公司将货物运输到最终的目的地。在货物到达最终的目的地后，海铁联运经营人根据卖方提供的通知方，通知买方及时进行提货。

在平常的操作过程中常常由于海铁联运经营人的疏忽未能及时掌握货物到达的准确时间，或者没有提前通知收货人准备好报关的各种有效单据，从而未能及时到海关报关，海关因此会根据延误的时间收取高额的滞报金，对于该项费用及因此而引起的其他损失，常常会引起纠纷。

5. 办理提货手续

买方在收到海铁联运经营人的提货通知后，或委托货运代理公司作为自己的代理或本企业自己到海铁联运公司办理提货手续，但买方必须提供全部有效的单据，其中包括贸易合同、商业发票、各种检疫证书、提单正本等。如前面所述，当卖方取得了海铁联运提单后，到出口地银行同其他有效单证一起进行结汇。结汇后，正本海铁联运提单通过出口地银行流转至进口地银行，在买方向进口地银行支付了贸易合同规定的货款后，买方取得了正本提单。

进口地的货运代理人在接到买方的进口货物委托后，凭借正本海铁联运提单到海铁联运经营人处换取提货单。海铁联运经营人在收到正本海铁联运提单后应认真核对提单上的相关内容是否和卖方提供的一致，如果在运费支付条款中注明运费到付，海铁联运经营人应在货运代理公司付清全部运费后方可换取提货单。

货运代理人在换好提货单后，凭借提货单和其他相关单据到海关办理清关手续。通常情况下，根据国家对进口货物的限制，买方常常要提供配额、许可证等，或者要向海关交纳一定的进口关税。办好清关手续后，货运代理人将货物送到买方指定的交货地点。

　　为保证买方的利益，买方必须与货运代理订立严格的委托合同，确保在货运代理提货后，将货物运至买方指定地点。联运经营人也会要求货运代理出示充分的证明，证明其已被买方授权提货。在换单提货过程中，最好由买方指派专人同货运代理一道进行，以确保安全。

　　以上就是通常情况下海铁联运货物流动的全部过程。需要特别说明的是，在实际的海铁联运当中，货运代理、船公司、铁路运输公司常常充当海铁联运经营人。当货运代理作为海铁联运经营人时，实际的业务流程表现为单一的"卖方——海铁联运经营人——买方"；如果由船公司或铁路运输公司充当海铁联运经营人，实际的业务流程表现为"卖方——货运代理——海铁联运经营人——货运代理——买方"。

　　（二）公海联运

　　作为陆海联运的另一种方式，公海联运即公路海运联运也是实际业务中经常被使用的方式。它与海铁联运的业务流程基本相同，主要差别表现在以下几个方面：

　　1. 公路汽车运输公司成为联运经营人的分承包商，发挥着与海铁联运当中铁路运输公司同样的作用。

　　2. 联运经营人签发的是公路海运联运提单，用于买卖双方进行结汇和提货。

　　3. 公路汽车运输公司使用"公路运单"作为运输合同，用以约束公海联运经营人与汽车运输公司的权利和义务。

　　4. 通常情况下，汽车运输公司不拥有货运站，而是由联运经营人直接指示汽车运输公司将货主的货物运输到指定的场站或仓库，这个场站或仓库可以是船公司的，也可以是联运经营人自己拥有或租赁的。

　　5. 公路运输同铁路相比具有灵活性，但对于长距离内陆运输，铁路运输具有价格优势。在安全性方面，受气候、道路条件、车况等因素的影响，公路运输常常会出现不确定性，影响交货时间和整个联运安排。

　　总之，无论是海铁联运还是公海联运，都是目前国际贸易运输中经常被使用的运输方式，特别是对于中国这样腹地广阔的国家，其适应性和发展的潜力都很强。在实际的陆海联运中，铁路运输和公路运输常常会同时存在于一票联运货物当中，但操作流程、联运单证以及需要注意的问题都是一致的。

二、陆桥运输

　　在国际多式联运中，陆桥运输起着非常重要的作用。它是远东和欧洲国际多式联运的主要形式之一。所谓陆桥运输是指采用集装箱专用列车或卡车，把横贯大陆的铁路或公路作为中间"桥梁",使大陆两端的集装箱海运航线与专用列车或卡车连接起来的一种连贯运输方式。严格地讲,陆桥运输也是一种海陆联运形式。只是因为其在国际多式联运中的独特地位,故在此将其单独作为一种运输组织形式。

三、海空联运

海空联运又被称为空桥运输。在运输组织方式上,空桥运输与陆桥运输有所不同。陆桥运输在整个货运过程中使用的是同一个集装箱,不用换装,而空桥运输的货物通常要在航空港换入航空集装箱。不过,两者的目标是一致的,即以低费率提供快捷、可靠的运输服务。

海空联运方式始于 20 世纪 60 年代,但到 20 世纪 80 年代才得以较大的发展。采用这种运输方式,运输时间比全程海运少,运输费用比全程空运便宜。20世纪 60 年代,将由远东船舶运至美国西海岸的货物,再通过航空运至美国内陆地区或美国东海岸,从而出现了海空联运。当然,这种联运组织形式是以海运为主,只是最终交货运输区段由空运承担。1960 年年底,苏联航空公司开辟了经由西伯利亚至欧洲的航空线。1968 年,加拿大航空公司参加了国际多式联运。20 世纪 80 年代,出现了经由中国香港、新加坡、泰国等至欧洲的航空线。目前,国际海空联运线主要有:

(一) 远东——欧洲

目前,远东与欧洲间的航线有以温哥华、西雅图、洛杉矶为中转地的,也有以中国香港、曼谷、海参崴为中转地的。此外还有以旧金山、新加坡为中转地的。

(二) 远东——中南美

近年来,远东至中南美的海空联运发展较快,因为此处港口和内陆运输不稳定,所以对海空运输的需求很大,该联运航线以迈阿密、洛杉矶、温哥华为中转地。

(三) 远东——中近东、非洲、澳洲

这是以中国香港、曼谷为中转地至中近东、非洲的运输服务。

在特殊情况下,还有经马赛至非洲、经曼谷至印度、经中国香港至澳洲等联运航线,但这些线路货运量较小。

总的来讲,运输距离越远,采用海空联运的优越性就越大,因为同完全采用海运相比,其运输时间更短。同直接采用空运相比,其费率更低。因此,若从远东出发,则将欧洲、中南美以及非洲作为海空联运的主要市场是合适的。

第三节　国际多式联运操作实务

一、国际多式联运单证

（一）多式联运单证的内容

多式联运单证是各当事人之间进行国际多式联运业务活动的凭证。因此，要求单据的内容必须正确、清楚、完整。《多式联运公约》的第八条规定，多式联运单据应当载明下列事项：

1. 货物种类及主要标志（包括危险货物的特性）、包数或件数、毛重或以其他方法表示的质量；

2. 货物外表状况；

3. 多式联运经营人的名称和主要营业场所；

4. 发货人名称；

5. 收货人名称（如经发货人指定）；

6. 多式联运经营人接管货物的地点、日期；

7. 交货地点；

8. 在交付地点交货的日期或期间（如经双方明确协议）；

9. 多式联运单据是否可以转让的声明；

10. 多式联运单据签发地点和日期；

11. 多式联运经营人或经其授权之人的签字；

12. 每种运输方式的运费，或应由收货人支付的运费及支付用货币，或关于运费由收货人支付的其他说明（如经双方协议）；

13. 预期经过的路线、运输方式和转运地点（如在签发多式联运单据时已经确知）；

14. 遵守《多式联运公约》的声明；

15. 其他事项（由双方拟订且不得违反多式联运签发国的法律）。

多式联运单证所记载的内容，通常由货物托运人填写，或由多式联运经营人或其代表根据托运人提供的有关托运文件制成。作为多式联运合同证明的多式联运单据，其记载事项与其证据效力是密切相关的，要对以下四方面起到证明作用：①有关当事人本身的记载；②有关货物状况的记载；③有关运输情况的记载；④有关法律约束方面的记载。

如果货物的灭失、损坏系由于发货人或货物托运人在单证中所提供的内容不准确或不当所造成，发货人应对多式联运经营人负责，即使在多式联运单证已转让的情况下也不例外。当然，如果货物的灭失、损坏系由多式联运经营人在多式联运单证中列入不实资料，或漏列有关内容所致，该多式联运经营人则无权享受赔偿责任限制，而应按货物的实际损失负责赔偿。

（二）多式联运单证的签发

多式联运单证由多式联运经营人或其授权的人签字，在不违背多式联运单证签发国法律规定的情况下，多式联运单证可以是手签的、手签笔迹复印、打透花的、盖章或用任何其他机械或电子仪器打印的。

1. 多式联运单证的签发形式

多式联运经营人凭接货单位签收的货物收据，根据发货人或货物托运人的要求，签发可转让或不可转让的多式联运单证。

（1）签发可转让的多式联运单证；

①应列明按指示交付，或向持票人交付；

②如列明按指示交付，需经背书方可转让；

③如列明向持票人交付，无须背书即可转让；

④如签发一套一份以上的正本单证，则应注明正本份数；

⑤对于所签发的任何副本，则应在每份副本上注明"不可转让"字样。

在业务实践中，对多式联运单证的正本和副本的份数规定不一，主要视发货人的要求而定。在交付货物时，多式联运经营人只要按其中一份正本交付货物后，便已履行向收货人交货的义务，其余各份正本自动失效。

（2）签发不可转让的多式联运单证。如果货物托运人要求多式联运经营人签发不可转让的多式联运单证，则多式联运经营人或经他授权的人应在多式联运单证的收货人一栏内，载明收货人的具体名称，并打上"不可转让"的字样。货物在运抵目的地后，多式联运经营人只能向单证中载明的收货人交付货物。

2. 多式联运单证签发的时间、地点

在集装箱货物的国际多式联运中，多式联运经营人接收货物的地点有时不在装船港，而在某一内陆集装箱货运站或装船港的集装箱码头堆场，甚至在发货人的工厂或仓库。因此，在很多场合下，从接收货物到实际装船之间有一待装期，在实际业务中，即使货物尚未装船，托运人也可凭场站收据要求多式联运经营人签发多式联运提单，这种提单属于收货待运提单。

（三）国际多式联运单证手续

办理国际多式联运货物运输的单证和手续与单一运输方式不同，除了按一般的集装箱货物运输的做法办理外，在制单和单证流转等方面，应从信用证开始，注意是否与多式联运条件相符，及时、正确地缮制和递送单据，避免因某一环节脱节而造成失误。

1. 关于信用证条款

根据多式联运的需要，信用证条款与一般常见条款比较，主要有以下三点区别：

(1) 通过银行议付不再使用船公司签发的已装船提单，而是凭多式联运经营人或经他授权的代理人签发的联运提单。

(2) 由于多式联运一般都采用集装箱运输，除特殊情况外，信用证上应有指定集装箱的条款。

(3) 由银行转单改为联运经营人直寄收货人。目的是使收货人及其代理人及早取得装船单证和报关时必备的商务单证，从而加快在目的港的提箱速度和交货速度。

2. 缮制海运提单及联运提单

由于国际多式联运多为"门到门"运输，故货物在港口装船后均应同时签发海运提单与联运提单。这是多式联运与单一海运根本不同之处。现将这两种提单的缮制分述如下：

(1) 海运提单的缮制。发货人为多式联运经营人（例如外运公司），收货人及通知方一般为多式联运经营人的国外代理，海运提单由船公司代理签发。

(2) 联运提单的缮制。联运提单上的收货人和发货人是实际的收、发货人，通知方则是目的港或最终交货地点收货人指定的代理人。提单上除了列明装货港、卸货港外，还要列明收货地、交货地或最终目的地、第一运输工具，以及海运船名及航次等。缮制联运提单均按信用证规定缮制，联运提单由多式联运经营人签发。

3. 其他单据

有关其他单据，一般是指信用证规定的船务单据和商务单据两种，这些单据的份数也按信用证中所规定的并由发货人提供。除了将上述海运提单正本和多式联运提单正本分别递交多式联运经营人的国外代理和买方（收货人）外，还应将联运提单副本和海运提单副本连同装箱单、发票、产地证明等单据分别递交联运经营人国外代理及买方。这些单证要在船抵卸货港前寄到代理和买方手中，以便国外代理办理货物转运，并将信息通知最终目的地收货人。同时，也有利于收货人与代理人取得联系。

（四）主要集装箱联运单证的内容与功能

1. 集装箱联运提单

集装箱联运提单是承运人或其代理人签发的货物运输收据，是货物的物权凭证，即货物所有权的证明文件，是承运人与托运人之间运输契约成立的证明。与普通海运提单所不同的是集装箱联运提单是一张收货待运提单，所以在大多数情况下，承运人根据发货人的要求，在提单上填注具体的装船日期和船名后，该收货待运提单也便具有了与装船提单同样的性质。为此，现行的集装箱联运提单在其正面都有表面条款，以说明货物在使用集装箱运输情况下所签发的提单的性质和作用。该条款由"确认条款"、"承诺条款"、"签署条款"组成。

2. 集装箱装箱单

集装箱装箱单是详细记载每一个集装箱内所装货物的名称、数量及箱内货物积载情况的单证。每个载货集装箱都要制作装箱单，它是根据已装进箱内的货物情况制作的，是集装箱运输的辅助货物舱单。由于集装箱装箱单是详细记载箱内所载货物情况的唯一单证，因此，在国际集装箱运输中，集装箱装箱单是一张极为重要的单证。

3. 设备交接单

设备交接单是集装箱进出港区、场站时，用箱人、运箱人与管箱人或其代理人之间交接集装箱及其他机械设备的凭证，并兼有管箱人发放集装箱的凭证的功能。当集装箱或机械设备在集装箱码头堆场或货运站借出或回收时，由码头堆场或货运站制作设备交接单，经双方签字后，作为两者之间设备交接的凭证。其背面条款主要包括出租人（集装箱所有人）的义务；用箱人的责任与义务。集装箱设备交接单分进场和出场两种，交接手续均在码头堆场大门口办理。

4. 场站收据

场站收据是由承运人签发的，证明已经收到托运货物并对货物开始负有责任的凭证。场站收据一般都由发货人或其代理人根据船公司已制定的格式进行填制，并跟随货物一起运至集装箱码头堆场，由承运人或其代理人在收据上签字后交还给发货人，证明托运的货物已经收到。发货人据此向承运人或其代理人换取待装提单或已装船提单，并根据买卖双方在信用证中的规定可向银行结汇。

5. 提货单

提货单是收货人凭正本提单向承运人或其代理人换取的可向港区、场站提取集装箱或货物的凭证，也是承运人或其代理人对港区、场站放箱交货的通知。提货单仅仅是作为交货的凭证，并不具有提单那样的流通性。在签发提货单时，首先要核对正本提单签发人的签名、签发提单的日期、提单背书的连贯性，判定提单持有人是否正当，然后再签发提货单。在正本提单尚未到达，而收货人要求提货时，可采用与有关银行共同向船公司出具担保书的形式。此外，如收货人要求更改提单上原指定的交货地点时，船公司或其代理人应收回全部的正本提单后，才能签发提货单。

6. 交货记录

它是承运人把箱、货交付收货人时，双方共同签署的证明货物已经交付，承运人对货物责任已告终止的单证。交货记录通常在船舶抵港前由船舶代理依据舱单、提单副本等卸船资料预先制作。交货记录中货物的具体出库情况由场站、港区的发货员填制，并由发货人、提货人签名。

二、国际多式联运公约

（一）1980 年联合国国际货物多式联运公约

《联合国国际货物多式联运公约》是关于国际货物多式联运中的管理、经营人的赔偿责任及期间、法律管辖等的国际协议。它于 1980 年在联合国贸易和发展会议全权代表会上通过，但至今未能生效。我国没有参加该公约。

其主要内容是：

1. 该公约适用于货物起运地和（或）目的地位于缔约方境内的国际货物多式联运合同。

2. 该公约并不排除各缔约方国内法律管辖。

3. 实行统一责任制和推定责任制。

4. 多式联运经营人的责任期间为自接管货物之时起，至交付货物之时止。

5. 赔偿责任限制为每件或每一运输单位 920 特别提款权，或按货物毛重计算，每千克 2.75 特别提款权，两者以较高者为准。

6. 货物损害索赔通知应于收到货物的次一工作日之前以书面形式提交多式联运经营人，延迟交付损害索赔通知必须在收到货物后 60 日内书面提交，诉讼或仲裁时效期间为两年。

7. 有管辖权法院有：（1）被告主要营业所或被告的居所所在地；（2）合同订立地；（3）货物接管地或交付地；（4）合同指定并在多式联运单据中载明的其他地点。仲裁申诉方有权选择在上述地点进行仲裁。

8. 公约附有国际多式联运海关事项的条款，规定缔约方海关对于运输途中的多式联运货物，一般不做检查，但各起运国海关所出具的材料应完整与准确。

（二）1973 年国际商会联运单证规则

《国际商会联运单证规则》是最早的关于联运单证的国际民间协议。由国际商会于 1973 年制定，1975 年进行了修改。作为民间规则，其适用不具有强制性，但被国际货物多式联运合同双方当事人经常协议采用。

其主要内容如下：

1. 多式联运经营人的责任形式

规则对于多式联运经营人实行网状责任制。对于发生在多式联运经营人责任期间内的货物灭失或损坏，如果知道这种灭失或损坏发生的运输区段，多式联运经营人的赔偿责任，依据适用于该区段的国际公约或国内法予以确定；在不能确定货物发生灭失或损坏的区段时，即对于隐藏的货物损失，其赔偿责任按完全的过错责任原则予以确定。赔偿责任限额为，按灭失或损坏的货物毛重每千克 30 金法郎计算。如果发货人事先征得多式联运经营人的同意，已申报超过此限额的货物价值，并在多式联运单据上注明，则赔偿责任限额应为所申报的货物价值。

2. 多式联运经营人的责任期间

规则规定，为从接管货物时起，至交付货物时止的整个运输期间。

3. 多式联运经营人对货物运输延迟的责任

只有在确知发生延迟的运输区段时，多式联运经营人才有责任支付延迟赔偿金。赔偿金的限额为该运输区段的运费。但适用于该区段的国际公约或国内法另有规定的除外。

4. 货物灭失或损坏的通知与诉讼时效

收货人应在收货之前或当时，将货物灭失或损坏的一般性质书面通知多式联运经营人。如果货物灭失或损坏不明显，应在 7 日内提交通知，否则，便视为多式联运经营人按多式联运单据所述情况交付货物的初步证据。就货物灭失、损坏或运输延迟而向多式联运经营人提出索赔诉讼的时效期间为 9 个月，自货物交付之日或本应交付之日，或自收货人有权认为货物已灭失之日起计算。

（三）1991 年联合国国际贸易和发展会议/国际商会多式联运单证规则

《联合国国际贸易和发展会议/国际商会多式联运单证规则》是 1991 年由联合国国际贸易和发展会议与国际商会共同制定，是一项民间规则，供当事人自愿采纳。规则共 13 条。

主要内容有：

1. 本规则经当事人选择后适用，一经适用就超越当事人订立的条款，除非这些条款增加多式联运经营人的义务。

2. 对一些名词做了定义。

3. 多式联运单证是多式联运经营人接管货物的初步证据，多式联运经营人不得以相反的证据对抗善意的单据持有人。

4. 多式联运经营人责任期间自接管货物时起到交付货物时止。多式联运经营人为其受雇人、代理人和其他人的行为或不行为承担一切责任。

5. 多式联运经营人的赔偿责任基础是完全责任制，并且对延迟交付应当承担责任。

6. 多式联运经营人的责任限制为每件或每单位 666.67 特别提款权，或者毛重每千克 2 特别提款权。

7. 如果货物的损坏或灭失的原因是多式联运经营人的行为或不行为造成的，则不得享受责任限制。

8. 如果货物的损坏或者灭失是由托运人的原因造成的，则多式联运经营人应先向单据的善意持有人负责，而后向托运人追偿。

9. 货物损坏明显，则收货人应立即向多式联运经营人索赔，如不明显，则应在 6 日内索赔。

10. 诉讼时效为 9 个月。

11. 本规则对无论是侵权还是违约均有效。

12. 本规则适用于所有多式联运关系人。

（四）我国的有关法律

1. 海上国际集装箱运输管理规定

《中华人民共和国海上国际集装箱运输管理规定》是调整海上国际集装箱运输管理社会关系的行政法规，共 6 章 37 条。

主要内容：

（1）总则

①宗旨：为加强海上国际集装箱运输管理，明确有关各方责任，适应国家对外贸易的需要。

②适用范围：在我国境内设立的海上国际集装箱运输企业及与该运输有关的单位和个人。

（2）海上国际集装箱运输企业的开业审批

①海上国际集装箱运输企业是指从事海上国际集装箱运输的航运企业、港口装卸企业及其承运海上国际集装箱的内陆中转站、货运站。

②设立经营此种运输的航运企业应当经省、自治区、直辖市交通主管部门审核，报交通部审批。设立港口国际集装箱装卸企业应当经省、自治区、直辖市交通主管部门审批，报交通部备案。设内陆中转站、货运站应当经设立该企业的主管部门审核同意后，由省、自治区、直辖市交通主管部门审批，报交通部备案。设立中外合资经营、中外合作经营的海上国际集装箱运输企业，须经交通部审核

同意后，按照有关法律法规的规定，由商务部审批。

（3）货运管理

①集装箱应当符合国际集装箱标准化组织规定的技术标准和有关国际集装箱公约的规定。承运人及港口装卸企业违反规定，造成货物损坏或短缺的，应当承担赔偿责任。

②托运人应当如实申报货物的品名、性质、数量、重量、规格。托运的集装箱货物，必须符合集装箱运输的要求。

③海上国际集装箱的运费和其他费用，应当根据国家有关运输价格和费率的规定计收。国家没有规定的，按照双方商定的价格计收。任何单位不得乱收费用。

（4）交接和责任

①根据提单确定的方式交接。

②交接时双方应当检查箱号、箱体和封志，并做出记录签字确认。

③承运人、港口装卸企业对集装箱、集装箱货物的损坏或短缺的责任，以交接为界。但如果在交接后180天内，接方能提出证明集装箱的损坏或集装箱货物的损坏或短缺是由交方原因造成，交方应当承担赔偿责任。承运人与托运人或收货人之间要求赔偿的时效，从集装箱货物交付之日起算不超过180天，但法律另有规定的除外。

（5）罚则

对无照营业，违反本规定及国家有关物价法规收取运输费用的，违反运输单证管理的和随意扩大业务经营范围的，由交通主管部门、工商行政管理部门和物价管理部门分别给予处罚。当事人对处罚决定不服的，可以在收到处罚通知的次日起15日内向上级机关申请复议。复议机关应在30日内做出复议决定。对复议决定仍不服的，可以在接到复议决定之日起15日内向人民法院起诉。对拒不执行者可以申请人民法院强制执行。

2. 海上国际集装箱运输管理规定实施细则

《中华人民共和国海上国际集装箱运输管理规定实施细则》是为贯彻《中华人民共和国海上国际集装箱运输管理规定》而制定的行政规章。1992年6月9日由交通部发布，自1992年7月1日起施行，共9章91条。主要内容有：

（1）适用的范围：在我国境内设立的海上国际集装箱运输企业（包括外国企业）及与海上国际集装箱运输有关的单位和个人。

（2）主管机关：交通部。

（3）名词与定义。

（4）企业的审核与批准，设立企业应具备的条件和应提交的文件。

（5）集装箱应当符合国际标准化组织（ISO）规定的技术标准和国际集装箱安全公约、国际集装箱关务公约等有关公约的规定。参加营运的船舶应具备有效的适航证书；车辆应具备有效的行车执照；集装箱、装卸机械及其属具应具备有效合格的证书；堆场、货运站在地面承受的压力、排水条件、消防、照明、进出通道、通信设备、污水（物）处理设备、围墙、门卫、专用机械设备、集装箱卡车管理设备或计算机管理设备方面达到要求。

（6）国内承运人可直接组织承揽集装箱货物，托运人可直接向承运人或委托货运代理人洽办进出口集装箱货物的托运业务；货运代理人可代表托运人或收货人办理集装箱进出口运输的托运和收货业务。托运人或收货人可根据提单注明的集装箱交付条款与集装箱所有人签订集装箱使用或利用合同。承运粮油、冷冻品及危险品的集装箱必须达到规定的指标。需在码头拆装箱的，托运人、收货人应委托港口国际集装箱装卸企业拆装箱，外轮理货公司理货，并负担有关费用。

（7）集装箱卸船后，在港口交付的货物超过 10 天不提货的，港口可将集装箱或货物转栈堆放，因此发生的费用，由收货人负担；在 10 天内，由港口责任造成的集装箱或货物转栈的费用，由港口负责。超过期限不提货或不按期限和指定地点归还集装箱的，应支付堆存费及集装箱超期使用费。自集装箱进境之日起3 个月以上不提货的，海上承运人或港口可报请海关按国家有关规定处理货物，并从处理货物所得款项中支付有关费用。

（8）运费及其他费用，应按国家有关运输价格和费率规定计收；国家没有规定的，按照双方商定的价格计收。任何单位不得乱收费用。未经海上承运人同意，场站不得以任何理由将其堆存的集装箱占用，改装或出租，并严格按海上承运人的中转计划安排中转，否则应承担经济责任。

（9）发现集装箱不适合装运货物时，承运人可拒绝接受，装箱人还可要求继续提供适合装运货物的集装箱。

（10）国家规定需检验、检疫监督的货物，装箱的托运人应分别向法定检验、检疫部门申请检验、检疫出证。装箱完毕后应施加铅封，贴好有关标志。

（11）海上承运人每日应向港口预报进口港的集装箱船舶；港口每日应向海上承运人预报集装箱船舶的靠泊计划。

（12）托运人在收到装船通知后，应于船舶开船前 5 天开始，将出口集装箱运进码头指定场所，并于装船前 24 小时截止进港。托运人或装箱人应在装船前48 小时向海上承运人提供"集装箱装船单"及有关出口单证。渡口收到出口的集装箱货物后，向托运人签发"场站收据"，托运人凭此向海上承运人换取待装提单。外轮代理应于船舶开航前 2 小时向船方提供提单副本、舱单、集装箱装箱单、集装箱清单、集装箱积载图、特殊集装箱清单、危险货物集装箱清单、危险货物说明书、冷藏集装箱清单等完整的随船资料，并于船舶开航后（近洋航线船舶开船后 24 小时内，远洋航线开船后 48 小时内）采用传真、电传、邮寄等方式向卸货港或中转港发出必要的卸船资料。

（13）对进口集装箱货物，海上承运人应在船舶抵港前（近洋抵港前 24 小时，远洋抵港前 7 天）用传真、电传、邮寄方式向卸港的代理人提供完整准确的提单副本、舱单等整套必要的卸船资料。同时将上述资料分送港口、外轮理货、海关等单位并通知收货人。

（14）需装载超长、超宽、超高、超重等非标准集装箱，应在订舱前由托运人向港口提出申请，经确认后方可装运。

（15）商定的集装箱货物交接方式必须明确列入提单、舱单及场站收据中。托运人、收货人在向海上承运人订舱托运时，除合同另有约定的以外，可选择九种之一的交接方式。集装箱货物交接方式在提单和舱单上未列明或填写清楚的，一律按站到站交接方式办理。集装箱的发放、交接实行《设备交接单》制度。

（16）海上国际集装箱运输的各区段承运人、港口、内陆中转站、货运站，对其所管辖的集装箱和集装箱货物的灭失、损坏负责，并按照交接前由交方承担，交接后由接方承担划分责任。但如果在交接后 180 天内，托运方能提供证据证明交接后的损坏、灭失是由交方原因造成的，交方应按有关规定负赔偿责任，法律另有规定的除外。

（17）由承运人负责装箱、拆箱的货物，从承运人收到货物后至运达目的地交付收货人之前的期间内，箱内货物的灭失或损坏由承运人负责。由托运人负责装箱的货物，从装箱托运交付后至交付收货人之前的期间内，如箱体完好，封志完整无误，箱内货物的灭失或损坏，由托运人负责；如箱体损坏或封志破损、箱内货物灭失或损坏，由承运人负责。承运人与托运人或收货人之间要求赔偿的时效，从集装箱货物交付之日起算不超过 180 天，法律另有规定的除外。

（18）由于托运人对集装箱货物申报不实或集装箱货物包装不当，造成人员伤亡、运输工具、货物本身或其他货物、集装箱损坏的，由托运人负责。由于装箱或拆箱人的过失，造成人员伤亡、运输工具、集装箱、集装箱货物损坏的，由装箱人负责。

（19）罚则共计 7 条。当事人对处罚不服的，可在收到处罚通知的次日起 15 日内，向处罚机关的上一级机关申请复议。复议机关应在 30 日内做出复议决定。当事人仍不服的，可在接到复议决定之日起 15 日内向人民法院起诉。否则，做出处罚决定的机关可申请人民法院强制执行。

3. 国际集装箱多式联运管理规则

为了加强国际集装箱多式联运的管理，促进通畅、经济、高效的国际集装箱多式联运的发展，满足对外贸易的需要，根据《中华人民共和国海商法》、《中华人民共和国铁路法》的有关规定，我国交通部和铁道部经国务院批准于 1997 年 5 月联合发布了《国际集装箱多式联运管理规则》，该规则自 1997 年 10 月 1 日起生效，规则共 8 章 43 条。

主要内容是：

第一章"总则"共 4 条，规定了本规则的宗旨、主管部门、适用范围和名词定义。

第二章"多式联运管理"共 9 条，规定了多式联运经营人的资格和许可证制度。

第三章"多式联运单据"共 3 条，规定了多式联运单据的内容和形式。

第四章"托运人责任"共 4 条，规定了托运人的责任。

第五章"多式联运经营人责任"共 12 条，规定了多式联运经营人的责任期间、多式联运单据的法律效力、多式联运经营人和实际承运人的责任划分、多式联运经营人对货物损坏或灭失或延迟交付的责任等。

第六章"书面通知、时效"共 2 条。

第七章"罚则"共 3 条。

第八章"附则"共 6 条，对本规则的适用范围作了适当扩展，并规定了解释权和实施日期。

三、国际多式联运的货运方法

（一）成组运输

成组运输是国际多式联运主要采用的货运方法，特别是集装箱运输方法，但也不仅限于此，也适用于非成组的件杂货及工程项目、二手设备的运输。当然，由于件杂货在运输环节的每个交接点都有货物装卸活动，所以一个单独的经营人很难负责处理全部业务活动和签发全球运输单证。因此，货物成组运输在国际多式联运中效用最好，而在多种成组运输方式中集装箱运输的方法最适合国际多式联运，因为它在运输过程中无须对货物进行倒载、理货，便于从一种运输工具转移到另一种运输工具，从而最能防止货损和偷窃。

（二）"门到门"运输

国际多式联运把海运、铁路、航空、汽车、江河运输连贯起来，提供了实现

"门到门"运输的可能性。但多式联运并不限于"门到门"也可以是"港到门"或"门到港"的运输，这里讲的"门"和"港"都是一个广义的概念。"门"，可以是指发货人工厂、仓库，也可以是指内地的集装箱货运站 CFS (CONTAINER FREIGHT STATION)；"港"可以是指海港，也可以是指河港、空港。

（三）集装箱运输货物交接地点与方式

国际多式联运的交接地点与交接方式完全按照贸易合同或货主的要求而定，可以说是五花八门、多种多样，但若以集装箱方法运输，它的货物交接地点，在国际上是有一般规则的。下面以陆海陆的"门到门"运输为例说明：

1. 整箱货的"门到门"运输（FCL/FCL）（FULL CONTAINER LOAD）

发货人的"门"→装港 CY→卸港 CY→收货人的"门"，即门到门（Door To Door）。接交货物地点均在发、收货人各自的仓库、工厂，装卸箱由发收货人自理。

2. 整箱货接收/拼箱货交货（FCL/LCL）（LESS THAN CONTAINER LOAD）

发货人的"门"→装港 CY→卸港 CY→联运人的 CFS→收货人 AB。接交货物地点在发货人的仓库、工厂，交接地点在联运人的 CFS。联运过程结束，即门到集装箱站（Door To CFS）。一般拆箱后以散件方式由收货人自提，拆箱后将货物分别交出的工作称为拆箱分拨业务（DISTRIBUTION SERVICE）。

3. 拼箱货接收/整箱货交货（LCL/FCL）

发货人→联运人 CFS→装港 CY→卸港 CY→收货人的"门"。接货地点在联运 CFS，交货地点在收货人的仓库、工厂。

货物向 CFS 集中一般由发货人自行安排，货交到 CFS 后，由联运人接货并装箱，联运过程开始，即集装箱站到门（CFS To Door）。

这种在 CFS 拼箱的业务，称为拼箱集运业务（CONSOLIDATION SERVICE）。

4. 拼箱货接收/拼箱货交货（LCL/LCL）

发货人→联运经营人 CFS→装港 CY→卸港 CY→联运人 CFS→收货人 AB。接交货物均在联运人 CFS 中，即站到站（CFS To CFS）。这种方式既包括拼箱集运业务，又包括拆箱分拨业务。

综上所述，按《2000 年国际贸易条件解释通则》——（INCOTERMS）中的 FCA 条款解释，整箱货物通常是指在发、收货人工厂、仓库接交货物，即发货人把货物装上铁路车皮或公路卡车，其责任即告终了。多式联运经营人则负责把货运到收货人工厂或仓库，在车上交货，不负责集装箱的装卸车。拼箱货物是在多式联运经营人的 CFS 接交货物。接交货物的条件一般为仓库交货，即多式联运经营人不管卸、装车。国际上集装箱运输货物接交方式关系到联运的起止地点、责任的划分和费用构成。

上述方式是国际习惯做法，但在实际业务中却往往有例外，如虽系整箱运输业务，但发货人不具有处理集装箱的设备和能力，把装拆箱工作委托联运经营人在 CFS 办理；又如，一般搬迁物品的拼箱货物，货主多要求送货上门，直至室内，等等。作为多式联运经营人应努力按照货主要求提供各种服务，而不能要求货主必须服从联运经营人的一定之规，只是当货主的要求有别于国际一般规则时，应按双方约定的条件，严格划分责任和费用负担，明确各有关方应承担的费用和责任。

四、国际多式联运的责任划分

（一）多式联运经营人的责任形式

由于国际多式联运打破了港至港的货物交接方式，因此，原有的有关承运人的责任形式已不能满足其要求，随之新的责任形式不断形成，在目前的国际多式联运业务中，多式联运经营人的责任形式主要有：

1. 统一责任制

统一责任制（又称同一责任制）就是多式联运经营人对货主负有不分区段的统一原则责任，即经营人对全程运输中货物的灭失、损坏或延期交付负全部责任，无论事故责任是明显的，还是隐蔽的；是发生在海运段，还是发生在内陆运输段，均按一个统一原则由多式联运经营人统一按约定的限额进行赔偿。但是，如果多式联运经营人已尽了最大努力仍无法避免的或确实证明是货主的故意行为过失等原因所造成的灭失或损坏，经营人则可免责。

统一责任制是一种科学、合理、手续简化的责任制度。但这种责任制对联运经营人来说责任负担较重，因此，目前在世界范围内采用还不够广泛。

2. 网状责任制

网状责任制是指由签发多式联运提单的人对全程运输负责，但其损害赔偿与统一责任制不同，它是按造成该货损的实际运输区段的责任限制予以赔偿。网状责任制是介于全程运输负责制和分段运输负责制这两种负责制之间的一种责任制，又称混合责任制。也就是该责任制在责任范围方面与统一责任制相同，而在赔偿限额方面则与区段运输形式下的分段负责制相同。

目前，国际上大多采用的就是网状责任制。我国自"国际集装箱运输系统（多式联运）工业性试验"项目以来发展建立的多式联运责任制采用的也是网状责任制。

但是从国际多式联运发展来考虑，网状责任制并不十分理想，容易在责任轻重、赔偿限额高低等方面产生分歧。因此，随着我国国际多式联运的不断发展与完善，统一责任制将更符合多式联运的要求。

（二）多式联运经营人的责任期限

责任期限是指多式联运经营人履行义务、承担责任在时间上的范围。自《海牙规则》制定以来，承运人的责任期限随着运输的变化也在不断发展着。《海牙规则》对承运人关于货物的责任期限规定为"自货物装上船舶时起至卸下船舶时止"的一段时间。《汉堡规则》则扩大了承运人的这一责任期限，规定承运人对货物负责的期间包括在装船港、运输途中和卸船港由承运人掌管的整个期间。《联合国国际货物多式联运公约》根据集装箱运输下，货物在货主仓库、工厂以及集装箱货运站、码头堆场进行交接的特点，仿照《汉堡规则》，对多式联运经营人规定的责任期间是"自其接管货物之时起至交付货物时止"。

依照多式联运公约条款的规定，多式联运经营人接管货物有两种形式：

1. 从托运人或其代理处接管货物，这是最常用、最普遍的规定方式；

2. 根据接管货物地点适用的法律或规章，货物必须交其运输的管理当局或其他第三方，这是一种特殊的规定。

在第二种接管货物的方式中，有一点应予以注意，即使多式联运公约规定多式联运经营人的责任从接管货物时开始，但在从港口当局手中接受货物的情况下，如货物的灭失或损坏系在当局保管期间发生的，多式联运经营人可以不负责任。

多式联运公约对交付货物规定的形式有三种：

1. 将货物交给收货人；

2. 如果收货人不向多式联运经营人提取货物，则按多式联运的合同或按照交货物地点适用的法律或特定行业惯例，将货物置于收货人支配之下；

3. 将货物交给根据交货地点适用法律或规章必须向其交付的当局或其他第三方。

在收货人不向多式联运经营人提取货物的情况下，多式联运经营人可按上述第二种、第三种交货形式交货，责任即告终止。在实践中，经常会发生这种情况，如收货人并不急需该批货物，为了节省仓储费用而延迟提货；又如市场价格下跌，在运费到付的情况下，收货人也有可能造成延迟提货。因此，多式联运公约的这种规定不仅是必要的也是合理的。

（三）多式联运经营人的赔偿责任限制

1. 赔偿责任限制基础

已通过的多式联运公约对多式联运经营人所规定的赔偿责任基本仿照了《汉堡规则》，规定多式联运经营人对于货物的灭失、损害，或延迟交货所引起的损失，如果该损失发生在货物由多式联运经营人掌管期间，则应负赔偿责任。除非多式联运经营人能证明其本人、受雇人、代理人，或其他有关人，为避免事故的发生及其后果已采取了一切符合要求的措施。如果货物未在议定的时间内交付，或虽没有规定交货时间，但未按具体情况对一个勤勉的多式联运经营人所能合理交货的时间内交货，即构成延迟交货。

多式联运公约采用的是完全过失责任制，即多式联运经营人除对由于其本人所引起的损失负责赔偿外，对于他的受雇人或代理人的过失也负有赔偿责任。

在《国际货物运输公约》中，对延迟交货责任一般都有明确的规定，只是有的规定较明确，有的则相反。多式联运公约对在延迟交货下的多式联运经营人的赔偿责任规定有两种情况：

（1）未能在明确规定的时间内交货；

（2）未能在合理的时间内交货。

对于如何理解一个勤勉的多式联运经营人未在合理时间内交货，要根据具体情况加以判断。如在货物运输过程中，为了船货的安全发生绕航运输；又由于气候影响，不能装卸货物，这些情况的发生，都有可能构成延迟交货。但显然上述情况的发生，即使是再勤勉的多式联运经营人也只能是心有余而力不足。

在延迟交货的情况下，收货人通常会采取这样的处理方法：

（1）接受货物，再提出由于延迟交货而引起的损失赔偿；

（2）拒收货物，提出全部赔偿要求。

2. 赔偿责任限制

所谓赔偿责任限制是指多式联运经营人对每一件或每一货损单位负责赔偿的最高限额。《海牙规则》对每一件或每一货损单位的赔偿最高限额为 100 英镑；《维斯比规则》则为 10000 金法郎，或毛重每千克 30 金法郎，两者以较高者计。此外，《维斯比规则》对集装箱、托盘或类似的装运工具在集装运输时也作了规定。如在提单上载明这种运输工具中的件数或单位数，则按载明的件数或单位数负责赔偿。《汉堡规则》规定每一件或每一货损单位则为 835 个特别提款权（国际货币基金组织规定的记账单位），或按毛重每千克 2.5 个特别提款权，两者以较高者为主。《汉堡规则》对货物用集装箱、托盘或类似的其他载运工具在集装时所造成的损害赔偿也作了与《维斯比规则》相似的规定。对于延迟交货的责任限制，《汉堡规则》作了相当于该延迟交付货物应付运费的 2.5 倍，但不超过运输合同中规定的应付运费总额。

已通过的多式联运公约规定，货物的灭失、损害赔偿责任按每一件或每一货损单位计，不超过 920 个特别提款权，或毛重每千克 2.75 个特别提款权，两者以较高者计。如果货物系用集装箱、托盘，或类似的装运工具运输，赔偿则按多式联运单证中已载明的该种装运工具中的件数或包数计算，否则，这种装运工具的货物应视为一个货运单位。

有关延迟交货的赔偿是建立在运费的基础上的，与运费基数成正比。多式联运的运费基数是由各种货物和各运输区段的运费总和作为总的赔偿基数，可列式为：

$$X=a+b+c$$

式中：X——运费总数；

a、b、c——各段的运费。

表 7-1 是对延迟交货的赔偿限额的规定。

表 7-1 　　　　　　　　　**各种运输公约对延迟交货的赔偿限额规定**

公约	延误损失赔偿责任限制	备注
多式联运公约	应付运费的 2.5 倍（40%以下）	不超过合同运费总额
华沙公约	无限制规定	无限额规定
海牙规则		
铁路货物公约	应付运费的 2 倍	无限额规定
公路货物公约	延误货物运费总额	

3. 赔偿责任限制权力的丧失

为了防止多式联运经营人利用赔偿责任限制的规定，从而对货物的安全掉以轻心，致使货物所有人遭受不必要的损失，从而影响国际贸易与国际航运业的发展。如经证明货物的灭失、损害，或延迟交货系由多式联运经营人有意造成，或明知有可能造成而又毫不在意的行为或不行为所引起，多式联运经营人则无权享受赔偿责任限制的权益。此外，对于多式联运经营人的受雇人或代理人，或为其多式联运合同而服务的其他人有意造成或明知有可能造成而又毫不在意的行为或不行为所引起的货物灭失、损害或延迟交货，则该受雇人、代理人或其他人无权享受有关赔偿责任限制的规定。

表 7-2 是各种运输公约对每一件或每一货损单位，或每千克毛重赔偿限额

的规定。

从表中可以看出，多式联运中不论是否包括海运或内河运输，多式联运经营人的赔偿责任限额比《海牙规则》高出 5 倍以上，比《维斯比规则》高出 35%，与铁路、公路、华沙货运公约相比较，多式联运经营人的赔偿责任限额显得较低，只有公路承运人赔偿限额的 1/3，航空承运人的 1/6。

表 7 - 2　　　　　　　　　　各种运输公约对赔偿限额的规定

公约名称	每一件或每一单位		每千克毛重		备注
	责任限制 S.D.R.	多式联运公约所占（%）	责任限制 S.D.R.	多式联运公约所占（%）	
多式联运公约	920		2.75		包括海运和内河
海牙规则	161	570			
维斯比规则	680	135	2.04	135	
CMR（公路）			8.33	33	
CIR（铁路）			16.67	16.5	
华沙公约			17	16	
多式联运公约			8.33		不包括海运和内河
CMR（公路）			8.33	100	
CIR（铁路）			16.67	49.9	
华沙公约			17	48	

（四）发货人的赔偿责任

在国际多式联运过程中，如果多式联运经营人所遭受的损失系由发货人的过失或疏忽，或者系由他的受雇人或代理人在其受雇范围内行事时的疏忽或过失所造成，发货人对这种损失应负赔偿责任。

发货人在将货物交给多式联运经营人时应保证：

1. 所申述的货物内容准确、完整；

2. 集装箱铅封牢固，能适合多种方式运输；

3. 标志、标签应准确、完整；

4. 如系危险货物，应说明其特性和应采取的对该货物的预防措施；

5. 自行负责由于装箱不当、积载不妥引起的损失；

6. 对由于自己或其受雇人、代理人的过失对第三者造成的生命财产损失负责；

7. 在货运单证上订有"货物检查权"的情况下，海关和承运人对集装箱内的货物有权进行检查，其损失和费用由发货人自行负责。

（五）索赔与诉讼

在国际货运公约中，一般都规定了货物的索赔与诉讼条款。如《海牙规则》和各国船公司对普通货运提单的索赔与诉讼规定为，收货人应在收到货物3天之内，将有关货物的灭失、损害情况以书面的形式通知被索赔人，如货物的状况在交货时已经由双方证明，则不需要书面的索赔通知。收货人提出的诉讼时间为从货物应交付起1年内，否则，承运人将在任何情况下免除对于货物所负的一切责任。

一般的国际货运公约对货物提出的诉讼时效通常为1年，但自《汉堡规则》制定以后，诉讼时效有所延长。由于集装箱运输的特殊性，因此，有的集装箱提单规定在3天或7天内以书面通知承运人说明有关货损的情况。至于诉讼时效，有的集装箱提单规定为1年，有的规定为9个月，如属全损，有的集装箱提单仅规定为2个月。

已通过的多式联运公约规定货物受损人在收到货2年之内没有提起诉讼或交付仲裁，即失去时效。如果货物受损人在交付之日后6个月内没有提出书面通知，说明索赔的性质和主要事项，则在期满后失去诉讼时效。但要使一个索赔案成立，必须满足下列条件：

1. 提出索赔的人具有正当的索赔权；
2. 货物的灭失、损害具有赔偿事实；
3. 被索赔人负有实际赔偿责任；
4. 货物的灭失、损害系在多式联运经营人掌管期间；
5. 索赔、诉讼的提出在规定的有效期内。

思考与练习题

一、简答题

1. 简述国际多式联运发展的主要因素。
2. 简述国际多式联运的优越性。
3. 简述多式联运经营人的责任形式。

二、论述题

试述海铁联运的流程。

第八章 国际货物运输法律应用

学习目的

　　本章主要讲授国际运输法律，国际货物运输诉讼操作规程，国际货物运输仲裁实务。通过本章的学习，可以了解与国际运输相关的法律法规，熟悉国际货物运输诉讼操作规程以及国际货物运输仲裁程序。

第一节　国际货物运输法律概述

一、国际货物运输法简介

　　各种国际货物运输都离不开国际货物运输法，都要受到国际货物运输法的调整。国际货物运输法，简单地说，是调整各种货物跨越国境运输的法律规范的总和。国际货物运输法的功能很多，按照时间的先后顺序来说，有事前预防和事后处理两种功能。事前预防是指在各种争议（包括纠纷）出现之前的各种运输业务操作过程中，操作人员采取有效的方法和严谨的态度，对各种争议进行预防。事后处理是指在各种运输争议发生后，有关当事人采取有效合理的方式、方法对争议进行妥善解决。这两种功能是相互联系的，事前预防做得好，事后处理就容易；事后处理做得好，就能弥补或减少事前预防的缺陷。事前预防和事后处理，在国际货物运输业务中都非常重要（针对某个具体案件，事后处理可能不需要），由于本书篇幅有限，本章仅从事后处理的角度对国际货物运输法律应用操作规程进行阐述。

二、国际货物运输争议处理的途径

　　在国际货物运输中当事双方或各方难免发生争议，那么在争议发生后，就要寻求有效解决途径。根据不同途径的不同性质和特点，以及它们对解决争议的不同作用进行划分，处理国际货物运输争议的途径主要有自决与和解、调解、仲裁和诉讼。

（一）自决与和解

自决与和解是解决国际货物运输争议的最原始和最简单的一种方式，属于"自力救济"的范畴。自决注重强力，不利于对弱者的保护，逐渐被文明社会所禁止。

和解是指没有第三者参加而自行解决争议，其结果是达成和解协议。这种途径主要适合于分歧不严重，争议金额不大，责任比较清楚的案件。和解的方式大致分为四种：自行解决、委托代理解决、仲裁庭外和解、法院庭外和解。和解的优点包括，解决争议时间短，费用低甚至没有费用，不伤和气，有利于以后的进一步合作。其不足是，当事人达成的和解协议不具有强制执行力，任何一方反悔都会使协议无法履行，所以对不具备和解条件或达成和解协议但因各种原因无法履行的争议，应采取其他有效途径及时解决，以避免拖延时间，因超过有关时效而丧失胜诉权。

（二）调解

调解，是指在第三者的主持或参与下解决当事人之间的争议，属于"公力救济"范畴。调解人在进行调解时，必须遵守三项原则，即当事人自愿原则，查明事实，分清是非的原则和合法原则。通过调解解决争议后，当事人和调解人都要在调解协议上签字盖章。根据调解人不同，调解可分为法院调解、仲裁机构调解，其他单位和公民个人调解。调解与和解的主要区别是，是否有第三者参加。而调解与仲裁和诉讼的主要区别是，调解的结果更多地体现了争议主体的意志，而仲裁和诉讼更多地体现了仲裁者或法院的意志。

（三）仲裁

仲裁是指当事人根据双方达成的书面仲裁协议或者有关规定，将争议提交约定或者规定的某一仲裁机构，由其对争议事项所涉及的权利义务，作出裁决的一种法律制度。仲裁裁决具有法律效力，当事人必须履行，否则，另一方当事人有权申请法院强制执行。

（四）诉讼

诉讼是当事人以起诉的方式，由法院依照法定程序行使审判权来解决争议的一种重要途径，是解决各种争议方式中最权威和最有效的一种。诉讼的本质特征在于依靠国家权力解决争议，其解决争议的依据只能是国家立法，而且解决争议的结果或者靠国家强制力的保证来实现，或者直接凭借国家强制力来实现。

处理国际货物运输争议的途径

- 和解
  - 自行解决
  - 委托代理解决
  - 仲裁庭外和解
  - 法院庭外和解
- 调解
  - 仲裁机构调解
  - 法院调解
  - 其他单位或个人调解
- 诉讼
  - 诉讼准备
    - 掌握有关诉讼基本知识
    - 委托代理人
    - 收集审查诉讼证据
    - 审查确认是否及如何提起诉讼
  - 保全措施
    - 财产保全
    - 证据保全
    - 海事请求保全
    - 海事强制令
  - 审判程序
    - 一审程序
      - 普通程序
      - 简易程序
    - 破产还债程序(注)
    - 设立海事赔偿责任限制基金程序(注)
    - 督促程序
    - 船舶优先权催告程序
    - 债权登记与受偿程序
    - 二审程序
    - 审判监督程序
  - 执行程序
- 仲裁
  - 仲裁准备
    - 掌握有关仲裁基本知识
    - 委托代理人
    - 收集审查仲裁证据
    - 审查确认是否及如何申请仲裁
  - 保全措施
    - 财产保全
    - 证据保全
    - 海事请求保全
    - 海事强制令
  - 仲裁程序
    - 普通程序
    - 简易程序
  - 申请撤销仲裁裁决
  - 承认及执行程序

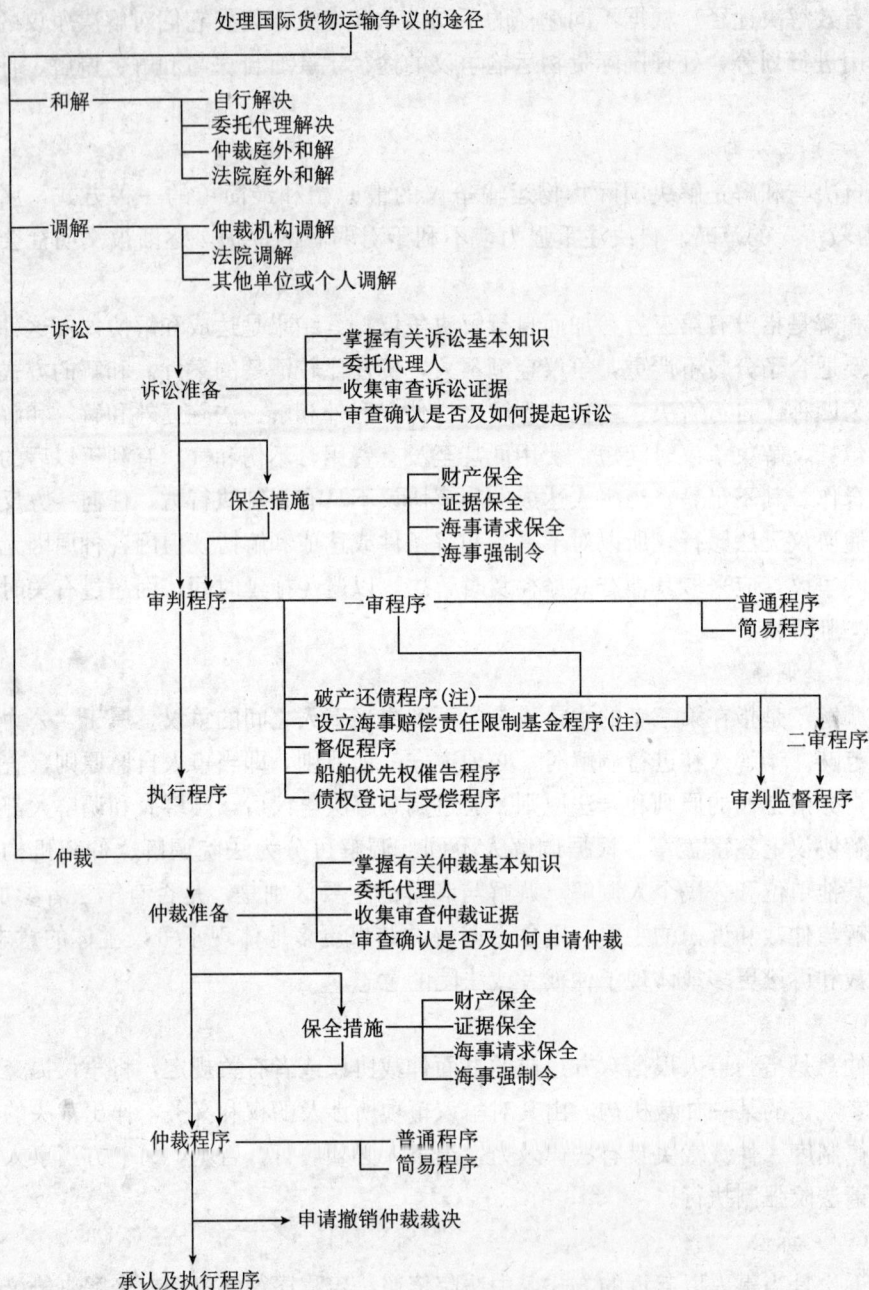

处理国际货物运输争议的途径流程示意图

上述四种途径，虽然在性质、特点、效力等方面各不相同，但在解决国际货物运输争议中的作用都是不可忽视的。除诉讼和仲裁不可以同时并用外，其他各种途径可以单用或并用。某一争议应该采用什么途径解决，要根据争议的具体情况而定，如果争议的案情复杂，分歧较大，当事人之间互不相让，通过和解或调解途径难以解决，应及早采取诉讼或仲裁方式解决。以上是处理国际货物运输争议的途径流程图。

注：对按照破产还债程序审理的案件和申请设立海事赔偿责任限制基金的案件，当事人一般不得上诉，但对驳回破产申请的裁定和是否准许申请人设立海事赔偿责任限制基金申请的裁定可以上诉。

第二节　国际货物运输诉讼操作规程

一、委托代理人

诉讼活动，一般需要具备法律知识和法律技术的专门人员才能完成。因此对于比较复杂、重大的案件，应委托具有相关专门知识的人员代理诉讼为宜。

（一）诉讼代理人的概念和分类

诉讼代理人是指根据法律规定、法院指定或当事人委托，以当事人的名义，在一定权限内进行诉讼活动的人。诉讼代理人只有受委托或指定参加诉讼后，才具有代理人的资格。诉讼代理人只能以被代理人名义并在其授权的范围内进行诉讼。如果没有被代理人的授权或同意。诉讼代理人代替被代理人进行的诉讼活动，就不具有法律效力。一般诉讼代理人可分为，法定代理人、指定代理人和委托代理人三种。在国际货物运输诉讼中，法定代理、指定代理情况比较少见，多数情况下诉讼代理人的产生是基于委托。

（二）委托代理人的选择

1. 委托代理人的可选范围

（1）律师；

（2）当事人的近亲属；

（3）社会团体或当事人所在单位推荐的人；

（4）经人民法院许可的其他公民。

英美国家诉讼代理制度比较严格，通常只有律师才能够出庭代理诉讼。

2. 选择代理人

要选择一个适合自己案件或自己满意的代理人，通常要综合考虑各种因素，一般当事人应从这样几个方面来考虑：代理人是否具备相关法律知识、诉讼技术（通常律师都符合这一要求）；代理人是否具备国际货物运输方面的专业知识；代理人是否具有较高的外语水平，特别是英语水平；代理人人品的好坏，人品好的代理人更能尽职尽责；收取的代理费用是否合理；所要委托代理的案件的难易程度，对于案件标的额巨大，情况复杂的案件，应选择各方面条件都较好的律师，但对于案件标的额较小，情况也不太复杂的案件，选择一般的律师就可以了；代理人工作所在地与诉讼案件受理法院所在地和当事人本人所在地距离的远近，通常在距离近的情况下，交通和通信费用较低，且当事人、代理人、法院之间沟通想法、交换意见较方便。

在选择某一具体代理人时，应根据案件的具体情况，综合考虑代理人的各方面因素而定。对于案件标的额巨大，情况复杂的案件，应选择各方面条件都较好的律师，此时应支付的代理费用也会较高。但对于案件标的额较小，情况也不太复杂的案件，选择一般的律师就可以了，此时支付的代理费用也会比较低。对于案情特别简单的案件，当事人有把握自己处理时，甚至可以不委托代理人，这样可以免去代理费的支出。

（三）办理委托代理手续

当事人在选定代理人，并在对方同意就所托案件进行代理的情况下，应办理正式的委托代理手续。

1. 订立委托代理协议

委托代理协议是委托人与代理人之间协商订立的确定代理人参加诉讼有关事宜，明确委托人与代理人在代理诉讼过程中相互权利义务的书面文件。委托代理协议是代理人代表委托人参加诉讼的合同书，也是明确代理人在代理诉讼活动中代理权限范围的基础性文件。

委托代理协议中的各条款的具体内容由委托人与代理人之间共同协商确定，需要特别注意的内容有：代理人参加哪一个案件的诉讼代理必须明确；代理人在一个案件中的具体代理任务，如代理一审、二审，或代理申请执行等，任务不同，代理费用也是不同的；代理参加诉讼的代理权限，以便代理人在代理权限的范围内从事代理活动，避免超越代理权限、导致无效代理行为的发生。

2. 签署授权委托书

授权委托书是委托人单方向代理人出具的、明确代理人在代理委托人参加诉讼过程中代理权限范围的法律文书。授权委托书是委托人实施授权行为的凭证，也是代理权产生的直接根据。授权委托书一般包括委托人姓名或名称、代理人的姓名、工作单位和代理权限等内容。委托人需要代理人代为起诉，代为提出、承认、放弃或者变更诉讼请求，进行和解，代为反诉或者上诉，这些也必须在授权委托书中明确说明。授权委托书一般经委托人签名或盖章后即具有法律效力，无须经过其他部门证明，但在以下特殊情况下，授权委托书必须经证明方能生效：

（1）侨居国外的中国公民从国外寄交或托交的授权委托书，须经中华人民共和国驻该国的使领馆证明；中国在该国没有使领馆的，由与中国有外交关系的第三国驻该国的使领馆证明，再转由中华人民共和国驻该第三国的使领馆证明，或由当地的爱国华侨团体证明。

（2）居住在香港、澳门地区的同胞向中国内地寄交的授权委托书，须经中国司法部指定的该地区有关律师或有关机构证明。

（3）不在中国境内居住的外国人（包括无国籍人）对中国律师代理人的授权委托书，须经其所在国的公证机关证明，然后经中国驻该国使领馆认证。

由于办理上述手续有时比较麻烦，遇到案件比较紧急时，需要采取保全或需要立即起诉的，当事人应当在抓紧办理授权委托书的公证认证的同时，可以在代理人的帮助下，由当事人直接向有管辖权的法院申请所需的保全措施或其他诉讼行为。

二、审判监督程序

审判监督程序是指对判决、裁定和协议调解已经生效的案件提起再审的程序和法院依法对确有错误的案件进行再次审理并作出裁判的程序。审判监督程序又称再审程序。

（一）当事人申请再审的程序

申请再审是指当事人认为已经发生法律效力的判决、裁定、调解书有错误，请求法院对案件进行重新审理，以使法院变更或撤销原判决、裁定、调解书的诉讼行为。当事人申请再审的程序包括：审查自己是否符合申请再审的条件和具体再审申请的提出。

当事人申请再审应当符合下列条件：

1. 申请再审的主体必须是特定的。有权提出再审申请的，只能是原审中的当事人。

2. 申请再审的对象必须是已经发生法律效力的判决书、裁定书和调解书。

3. 申请再审必须在法定期限内提出。法定期限是指在判决书、裁定书和调解书发生效力后2年内。

4. 申请再审必须具备法定的事由。具体是指应符合下列情形之一：（1）有新的证据，足以推翻原判决、裁定的；（2）原判决、裁定认定事实的主要证据不足的；（3）原判决、裁定适用法律确有错误的；（4）法院违反法定程序，可能影响案件正确判决、裁定的；（5）审判人员在审理该案件时有贪污受贿，徇私舞弊，枉法裁判行为的。

当事人认为符合申请再审条件，可以提出具体再审申请：

1. 制作再审申请书。其内容写法与民事上诉状相似，但提出再审的理由应当更加充分，事实、证据应确凿、扎实。

2. 递交再审申请书。当事人可以向作出生效法律文书的原审法院递交再审申请书，也可以向其上一级法院递交再审申请书。

（二）当事人申诉的程序

申诉是指当事人认为生效的民事判决书、裁定书和调解书有错误，向有监督权的国家机关提出要求，请求监督法院对案件重新进行审理的行为。申诉是公民依法享有的一项民主权利，但申诉不能必然引起再审程序的发生，仅仅是将法院错误的法律文书提供给有监督权的国家机关，由它们决定是否监督法院再审。

当事人申诉的程序是：

1. 制作申诉书。参照民事起诉书的制作。

2. 向有监督权的国家机关递交申诉书。有监督权的国家机关包括：（1）原审法院及其各上级法院；（2）原审法院的上级检察院；（3）其他有监督权的国家机关。

三、督促程序

督促程序是指法院根据债权人提出的要求债务人给付一定的金钱或者有价证券的申请，向债务人发出附条件的支付令，以催促债务人限期履行义务，如果债务人在法定期间内不提出异议，该支付令即为具有执行力的一种程序。

督促程序是一种简捷的催促债务人还债的程序。设置督促程序的目的在于以简便快捷的程序使债权人迅速取得执行根据，尽快实现债权。法院通过书面审查，不经审判即可向债务人发出支付令，如果债务人在一定期间内没有提出异议，该支付令即发生法律效力。

（一）债权人参加督促程序的程序

1. 审查是否具备申请支付令的条件

根据中国民事诉讼法、海事诉讼特别程序法和最高人民法院的有关解释，申请支付令的条件是：

（1）请求给付的必须是金钱或有价证券。有价证券是指表示一定财产权的证券，如汇票、本票、支票、股票、国库券、债券、可转让的存单等；

（2）请求给付的金钱或有价证券已到偿付期且数额确定；

（3）债权人与债务人没有其他债务纠纷；

（4）支付令能够送达债务人。

2. 如具备条件，提出支付令申请

（1）制作支付令申请书。支付令申请书应写明申请人与被申请人的基本情况；请求给付的金钱或有价证券已到偿付期且数额确定，并写明请求所根据的事实、证据；债权人与债务人没有其他债务纠纷；请求法院发出支付令等。

（2）向有管辖权的法院递交支付令申请书。有管辖权的法院在级别上应是基层法院和海事法院，在地域上应按债务纠纷确定有管辖权的法院。

3. 受偿债务或申请执行

债权人提出申请后，法院应当在5日内通知债权人是否受理。法院受理申请后，经审查债权人提供的事实、证据，对债权债务关系明确、合法的，应当在受理之日起15日内向债务人发出支付令。此时债权人可以准备接受还债或是申请执行，因为债务人在其收到支付令之日起15日内不提出异议又不履行支付令的，债权人可以按照执行程序的规定向法院申请执行。

（二）债务人参加督促程序的程序

债务人自收到法院支付令时起就进入到督促程序。此时债务人应该：

1. 及时清偿债务。债务人如果认为支付令要求其给付债权人的金钱、有价证券的种类和数量是正确的，就应及时清偿债务，以避免或减少自己的信用和信誉受损。

2. 对支付令提出异议。对支付令提出异议，是债务人维护自己合法权益的一个法律手段。异议可以不附任何理由，即债务人不必提供事实和证据来证明异议的成立，只要作出异议陈述即可。

（1）异议应在法定期间提出。该法定期间是自债务人收到支付令次日起15日内。

（2）异议必须针对债权人的请求，即异议应针对债务关系本身。

债务人在异议时应注意这样几种情况：如债务人的异议是陈述自己无力偿还债务，异议不能成立；支付令中有债权人多项独立的给付请求，债务人仅就其中一项提出异议的，其效力不能及于其他请求；支付令涉及几个债权人，如该项债务为共同债务，其中一个债务人的异议视为全体债务人的异议，如该项债务不属共同债务，而是各自独立的债务，则一人的异议不涉及其他债务人。

四、船舶优先权催告程序

海事法院拍卖船舶时，受让人可以向转让船舶交付地或者受让人所住地的海事法院提出申请，申请船舶优先权催告，催促船舶优先权人及时主张权利，消灭该船舶附有的船舶优先权。中国海事诉讼特别程序法规定船舶优先权催告程序的意义在于，使经商业途径买卖的船舶出售后不再附有船舶优先权，以利于该船舶正常经营。

（一）船舶优先权催告程序的各个阶段

船舶优先权催告程序共有6个阶段：

1. 船舶受让人提出船舶优先权催告申请。受让人向海事法院申请船舶优先权催告申请书时，应提交"船舶转让合同、船舶技术资料"等相关文件。提交的申请书应写明该船舶的名称、申请船舶优先权催告的事实和理由，供海事法院审核。

2. 海事法院对船舶优先权催告申请进行审查并作出是否准予的裁定。海事法院自收到申请递交的船舶优先权催告申请书及相关文件后，经审核，应当在7日内作出批准或不予批准的裁定。

3. 船舶受让人复议。如果受让人对海事法院的裁定不服，可以申请一次复议。不申请复议，裁定生效。

4. 海事法院公告。海事法院在准予申请的裁定生效后，应当通过报纸或者其他新闻媒体发布公告，催促船舶优先权人在催告期间主张船舶优先权。船舶优先权催告期间为60日。

5. 船舶优先权人主张权利。海事法院在报纸或其他媒体上发布催告公告60日内，船舶优先权人主张船舶优先权，应当在发布船舶优先权催告公告的海事法院办理登记，如果从发布船舶优先权催告公告后60日内不主张船舶优先权的，视为放弃船舶优先权。

6. 海事法院经申请作出除权判决。在船舶优先权催告公示期间内没有人主张船舶优先权，海事法院依据船舶优先权催告当事人的申请作出该船不附有船舶优先权并予以公告，裁定核准申请人的船舶优先权申请。

（二）船舶受让人参与船舶优先权催告的程序

1. 审查是否具备申请船舶优先权催告的条件

（1）具有可以申请船舶优先权催告的事项。属于可以申请船舶优先权催告的事项是，船舶转让时，受让人催促船舶优先权人及时主张权利，消灭该船舶附有的船舶优先权。

（2）申请的主体必须是船舶受让人。

（3）船舶优先权人处于不明状态。所谓船舶优先权人不明是指该转让船舶的船舶优先权人有还是没有不明确，或该船舶优先权人是谁不明确。

2. 如具备条件，提出船舶优先权催告申请

（1）制作船舶优先权催告申请书。船舶优先权催告申请书应当载明船舶的名称、申请船舶优先权催告的事实和理由。

（2）向有管辖权的海事法院递交船舶优先权催告申请书和相关文件。申请船舶优先权催告，应当向海事法院提交申请书、船舶转让合同、船舶技术资料等文件。有管辖权的海事法院是指转让船舶交付地或者受让人所住地海事法院。

3. 申请复议

海事法院在收到申请书以及有关文件后，应当进行审查，在7日内作出准予或者不准予申请的裁定。受让人对裁定不服的，可以申请复议1次。

4. 申请除权判决

船舶优先权催告期间届满，无人主张船舶优先权的，海事法院应当根据当事人的申请作出判决，宣告该转让船舶不附有船舶优先权。判决内容应当公告。

（三）船舶优先权人参与船舶优先权催告的程序

船舶优先权人在船舶优先权催告期间应当及时主张权利。

船舶优先权人主张权利的，应当在海事法院办理登记，不主张权利的，视为放弃船舶优先权。

五、债权登记与受偿程序

债权登记是指在海事法院对特定事项发布公告要求债权人登记后，债权人应在公告期间就有关债权申请登记，公告期满不登记将丧失相应权利的制度。债权登记分为强制拍卖船舶的债权登记和设立海事赔偿责任限制基金的债权登记两种。

债权登记与受偿程序是海事诉讼中的一个特殊程序，包括6个阶段：发布公告、债权登记、债权确认、召开债权人会议、确定分配方案和进行分配。

债权人参与债权登记与受偿的程序包括以下4个阶段：

（一）申请债权登记

债权人应在公告期间向海事法院申请债权登记。债权人申请登记债权的，应当提交书面申请，并提供有关债权证据。债权证据，包括证明债权的具有法律效力的判决书、裁定书、调解书、仲裁裁决书和公证债权文书，以及其他证明具有海事请求的证据材料。

（二）提起确权诉讼或仲裁

债权人提供证明债权的判决书、裁定书、调解书、仲裁裁决书或者公证债权文书以外的其他海事请求证据的，应当在办理债权登记以后，在受理债权登记的

海事法院提起确权诉讼。当事人之间有仲裁协议的，应当及时申请仲裁。海事法院对确权诉讼作出的判决、裁定具有法律效力，当事人不得提起上诉。

（三）参加债权人会议，确定分配方案

债权人会议可以协商提出船舶价款或者海事赔偿责任限制基金的分配方案，签订受偿协议。受偿协议经海事法院裁定认可，具有法律效力。

债权人会议协商不成的，由海事法院依照《中华人民共和国海商法》以及其他有关法律规定的受偿顺序，裁定船舶价款或者海事赔偿责任限制基金的分配方案。中国海商法的规定的受偿顺序主要是指该法第 22～25 条规定的船舶优先权的受偿顺序。已登记的其他债权的受偿顺序位在最后。

（四）参与分配

在分配时应注意以下几点：

1. 拍卖船舶所得价款及其利息，或者海事赔偿责任限制基金及其利息，应当一并予以分配。

2. 分配船舶价款时，应当由责任人承担的诉讼费用，为保存、拍卖船舶和分配船舶价款产生的费用，以及为债权人的共同利益支付的其他费用，应当从船舶价款中先行拨付。

3. 清偿债务后的余款，应当退还船舶原所有人或者海事赔偿责任限制基金设立人。

六、破产还债程序

破产还债程序是指企业法人因严重亏损、无力清偿到期债务，法院根据债权人或债务人的申请，宣告债务人破产，并将债务人的破产财产依法进行分配的特定程序。

破产还债程序包括 7 个阶段：破产案件的申请，包括债权人申请和债务人申请；法院受理；法院通知并公告；债权申报；召开债权人会议；破产宣告；破产清算。

（一）债权人参与破产还债的程序

1. 审查是否具备申请债务人破产的条件

（1）债务人必须是可以破产的企业，全民所有制企业或其他具有法人资格的企业。

（2）债务人具有破产原因。

全民所有制企业破产原因有三个：①企业经营不善；②严重亏损；③不能清偿到期债务。其他企业法人企业破产原因有两个：①严重亏损；②不能清偿到期债务。

(3) 债务人有两个或两个以上的债权人。

(4) 申请人必须是债权人。

2. 提出破产申请

(1) 制作破产还债申请书。破产还债申请书应说明债权发生事实及有关证据；债权性质、数额；债权有无财产担保，有财产担保的，应当提供证据；债务人不能清偿到期债务的有关证据。

(2) 向有管辖权的法院提交破产还债申请书和有关的证据材料。

3. 对驳回申请的裁定可以上诉

申请人不服法院驳回破产申请裁定的，有权向上一级法院提起上诉。上诉的期限为 10 日。

4. 及时申报债权

如债务人或其他债权人提出破产申请，法院受理，发布通知和公告后，债权人应及时申报债权。逾期未申报的，视为放弃债权。所谓及时是指，债权人在收到通知后 30 日内，未收到通知的自公告之日起 3 个月内，向法院申报债权。申报债权应提交申报书。申报书内容包括债权发生事实及有关证据；债权性质、数额；债权有无财产担保，有财产担保的，应当提供证据。

5. 参加债权人会议

债权人可以行使如下权利：要求召开债权人会议；行使表决权；提出异议权。

6. 优先行使破产债权以外的权利

破产宣告后，债务人的财产成为破产财产，由清算组全面接管；债权人和第三人可以优先行使破产债权以外的权利等。

(1) 别除权，是指债权人不依破产程序，而就破产财产中的特定财产单独优先受偿的权利。有抵押权、质押权或留置权的人才能是别除权人。

(2) 破产抵消权，是指破产债权人在破产宣告前对破产人负有债务的，不论债务的种类和到期时间，得于清算分配前以破产债权抵消其所负债务的权利。

(3) 取回权，是指从清算组接管的财产中取回不属于破产人财产的请求权。取回权的主体不是破产人的债权人，而是标的物的所有人，这一点与别除权和破产抵消权的主体不同。

7. 参加破产财产的分配

根据中国民事诉讼法第 204 条规定，破产财产按下列原则处理：

(1) 拨付破产费用包括：①破产财产的管理、变卖、分配所需的费用，以及聘用工作人员的费用；②破产案件的诉讼费用；③为债权人的共同利益而在破产程序中支付的其他费用。

（2）按下列顺序清偿：①破产企业所欠职工工资和劳动保险费用；②破产企业所欠税款；③破产债权。破产财产不足清偿同一顺序的清偿要求的，按照比例分配。

（二）债务人参与破产还债的程序

1. 审查是否具备申请破产保护的条件。债务人申请自己破产的条件除与债权人申请债务人破产条件的前三点相同外，还应有：

（1）申请人是债务人自己；

（2）对全民所有制企业来说，上级主管部门或者政府授权部门同意其申请破产。

2. 如具备条件，提出破产申请。

（1）制作破产还债申请书；

（2）向有管辖权的法院提交破产还债申请书和相应的材料。

3. 如债权人提出破产申请，则及时申请和调解整顿。

4. 配合破产清算。

第三节　国际货物运输仲裁实务

一、国际商事仲裁和国际货物运输仲裁

（一）仲裁的含义和特点

1. 仲裁的含义

仲裁是指双方当事人依据争议发生前或发生后达成的协议，自愿将他们之间的争议交给他们共同选定的第三方（仲裁员）审理，由其依据法律或公平原则作出裁决，并由双方当事人执行该裁决的法律制度。

2. 仲裁的特点

（1）仲裁的合意性。当事人之间通过仲裁协议，达成自愿仲裁的合意。

（2）第三人，即仲裁员的必备性。不管是常设仲裁机构的仲裁员，还是临时仲裁中由当事人指定的仲裁员，都是仲裁必不可少的必备条件。

（3）裁决的强制性，即作为仲裁成果的裁决，可以在法院中申请强制执行。

（二）国际商事仲裁

1. 概念

国际商事仲裁是指国际经济贸易活动的当事人依据事先或争议发生后达成的协议，自愿将具有国际因素的商事争议提交某仲裁机构进行审理，由其作出对当事人有约束力的裁决的一种争议解决制度。

2. 国际商事仲裁的特点：

（1）仲裁当事人享有充分的意思自治权利；

（2）案件由专家仲裁；

（3）仲裁审理具有保密性；

（4）裁决的强制执行具有广泛性；

（5）仲裁解决争议速度快；

（6）仲裁具有经济性；

（7）仲裁审理具有独立性。

（三）国际货物运输仲裁

1. 概念

国际货物运输仲裁是指国际货物运输活动的当事人依据事先或争议发生后达成的协议、自愿将国际货物运输争议提交某仲裁机构进行审理，由其作出对当事人有约束力的裁决的一种争议解决制度。国际货物运输仲裁按照运输方式的不同可以分为国际货物海事仲裁和其他国际货物运输仲裁，如国际货物铁路运输仲裁，国际货物航空运输仲裁、国际货物公路运输仲裁等。国际货物海事仲裁在国际货物运输仲裁中占有最突出的地位。

国际货物运输仲裁属于国际商事仲裁的范畴，是国际商事仲裁的一个组成部分，国际商事仲裁包含国际货物运输仲裁。

2. 国际货物运输仲裁与其他国际商事仲裁相比有如下特点：

（1）专业性强。国际货物运输，特别是国际货物海洋运输是特殊的国际商事活动，专业性很强，所以国际货物运输仲裁的专业性也很强。

（2）受理案件的仲裁机构不同。在国际货物运输仲裁案件中占绝大多数的国际货物海事仲裁案件一般由专门的海事仲裁机构受理，其他国际货物运输仲裁案件由国际商事仲裁机构受理。

3. 国际货物运输仲裁与国际货物运输诉讼的关系

（1）二者的区别

①案件的审理人员不同。仲裁员是社会各界的专家或专门人员。而审判员则是隶属于法院的审判人员。

②审判制度和原则完全不同。仲裁案件以不公开审理为原则，而诉讼案件却以公开审理为原则。仲裁案件一裁终局，而诉讼案件实行二审终审。

③根本性质不同。诉讼是一种国家行为，构成司法的重要内容，而仲裁是一种民间行为，顶多算具有准司法性质，其主权意义远远比不上诉讼。

④裁判的可执行范围不同。有关对外国法院裁判的承认和执行，目前国际上还没有一个被多数国家承认和参加的国际公约，而由于有了《纽约公约》，属于国际商事仲裁的国际货物运输仲裁的裁决，比国际货物运输诉讼的裁判能在更大的范围内执行。

（2）二者的联系

①由于仲裁机构无执行权，仲裁案件的保全措施和仲裁裁决的强制执行都要由诉讼案件的审理机关法院进行操作。

②当事人提出证据证明仲裁裁决有法定情形的，法院经审查核实后可以撤销仲裁裁决。

4. 与在中国进行国际货物运输仲裁有关的主要立法

（1）《中华人民共和国仲裁法》；

（2）《中华人民共和国民事诉讼法》；

（3）《中华人民共和国海事诉讼特别程序法》；

（4）中国最高人民法院有关仲裁的解释；

（5）《承认及执行外国仲裁裁决公约》；

（6）1985 年联合国国际贸易法委员会《国际商事仲裁示范法》。

二、国际商事仲裁机构

（一）中国的国际商事仲裁机构

1. 中国国际经济贸易仲裁委员会。总部设在北京，在深圳、上海设有分会。

2. 中国海事仲裁委员会。总部设在北京，专门仲裁海事案件。

3. 香港国际仲裁中心。它是一家民间仲裁机构，不受政府的影响和控制。

（二）中国境外的主要国际商事仲裁机构

1. 国际商会仲裁院。总部设在巴黎，是附属于国际商会、迄今为止唯一独立于任何国家的民间性的一个常设仲裁机构，也是全球最大，最权威的国际商事仲裁机构。

2. 英国伦敦国际仲裁院。它是国际上最早的常设仲裁机构之一，尤其擅长审理国际货物海事争议，在国际上信誉较高。

3. 斯德哥尔摩商会仲裁院。它是在斯德哥尔摩商会下的一个仲裁机构，专门解决工商及海运中发生的争议。其仲裁案件的公正性得到普遍承认，是东西方国际商事仲裁中心。

三、仲裁协议

仲裁协议是指合同当事人通过在合同中订明仲裁条款，签订独立仲裁协议或采用其他方式达成的就有关争议提交仲裁的书面协议，表明当事人承认仲裁裁决的拘束力，并自觉履行其义务。国际商事仲裁协议是具有"国际性"和"商事"内容的仲裁协议。

四、仲裁普通程序

（一）仲裁普通程序概念及各阶段

仲裁普通程序是指在一般情况下，仲裁机构审理仲裁案件时普遍适用的程序，也是当事人进行仲裁普遍遵循的程序。所谓普通程序是相当于简易程序而言的。仲裁普通程序大致可分为3个阶段：

1. 申请与受理：（1）公民、法人和其他组织向仲裁机构递交仲裁申请书；（2）仲裁机构对仲裁申请的审查与受理；（3）被申请人答辩与反请求。

2. 选定仲裁员。

3. 仲裁审理：（1）开庭通知；（2）仲裁庭调查，当事人举证；（3）辩论；（4）调解；（5）作出裁决。

（二）申请人参与仲裁的程序

1. 及时申请仲裁

（1）递交仲裁申请书要及时，是指当事人在可能而且必要的情况下尽早提交仲裁申请书，尽量避免在仲裁时效将要届满时递交。

当事人对海事仲裁的时效应特别注意，根据中国海商法第267条的规定，仲裁时效因提交仲裁或者被请求人同意履行义务而中断，但请求人撤回仲裁的，时效不中断。

（2）递交仲裁申请书，是指当事人向仲裁机构递交仲裁申请书，并按照仲裁机构的要求提交相关材料。

仲裁申请书的内容包括：

①申请人和被申请人的名称和住所（如有邮政编码、电话、电传、传真、电报号码及其他电子通信方式，也应写明）；

②申请人所依据的仲裁协议；

③案情与争议要点；

④申请人的请求及所依据的事实和证据。仲裁申请书应由申请人及/或申请人授权的代理人签名及/或盖章。

相关材料包括：

①起诉人的身份证明，公民应提交身份证件，法人或其他组织应提交其登记证明（如企业法人营业执照）和法定代表人身份证明书（原件）；

②有委托代理人的，应提交授权委托书；

③书面仲裁协议、案件事实所依据的证据材料，如与本案有关的文书、票据、信函、材料、侵权事实和损害结果的证明文件等。

仲裁申请书和证据材料的份数应为被申请人、仲裁庭和秘书（处）三方数量之和。例如，案件有1个被申请人，根据仲裁规则应由3位仲裁员审理，加上秘书局（处）1份，申请人申请仲裁应提供5份仲裁申请书及证据材料；如果有2个被申请人，申请人则应提供6份仲裁申请书及证据材料。

（3）按时交纳仲裁费用。当事人向仲裁委员会申请仲裁，需要按规定交纳一定的费用。其中仲裁费由申请人在提出仲裁请求时预付。

（4）请求的修改。申请仲裁之后，申请人仍可以对其仲裁请求提出修改；但是，仲裁庭认为其修改提出过迟而影响仲裁程序正常进行的，可以拒绝修改请求。

2. 及时提出仲裁中的保全申请

如果发现有关的保全措施不当，或者保全的情况已经发生变化，应主动申请撤销有关保全措施，防止给被请求人造成不必要的财产损失而导致申请人可能承担相应责任。

3. 指定仲裁员

为了在仲裁中更好地维护自己的合法权益，申请人应及时行使指定仲裁员的权利，逾期则丧失该权利。对于适用普通程序的案件，除非当事人另有约定，由3名仲裁员组成的合议仲裁庭审理。对3名仲裁员的指定程序如下：

（1）申请人、被申请人各自指定1名仲裁员。

（2）双方共同指定1名仲裁员，即首席仲裁员。

4. 完成举证

完成举证是指除客观原因外，当事人应当在仲裁庭规定的举证期间内，按举证要求向仲裁庭提供证据，否则应承担相应仲裁后果的制度。

5. 准备出庭意见书

由于出庭意见书容量大，便于充分表述当事人的意见，而且相对来说受时间限制较少，所以当事人应充分重视出庭意见书的作用，争取陈述清楚准确、说理充分、证据齐全、形式规范，以便维护自己的合法权益。

6. 按时参加庭审，或申请延期开庭

仲裁案件第一次开庭审理的日期，经仲裁庭商仲裁委员会秘书局（处）决定后，由秘书局（处）于开庭前 30 天通知双方当事人。如果当事人有正当理由，不能按时参加庭审，可以请求延期开庭，但必须在开庭前 12 天以书面形式向秘书局（处）提出，是否延期，由仲裁庭决定。

7. 参加仲裁庭审理

当事人及其代理人在庭审的过程中，应审时度势，全面观察、分析案情的发展趋势，针对变化的情况，随时修改和补充庭前准备的出庭意见。出庭具体注意要点是：

（1）申请回避。当事人对仲裁员的公正性和独立性有正当理由的怀疑时，可以书面形式向仲裁委员会提出要求该仲裁员回避的请求，但应说明提出回避请求所依据的具体事实和理由，并举证。对仲裁员的回避请求应在第一次开庭之前以书面形式提出；如果要求回避事由的发生和得知是在第一次开庭审理之后，则可以在最后一次开庭终结之前提出。

（2）及时提出异议。根据中国海事仲裁委员会仲裁规则第 49 条规定，一方当事人知道或者理应知道该仲裁规则或仲裁协议中规定的任何条款或情事未被遵守，就应及时地明示地提出书面异议，如果仍参加仲裁程序或继续进行仲裁程序，而且不对此不遵守情况及时地明示地提出书面异议的，视为放弃其提出异议的权利。

（3）申请中止仲裁程序。在海事仲裁案件中，当存在中止仲裁程序的情形时，当事人应及时提出中止仲裁程序的申请。中国海事仲裁委员会仲裁规则第 47 条规定，有下列情形之一的，经一方当事人申请，仲裁庭可以决定中止仲裁程序：①当事人正在进行自行和解的；②本案必须以另案的审理结果为依据，而另案尚未审结的；③一方当事人因不可抗拒的事由，不能参加仲裁的；④其他可以中止的情形。

（4）积极质证。中国仲裁法第 45 条规定，证据应当在开庭时出示，当事人可以质证。在开庭时，当事人应对对方开庭前或开庭后提交的证据和其他有关证据当庭质证，并且应向仲裁庭明确表示对该证据能否采信的意见，但双方当事人同意书面审理或书面质证除外。

（5）查验鉴定报告、询问鉴定人。当事人应对专家报告和鉴定报告提出意见。如必要，当事人可申请专家/鉴定人参加开庭，就他们的报告作出解释。

（6）发表辩论意见。申请人在庭审辩论阶段的主要任务是，在准备出庭意见的基础上，结合庭审过程中出现的新情况，充分论证本方观点和仲裁请求的正确性和合法性，彻底否定对方的无理要求和违法主张，以使仲裁员能够接受自己的意见，否定对方的观点，从而作出有利于维护本方合法权益的裁决。

（7）配合仲裁庭调解。在案件事实清楚，责任明确，调解约定的内容合法的基础上，当事人可以同意并接受调解，以利于纠纷的尽快解决，缓和当事人之间的对立矛盾。当事人应当明确知道：是否同意并接受调解是当事人自己的一项权利。

调解达成协议的，仲裁庭应当制作调解书或者根据协议的结果制作裁决书。调解书与裁决书具有同等法律效力。

（8）向仲裁庭提出作出中间裁决或部分裁决。仲裁庭在当事人提出经仲裁庭同意时，可以在仲裁过程中，最终裁决作出之前的任何时候，就案件的任何问题作出中间裁决或部分裁决。当事人认为需要对某些程序性事项或部分实体问题作出裁决时，可向仲裁庭提出作出中间裁决或部分裁决。

8. 休庭后的工作

当事人及其代理人在休庭后的主要工作有：

（1）整理证据和发表的意见，将在庭审过程中出示的证据和书面意见提交仲裁庭；

（2）及时书面申请更正裁决书；

（3）及时书面申请补充裁决书。

（三）被申请人参与仲裁的程序

1. 委托代理人

2. 指定仲裁员

3. 管辖审查与抗辩

管辖审查是指被申请人对受理案件的仲裁机构是否对案件有管辖权和是否对仲裁事项有管辖权的审查。

4. 提交答辩书

被申请人应在收到仲裁通知之日起45天内向仲裁委员会秘书局（处）提交答辩书和有关证明文件。被申请人可以对答辩进行补充或修改。

一般情况下，答辩书应针对申请人提出的仲裁请求、事实根据，从事实和法律上部分或全部地提出反驳。答辩书经被申请人签名盖章后，在答辩期内提交受理案件的仲裁机构。

5. 提出反请求

（1）反请求应当满足3个条件：基于申请人对申请仲裁的同一合同关系或法

律关系；被申请人针对申请人提出；反请求所涉争议不同于仲裁请求所涉争议。

（2）提出反请求的时间。反请求最迟应在收到仲裁通知之日起 60 天内（中国国际经济贸易仲裁委员会受理的涉外案件）或 45 天内（中国海事仲裁委员会受理的海事案件）提交仲裁委员会。

（3）提出反请求的手续。被申请人提出反请求时，应向仲裁庭提交书面反请求，并在其中写明具体的请求，反请求理由以及所依据的事实和证据，并附具有关的证明文件。

被申请人提出反请求，应当按照仲裁委员会的仲裁费用表的规定预缴仲裁费。

被申请人可以对其反请求提出修改，但是仲裁庭认为其修改的提出过迟而影响仲裁程序正常进行的，可以拒绝接受其修改请求。

6. 与仲裁机构联系

对于被申请人委托代理人的，代理人应及时与仲裁机构取得联系，向案件的仲裁员提交授权委托书等有关的法律文书，以使仲裁机构认可代理人在仲裁活动中代理人的资格和身份，以便履行被申请人代理人的职责。

7. 调查和收集证据，完成举证

被申请人及其代理人为了全面了解案件事实真相，应对证据材料进行调查和收集。被申请人及其代理人也应按仲裁机构的规定完成举证。

另外，要准备出庭意见书，按时参加庭审，或申请延期开庭，参加仲裁庭审理和休庭后的工作。

五、仲裁简易程序

（一）仲裁简易程序概念

仲裁简易程序是仲裁庭简化一般程序、加快办案速度以尽快作出裁决的办案程序。只有在特定情况下才适用简易程序，简易程序与普通程序没有本质区别，简易程序适用普通程序的规定。

（二）适用仲裁简易程序的条件

中国国际经济贸易仲裁委员会仲裁规则（涉外案件）和中国海事仲裁委员会仲裁规则规定在下列两种情况下适用简易程序：

1. 除非当事人另有约定，争议金额不超过人民币 50 万元（含 50 万元，但不包括利息），适用本简易程序。

2. 争议金额超过人民币 50 万元的，经一方当事人书面申请并征得另一方当事人书面同意的，亦适用本简易程序。

（三）与普通程序相比，仲裁简易程序的特点

1. 由独任仲裁庭审理。

2. 各有关期限缩短。具体缩短的期限有：

（1）指定仲裁员的期限缩短。双方当事人应在被申请人收到仲裁通知之日起15天内指定仲裁员，而普通程序中指定仲裁员的期限为20天。

（2）被申请人的答辩期缩短。被申请人应在收到仲裁通知之日起30天内，向仲裁委员会提交答辩书及有关证明文件，而普通程序的答辩期限为45天。

（3）被申请人提出反请求期限缩短。被申请人应在收到仲裁通知之日起30天内，向仲裁委员会提出反请求书及有关证明文件，而普通程序的该期限为60天（中国国际经济贸易仲裁委员会受理的涉外案件）或45天（中国海事仲裁委员会受理的海事案件）。

（4）开庭通知期限缩短。对于开庭审理的案件，仲裁庭确定开庭的日期后，仲裁委员会秘书局（处）应在开庭前15天将开庭日期通知双方当事人，而普通程序中的该期限为30天。

（5）作出裁决的期限缩短。开庭审理的案件，仲裁庭应在开庭审理或再次开庭审理之日起30天内作出裁决书；书面审理的案件，仲裁庭应当在仲裁庭成立之日起90天内作出裁决书。而在普通程序中，仲裁庭应当在组庭之日起9个月内作出仲裁裁决书。

3. 仲裁庭自行决定审理方式，书面审理或开庭审理。

4. 开庭审理的案件，一般只开庭一次。

六、仲裁裁决的承认及执行程序

当事人应当依照仲裁裁决书写明的期限自动履行裁决。当事人一方不履行仲裁裁决的，另一方可以向有管辖权的法院申请强制执行。如果被执行人的住所或其财产所在地在中国境内，则不论是中国涉外仲裁裁决，还是外国仲裁裁决，其当事人都可向被执行人所住地或其财产所在地的中级法院申请承认及执行；如果被执行人的住所或其财产所在地位于中国境外，中国涉外仲裁裁决的当事人则可以根据中国缔结或加入的国际公约或双边条约或按中国与有关国家的互惠关系，申请承认及执行。

（一）申请人在中国参与仲裁承认及执行的程序

1. 审查是否具备申请承认及执行仲裁裁决的条件

在中国申请承认及执行的条件因所要执行的裁决是中国涉外仲裁裁决还是外国仲裁裁决而有所不同。在中国申请执行中国涉外仲裁裁决的条件如下：

（1）执行的根据必须是生效的仲裁裁决。

（2）执行根据必须具有给付内容。

（3）必须在执行期限内。申请执行的期限，双方或者一方当事人是公民的为1年，双方是法人或者其他组织的为6个月。

（4）执行义务人在生效法律文书确定的期限内未履行义务。

（5）如果没有采取财产保全或海事请求保全措施，或保全数额不能清偿债权，应确认执行义务人有可供执行的财产。

（6）申请人必须是生效法律文书中确定的实体权利享有人，或是其他权利承受人。

（7）不具有中国民事诉讼法第260条规定的不予执行的情形。

2. 如具备条件，申请承认及执行

（1）制作申请书。在中国申请执行中国涉外仲裁裁决的，制作强制执行申请书。

（2）向有管辖权的法院递交申请书和申请书应附有的相关文件、证件。申请执行中国涉外仲裁裁决和申请承认及执行外国仲裁裁决，有管辖权的法院都是被执行的财产所在地或者被执行人所住地的中级法院。如果仲裁裁决涉及海事内容，有管辖权的法院是被执行的财产所在地或者被执行人所住地海事法院；被执行的财产所在地或者被执行人所住地没有海事法院的，则是被执行的财产所在地或者被执行人所住地的中级法院。

3. 根据执行过程中出现的具体情况，提出相应申请

申请人根据执行过程中出现的具体情况，可以提出申请恢复执行、继续执行、申请第三人执行、申请变更被执行人、申请参与分配等。

4. 申请重新仲裁或起诉

根据中国民事诉讼法第261条规定，法院经审查后裁定对仲裁裁决不予执行的，作为当事人的申请人可以根据与对方达成的书面仲裁协议重新申请仲裁，也可以向中国法院起诉。

（二）被申请人（被执行人）在中国参与仲裁承认及执行的程序

1. 对符合法定情形的，申请撤销仲裁裁决

2. 对符合法定情形的，申请不予（或拒绝）执行仲裁裁决

（1）审查是否具有法院不予承认及执行仲裁裁决的法定情形

①法院非主动审查的法定情形。对有此类法定情形的，法院不主动审查，只有被申请人提出申请，并用证据证明具有此类情形的，法院才进行审查，经核实，将裁定对仲裁裁决不予承认及执行。

在中国申请执行中国涉外仲裁裁决的，法院非主动审查的法定情形有：当事人在合同中没有订有仲裁条款或者事后没有达成书面仲裁协议的；被申请人没有得到指定仲裁员或者进行仲裁程序的通知，或者由于其他不属于被申请人负责的原因未能陈述意见的；仲裁庭的组成或者仲裁的程序与仲裁规则不符的；裁决的事项不属于仲裁协议的范围或者仲裁机构无权仲裁的。

②法院主动审查的法定情形。在中国申请执行中国涉外仲裁裁决的，法院主动审查的法定情形是，执行裁决违背社会公共利益。

（2）如符合法定情形，提出对仲裁裁决不予执行申请

制作不予执行申请书。申请书应着重写明申请不予执行的理由，对具有法院非主动审查的法定情形的，应附有相应的证据予以证明。

向受理承认及执行仲裁裁决的法院提交不予执行申请书和相应的文件、材料。

3. 申请重新仲裁或起诉

根据中国《民事诉讼法》第261条规定，法院经审查后裁定对仲裁裁决不予执行的，作为当事人的被申请人，如果认为争议依然存在，可以根据与对方达成的书面仲裁协议重新申请仲裁，也可以向中国法院起诉。

4. 积极履行或争取变通执行、申请暂缓执行、申请执行回转

被申请人（仲裁裁决的义务人）经审查认为仲裁裁决不具有法院不予承认及执行仲裁裁决的法定情形和其他不应执行情形后，应对仲裁裁决积极履行或争取变通执行、申请暂缓执行、申请执行回转。

思考与练习题

一、名词解释

1. 审判监督程序
2. 督促程序

二、简答题

1. 简述国际货物运输争议处理的途径有哪些？
2. 简述怎样选择委托代理人？
3. 简述船舶优先权的催告程序。
4. 简述国际货物运输仲裁与国际货物运输诉讼的关系。

参 考 文 献

[1] 刘伟琦．国际货物与通关．中国物资出版社，2003

[2] 杨占林．国际物流海运操作实务．中国商务出版社，2004

[3] 杨长春．国际航运欺诈案例集．对外经济贸易大学出版社，2002

[4] 冷柏军．国际贸易理论与实务．中国财政经济出版社，2000

[5] 荣朝和．西方运输经济学．经济科学出版社，2002

[6] 杨长春．国际货物运输．对外经济贸易大学出版社，2005

[7] 李永生．水路运输与港口商务管理学．人民交通出版社，2003

[8] 张永杰．交通运输法规．人民交通出版社，2004

[9] 张理，李雪松．现代物流运输管理．中国水利水电出版社，2005

[10] 严作人，张戎．运输经济学．人民交通出版社，2003

[11] 索琳．货运代理企业运作指南．中国经济出版社，2004

[12] 姚大伟．国际贸易运输实务．中国对外经济贸易出版社，2002

[13] 霍红．国际货运代理与海上运输．化学工业出版社，2004

[14] 朱隆亮，谭任绩．物流运输组织管理．机械工业出版社，2003

[15] 黄中鼎．现代物流管理学．上海财经大学出版社，2004

[16] 张旭凤．运输与运输管理．北京大学出版社，2004

[17] 潘安定．物流技术与设备．华南理工大学出版社，2005

[18] 张民，黄中鼎．物流运输管理．上海财经大学出版社，2004

[19] 中国国际货运代理协会．国际货运代理基础知识．中国对外经济贸易大学出版社，2003

[20] 许明月，叶梅．国际陆空货物运输．对外经济贸易大学出版社，2003

[21] 杨志刚．国际货运物流实务、法规与案例．化学工业出版社，2003

[22] 陈贻龙，邵振一．运输经济学．人民交通出版社，2003

[23] 杨占林．国际物流铁路运输操作实务．中国商务出版社，2004

[24] 杨占林．国际物流空运操作实务．中国商务出版社，2004

[25] 袁永友．国际商务经典案例．经济日报出版社，2002

[26] 孟于群．国际货物运输物流案例分析集．中国商务出版社，2005

[27] 刘红．运输工具运用基础．上海海运学院出版社，2000

[28] 刘伟，王学峰．国际航运实务．人民交通出版社，2001

[29] 夏洪山．现代航空运输管理．人民交通出版社，2000

[30] 尹东年，郭瑜．海上货物运输法．人民法院出版社，2000

[31] 骆温平．第三方物流．上海社会科学院出版社，2001

[32] 罗纳德·巴罗著，王晓东，胡瑞娟等译．企业物流管理．机械工业出版社，2002

[33] 宋柏．跨国公司全球物流运作与管理．中国纺织大学出版社，2001

[34] 沈华．船舶稳性与强度计算．大连海事大学出版社，2000

[35] 邵振一，董千里．道路运输组织学．人民交通出版社，2001

[36] 董千里．高级物流学．人民交通出版社，2001

[37] 邵振一，马天山．道路运输行政管理学．陕西人民出版社．1998

[38] 姜宏．物流运输技术与实务．人民交通出版社，2001

[39] 王之泰．现代物流学．中国物资出版社，2002

[40] 许庆斌．运输经济学导论．中国铁道出版社，2000

[41] 沈志云．交通运输工程学．人民交通出版社，2000